中国固定资产投资统计年鉴

2004

国家统计局固定资产投资统计司
国家发展和改革委员会投资研究所 编

中国计划出版社

图书在版编目（C I P）数据

中国固定资产投资统计年鉴 2004／国家统计局固定资产投资统计司，国家发展和改革委员会投资研究所编．北京：中国计划出版社，2004．9

ISBN 7-80177-287-3

I．中… II．①国…②国… III．固定资产—投资—统计资料－中国－2004－年鉴 IV．F832.48-54

中国版本图书馆 CIP 数据核字（2004）第 093029 号

中国固定资产投资统计年鉴 2004

国家统计局固定资产投资统计司
国家发展和改革委员会投资研究所 编

☆

中国计划出版社出版

（地址：北京市西城区木樨地北里甲 11 号国宏大厦 C 座 4 层）

（邮政编码：100038　　电话：63906407　63906408）

新华书店北京发行所发行

北京市凯鑫彩色印刷有限公司

787×1092毫米　1/16　　28.75 印张　　800千字

2004年 9 月第一版　2004年 9 月第一次印刷

印数 1－3000 册

ISBN 7-80177-287-3/F·091

定价：160.00元

《中国固定资产投资统计年鉴—2004》
编 辑 委 员 会

编 者 说 明

《中国固定资产投资统计年鉴 2004》资料来源于 2003 年全国固定资产投资统计报表基层数据库和综合报表。本年报分全社会投资、城镇投资和农村投资三个部分。

第一部分为全社会固定资产投资。包括全社会固定资产投资主要指标，各地区按各种经济类型（国有经济、集体经济、联营经济、股份制经济、外商投资经济、港澳台投资经济和私营个体经济）分组的总投资规模、本年投资、新增固定资产及有关建筑面积等指标。

第二部分为城镇固定资产投资。包括三项内容：城镇总投资50万元以上项目（单位）、房地产开发、城镇和工矿区私人建房。

第三部分为农村固定资产投资。本部分数据来源于国家统计局农调总队抽样调查资料，分为非农户投资和农户投资。

使用本年报资料时请注意以下几点：

1.本年报各部分按建设性质分的投资和项目个数中不含房地产开发投资、城镇和工矿区私人建房投资。

2.由于房地产自筹资金来源中只下设“企事业单位自有资金”，故自筹资金来源各分项之和不等于总计。

3.不分地区固定资产投资数据包括跨省、市、区项目和各部门统一购置的设备、铁路机车、车辆、飞机等，以及用军费和人防经费安排的基本建设工程完成的投资。

4.本年报资料凡小数点后各项相加不等于总计者，均由于四舍五入的缘故。

5.本年报资料是直接由全国固定资产投资统计基层报表数据库及综合表加工而来，由于篇幅所限，只能编印部分内容。各资料使用单位若有特殊的资料加工需求，可与国家统计局固定资产投资统计司联系。

目 录

第一部分 全社会固定资产投资

第二部分 城镇固定资产投资

（一）城镇

第三部分　农村固定资产投资

第一部分

全社会固定资产投资

全社会固定资产投资 2003 年主要指标与 2002 年比较

指 标 名 称	2002 年	2003 年	2003 年比 2002 年增减	
			绝对数	%
一、投资总额(亿元)	**43499.91**	**55566.61**	**12066.70**	**27.70**
其中:住宅	9407.10	10792.34	1385.24	14.70
1.按构成分				
建筑安装工程	26578.89	33447.17	6868.28	25.80
设备工器具购置	9884.47	12681.90	2797.43	28.30
其他费用	7036.55	9437.54	2400.99	34.10
2.按产业分				
第一产业	1487.21	1652.30	165.09	11.10
第二产业	14691.98	21351.51	6659.53	45.30
第三产业	27320.72	32562.80	5242.08	19.20
二、全部项目建设规模(亿元)				
计划总投资	135312.75	163347.59	28034.84	20.70
实际需要总投资	138045.72	167652.65	29606.93	21.40
自开始建设至本年底累计完成投资	78273.83	94043.66	15769.83	20.10
全部建成尚需投资	59771.89	73608.99	13837.10	23.10
三、新增固定资产(亿元)	**32304.20**	**37732.01**	**5427.81**	**16.80**
四、房屋建筑面积(万平方米)				
施工面积	304428.15	343741.65	39313.50	12.90
其中：住宅	193730.96	205286.68	11555.72	6.00
竣工面积	196737.87	202643.73	5905.86	3.00
其中：住宅	134002.10	130160.75	-3841.35	-2.90
五、投资资金来源小计(亿元)	**45046.92**	**58616.29**	**13569.37**	**30.10**
国家预算内资金	3160.96	2687.82	-473.14	-15.00
国内贷款	8859.07	12044.36	3185.29	36.00
利用外资	2084.98	2599.35	514.37	24.70
自筹资金	22813.69	31449.82	8636.13	37.90
其他资金	8128.22	9834.94	1706.72	21.00

全社会固定资产投资主要指标（一）

指标名称	合计	国有经济	集体经济		个体经济	
				农村		农村
一、投资总额(亿元)	**55566.61**	**21661.00**	**8009.48**	**6553.95**	**7720.10**	**3200.96**
其中:住宅	10792.34	1872.01	803.06	292.37	4056.78	1875.09
1.按构成分						
建筑安装工程	33447.17	14331.11	4276.94	3288.54	5059.43	2067.31
设备工器具购置	12681.90	3701.85	2895.99	2671.04	1251.32	710.19
其他费用	9437.54	3628.04	836.56	594.37	1409.35	423.46
2.按产业分						
第一产业	1652.30	382.13	383.00	370.80	784.12	746.52
第二产业	21351.51	5701.68	5028.91	4546.99	1273.12	176.82
第三产业	32562.80	15577.19	2597.57	1636.16	5662.86	2277.62
二、全部项目建设规模（亿元）						
计划总投资	163347.59	69254.05	16697.85	13107.90	14151.59	3200.96
实际需要总投资	167652.65	71189.05	16774.22	13107.90	14578.75	3200.96
自开始建设至本年底累计完成投资	94043.66	40764.33	8712.25	6553.95	10086.36	3200.96
全部建成尚需投资	73608.99	30424.72	8061.96	6553.95	4492.39	
三、新增固定资产(亿元)	**37732.01**	**13830.42**	**6996.56**	**5977.61**	**6147.16**	**3090.46**
四、房屋建筑面积（万平方米）						
施工面积	343741.65	66758.04	54118.84	41359.86	129378.44	81123.66
其中：住宅	205286.68	30601.00	14243.21	6194.76	108132.00	74705.47
竣工面积	202643.73	28636.15	39666.68	33845.45	101152.76	75683.58
其中：住宅	130160.75	13936.88	9176.86	5448.14	88147.85	69741.10
五、投资资金来源小计（亿元）	**58616.29**	**21607.00**	**8122.84**	**6553.95**	**8304.39**	**3200.96**
国家预算内资金	2687.82	2248.30	337.89	327.68	1.74	
国内贷款	12044.36	5547.46	927.10	695.03	895.04	125.44
利用外资	2599.35	338.72	402.14	387.60	20.49	
自筹资金	31449.82	10964.91	5819.68	4899.71	5086.40	2932.76
其他资金	9834.94	2507.61	636.02	243.93	2300.72	142.76

全社会固定资产投资主要指标（二）

指 标 名 称	联营经济	股份制经济	外商投资经济	港澳台投资经济	其他经济
一、投资总额(亿元)	**187.96**	**12733.58**	**2533.71**	**2375.08**	**345.69**
其中:住宅	48.90	3104.72	266.72	576.75	63.40
1.按构成分					
建筑安装工程	118.50	7110.84	1068.98	1267.38	213.98
设备工器具购置	42.49	2909.97	1115.60	690.23	74.44
其他费用	26.96	2712.76	349.13	417.47	57.28
2.按产业分					
第一产业	3.78	73.00	9.01	6.33	10.92
第二产业	88.46	6175.33	1868.92	1089.06	126.03
第三产业	95.72	6485.26	655.78	1279.68	208.74
二、全部项目建设规模（亿元）					
计划总投资	535.28	42629.00	9153.80	9999.78	926.24
实际需要总投资	545.44	43776.13	9325.27	10524.39	939.40
自开始建设至本年底累计完成投资	323.09	22856.68	4874.13	5952.73	474.09
全部建成尚需投资	222.34	20919.45	4451.14	4571.66	465.32
三、新增固定资产(亿元)	**107.00**	**7667.04**	**1360.01**	**1411.65**	**212.16**
四、房屋建筑面积（万平方米）					
施工面积	853.68	67847.91	9096.82	13688.67	1999.25
其中：住宅	481.45	40788.75	3252.46	6958.43	829.38
竣工面积	327.48	25125.30	2881.66	3897.87	955.84
其中：住宅	175.34	15271.88	967.38	2110.82	373.74
五、投资资金来源小计（亿元）	**206.59**	**14391.51**	**2763.59**	**2866.65**	**353.70**
国家预算内资金	0.95	89.97	3.37	1.00	4.60
国内贷款	22.57	3527.04	490.08	596.03	39.04
利用外资	1.87	183.49	989.64	656.51	6.49
自筹资金	122.18	7333.97	965.52	936.70	220.46
其他资金	59.02	3257.05	314.99	676.41	83.12

按管理渠道分的全社会固定资产投资

指 标 名 称	2002 年	2003 年	2003 年比 2002 年增减	
			绝对数	%
投资总额(亿元)	**43499.91**	**55566.61**	**12066.70**	**27.70**
一、基本建设				
完成投资	17666.62	22908.60	5241.98	29.70
建筑安装工程	11865.82	15426.44	3560.62	30.00
设备、工器具购置	2780.18	3495.78	715.60	25.70
其他费用	3020.62	3986.38	965.76	32.00
计划总投资	70030.15	81204.79	11174.64	16.00
实际需要总投资	70637.75	83194.26	12556.51	17.80
自开始建设至本年底累计完成投资	37297.19	44133.57	6836.38	18.30
本年新增固定资产	11989.69	13604.54	1614.85	13.50
二、更新改造				
完成投资	6750.55	8624.86	1874.31	27.80
建筑安装工程	2598.03	3420.13	822.10	31.60
设备、工器具购置	3635.32	4460.51	825.19	22.70
其他费用	517.19	744.22	227.03	43.90
计划总投资	14611.34	19669.19	5057.85	34.60
实际需要总投资	14817.89	20009.04	5191.15	35.00
自开始建设至本年底累计完成投资	9891.19	12305.35	2414.16	24.40
本年新增固定资产	4693.16	5643.19	950.03	20.20
三、房地产开发				
完成投资	7790.92	10153.80	2362.88	30.30
建筑安装工程	5202.72	6742.73	1540.01	29.60
设备、工器具购置	139.75	141.00	1.25	0.90
其他费用	2448.46	3270.07	821.61	33.60
计划总投资	32189.10	38171.68	5982.58	18.60
实际需要总投资	33953.72	40055.27	6101.55	18.00
自开始建设至本年底累计完成投资	18998.76	22691.60	3692.84	19.40
本年新增固定资产	5384.84	6494.82	1109.98	20.60

各地区全社会全部项目计划总投资（一）

单位：亿元

地区	合计	国有经济	集体经济		个体经济	
				农村		农村
全国总计	**163347.59**	**69254.05**	**16697.85**	**13107.90**	**14151.58**	**3200.96**
北京	7935.64	2880.79	434.44	303.73	320.76	17.48
天津	3088.67	1377.13	335.22	179.45	210.13	17.93
河北	5529.59	2046.29	1176.03	1011.46	418.69	199.45
山西	3027.52	1196.12	156.09	97.42	260.03	53.32
内蒙古	2935.03	1428.28	63.69	43.77	211.01	55.68
辽宁	5365.15	1818.05	459.31	401.36	698.86	104.45
吉林	2223.05	1015.90	62.52	50.20	229.66	71.03
黑龙江	2487.74	1328.13	55.80	35.43	204.54	78.98
上海	10621.81	2971.25	754.66	494.22	864.41	6.49
江苏	12614.90	5341.38	2467.74	2060.72	1068.61	191.05
浙江	13785.05	4602.74	2866.97	2660.74	935.70	211.39
安徽	3946.13	1850.82	275.02	168.18	481.70	150.09
福建	5128.09	2191.97	443.36	341.34	404.24	96.42
江西	3158.48	1499.75	252.31	207.82	423.53	100.21
山东	12039.90	3914.58	2456.09	1710.43	1111.07	296.03
河南	5930.77	2638.57	587.93	521.00	575.38	325.30
湖北	5956.15	3078.23	318.33	264.31	406.03	103.57
湖南	4382.23	2332.27	410.48	349.66	397.14	180.23
广东	18261.21	6208.06	1396.64	900.79	1829.10	217.68
广西	3203.32	1712.58	106.64	57.61	349.48	101.24
海南	741.74	239.19	39.67	29.15	38.92	19.20
重庆	4049.68	1546.56	211.44	143.71	641.64	49.01
四川	6953.86	3009.60	710.99	649.11	637.91	176.71
贵州	2819.40	1849.38	88.90	54.64	253.53	52.88
云南	3485.23	2038.81	133.32	105.55	268.91	108.13
西藏	304.71	288.79	0.64		6.10	
陕西	3710.85	2264.77	147.94	61.83	414.62	98.73
甘肃	2077.17	1288.95	104.86	56.92	129.31	37.64
青海	743.78	373.34	26.39	18.64	35.25	9.36
宁夏	783.13	491.12	68.81	63.27	79.34	23.22
新疆	2106.44	1062.92	85.63	65.43	245.99	48.08
不分地区	3951.18	3367.76				

各地区全社会全部项目计划总投资（二）

单位：亿元

地　区	联营经济	股份制经济	外商投资经济	港澳台投资经济	其他经济
全国总计	**535.28**	**42629.00**	**9153.80**	**9999.78**	**926.24**
北　京	7.14	3208.96	476.40	589.03	18.11
天　津	2.31	798.28	151.83	203.86	9.92
河　北	49.50	1406.61	171.26	207.04	54.19
山　西	31.00	1181.47	161.70	23.96	17.16
内蒙古	0.46	1181.44	15.48	22.65	12.01
辽　宁	1.78	1639.25	401.42	321.17	25.31
吉　林	1.76	638.10	210.13	52.94	12.03
黑龙江	3.17	824.61	38.34	27.25	5.91
上　海	71.18	3352.45	1725.50	857.17	25.19
江　苏	20.61	1610.60	1308.66	778.44	18.87
浙　江	8.55	4382.60	531.69	398.29	58.52
安　徽	3.06	995.72	.155.20	145.99	38.63
福　建	22.54	738.65	456.05	832.78	38.51
江　西	8.19	673.08	83.43	201.92	16.28
山　东	96.58	3125.16	672.61	485.34	178.47
河　南	2.14	1522.28	293.62	249.28	61.56
湖　北	26.73	1577.31	195.05	283.35	71.12
湖　南	15.01	961.82	92.85	150.77	21.89
广　东	52.96	3900.31	1381.28	3429.45	63.42
广　西	30.57	777.97	85.61	128.08	12.40
海　南	3.13	269.55	113.88	26.03	11.37
重　庆	8.10	1273.59	179.87	160.66	27.84
四　川	31.93	2297.85	106.19	140.42	18.97
贵　州	6.48	558.18	20.22	39.07	3.64
云　南	12.65	890.55	22.21	104.07	14.73
西　藏	0.09	7.97			1.12
陕　西	7.75	721.40	34.17	49.58	70.62
甘　肃	5.34	479.19	25.92	32.46	11.12
青　海	1.19	276.02	17.75	12.04	1.81
宁　夏	1.97	118.34	18.69	3.37	1.48
新　疆	1.40	656.30	6.81	43.33	4.05
不分地区		583.41			

各地区全社会全部项目实际需要总投资（一）

单位：亿元

地区	合计	国有经济	集体经济		个体经济	
				农村		农村
全国总计	**167652.65**	**71189.05**	**16774.22**	**13107.90**	**14578.75**	**3200.96**
北京	8426.97	2932.27	440.66	303.73	325.17	17.48
天津	3195.29	1409.52	338.76	179.45	223.85	17.93
河北	5594.64	2064.96	1177.95	1011.46	424.70	199.45
山西	3090.48	1222.64	157.20	97.42	265.43	53.32
内蒙古	2949.89	1432.30	63.73	43.77	211.83	55.68
辽宁	5520.88	1865.12	459.79	401.36	735.55	104.45
吉林	2265.89	1033.10	62.98	50.20	230.15	71.03
黑龙江	2511.55	1340.58	55.97	35.43	205.11	78.98
上海	10748.92	3008.17	762.65	494.22	906.46	6.49
江苏	12722.72	5390.63	2475.95	2060.72	1079.19	191.05
浙江	13983.89	4718.92	2872.72	2660.74	946.41	211.39
安徽	3980.84	1865.08	276.14	168.18	488.37	150.09
福建	5292.65	2223.16	446.94	341.34	425.44	96.42
江西	3246.71	1546.16	252.94	207.82	437.37	100.21
山东	12230.18	4009.21	2472.43	1710.43	1130.27	296.03
河南	6008.21	2680.50	589.41	521.00	581.88	325.30
湖北	6974.19	3999.15	319.54	264.31	434.36	103.57
湖南	4482.23	2384.58	412.01	349.66	400.47	180.23
广东	18923.66	6309.45	1405.25	900.79	1952.53	217.68
广西	3247.55	1731.33	107.25	57.61	356.52	101.24
海南	754.83	246.94	39.71	29.15	39.01	19.20
重庆	4145.59	1561.03	212.72	143.71	671.39	49.01
四川	7088.67	3035.04	711.94	649.11	642.70	176.71
贵州	2864.48	1870.87	89.36	54.64	261.83	52.88
云南	3566.06	2090.63	133.99	105.55	276.52	108.13
西藏	313.77	297.85	0.64		6.10	
陕西	3769.32	2301.87	149.20	61.83	421.15	98.73
甘肃	2105.08	1299.98	105.15	56.92	131.91	37.64
青海	744.98	373.66	26.39	18.64	35.70	9.36
宁夏	789.38	492.99	68.87	63.27	80.43	23.22
新疆	2155.17	1076.79	85.96	65.43	250.95	48.08
不分地区	3957.99	3374.58				

各地区全社会全部项目实际需要总投资（二）

单位：亿元

地区	联营经济	股份制经济	外商投资经济	港澳台投资经济	其他经济
全国总计	**545.44**	**43776.13**	**9325.27**	**10524.39**	**939.40**
北京	7.15	3453.26	482.30	765.58	20.56
天津	2.38	845.04	154.27	211.06	10.42
河北	50.03	1439.81	172.08	210.00	55.10
山西	31.04	1210.64	161.85	24.26	17.44
内蒙古	0.46	1191.35	15.48	22.65	12.09
辽宁	1.78	1672.87	414.62	345.67	25.48
吉林	1.78	654.01	218.92	52.94	12.03
黑龙江	3.67	833.38	39.17	27.76	5.91
上海	75.38	3399.42	1737.87	832.65	26.33
江苏	20.96	1635.16	1315.90	785.97	18.97
浙江	8.56	4466.05	526.23	386.51	58.48
安徽	3.13	1002.60	159.61	146.67	39.23
福建	23.15	759.36	486.38	889.60	38.62
江西	8.92	687.24	84.46	213.02	16.60
山东	96.93	3168.30	679.24	494.55	179.25
河南	2.14	1541.77	299.67	251.25	61.59
湖北	27.00	1622.03	200.93	299.61	71.57
湖南	15.02	1001.46	93.41	153.24	22.04
广东	54.17	4055.72	1443.43	3639.32	63.79
广西	30.57	789.58	86.49	133.40	12.40
海南	3.14	273.86	114.42	26.37	11.37
重庆	8.53	1310.19	182.36	170.95	28.42
四川	31.93	2394.39	107.28	146.41	18.97
贵州	6.56	570.72	20.87	40.62	3.64
云南	13.18	900.17	24.06	112.58	14.92
西藏	0.09	7.97			1.12
陕西	7.82	730.00	34.33	50.38	74.56
甘肃	5.39	492.87	26.10	32.53	11.15
青海	1.19	276.44	17.75	12.04	1.81
宁夏	1.97	121.17	18.99	3.47	1.48
新疆	1.40	685.88	6.81	43.33	4.05
不分地区		583.41			

各地区会社会全部项目累计完成投资（一）

单位：亿元

地区	合计	国有经济	集体经济	农村	个体经济	农村
全国总计	**94043.66**	**40764.33**	**8712.25**	**6553.95**	**10086.35**	**3200.96**
北京	4565.91	1540.30	247.96	151.86	210.92	17.48
天津	1764.06	758.68	118.88	89.73	147.17	17.93
河北	3139.67	1122.40	609.51	505.73	362.90	199.45
山西	1793.72	793.86	85.43	48.71	172.00	53.32
内蒙古	1612.40	824.15	34.76	21.88	157.71	55.68
辽宁	3232.90	1116.45	237.70	200.68	492.83	104.45
吉林	1342.56	631.43	34.93	25.10	181.21	71.03
黑龙江	1684.09	921.54	34.28	17.72	168.83	78.98
上海	6454.02	1809.48	430.96	247.11	592.14	6.49
江苏	7317.72	3162.69	1314.19	1030.36	713.45	191.05
浙江	7627.57	2668.00	1469.08	1330.37	648.83	211.39
安徽	2127.51	998.29	139.02	84.09	326.00	150.09
福建	2756.01	1073.61	239.52	170.67	281.14	96.42
江西	1869.85	945.03	130.17	103.91	312.80	100.21
山东	6783.36	2387.92	1246.17	855.21	818.84	296.03
河南	3354.97	1723.58	299.87	260.50	502.81	325.30
湖北	3918.75	2354.29	166.42	132.15	296.29	103.57
湖南	2737.97	1475.04	213.01	174.83	335.61	180.23
广东	10484.72	3144.56	777.91	450.40	1282.87	217.68
广西	1622.14	879.63	55.36	28.81	252.77	101.24
海南	462.41	185.03	19.46	14.57	33.69	19.20
重庆	1992.11	838.72	101.76	71.86	355.97	49.01
四川	3525.60	1526.61	363.47	324.56	463.68	176.71
贵州	1344.64	879.45	45.68	27.32	167.16	52.88
云南	1854.21	1194.01	70.21	52.77	215.77	108.13
西藏	215.59	206.25	0.62		3.99	
陕西	2105.46	1329.70	76.45	30.91	259.17	98.73
甘肃	1142.10	751.92	54.47	28.46	85.82	37.64
青海	416.73	236.57	14.68	9.32	27.06	9.36
宁夏	460.47	273.08	36.23	31.64	65.16	23.22
新疆	1462.99	724.04	44.12	32.71	151.76	48.08
不分地区	2871.42	2288.01				

各地区全社会全部项目累计完成投资（二）

单位：亿元

地　区	联营经济	股份制经济	外商投资经济	港澳台投资经济	其他经济
全国总计	**545.44**	**43776.13**	**9325.27**	**10524.39**	**939.40**
北　京	7.15	3453.26	482.30	765.58	20.56
天　津	2.38	845.04	154.27	211.06	10.42
河　北	50.03	1439.81	172.08	210.00	55.10
山　西	31.04	1210.64	161.85	24.26	17.44
内蒙古	0.46	1191.35	15.48	22.65	12.09
辽　宁	1.78	1672.87	414.62	345.67	25.48
吉　林	1.78	654.01	218.92	52.94	12.03
黑龙江	3.67	833.38	39.17	27.76	5.91
上　海	75.38	3399.42	1737.87	832.65	26.33
江　苏	20.96	1635.16	1315.90	785.97	18.97
浙　江	8.56	4466.05	526.23	386.51	58.48
安　徽	3.13	1002.60	159.61	146.67	39.23
福　建	23.15	759.36	486.38	889.60	38.62
江　西	8.92	687.24	84.46	213.02	16.60
山　东	96.93	3168.30	679.24	494.55	179.25
河　南	2.14	1541.77	299.67	251.25	61.59
湖　北	27.00	1622.03	200.93	299.61	71.57
湖　南	15.02	1001.46	93.41	153.24	22.04
广　东	54.17	4055.72	1443.43	3639.32	63.79
广　西	30.57	789.58	86.49	133.40	12.40
海　南	3.14	273.86	114.42	26.37	11.37
重　庆	8.53	1310.19	182.36	170.95	28.42
四　川	31.93	2394.39	107.28	146.41	18.97
贵　州	6.56	570.72	20.87	40.62	3.64
云　南	13.18	900.17	24.06	112.58	14.92
西　藏	0.09	7.97			1.12
陕　西	7.82	730.00	34.33	50.38	74.56
甘　肃	5.39	492.87	26.10	32.53	11.15
青　海	1.19	276.44	17.75	12.04	1.81
宁　夏	1.97	121.17	18.99	3.47	1.48
新　疆	1.40	685.88	6.81	43.33	4.05
不分地区		583.41			

各地区全社会按主要行业分的固定资产投资（一）

单位：亿元

地　区	合 计	农、林、牧、渔业	采 矿 业	制 造 业	电力、燃气及水的生产和供应业	建 筑 业	交通运输、仓储和邮政业
全国总计	**55566.61**	**1652.30**	**1775.19**	**14689.53**	**3962.40**	**924.39**	**6289.38**
北　京	2169.26	13.10	4.04	190.55	39.73	21.21	141.11
天　津	1039.39	9.38	88.97	223.11	42.67	19.77	100.45
河　北	2477.98	164.05	36.50	806.39	152.58	53.33	200.22
山　西	1100.86	23.90	107.45	357.04	144.51	3.79	141.71
内蒙古	1174.66	73.97	49.50	268.53	180.47	5.22	197.18
辽　宁	2076.36	61.85	99.86	573.65	96.50	60.51	156.31
吉　林	969.03	73.05	48.78	256.43	47.60	22.55	92.44
黑龙江	1166.18	91.08	135.06	190.66	73.74	23.23	126.62
上　海	2499.14	5.04	2.54	753.04	104.53	13.21	268.47
江　苏	5233.00	38.15	33.10	2065.22	395.14	37.14	457.86
浙　江	4740.27	71.77	4.82	1682.04	248.19	44.61	351.99
安　徽	1418.69	51.52	54.26	366.48	53.41	45.28	158.33
福　建	1496.37	40.93	6.30	366.52	100.24	62.69	189.20
江　西	1303.22	35.33	18.82	309.53	70.28	6.70	211.94
山　东	5315.14	167.46	267.32	2140.90	247.99	143.26	301.83
河　南	2262.97	149.49	127.75	470.87	196.14	6.63	376.38
湖　北	1809.45	45.28	27.47	431.30	237.93	88.28	214.70
湖　南	1590.32	48.52	25.16	349.75	129.81	13.47	219.13
广　东	4813.20	56.94	24.48	1250.88	291.95	103.02	464.97
广　西	921.30	22.33	7.23	166.20	120.92	8.29	117.39
海　南	280.02	31.20	1.80	54.24	11.90	10.65	39.62
重　庆	1161.51	19.09	7.82	150.22	88.84	53.43	95.68
四　川	2336.34	55.33	99.58	479.25	174.18	7.90	255.15
贵　州	748.12	21.61	16.14	118.26	156.61	1.77	108.41
云　南	1000.12	45.58	16.43	134.17	117.49	14.58	184.97
西　藏	133.96	6.32	0.38	3.57	21.20	1.04	45.56
陕　西	1200.68	52.71	75.21	181.50	78.53	14.24	160.70
甘　肃	619.82	40.58	23.76	138.78	73.45	14.38	87.36
青　海	255.62	16.44	23.75	50.01	32.30	8.77	42.80
宁　夏	317.99	22.72	6.43	66.61	34.63	1.32	31.88
新　疆	973.39	97.55	174.64	93.81	58.53	14.11	117.62
不分地区	962.22		159.84		140.40		631.39

各地区全社会按主要行业分的固定资产投资（二）

单位：亿元

地区	信息传输、计算机服务和软件业	批发和零售业	住宿和餐饮业	金融业	房地产业	租赁和商务服务业	科学研究、技术服务和地质勘察业
全国总计	**1660.68**	**922.73**	**422.98**	**90.15**	**13143.43**	**375.53**	**285.81**
北　京	85.98	20.11	23.08	2.81	1223.61	29.57	35.39
天　津	33.46	12.78	2.47	0.77	266.36	5.71	1.47
河　北	66.90	85.66	28.54	4.11	457.95	26.28	25.02
山　西	35.42	19.53	5.04	1.83	137.64	1.32	1.05
内蒙古	19.85	21.15	7.06	2.20	133.93	2.01	4.60
辽　宁	57.45	62.67	36.84	4.45	561.82	11.04	14.40
吉　林	13.96	20.77	10.66	2.22	169.69	5.44	4.08
黑龙江	76.33	23.00	2.54	3.20	204.29	11.35	5.65
上　海	76.50	15.14	9.14	0.72	926.02	3.29	9.50
江　苏	89.34	60.60	24.62	1.88	990.31	25.45	27.59
浙　江	88.66	43.16	19.17	4.71	1212.26	66.95	10.95
安　徽	34.64	17.36	11.80	1.64	365.23	7.44	2.97
福　建	61.04	12.78	8.90	2.34	405.10	13.06	3.68
江　西	54.04	20.70	12.00	2.38	267.08	5.35	2.68
山　东	90.10	141.33	30.13	7.89	915.91	33.88	23.99
河　南	50.56	33.09	12.46	2.88	450.73	9.48	7.77
湖　北	55.67	49.03	15.12	5.85	361.10	13.04	7.89
湖　南	41.13	37.21	17.83	2.78	410.12	20.24	5.62
广　东	257.87	49.32	27.29	13.88	1486.24	30.88	36.97
广　西	46.66	10.62	17.33	1.28	218.38	6.28	2.15
海　南	5.09	2.28	21.14	0.81	48.39	3.59	0.55
重　庆	41.85	13.93	8.37	2.70	411.80	4.50	4.01
四　川	70.08	26.52	12.34	2.66	639.79	6.08	13.54
贵　州	33.76	7.82	2.71	2.06	149.61	2.17	1.08
云　南	54.07	16.34	17.22	2.54	179.74	2.13	2.67
西　藏	6.93	1.40	1.17	0.56	4.10	0.05	1.36
陕　西	32.46	31.49	19.36	2.79	250.08	22.44	16.71
甘　肃	17.64	18.33	2.23	1.10	74.11	3.54	2.99
青　海	5.09	4.57	1.54	0.39	27.93	0.18	0.98
宁　夏	7.48	6.96	3.98	0.55	75.61	0.41	0.55
新　疆	50.66	37.09	10.91	4.16	118.50	2.37	5.55
不分地区							2.42

各地区全社会按主要行业分的固定资产投资（三）

单位：亿元

地　区	水利、环境和公共设施管理业	居民服务和其他服务业	教　育	卫生、社会保障和社会福利业	文件、体育和娱乐业	公共管理和社会组织	国际组织
全国总计	**4365.82**	**241.61**	**1671.14**	**405.78**	**531.51**	**2153.74**	**2.51**
北　京	151.35	7.78	51.33	16.48	33.15	78.88	
天　津	139.44	4.91	31.55	14.02	26.78	15.32	
河　北	109.84	19.05	74.73	18.72	24.05	124.05	
山　西	61.01	0.24	28.55	6.08	8.45	16.31	
内蒙古	119.37	2.79	22.81	8.33	9.96	45.74	
辽　宁	83.51	4.49	48.62	9.69	23.68	109.02	
吉　林	75.74	2.38	37.04	6.92	9.71	69.59	
黑龙江	60.02	0.95	48.73	8.25	16.16	65.32	
上　海	184.18	3.34	44.16	12.76	37.82	28.43	1.31
江　苏	565.33	15.80	151.79	21.58	35.81	196.28	
浙　江	560.25	24.34	132.21	35.44	37.93	100.46	0.35
安　徽	66.29	6.09	51.87	8.48	6.85	108.75	
福　建	76.08	12.19	49.09	12.15	11.59	62.47	
江　西	125.82	2.13	51.55	26.30	10.03	70.56	
山　东	245.62	13.82	159.14	25.71	35.36	323.35	0.16
河　南	152.54	25.83	84.57	18.75	13.43	73.59	
湖　北	114.07	1.87	59.02	15.15	11.73	54.97	
湖　南	99.10	4.93	44.51	16.29	30.57	73.91	0.26
广　东	330.71	11.98	147.04	32.62	47.73	148.43	
广　西	102.86	2.75	29.87	10.21	6.92	23.62	
海　南	20.41	0.55	7.31	1.81	9.56	9.09	
重　庆	146.32	1.20	37.55	9.40	9.77	55.03	
四　川	280.96	33.26	97.91	17.94	20.17	43.69	
贵　州	68.08	0.77	19.38	7.91	6.51	23.45	
云　南	99.29	16.19	27.46	7.70	11.47	50.08	
西　藏	16.99	0.47	5.25	1.87	1.74	14.00	
陕　西	95.80	10.89	69.12	7.66	16.79	62.15	0.03
甘　肃	26.54	5.06	23.04	11.62	5.95	49.07	0.29
青　海	17.05	0.20	4.11	1.54	0.96	17.00	
宁　夏	41.57	0.42	5.56	1.89	1.71	7.72	
新　疆	101.48	4.92	26.30	12.52	9.16	33.42	0.10
不分地区	28.17						

各地区全社会按管理渠道分的固定资产投资

单位：亿元

地　区	合　计	基本建设	更新改造	房地产开发	其他投资
全国总计	**55566.61**	**22908.60**	**8624.86**	**10153.80**	**13879.35**
北　京	2169.26	558.78	216.27	1202.48	191.73
天　津	1039.39	501.37	208.62	211.39	118.01
河　北	2477.98	845.90	511.90	251.27	868.92
山　西	1100.86	498.25	252.35	95.07	255.18
内蒙古	1174.66	750.73	173.59	90.79	159.55
辽　宁	2076.36	683.16	462.03	486.39	444.78
吉　林	969.03	433.88	212.13	139.24	183.78
黑龙江	1166.18	593.08	231.69	163.28	178.13
上　海	2499.14	899.27	388.01	901.24	310.62
江　苏	5233.00	1918.11	691.96	809.96	1812.97
浙　江	4740.27	1643.92	356.71	980.05	1759.59
安　徽	1418.69	549.99	355.22	240.65	272.83
福　建	1496.37	471.84	226.80	362.07	435.66
江　西	1303.22	566.85	195.61	177.47	363.29
山　东	5315.14	1795.07	910.52	581.88	2027.67
河　南	2262.97	971.56	369.72	185.56	736.13
湖　北	1809.45	828.53	383.16	239.04	358.72
湖　南	1590.32	599.75	301.87	230.03	458.68
广　东	4813.20	1828.39	658.77	1233.52	1092.52
广　西	921.30	460.91	146.84	120.31	193.24
海　南	280.02	179.66	12.81	36.61	50.93
重　庆	1161.51	568.58	122.01	327.89	143.04
四　川	2336.34	949.54	369.11	450.87	566.82
贵　州	748.12	380.08	140.06	104.95	123.03
云　南	1000.12	493.12	148.35	114.97	243.68
西　藏	133.96	118.31	9.29	2.00	4.36
陕　西	1200.68	627.13	173.23	188.31	212.01
甘　肃	619.82	307.26	161.80	50.80	99.95
青　海	255.62	164.77	40.57	22.31	27.96
宁　夏	317.99	162.67	40.76	50.91	63.65
新　疆	973.39	621.59	127.41	102.49	121.90
不分地区	962.22	936.56	25.66		0.00

各地区全社会按经济类型分的固定资产投资（一）

单位：亿元

地　区	合　计	国有经济	集体经济		个体经济	
				农村		农村
全国总计	**55566.61**	**21661.00**	**8009.48**	**6553.95**	**7720.10**	**3200.96**
北　京	2169.26	728.91	204.18	151.86	137.56	17.48
天　津	1039.39	472.19	111.46	89.73	89.78	17.93
河　北	2477.98	831.38	596.70	505.73	316.42	199.45
山　西	1100.86	463.65	76.52	48.71	137.72	53.32
内蒙古	1174.66	607.02	33.05	21.88	138.78	55.68
辽　宁	2076.36	712.22	229.49	200.68	335.16	104.45
吉　林	969.03	416.44	33.22	25.10	157.91	71.03
黑龙江	1166.18	573.63	31.76	17.72	152.71	78.98
上　海	2499.14	785.47	331.09	247.11	297.02	6.49
江　苏	5233.00	1998.18	1244.54	1030.36	574.15	191.05
浙　江	4740.27	1381.43	1405.04	1330.37	511.53	211.39
安　徽	1418.69	594.45	126.97	84.09	277.20	150.09
福　建	1496.37	512.73	207.66	170.67	209.26	96.42
江　西	1303.22	596.36	123.61	103.91	256.85	100.21
山　东	5315.14	1595.62	1177.01	855.21	740.29	296.03
河　南	2262.97	941.62	292.32	260.50	457.07	325.30
湖　北	1809.45	823.82	157.23	132.15	246.49	103.57
湖　南	1590.32	695.07	199.59	174.83	290.38	180.23
广　东	4813.20	1422.17	616.49	450.40	751.04	217.68
广　西	921.30	442.40	43.28	28.81	204.93	101.24
海　南	280.02	91.57	18.12	14.57	32.87	19.20
重　庆	1161.51	458.84	91.26	71.86	233.85	49.01
四　川	2336.34	873.04	354.54	324.56	385.61	176.71
贵　州	748.12	451.37	39.20	27.32	119.61	52.88
云　南	1000.12	528.59	64.72	52.77	182.93	108.13
西　藏	133.96	125.76	0.52		3.21	
陕　西	1200.68	685.87	62.78	30.91	198.96	98.73
甘　肃	619.82	377.23	46.74	28.46	72.10	37.64
青　海	255.62	151.37	13.22	9.32	23.36	9.36
宁　夏	317.99	152.35	35.70	31.64	60.22	23.22
新　疆	973.39	472.35	41.50	32.71	125.15	48.08
不分地区	962.22	697.89				

各地区全社会按经济类型分的固定资产投资（二）

单位：亿元

地　区	联营经济	股份制经济	外商投资经济	港澳台投资经济	其他经济
全国总计	**187.96**	**12733.58**	**2533.71**	**2375.08**	**345.69**
北　京	3.63	811.21	147.29	129.52	6.96
天　津	2.21	253.56	75.03	30.30	4.87
河　北	23.77	524.40	53.75	91.64	39.93
山　西	13.98	381.57	10.50	8.95	7.97
内蒙古	0.43	373.12	8.47	6.42	7.36
辽　宁	1.29	608.67	114.62	60.52	14.39
吉　林	0.96	309.38	36.01	11.30	3.81
黑龙江	1.14	381.00	13.21	9.36	3.37
上　海	16.80	616.30	309.25	132.91	10.31
江　苏	10.19	678.45	444.93	272.05	10.50
浙　江	3.52	1129.02	176.22	110.01	23.50
安　徽	1.80	350.19	30.03	26.75	11.29
福　建	4.29	224.25	150.36	179.79	8.03
江　西	2.86	220.82	43.12	50.98	8.61
山　东	33.89	1322.91	245.06	168.47	31.90
河　南	1.41	418.32	69.95	54.58	27.70
湖　北	10.76	429.19	50.80	63.15	28.02
湖　南	7.52	313.35	21.81	51.63	10.96
广　东	19.54	842.40	379.68	756.43	25.45
广　西	2.71	163.80	30.03	28.18	5.97
海　南	1.01	97.16	28.85	8.60	1.84
重　庆	3.02	301.89	30.86	33.63	8.17
四　川	3.18	658.51	23.24	28.18	10.06
贵　州	3.15	119.10	6.98	6.45	2.26
云　南	7.31	179.25	6.41	23.99	6.94
西　藏	0.07	3.80			0.60
陕　西	2.91	212.78	14.69	9.48	13.22
甘　肃	2.07	105.58	4.17	4.81	7.13
青　海	0.75	62.55	2.23	1.34	0.81
宁　夏	1.44	60.67	4.44	1.97	1.21
新　疆	0.36	316.06	1.73	13.70	2.55
不分地区		264.33			

各地区全社会建筑安装工程投资（一）

单位：亿元

地 区	合 计	国有经济	集体经济		个体经济	
				农村		农村
全国总计	**33447.17**	**14331.11**	**4276.94**	**3288.54**	**5059.43**	**2067.31**
北 京	1235.13	427.28	122.47	87.45	91.80	14.42
天 津	654.46	312.38	63.05	52.99	55.79	9.98
河 北	1398.31	547.25	267.18	205.62	210.25	122.56
山 西	671.47	312.68	43.29	26.82	87.60	33.86
内蒙古	772.24	449.82	18.65	10.72	84.37	24.46
辽 宁	1230.52	442.03	122.35	105.25	215.97	66.18
吉 林	636.89	313.24	24.66	18.90	82.52	12.56
黑龙江	739.70	376.81	18.34	8.96	75.91	23.89
上 海	1379.95	460.60	218.56	162.30	180.84	6.20
江 苏	2890.96	1300.57	611.32	459.48	346.88	120.91
浙 江	2565.58	893.44	619.99	575.43	330.57	165.46
安 徽	866.38	418.00	67.33	42.27	180.75	103.27
福 建	911.45	357.84	134.39	103.87	138.41	62.41
江 西	876.91	447.41	74.38	62.16	166.65	60.40
山 东	3211.54	1122.92	654.76	434.84	457.14	201.90
河 南	1476.91	665.27	186.77	167.54	328.31	221.99
湖 北	1023.40	452.35	89.61	74.64	174.66	84.99
湖 南	1043.69	477.53	118.07	99.94	218.25	130.79
广 东	2922.50	926.06	328.54	204.00	529.92	154.76
广 西	585.15	280.32	28.52	19.04	156.41	82.01
海 南	155.62	64.12	11.78	8.96	19.61	8.08
重 庆	770.03	319.72	58.20	45.57	170.04	45.52
四 川	1397.43	526.84	198.97	178.31	254.55	96.41
贵 州	461.92	291.35	19.30	12.26	79.87	34.04
云 南	655.65	354.54	46.59	38.79	127.48	74.22
西 藏	117.65	111.03	0.50		2.97	
陕 西	823.66	499.35	40.48	19.81	129.04	58.15
甘 肃	419.92	269.43	36.49	22.45	41.11	17.77
青 海	193.62	129.31	6.82	3.88	14.17	3.95
宁 夏	218.98	116.90	18.62	15.19	38.30	12.07
新 疆	664.77	339.61	26.98	21.12	69.28	14.11
不分地区	474.76	325.10				

各地区全社会建筑安装工程投资（二）

单位：亿元

地　区	联营经济	股份制经济	外商投资经济	港澳台投资经济	其他经济
全国总计	**118.50**	**7110.84**	**1068.98**	**1267.38**	**213.98**
北　京	2.28	450.64	63.62	72.89	4.16
天　津	1.37	166.39	35.42	16.52	3.54
河　北	18.28	268.62	19.43	42.05	25.25
山　西	9.07	202.82	5.89	5.92	4.21
内蒙古	0.33	206.63	3.84	3.45	5.15
辽　宁	0.58	355.54	57.73	29.14	7.19
吉　林	0.60	192.07	13.89	6.99	2.93
黑龙江	0.57	253.28	6.82	4.84	3.14
上　海	11.02	318.52	111.81	72.58	6.03
江　苏	6.05	350.29	150.87	118.49	6.48
浙　江	2.09	572.27	79.10	53.52	14.60
安　徽	0.92	168.89	10.01	12.11	8.37
福　建	2.49	110.49	67.67	94.29	5.89
江　西	2.19	127.97	19.73	33.91	4.67
山　东	17.19	731.95	115.40	91.14	21.03
河　南	0.66	219.76	31.13	30.79	14.22
湖　北	4.33	232.26	19.50	35.08	15.61
湖　南	4.55	179.04	12.33	26.64	7.28
广　东	16.80	507.45	174.37	422.06	17.30
广　西	1.52	85.85	13.81	15.42	3.30
海　南	0.42	47.15	5.84	5.69	1.02
重　庆	2.26	180.05	13.96	20.38	5.41
四　川	2.61	378.83	13.40	15.67	6.57
贵　州	1.99	62.97	2.85	2.26	1.34
云　南	3.23	102.93	3.59	13.76	3.54
西　藏	0.05	2.51			0.60
陕　西	2.41	131.14	7.97	4.92	8.34
甘　肃	1.41	62.40	3.39	2.77	2.92
青　海	0.29	39.54	1.89	1.02	0.58
宁　夏	0.64	38.85	2.87	1.74	1.07
新　疆	0.32	214.08	0.88	11.37	2.25
不分地区		149.66			

各地区全社会设备、工器具购置投资（一）

单位：亿元

地　区	合　计	国有经济	集体经济		个体经济	
				农村		农村
全国总计	**12681.90**	**3701.85**	**2895.98**	**2671.04**	**1251.32**	**710.19**
北　京	242.62	82.82	46.93	45.08	3.54	1.62
天　津	191.35	70.43	33.21	29.41	9.25	4.83
河　北	750.97	171.20	260.22	243.16	65.82	54.76
山　西	303.52	96.87	27.11	19.02	30.56	13.20
内蒙古	252.94	87.74	8.23	6.61	33.08	18.16
辽　宁	470.31	164.90	86.59	78.08	41.16	16.73
吉　林	184.74	61.74	5.44	3.72	21.38	15.46
黑龙江	264.61	133.92	10.66	7.31	37.87	27.16
上　海	483.48	113.54	67.05	62.05	2.49	0.29
江　苏	1439.02	298.37	532.13	505.10	92.69	16.27
浙　江	1076.50	126.46	598.23	594.52	63.03	36.68
安　徽	337.18	96.35	41.45	32.88	53.32	33.60
福　建	334.87	68.38	52.89	51.06	34.15	26.50
江　西	274.71	97.07	36.57	33.43	54.88	26.91
山　东	1527.92	304.54	441.57	370.64	204.88	84.70
河　南	502.76	145.25	78.89	70.30	96.36	88.46
湖　北	430.80	177.46	52.30	45.92	43.09	11.84
湖　南	312.20	112.13	66.79	64.86	41.91	35.70
广　东	1054.61	220.91	213.05	197.32	82.48	44.75
广　西	184.38	82.29	10.48	7.78	24.38	10.86
海　南	82.51	15.99	3.87	3.66	4.60	3.89
重　庆	158.73	55.21	21.83	19.01	21.73	1.74
四　川	476.62	142.13	120.85	118.89	46.02	39.71
贵　州	165.21	93.32	17.76	14.96	17.03	10.31
云　南	177.90	97.45	10.79	8.17	22.65	14.06
西　藏	13.35	11.98	0.02		0.05	
陕　西	195.26	92.63	13.30	6.11	32.78	25.71
甘　肃	132.02	69.65	7.14	4.73	19.14	13.54
青　海	41.34	13.60	5.67	5.01	6.66	4.10
宁　夏	62.44	21.82	15.00	14.95	10.97	7.21
新　疆	192.51	88.57	9.94	7.30	33.37	21.43
不分地区	364.50	287.13				

各地区全社会设备、工器具购置投资（二）

单位：亿元

地　区	联营经济	股份制经济	外商投资经济	港澳台投资经济	其他经济
全国总计	**42.49**	**2909.97**	**1115.60**	**690.23**	**74.44**
北　京		46.15	51.82	10.72	0.63
天　津	0.71	29.26	37.34	10.18	0.97
河　北	3.17	169.07	30.59	43.47	7.42
山　西	4.39	136.32	2.97	2.54	2.75
内蒙古	0.05	115.49	3.81	2.54	1.99
辽　宁	0.46	117.91	34.42	21.07	3.81
吉　林	0.35	73.69	20.11	1.69	0.34
黑龙江	0.40	74.16	4.43	2.95	0.22
上　海	1.76	134.75	143.89	19.63	0.38
江　苏	1.72	162.10	242.23	109.11	0.67
浙　江	0.39	182.17	72.57	31.04	2.60
安　徽	0.80	119.62	15.17	9.10	1.37
福　建	0.24	52.19	67.47	58.06	1.48
江　西	0.51	55.76	17.94	8.87	3.13
山　东	14.81	397.83	104.81	54.53	4.95
河　南	0.31	128.61	27.23	15.40	10.72
湖　北	3.85	109.15	19.58	18.30	7.06
湖　南	1.87	68.80	5.53	12.20	2.96
广　东	1.58	144.64	155.60	230.80	5.54
广　西	1.02	43.79	11.84	9.12	1.46
海　南	0.19	36.87	19.67	0.62	0.70
重　庆	0.36	44.29	11.18	3.58	0.55
四　川	0.15	153.42	5.18	6.68	2.18
贵　州	0.70	32.00	2.01	1.59	0.81
云　南	1.30	38.97	0.73	3.30	2.72
西　藏	0.03	1.27			
陕　西	0.28	47.29	4.94	1.01	3.03
甘　肃	0.60	31.21	0.54	0.18	3.56
青　海	0.45	14.63	0.11	0.03	0.19
宁　夏		13.16	1.23	0.15	0.11
新　疆	0.04	58.04	0.64	1.76	0.14
不分地区		77.37			

各地区全社会其他费用投资（一）

单位：亿元

地区	合计	国有经济	集体经济		个体经济	
				农村		农村
全国总计	**9437.54**	**3628.04**	**836.55**	**594.37**	**1409.35**	**423.46**
北京	691.52	218.82	34.78	19.33	42.22	1.44
天津	193.58	89.38	15.20	7.32	24.73	3.11
河北	328.71	112.94	69.29	56.95	40.34	22.13
山西	125.86	54.10	6.13	2.87	19.56	6.27
内蒙古	149.48	69.46	6.17	4.55	21.33	13.06
辽宁	375.53	105.30	20.55	17.35	78.02	21.54
吉林	147.40	41.47	3.12	2.48	54.02	43.00
黑龙江	161.87	62.90	2.77	1.45	38.93	27.93
上海	635.71	211.34	45.49	22.76	113.69	
江苏	903.03	399.24	101.08	65.78	134.58	53.87
浙江	1098.18	361.53	186.82	160.43	117.93	9.26
安徽	215.14	80.11	18.19	8.95	43.13	13.22
福建	250.05	86.51	20.37	15.74	36.70	7.52
江西	151.60	51.87	12.67	8.32	35.32	12.90
山东	575.68	168.15	80.68	49.74	78.26	9.43
河南	283.30	131.10	26.65	22.66	32.40	14.85
湖北	355.25	194.01	15.31	11.59	28.74	6.73
湖南	234.43	105.41	14.73	10.03	30.22	13.74
广东	836.09	275.20	74.90	49.08	138.65	18.17
广西	151.77	79.79	4.28	1.99	24.15	8.36
海南	41.89	11.46	2.47	1.96	8.66	7.24
重庆	232.76	83.90	11.23	7.28	42.08	1.75
四川	462.29	204.07	34.72	27.35	85.03	40.60
贵州	120.99	66.70	2.14	0.10	22.71	8.53
云南	166.57	76.59	7.34	5.81	32.80	19.84
西藏	2.95	2.75			0.18	
陕西	181.76	93.88	9.00	5.00	37.14	14.86
甘肃	67.87	38.14	3.11	1.27	11.85	6.33
青海	20.65	8.46	0.73	0.44	2.52	1.31
宁夏	36.57	13.63	2.08	1.50	10.95	3.94
新疆	116.11	44.17	4.58	4.30	22.50	12.54
不分地区	122.96	85.66				

各地区全社会住宅建设投资（二）

单位：亿元

地 区	联营经济	股份制经济	外商投资经济	港澳台投资经济	其他经济
全国总计	**48.90**	**3104.72**	**266.72**	**576.75**	**63.40**
北 京	2.95	356.85	26.61	48.88	5.52
天 津		56.55	7.65	5.03	1.63
河 北	10.80	97.18	2.38	8.88	11.16
山 西	0.27	24.18	0.46	1.53	0.77
内蒙古	0.01	33.37	2.16	0.63	1.45
辽 宁		172.68	33.06	15.92	0.86
吉 林		57.20	0.21	4.57	0.28
黑龙江	0.11	61.61	2.01	1.09	1.08
上 海	9.36	220.22	40.31	63.70	6.73
江 苏	1.83	223.48	19.64	41.97	1.68
浙 江	0.71	439.62	11.67	23.44	1.42
安 徽	0.20	77.41	3.83	6.99	3.04
福 建	1.62	47.79	27.78	47.46	2.55
江 西	0.61	44.07	5.04	11.93	0.32
山 东	0.77	198.10	13.76	28.35	4.77
河 南	0.11	69.07	6.88	10.93	2.61
湖 北	1.98	83.37	9.18	13.64	1.60
湖 南	0.46	73.13	2.22	12.36	1.07
广 东	13.00	299.97	28.90	175.80	3.49
广 西	0.24	23.66	6.49	7.41	0.37
海 南	0.03	19.61	0.96	4.37	0.03
重 庆	1.58	84.03	3.20	12.07	3.83
四 川	0.26	148.30	4.37	9.80	2.21
贵 州	0.24	22.91	0.66	0.73	0.40
云 南	0.22	42.05	1.05	6.39	0.50
西 藏		0.04			0.58
陕 西	1.37	51.55	3.31	5.24	1.23
甘 肃	0.18	16.92	2.22	2.27	0.95
青 海		11.15	0.31	0.55	0.02
宁 夏		17.26	0.26	0.21	0.01
新 疆	0.01	31.40	0.16	4.63	1.26
不分地区					

各地区全社会新增固定资产（一）

单位：亿元

地　区	合　　计	国有经济	集体经济		个体经济	
				农村		农村
全国总计	**37732.01**	**13830.42**	**6996.55**	**5977.61**	**6147.17**	**3090.46**
北　　京	1322.74	507.03	181.91	140.54	104.12	16.34
天　　津	651.54	274.16	100.71	87.03	66.04	17.93
河　　北	1809.20	559.40	557.98	500.88	297.55	199.44
山　　西	709.41	328.74	67.69	48.31	105.50	53.32
内 蒙 古	825.13	414.33	29.18	21.75	111.03	52.31
辽　　宁	1520.03	491.89	210.73	186.33	303.04	103.53
吉　　林	690.61	263.79	33.25	25.06	139.70	70.95
黑 龙 江	888.40	424.76	29.14	17.10	124.12	67.55
上　　海	1670.82	422.00	265.84	176.41	178.78	6.49
江　　苏	3436.53	1109.54	1120.88	974.31	424.94	171.94
浙　　江	3209.77	828.91	1268.90	1220.87	370.47	210.58
安　　徽	822.40	291.83	100.03	75.79	234.65	151.41
福　　建	881.96	275.97	135.41	110.87	144.62	79.68
江　　西	838.85	340.11	85.54	74.17	200.62	88.62
山　　东	3801.60	1049.23	1047.71	856.31	608.38	294.38
河　　南	1586.84	611.09	268.12	244.58	422.27	321.52
湖　　北	1376.11	728.15	102.40	82.26	210.25	98.98
湖　　南	1124.66	460.80	136.71	123.44	257.88	174.43
广　　东	3110.54	768.10	550.88	408.42	559.74	214.06
广　　西	614.53	310.41	34.75	25.23	166.41	98.79
海　　南	195.19	67.16	16.46	14.75	27.97	17.26
重　　庆	705.70	264.52	80.78	66.96	150.18	47.39
四　　川	1543.84	510.87	324.37	306.80	303.13	174.73
贵　　州	461.94	276.30	28.47	20.78	89.02	45.13
云　　南	736.33	421.06	49.14	39.31	154.34	98.63
西　　藏	90.09	85.65	0.55		2.50	
陕　　西	780.43	427.09	46.26	28.39	155.09	97.20
甘　　肃	451.42	274.70	37.52	28.43	56.62	37.64
青　　海	110.40	63.56	12.28	9.32	17.12	9.36
宁　　夏	234.12	104.63	34.32	30.48	50.82	22.81
新　　疆	766.38	354.72	38.63	32.72	110.28	48.08
不分地区	764.48	519.90				

各地区全社会新增固定资产（二）

单位：亿元

地　区	联营经济	股份制经济	外商投资经济	港澳台投资经济	其他经济
全国总计	**107.00**	**7667.04**	**1360.01**	**1411.65**	**212.16**
北　　京		432.70	27.68	58.50	10.79
天　　津	1.13	146.17	47.11	14.06	2.16
河　　北	17.27	277.65	27.15	56.15	16.05
山　　西	13.49	176.93	6.26	6.63	4.16
内 蒙 古	0.39	254.13	7.98	2.12	5.98
辽　　宁	0.84	405.76	61.04	32.94	13.78
吉　　林	0.56	227.56	16.82	6.09	2.85
黑 龙 江	3.37	288.27	11.95	4.26	2.53
上　　海	10.07	544.23	150.60	92.27	7.03
江　　苏	8.01	349.55	264.98	154.57	4.07
浙　　江	0.26	586.56	89.45	58.26	6.96
安　　徽	1.80	156.20	14.78	14.78	8.34
福　　建	2.92	108.48	109.16	100.00	5.40
江　　西	1.21	152.56	17.48	35.17	6.17
山　　东	14.38	823.37	140.74	99.86	17.94
河　　南	0.94	204.69	38.94	29.64	11.13
湖　　北	9.02	249.21	25.36	35.44	16.29
湖　　南	4.12	190.01	13.64	54.35	7.16
广　　东	7.19	558.05	209.68	438.91	18.01
广　　西	0.56	61.45	18.83	18.75	3.36
海　　南	0.26	70.60	6.89	4.62	1.24
重　　庆	2.61	159.72	23.18	18.45	6.26
四　　川	0.79	368.65	13.14	15.87	7.02
贵　　州	0.78	52.25	3.62	9.82	1.69
云　　南	0.78	80.77	2.50	21.09	6.64
西　　藏		1.39			0.02
陕　　西	1.89	131.80	7.42	2.01	8.87
甘　　肃	1.63	72.89	0.90	1.28	5.87
青　　海	0.56	14.70	0.48	1.14	0.54
宁　　夏	0.01	41.65	0.79	0.51	1.40
新　　疆	0.16	234.53	1.47	24.14	2.46
不分地区		244.57			

各地区全社会投资资金来源

单位：亿元

地　区	本年资金来源小计	国家预算内资金	国内贷款	利用外资	自筹资金	其他资金
全国总计	**58616.29**	**2687.82**	**12044.36**	**2599.35**	**31449.82**	**9834.94**
北　京	2843.34	81.28	767.27	56.12	1032.13	906.55
天　津	1134.44	14.71	327.60	65.28	560.10	166.75
河　北	2492.49	70.69	373.26	34.53	1721.16	292.85
山　西	1102.99	45.96	238.52	18.57	667.83	132.12
内蒙古	1107.75	110.07	220.92	9.56	646.30	120.90
辽　宁	2134.77	89.68	373.55	53.02	1343.04	275.48
吉　林	980.21	51.02	117.11	11.68	640.39	160.01
黑龙江	1137.26	72.33	150.21	15.84	762.56	136.32
上　海	2892.23	35.98	659.11	223.42	1250.43	723.29
江　苏	5289.60	101.15	1124.23	488.64	2988.90	586.68
浙　江	5159.20	97.79	1309.83	166.30	2646.32	938.96
安　徽	1477.56	73.71	307.72	25.42	802.70	268.01
福　建	1655.67	90.05	302.13	122.94	781.70	358.84
江　西	1307.84	75.86	270.12	74.96	685.26	201.64
山　东	5420.57	107.79	767.50	249.74	3660.52	635.03
河　南	2302.29	111.61	489.98	36.00	1355.21	309.49
湖　北	2066.86	171.97	339.69	69.17	992.69	493.33
湖　南	1612.29	85.24	287.49	47.93	956.83	234.79
广　东	5393.33	90.25	905.95	606.53	2707.52	1083.09
广　西	973.66	80.12	239.86	26.03	450.56	177.08
海　南	292.06	23.04	46.18	42.82	113.53	66.50
重　庆	1238.59	105.05	294.06	14.95	528.30	296.23
四　川	2433.51	82.62	484.54	35.84	1426.79	403.71
贵　州	766.68	46.93	202.64	8.50	408.43	100.18
云　南	1014.03	81.50	287.53	13.41	469.61	161.98
西　藏	151.84	83.67	6.59	0.05	35.77	25.77
陕　西	1183.76	106.43	271.89	21.45	554.81	229.17
甘　肃	609.05	76.11	137.57	5.72	291.39	98.26
青　海	231.35	41.41	28.25	3.08	110.72	47.89
宁　夏	304.06	31.44	88.45	1.68	139.72	42.77
新　疆	950.45	150.74	187.39	9.13	465.43	137.76
不分地区	956.55	201.59	437.22	41.02	253.20	23.51

各地区全社会施工房屋面积（一）

单位：万平方米

地区	合计	国有经济	集体经济		个体经济	
				农村		农村
全国总计	**343741.65**	**66758.04**	**54118.83**	**41359.86**	**129378.44**	**81123.66**
北京	12396.03	3118.55	1320.08	787.00	1354.57	346.87
天津	4367.77	1121.58	885.68	734.24	971.68	288.13
河北	14672.01	2922.42	3325.51	2752.89	5538.37	4097.90
山西	4924.61	1374.30	407.39	227.64	1910.19	1295.39
内蒙古	5122.84	1593.13	278.67	175.99	1857.81	1109.00
辽宁	11236.69	1582.52	1059.26	870.10	4225.68	2135.03
吉林	4414.67	1440.18	218.10	171.94	1252.92	314.82
黑龙江	5690.74	1776.24	337.08	221.43	1471.15	749.00
上海	11559.73	1546.72	2524.48	1801.00	2268.18	77.46
江苏	23260.46	4325.48	6593.92	5077.00	6418.15	3153.64
浙江	29912.77	4552.46	8610.58	7892.00	6950.98	3989.00
安徽	11442.23	2174.88	809.39	516.06	6193.03	4968.29
福建	10562.38	1882.22	1841.50	1418.20	3149.49	1750.00
江西	8847.66	1646.60	810.16	593.17	4426.84	2718.34
山东	30628.15	5137.84	8415.62	5943.94	9628.68	6520.88
河南	20074.13	3586.25	2227.78	1979.59	11316.74	9155.58
湖北	10540.89	2258.28	945.39	730.70	4597.06	3037.98
湖南	13828.12	2556.09	1416.64	1143.00	7247.41	5345.00
广东	31372.87	4479.11	5731.40	3760.00	9956.66	4141.00
广西	8174.78	1518.53	522.26	338.87	4823.74	3349.04
海南	1472.41	374.87	84.14	52.60	376.81	247.61
重庆	11518.46	1927.89	1041.02	813.00	5131.12	2484.00
四川	19087.92	3397.75	1980.49	1600.00	9345.92	5961.00
贵州	5728.52	1270.49	288.31	166.79	3085.81	1803.89
云南	8500.09	2147.78	511.25	395.00	4737.60	3889.00
西藏	321.43	265.50	3.86		34.76	
陕西	8599.24	2683.43	669.13	365.34	3729.20	2604.27
甘肃	7378.05	1463.50	728.95	459.00	4494.10	4097.90
青海	1060.64	343.01	65.27	31.70	361.04	233.72
宁夏	1977.19	533.57	228.33	166.32	715.62	319.86
新疆	4942.84	1640.07	237.19	175.35	1807.14	940.06
不分地区	125.35	116.82				

各地区全社会施工房屋面积（二）

单位：万平方米

地区	联营经济	股份制经济	外商投资经济	港澳台投资经济	其他经济
全国总计	**853.68**	**67847.91**	**9096.82**	**13688.67**	**1999.25**
北京	17.12	5124.65	505.70	896.79	58.57
天津	6.14	932.66	197.55	219.12	33.35
河北	100.29	2293.91	132.37	223.65	135.49
山西	13.88	1072.28	27.95	60.02	58.61
内蒙古	3.33	1264.73	38.77	7.47	78.92
辽宁	5.32	3261.06	654.07	362.70	86.08
吉林	2.05	1376.47	53.90	51.93	19.11
黑龙江	4.95	1900.84	78.07	70.15	52.26
上海	119.84	3671.32	786.88	584.37	57.95
江苏	31.81	3903.59	875.31	1069.16	43.05
浙江	20.63	8011.04	1037.00	636.15	93.93
安徽	14.00	1830.08	121.34	208.95	90.57
福建	34.17	1392.24	769.86	1404.86	88.05
江西	37.83	1324.87	197.09	366.82	37.44
山东	71.30	5567.60	803.83	819.70	183.58
河南	7.17	2006.38	471.44	358.38	99.98
湖北	43.25	1965.03	255.36	331.37	145.15
湖南	47.30	2016.92	125.35	368.00	50.41
广东	122.57	5625.56	1272.84	4006.64	178.09
广西	4.78	852.06	133.40	276.36	43.65
海南	4.12	441.37	87.95	100.09	3.07
重庆	57.29	2756.75	113.54	401.17	89.67
四川	17.68	3817.69	145.82	290.40	92.17
贵州	12.32	908.34	54.54	91.46	17.25
云南	9.87	907.27	29.86	105.52	50.95
西藏		6.11			11.20
陕西	24.57	1287.77	59.31	93.23	52.60
甘肃	8.87	547.05	39.36	72.69	23.55
青海		265.66	5.48	17.45	2.72
宁夏	2.09	467.65	13.29	12.35	4.29
新疆	9.15	1040.46	9.58	181.71	17.53
不分地区		8.53			

各地区全社会施工住宅面积（一）

单位：万平方米

地区	合计	国有经济	集体经济		个体经济	
				农村		农村
全国总计	**205286.68**	**30601.00**	**14243.21**	**6194.76**	**108132.00**	**74705.47**
北京	7444.31	1699.67	568.21	137.77	1094.02	295.22
天津	2531.71	501.03	357.45	272.40	773.04	219.32
河北	8183.36	1447.31	575.53	226.67	4635.42	3557.45
山西	3006.64	764.76	133.19	30.10	1585.32	1253.46
内蒙古	2643.67	668.20	92.37	45.12	1352.68	914.00
辽宁	6952.63	625.52	214.41	112.30	3486.51	2053.34
吉林	2254.51	562.20	32.97	8.85	965.07	307.47
黑龙江	3044.46	801.16	73.34	13.90	1132.94	685.45
上海	6958.82	757.97	567.32	19.00	1848.62	77.46
江苏	12067.54	2036.96	1591.44	490.00	5066.29	3028.89
浙江	13811.53	1782.81	740.23	281.00	5818.63	3767.00
安徽	8137.45	1055.83	207.16	61.26	5525.57	4777.23
福建	6279.80	817.31	578.94	250.75	2726.24	1617.00
江西	5640.68	648.21	203.55	66.12	3737.53	2648.59
山东	16604.59	2457.10	3343.85	1993.03	7547.59	6029.52
河南	13603.48	1483.31	273.67	123.16	10210.41	8529.15
湖北	7121.69	1079.03	353.52	194.69	4048.78	2855.40
湖南	9084.53	1076.31	255.76	66.00	6445.64	5042.00
广东	16117.23	1170.99	1510.88	434.00	7822.24	4112.00
广西	6276.23	695.11	197.37	66.85	4566.48	3303.86
海南	911.62	215.50	43.29	24.87	330.93	235.45
重庆	7844.94	1004.58	523.93	372.00	4207.77	2274.00
四川	12857.37	1709.02	845.58	568.00	7651.32	5045.00
贵州	3991.35	538.50	101.75	24.91	2642.84	1666.44
云南	5981.42	1257.48	252.18	173.00	3755.71	3107.00
西藏	117.89	80.83			25.55	
陕西	5872.38	1561.74	238.34	50.22	3253.00	2492.49
甘肃	5307.36	809.02	224.29	32.00	3820.79	3557.45
青海	650.84	154.83	24.51	3.96	260.76	197.89
宁夏	1159.96	271.68	61.56	23.09	533.67	267.77
新疆	2818.04	858.39	56.63	29.74	1260.65	788.17
不分地区	8.67	8.67				

各地区全社会施工住宅面积（二）

单位：万平方米

地　区	联营经济	股份制经济	外商投资经济	港澳台投资经济	其他经济
全国总计	**481.45**	**40788.75**	**3252.46**	**6958.43**	**829.38**
北　京	14.06	3411.85	204.16	405.71	46.63
天　津		685.82	90.71	111.05	12.61
河　北	71.78	1242.49	32.47	113.18	65.18
山　西	4.96	449.54	12.49	35.03	21.36
内蒙古	0.07	483.37	9.61	0.35	37.01
辽　宁		2108.95	301.29	169.99	45.97
吉　林		650.47	4.17	37.30	2.34
黑龙江	2.06	964.75	29.14	22.91	18.16
上　海	90.33	2916.78	408.21	328.50	41.09
江　苏	23.27	2534.57	237.06	558.87	19.06
浙　江	5.94	5127.43	127.67	190.51	18.31
安　徽	6.96	1115.09	58.16	133.12	35.55
福　建	27.09	825.40	449.00	800.47	55.35
江　西	21.02	723.15	80.92	216.70	9.60
山　东	9.04	2626.01	196.35	361.97	62.67
河　南	1.91	1262.53	140.95	188.18	42.52
湖　北	16.46	1255.93	150.90	186.04	31.02
湖　南	9.83	1043.84	41.94	197.09	14.12
广　东	92.09	3270.89	371.60	1847.94	30.61
广　西	2.78	520.14	87.19	194.86	12.30
海　南	0.81	239.96	11.17	69.63	0.33
重　庆	45.80	1681.72	51.45	261.56	68.13
四　川	6.00	2376.29	62.19	155.46	51.52
贵　州	8.04	633.32	22.41	35.94	8.55
云　南	4.70	608.40	6.39	74.51	22.05
西　藏		0.31			11.20
陕　西	12.70	700.10	23.11	66.84	16.55
甘　肃	3.61	360.16	29.34	44.85	15.29
青　海		196.10	5.34	9.10	0.21
宁　夏		284.88	1.57	6.06	0.54
新　疆	0.13	488.52	5.47	134.68	13.57
不分地区					

各地区全社会竣工房屋面积（一）

单位：万平方米

地区	合计	国有经济	集体经济		个体经济	
				农村		农村
全国总计	**202643.73**	**28636.15**	**39666.68**	**33845.45**	**101152.76**	**75683.58**
北京	4202.06	1051.14	867.71	669.36	668.76	309.86
天津	1862.51	440.41	449.12	362.41	502.77	243.11
河北	10048.72	1380.39	2852.16	2560.17	4628.27	3659.54
山西	2892.79	649.66	268.54	174.75	1477.11	1152.29
内蒙古	3403.15	1014.76	241.13	177.63	1500.69	1018.00
辽宁	6629.05	796.22	1001.02	863.20	3157.77	2121.67
吉林	2719.34	784.18	212.83	172.24	933.68	314.30
黑龙江	3550.19	1077.08	354.73	267.03	1208.63	692.72
上海	3897.18	488.96	1165.79	850.00	664.38	77.46
江苏	13570.86	1650.66	5123.93	4433.00	4650.43	3146.35
浙江	15210.11	1693.47	5727.49	5462.00	4962.71	3638.00
安徽	7994.41	899.11	626.31	470.16	5520.17	4804.22
福建	4798.75	740.62	880.13	726.49	2111.86	1429.00
江西	5550.84	806.46	581.31	475.44	3356.47	2186.24
山东	20120.79	2118.84	7009.95	5771.98	8110.68	6409.39
河南	15014.47	1368.35	2034.60	1907.78	10533.39	8988.75
湖北	7244.05	1159.84	808.26	695.98	4034.95	2911.02
湖南	9579.23	1042.26	1180.47	1092.00	6410.41	5091.00
广东	14106.58	1190.78	3593.59	2800.00	5708.56	3051.00
广西	5652.13	617.75	408.18	331.19	4245.06	3211.35
海南	691.78	182.11	53.74	46.17	300.94	211.91
重庆	6102.74	990.92	676.34	561.00	3262.67	2267.00
四川	12308.31	1422.15	1639.90	1471.00	7425.27	5736.00
贵州	3357.21	580.12	195.68	149.79	2240.80	1612.35
云南	6228.81	913.18	443.21	383.00	4371.26	3792.00
西藏	215.47	179.65	3.37		29.66	
陕西	5321.03	1221.21	458.54	329.13	3043.79	2494.73
甘肃	4901.33	501.25	355.99	286.00	3826.49	3659.54
青海	558.84	128.69	47.54	28.64	276.57	217.53
宁夏	1281.46	273.90	198.78	155.71	543.74	319.86
新疆	3538.31	1189.34	206.33	172.20	1444.80	917.39
不分地区	91.24	82.71				

各地区全社会竣工房屋面积（二）

单位：万平方米

地　区	联营经济	股份制经济	外商投资经济	港澳台投资经济	其他经济
全国总计	**327.48**	**25125.30**	**2881.66**	**3897.87**	**955.84**
北　京		1378.28	51.33	151.15	33.68
天　津	0.73	288.19	101.08	62.33	17.86
河　北	32.39	999.79	45.49	81.90	28.32
山　西	9.74	426.23	8.75	27.86	24.89
内蒙古	3.33	571.02	31.32	6.47	34.43
辽　宁	2.17	1419.68	149.25	64.85	38.09
吉　林	1.25	731.67	20.48	21.50	13.73
黑龙江	4.95	832.68	28.02	21.55	22.54
上　海	22.32	1247.48	200.28	91.40	16.57
江　苏	18.91	1391.63	374.86	339.50	20.94
浙　江	5.81	2445.61	167.68	172.10	35.24
安　徽	9.45	780.77	26.60	75.87	56.12
福　建	8.91	447.35	242.83	337.54	29.51
江　西	4.76	528.61	110.71	136.64	25.88
山　东	37.94	2146.71	299.47	296.88	100.31
河　南	2.37	670.65	281.04	95.01	29.05
湖　北	34.13	953.00	80.95	84.51	88.41
湖　南	25.89	714.35	49.11	138.26	18.48
广　东	25.35	1860.11	438.10	1180.78	109.29
广　西	0.18	256.41	39.74	74.50	10.32
海　南	1.19	126.30	10.74	15.24	1.53
重　庆	49.85	952.41	36.19	89.52	44.85
四　川	7.85	1636.46	40.68	82.94	53.07
贵　州	4.53	286.72	5.71	33.78	9.87
云　南	2.94	397.62	8.82	60.92	30.86
西　藏		2.80			
陕　西	7.12	538.40	16.33	8.53	27.12
甘　肃	2.58	185.18	5.63	11.20	13.01
青　海		97.01	5.13	3.00	0.89
宁　夏	0.26	258.99	1.50		4.29
新　疆	0.56	544.67	3.82	132.13	16.67
不分地区		8.53			

各地区全社会竣工住宅面积（一）

单位：万平方米

地区	合计	国有经济	集体经济	农村	个体经济	农村
全国总计	**130160.75**	**13936.88**	**9176.86**	**5448.14**	**88147.85**	**69741.10**
北京	2691.14	687.96	272.96	100.15	553.94	268.67
天津	1326.75	209.79	384.96	333.98	421.44	216.16
河北	5726.82	644.84	389.61	226.18	4069.19	3347.71
山西	1885.94	378.46	85.07	21.60	1225.65	1022.72
内蒙古	2022.73	458.30	79.50	45.12	1161.93	848.00
辽宁	4345.59	390.67	189.70	110.60	2752.07	2043.12
吉林	1467.42	329.84	26.78	5.88	735.68	307.12
黑龙江	2106.90	525.32	56.63	10.43	967.96	632.80
上海	2265.91	267.38	251.92	17.00	574.85	77.46
江苏	6761.44	705.36	955.38	490.00	3930.54	3021.66
浙江	7030.23	567.84	416.14	238.00	4410.00	3448.00
安徽	6150.05	423.19	128.45	50.85	5052.82	4613.24
福建	3058.27	296.02	264.45	150.14	1909.36	1336.00
江西	3787.42	386.29	126.34	59.89	2912.38	2130.70
山东	11534.10	1064.59	2616.38	1929.64	6705.53	5931.99
河南	10594.48	629.15	174.11	104.94	9260.66	8023.37
湖北	5245.61	584.65	259.13	181.99	3655.15	2790.20
湖南	6981.15	451.02	119.97	54.00	5911.96	4825.00
广东	8127.84	402.00	764.75	237.00	4933.09	3014.00
广西	4775.87	304.67	116.53	64.28	4105.68	3167.31
海南	515.42	119.06	28.99	22.70	276.14	203.79
重庆	4431.24	528.70	282.41	208.00	2869.20	2118.00
四川	8761.14	812.30	634.28	503.00	6182.04	4868.00
贵州	2529.44	258.99	49.67	19.43	1996.37	1486.95
云南	4534.88	484.05	218.40	173.00	3489.50	3033.00
西藏	70.90	48.46			22.24	
陕西	3932.79	737.31	104.64	17.89	2786.10	2379.92
甘肃	3984.12	295.56	68.47	19.00	3475.33	3347.71
青海	403.64	59.10	13.93	3.32	240.64	196.92
宁夏	801.93	164.31	51.83	23.11	419.18	267.77
新疆	2301.44	713.52	45.47	27.02	1141.25	773.81
不分地区	8.17	8.17				

各地区全社会竣工住宅面积（二）

单位：万平方米

地　区	联营经济	股份制经济	外商投资经济	港澳台投资经济	其他经济
全国总计	**175.34**	**15271.88**	**967.38**	**2110.82**	**373.74**
北　京		1044.06	20.18	87.06	24.97
天　津		189.84	60.47	51.43	8.81
河　北	19.68	539.11	13.28	44.13	6.99
山　西	2.90	171.75	0.43	10.73	10.94
内蒙古	0.07	299.45	9.61	0.35	13.52
辽　宁		916.89	56.87	32.13	7.25
吉　林		356.53	0.12	17.73	0.74
黑龙江	2.06	525.84	7.60	5.63	15.86
上　海	18.89	985.23	108.16	48.60	10.88
江　苏	14.06	890.83	82.26	172.70	10.30
浙　江	1.94	1525.30	39.80	57.33	11.88
安　徽	4.82	460.32	10.28	45.65	24.52
福　建	8.22	234.78	133.71	198.27	13.47
江　西	3.29	239.59	43.90	67.64	8.00
山　东	5.20	942.28	53.05	119.51	27.57
河　南	0.51	416.98	32.17	64.78	16.13
湖　北	10.73	619.67	55.23	36.67	24.39
湖　南	7.43	407.63	10.50	69.83	2.81
广　东	21.39	1234.38	138.52	615.67	18.05
广　西	0.18	162.07	26.97	55.83	3.92
海　南	0.81	73.21	2.26	14.85	0.10
重　庆	40.52	597.08	20.60	61.08	31.64
四　川	5.35	1026.72	17.04	46.49	36.92
贵　州	3.14	197.24	1.55	18.07	4.43
云　南	0.76	279.39	3.45	46.38	12.96
西　藏		0.19			
陕　西	1.65	283.92	8.00	7.17	4.00
甘　肃	1.64	123.57	4.94	6.08	8.53
青　海		81.98	5.11	2.66	0.21
宁　夏		166.06			0.54
新　疆	0.12	279.96	1.30	106.39	13.41
不分地区					

第二部分

城镇固定资产投资

（一）城镇

城镇投资主要指标

单位：万元

地　区	计划总投资	实际需要总投资	自开始建设累计完成投资	累计新增固定资产	未完工程累计投资
全国总计	**1470387334**	**1513437944**	**842887537**	**404455157**	**345552470**
北　京	76144297	81057561	43965649	13608615	29891391
天　津	28912881	29979165	16564129	8852734	4775580
河　北	43186850	43837286	24344956	14470004	7218595
山　西	28767794	29397418	16916861	9790219	5723353
内蒙古	28355818	28504454	15348391	8693571	5416788
辽　宁	48593413	50150672	29277630	16478645	10869914
吉　林	21018188	21446641	12464279	7928799	3705650
黑龙江	23733310	23971387	15873934	9615777	5213767
上　海	101211014	102482125	62004233	23383408	25586573
江　苏	103631338	104709533	60963136	28729913	28457263
浙　江	109129224	111117615	60858147	26036343	29780431
安　徽	36278624	36625694	18933302	8800247	6400331
福　建	46903277	48548897	24889220	11531146	9964095
江　西	28504461	29386783	16657347	9503596	5368347
山　东	100334377	102237224	56321218	33313915	17214215
河　南	50844697	51619042	27691732	12672682	8277617
湖　北	55882715	66063185	36830284	18035775	6908266
湖　南	38523441	39523488	23829097	11737775	11428954
广　东	171427291	178051839	98166399	47952521	42064503
广　西	30444770	30887007	14920935	7136906	7660686
海　南	6933952	7064777	4286402	2225132	1928328
重　庆	38569613	39528718	18712409	8089476	8971207
四　川	61280308	62628426	30243319	14066023	13268770
贵　州	27118794	27569568	12644381	5408262	7097233
云　南	32715517	33523777	16933110	8713329	6710363
西　藏	3047085	3137681	2155942	966947	957209
陕　西	35503007	36087636	19758198	10080507	8860615
甘　肃	19826082	20105215	10760018	4724662	5175429
青　海	7157791	7169749	3980499	1083395	1291822
宁　夏	6966323	7028845	4056157	2116268	1327592
新　疆	19929304	20416621	13821979	8186780	4777698
不分地区	39511778	39579915	28714244	10521785	13259885

各地区城镇投资总规模情况

单位：万元

地 区	计划总投资	实际需要总投资	自开始建设累计完成投资	累计新增固定资产	未完工程累计投资
全国总计	**1470387334**	**1513437944**	**842887537**	**404455157**	**345552470**
北 京	76144297	81057561	43965649	13608615	29891391
天 津	28912881	29979165	16564129	8852734	4775580
河 北	43186850	43837286	24344956	14470004	7218595
山 西	28767794	29397418	16916861	9790219	5723353
内 蒙 古	28355818	28504454	15348391	8693571	5416788
辽 宁	48593413	50150672	29277630	16478645	10869914
吉 林	21018188	21446641	12464279	7928799	3705650
黑 龙 江	23733310	23971387	15873934	9615777	5213767
上 海	101211014	102482125	62004233	23383408	25586573
江 苏	103631338	104709533	60963136	28729913	28457263
浙 江	109129224	111117615	60858147	26036343	29780431
安 徽	36278624	36625694	18933302	8800247	6400331
福 建	46903277	48548897	24889220	11531146	9964095
江 西	28504461	29386783	16657347	9503596	5368347
山 东	100334377	102237224	56321218	33313915	17214215
河 南	50844697	51619042	27691732	12672682	8277617
湖 北	55882715	66063185	36830284	18035775	6908266
湖 南	38523441	39523488	23829097	11737775	11428954
广 东	171427291	178051839	98166399	47952521	42064503
广 西	30444770	30887007	14920935	7136906	7660686
海 南	6933952	7064777	4286402	2225132	1928328
重 庆	38569613	39528718	18712409	8089476	8971207
四 川	61280308	62628426	30243319	14066023	13268770
贵 州	27118794	27569568	12644381	5408262	7097233
云 南	32715517	33523777	16933110	8713329	6710363
西 藏	3047085	3137681	2155942	966947	957209
陕 西	35503007	36087636	19758198	10080507	8860615
甘 肃	19826082	20105215	10760018	4724662	5175429
青 海	7157791	7169749	3980499	1083395	1291822
宁 夏	6966323	7028845	4056157	2116268	1327592
新 疆	19929304	20416621	13821979	8186780	4777698
不分地区	39511778	39579915	28714244	10521785	13259885

国民经济行业小类城镇投资总规模情况（一）

单位：万元

地　　　区	计划总投资	实际需要总投资	自开始建设累计完成投资	累计新增固定资产	未完工程累计投资
全　国　总　计	**1470387334**	**1513437944**	**842887537**	**404455157**	**345552470**
(一）农、林、牧、渔业	**14004959**	**14114091**	**7338895**	**4532175**	**1717394**
农业	3408511	3467658	1843767	1178502	480979
谷物及其他作物的种植	1247003	1251568	883709	622919	175252
谷物的种植	689182	691329	492433	327756	94909
薯类的种植	7329	7554	4621	3057	929
油料的种植	49287	49445	23585	15815	6565
豆类的种植	40000	40005	38040	36343	
棉花的种植	110117	110880	106885	94810	11975
麻类的种植	4019	4019	2999	2116	883
糖料的种植	14291	15520	14705	13372	1053
烟草的种植	3044	3044	1995	1707	288
其他作物的种植	329734	329772	198446	127943	58650
蔬菜、园艺作物的种植	1251597	1264617		344770	174169
蔬菜的种植	582538	590898	338864	219947	82945
花卉的种植	466432	466597	146038	55057	54539
其他园艺作物的种植	202627	207122	116800	69766	36685
水果坚果饮料和香料作物的种植	685845	686306	286519	167904	106012
水果、坚果的种植	537505	537650	237117	148217	77402
茶及其他饮料作物的种植	63556	63704	30967	13938	17029
香料作物的种植	84784	84952	18435	5749	11581
中药材的种植	224066	265167	71837	42909	25546
林业	4234884	4256627	2121825	1253899	373033
林木的培育和种植	3537061	3555856	1545449	1035195	360523
育种和育苗	430972	434022	237063	145148	81350
造林	2514607	2529587	1092575	762896	224418
林木的抚育和管理	591482	592247	215811	127151	54755
木材和竹材的采运	595885	598833	482108	132222	10944
木材的采运	595685	598623	481898	132047	10944
竹材的采运	200	210	210	175	
林产品的采集	101938	101938	94268	86482	1566
畜牧业	1993872	2001548	1153991	740392	331179
牲畜的饲养	1354410	1357920	799786	520636	213098
猪的饲养	266580	269855	149784	87009	56099
家禽的饲养	150516	150785	92248	68786	20327
狩猎和捕捉动物	800	800	478	180	178
其他畜牧业	221566	222188	111695	63781	41477
渔业	646024	647723	337149	245920	56865
海洋渔业	457361	456965	206176	163686	19444
海水养殖	452210	451638	201132	158642	19444

国民经济行业小类城镇投资总规模情况（二）

单位：万元

地　　区	计划总投资	实际需要总投资	自开始建设累计完成投资	累计新增固定资产	未完工程累计投资
海洋捕捞	5151	5327	5044	5044	
内陆渔业	188663	190758	130973	82234	37421
内陆养殖	188363	190458	130823	82234	37271
内陆捕捞	300	300	150		150
农、林、牧、渔服务业	3721668	3740535	1882163	1113462	475338
农业服务业	3048284	3061341	1552461	931030	342878
灌溉服务	1235022	1236968	702034	461387	191721
农产品初加工服务	237320	238895	177543	143189	21795
其他农业服务	1575942	1585478	672884	326454	129362
林业服务业	298843	299818	131142	62829	67300
畜牧服务业	236821	238309	134581	85439	41900
兽医服务	35263	35389	28791	19258	6142
其他畜牧服务	201558	202920	105790	66181	35758
渔业服务业	137720	141067	63979	34164	23260
（二）采矿业	**31764804**	**32244451**	**22775722**	**16452612**	**4785160**
煤炭开采和洗选业	14643715	14721606	8088948	5134066	2366941
烟煤和无烟煤的开采洗选	14249320	14322401	7802949	4994321	2225317
褐煤的开采洗选	341219	341219	256970	125462	127238
其他煤炭采选	53176	57986	29029	14283	14386
石油和天然气开采业	13177982	13533020	12288876	9776130	1715487
天然原油和天然气开采	12890351	13243629	12035474	9583395	1681324
与石油和天然气开采有关的服务	287631	289391	253402	192735	34163
黑色金属矿采选业	1241611	1256094	734901	513936	180380
铁矿采选	1206769	1220252	713287	499068	173634
其他黑色金属矿采选	34842	35842	21614	14868	6746
有色金属矿采选业	1853137	1875304	1096732	609185	425826
常用有色金属矿采选	1201091	1215809	642904	276731	339987
铜矿采选	528027	537754	306005	107072	177586
铅锌矿采选	313106	315319	216889	112743	101803
镍钴矿采选	247697	248315	39122	20284	18837
锡矿采选	75771	77371	59451	24186	35265
锑矿采选	1940	2000	1860	1685	120
铝矿采选	6944	6944	6313	2157	4156
镁矿采选	3550	3550	1950	1650	100
其他常用有色金属矿采选	24056	24556	11314	6954	2120
贵金属矿采选	508061	512916	368218	263035	78743
金矿采选	413924	418779	356495	260373	69757
银矿采选	94062	94062	11648	2662	8986
其他贵金属矿采选	75	75	75		
稀有稀土金属矿采选	143985	146579	85610	69419	7096

国民经济行业小类城镇投资总规模情况（三）

单位：万元

地　　区	计划总投资	实际需要总投资	自开始建设累计完成投资	累计新增固定资产	未完工程累计投资
钨钼矿采选	91261	93855	54327	44848	3125
稀土金属矿采选	25847	25847	14285	10615	3120
放射性金属矿采选	239	239	239	239	
其他稀有金属矿采选	26638	26638	16759	13717	851
非金属矿采选业	818269	825844	547000	411062	92794
土砂石开采	411758	414845	282333	216378	48283
石灰石、石膏开采	133815	134496	79032	60177	14260
建筑装饰用石开采	117894	118597	77721	56124	13404
耐火土石开采	37302	37417	21357	9513	10585
黏土及其他土砂石开采	122747	124335	104223	90564	10034
化学矿采选	79862	83411	54230	43822	8797
采盐	177575	177305	109768	86307	19718
石棉及其他非金属矿采选	149074	150283	100669	64555	15996
石棉、云母矿采选	13820	13820	6929	3214	3707
石墨、滑石采选	39598	40691	21993	14388	7005
宝石、玉石开采	3845	3845	2351	2351	
其他非金属矿采选	91811	91927	69396	44602	5284
其他采矿业	30090	32583	19265	8233	3732
其他采矿业	30090	32583	19265	8233	3732
（三）制造业	**283300807**	**287313657**	**154040047**	**86345815**	**53435698**
农副食品加工业	8241242	8373811	4826798	2917553	1532111
谷物磨制	608717	608607	346140	243318	66309
饲料加工	736096	738609	411937	272448	79572
植物油加工	1721382	1755871	964748	544302	312035
食用植物油加工	1666345	1700737	939114	536719	294348
非食用植物油加工	55037	55134	25634	7583	17687
制糖	278920	280746	207571	158235	43691
屠宰及肉类加工	2056573	2128973	1140196	658337	394640
畜禽屠宰	879602	948344	530555	356608	140280
肉制品及副产品加工	1176971	1180629	609641	301729	254360
水产品加工	688777	689045	434632	276010	142963
水产品冷冻加工	472877	472676	301716	181894	106449
鱼糜制品及水产品干腌制加工	118067	118087	68345	54755	13018
水产饲料制造	41297	41746	28344	24318	3812
鱼油提取及制品的制造	5000	5000	1200	1200	
其他水产品加工	51536	51536	35027	13843	19684
蔬菜、水果和坚果加工	866310	873622	522510	350408	148277
其他农副食品加工	1284467	1298338	799064	414495	344624
淀粉及淀粉制品的制造	777117	783838	503618	250132	236994
豆制品制造	107502	107131	50729	34157	14588

国民经济行业小类城镇投资总规模情况(四)

单位：万元

地　　区	计划总投资	实际需要总投资	自开始建设累计完成投资	累计新增固定资产	未完工程累计投资
蛋品加工	42827	42847	24790	11056	13380
其他未列明的农副食品加工	357021	364522	219927	119150	79662
食品制造业	5999050	6073595	3633755	2216403	1057077
焙烤食品制造	497137	500398	302965	196077	87979
糕点、面包制造	172285	173190	109505	62127	38349
饼干及其他焙烤食品制造	324852	327208	193460	133950	49630
糖果、巧克力及蜜饯制造	240877	240573	169029	90221	57002
糖果、巧克力制造	145074	144374	111213	60464	29859
蜜饯制作	95803	96199	57816	29757	27143
方便食品制造	811319	826316	490899	332754	121814
米、面制品制造	270568	271284	184806	131160	42899
速冻食品制造	138662	140806	76148	44647	20876
方便面及其他方便食品制造	402089	414226	229945	156947	58039
液体乳及乳制品制造	1701599	1742152	1014357	607514	343299
罐头制造	458494	459191	291574	202866	71830
肉、禽类罐头制造	88009	88209	35326	19481	12586
水产品罐头制造	34325	34325	22080	14980	2500
蔬菜、水果罐头制造	304627	304894	220146	158124	53087
其他罐头食品制造	31533	31763	14022	10281	3657
调味品、发酵制品制造	887492	895077	490609	282344	178253
味精制造	377392	377746	158173	57892	81284
酱油、食醋及类似制品的制造	162041	163893	109811	62594	44907
其他调味品、发酵制品制造	348059	353438	222625	161858	52062
其他食品制造	1402132	1409888	874322	504627	196900
营养、保健食品制造	215684	215909	109329	59576	20973
冷冻饮品及食用冰制造	168575	169133	127208	79074	22572
盐加工	125470	125867	74454	45307	26717
食品及饲料添加剂制造	514709	522306	313142	195732	77953
其他未列明的食品制造	377694	376673	250189	124938	48685
饮料制造业	4736966	4780174	2813394	1721177	882025
酒精制造	682132	682752	276968	212814	63144
酒的制造	2112475	2134548	1422071	854848	445429
白酒制造	759204	760383	540383	344716	169148
啤酒制造	802194	811613	551382	334067	160884
黄酒制造	98327	98948	60136	42010	16565
葡萄酒制造	295807	306681	181464	85865	67957
其他酒制造	156943	156923	88706	48190	30875
软饮料制造	1831275	1851701	1060699	620088	356878
碳酸饮料制造	158642	160817	111361	76931	29550
瓶（罐）装饮用水制造	311191	311836	181178	102575	67403

国民经济行业小类城镇投资总规模情况（五）

单位：万元

地 区	计划总投资	实际需要总投资	自开始建设累计完成投资	累计新增固定资产	未完工程累计投资
果菜汁及果菜汁饮料制造	774330	786344	487366	288905	157003
含乳饮料和植物蛋白饮料制造	314451	319747	109951	63930	40448
固体饮料制造	26055	26095	21282	8355	8940
茶饮料及其他软饮料制造	246606	246862	149561	79392	53534
精制茶加工	111084	111173	53656	33427	16574
烟草制品业	2335723	2431470	1593853	851125	636540
烟叶复烤	149707	152349	117312	77427	36479
卷烟制造	2075847	2171297	1411974	730086	579286
其他烟草制品加工	110169	107824	64567	43612	20775
纺织业	12934435	13020494	7423150	4868742	1871738
棉、化纤纺织及印染精加工	7057184	7096813	4067721	2706437	1052220
棉、化纤纺织加工	5781637	5818024	3318862	2241802	855495
棉、化纤印染精加工	1275547	1278789	748859	464635	196725
毛纺织和染整精加工	1476440	1489946	917229	624815	197083
毛条加工	715005	726464	421340	270500	102234
毛纺织	572547	575255	355256	246732	72812
毛染整精加工	188888	188227	140633	107583	22037
麻纺织	289312	289760	175423	102283	58737
丝绢纺织及精加工	829175	824026	448087	281263	90462
缫丝加工	121328	122846	79949	61138	16448
绢纺和丝织加工	313253	306586	181945	107537	37341
丝印染精加工	394594	394594	186193	112588	36673
纺织制成品制造	1870319	1878210	997304	683781	226405
棉及化纤制品制造	594165	595069	384240	269195	93544
毛制品制造	66237	67945	37250	20880	14620
麻制品制造	29722	29722	19127	12079	6548
丝制品制造	52328	58538	24167	20786	3041
绳、索、缆的制造	22902	22902	13173	10041	2312
纺织带和帘子布制造	218464	218277	99289	42901	17765
无纺布制造	537774	533299	189480	113019	54685
其他纺织制成品制造	348727	352458	230578	194880	33890
针织品、编织品及其制品制造	1412005	1441739	817386	470163	246831
棉、化纤针织品及编织品制造	619924	645544	367468	200325	115915
毛针织品及编织品制造	544250	547085	291199	176955	85702
丝针织品及编织品制造	104965	105225	73792	41786	19509
其他针织品及编织品制造	142866	143885	84927	51097	25705
纺织服装、鞋、帽制造业	4579802	4634332	2435352	1407446	685899
纺织服装制造	4348967	4388593	2260999	1271461	672142
纺织面料鞋的制造	172294	185533	129398	104617	9855
制帽	58541	60206	44955	31368	3902

国民经济行业小类城镇投资总规模情况（六）

单位：万元

地　　区	计划总投资	实际需要总投资	自开始建设累计完成投资	累计新增固定资产	未完工程累计投资
皮革、毛皮、羽毛(绒)及其制品业	2039313	2058053	1149763	728151	300560
皮革鞣制加工	234589	235148	150557	99121	44109
皮革制品制造	1567380	1584819	886376	553582	222949
皮鞋制造	1137178	1150629	593474	352397	155624
皮革服装制造	172569	173178	104306	63882	33753
皮箱、包(袋)制造	134126	137020	107373	84423	14550
皮手套及皮装饰制品制造	25385	25438	22210	15983	4543
其他皮革制品制造	98122	98554	59013	36897	14479
毛皮鞣制及制品加工	109757	109789	54361	39983	13786
毛皮鞣制加工	39180	39180	14600	11000	3540
毛皮服装加工	27680	27680	21705	19895	1810
其他毛皮制品加工	42897	42929	18056	9088	8436
羽毛(绒)加工及制品制造	127587	128297	58469	35465	19716
羽毛(绒)加工	52316	53006	25548	17021	8000
羽毛(绒)制品加工	75271	75291	32921	18444	11716
木材加工及木竹藤棕草制品	2101312	2122089	1364179	936326	338282
锯材、木片加工	229953	232150	149723	111236	34219
锯材加工	133179	133818	88497	60297	26313
木片加工	96774	98332	61226	50939	7906
人造板制造	1335645	1352016	853687	582379	206720
胶合板制造	298259	297234	191033	142177	38535
纤维板制造	711093	716899	422633	267133	107206
刨花板制造	51821	51768	35569	22168	13198
其他人造板、材制造	274472	286115	204452	150901	47781
木制品制造	417943	418708	281492	192612	72856
建筑用木料及木材组件加工	277262	277815	172072	123354	46722
木容器制造	32683	32684	18153	13003	4100
软木制品及其他木制品制造	107998	108209	91267	56255	22034
竹、藤、棕、草制品制造	117771	119215	79277	50099	24487
家具制造业	1688653	1691307	893116	498918	288076
木质家具制造	1336169	1337491	677357	384588	226546
竹、藤家具制造	18655	18655	11495	6655	4490
金属家具制造	142816	144148	102473	53696	33976
塑料家具制造	30547	30547	24392	21823	1950
其他家具制造	160466	160466	77399	32156	21114
造纸及纸制品业	8921286	8953311	4377490	2496998	1416414
纸浆制造	2465056	2468781	935940	532598	349393
造纸	5405863	5432205	2726621	1477226	889397
机制纸及纸板制造	5100277	5136632	2559017	1389798	816646
手工纸制造	12347	12390	12080	11940	140

国民经济行业小类城镇投资总规模情况(七)

单位：万元

地区	计划总投资	实际需要总投资	自开始建设累计完成投资	累计新增固定资产	未完工程累计投资
加工纸制造	293239	283183	155524	75488	72611
纸制品制造	1050367	1052325	714929	487174	177624
纸和纸板容器的制造	531412	532157	409409	267365	115124
其他纸制品制造	518955	520168	305520	219809	62500
印刷业和记录媒介的复制	2390160	2416746	1586164	1049045	391965
印刷	2118905	2143110	1397761	913803	372008
书、报、刊印刷	421545	429364	306330	224600	61476
本册印制	234396	234723	155637	86286	56905
包装装潢及其他印刷	1462964	1479023	935794	602917	253627
装订及其他印刷服务活动	159499	159398	100327	51093	18811
记录媒介的复制	111756	114238	88076	84149	1146
文教体育用品制造业	1000663	1006015	538905	312790	144120
文化用品制造	167434	170124	116042	72194	28938
文具制造	75002	76582	59867	36925	12952
笔的制造	42811	43514	23523	12602	7913
教学用模型及教具制造	7110	7553	6373	4793	280
墨水、墨汁制造	3704	3704	2396	1550	846
其他文化用品制造	38807	38771	23883	16324	6947
体育用品制造	251354	253336	152403	92881	28935
球类制造	15470	15470	13112	9624	2088
体育器材及配件制造	69694	71185	35961	20848	10395
训练健身器材制造	109199	109580	62008	33392	10753
运动防护用具制造	7389	7449	4569	3109	1120
其他体育用品制造	49602	49652	36753	25908	4579
乐器制造	107720	107720	67995	30209	33247
中乐器制造	9587	9587	9587	9587	
西乐器制造	42124	42124	22955	6388	14267
电子乐器制造	35545	35545	33628	13909	18980
其他乐器及零件制造	20464	20464	1825	325	
玩具制造	462114	462794	193574	113235	51780
游艺器材及娱乐用品制造	12041	12041	8891	4271	1220
露天游乐场所游乐设备制造	3996	3996	2896	976	1020
游艺用品及室内游艺器材制造	8045	8045	5995	3295	200
石油加工、炼焦及核燃料加工业	13912246	14079931	5612957	3047386	2078894
精炼石油产品的制造	8331472	8375031	3097801	1759996	1064520
原油加工及石油制品制造	8108418	8151977	3041765	1722260	1046410
人造原油生产	223054	223054	56036	37736	18110
炼焦及其他	5580774	5704900	2515156	1287390	1014374
化学原料及化学制品制造业	31250670	31828566	15686094	7926573	6240463

国民经济行业小类城镇投资总规模情况（八）

单位：万元

地　　区	计划总投资	实际需要总投资	自开始建设累计完成投资	累计新增固定资产	未完工程累计投资
基础化学原料制造	10990482	11288322	5076345	1768672	2841218
无机酸制造	520465	522418	258211	122745	124376
无机碱制造	1310303	1318555	651423	321845	250151
无机盐制造	633105	638008	392936	225376	136363
有机化学原料制造	6854281	6862503	2537091	629453	1862515
其他基础化学原料制造	1672328	1946838	1236684	469253	467813
肥料制造	5306972	5350850	3009240	1663277	878370
氮肥制造	3095132	3124649	1682841	887706	607337
磷肥制造	334753	344712	285746	194233	90536
钾肥制造	548527	548601	277546	22078	11633
复混肥料制造	961786	964307	557376	420612	118337
有机肥料及微生物肥料制造	243724	244081	108481	65349	32290
其他肥料制造	123050	124500	97250	73299	18237
农药制造	738561	741279	422092	206017	205118
化学农药制造	514859	517457	319269	175061	135944
生物化学农药及微生物农药制造	223702	223822	102823	30956	69174
涂料、油墨、颜料及类似产品制造	1249346	1262924	867151	514298	243446
涂料制造	664808	672579	483896	268203	162219
油墨及类似产品制造	73577	73612	58462	33353	16204
颜料制造	149367	152189	95124	68337	19412
染料制造	267204	267415	147667	88959	28751
密封用填料及类似品制造	94390	97129	82002	55446	16860
合成材料制造	8207373	8229092	3418032	2202087	1150224
初级形态的塑料及合成树脂制造	6295552	6304475	2360361	1602463	717071
合成橡胶制造	221502	221388	77224	55108	16300
合成纤维单(聚合)体的制造	663507	667602	309541	124741	171012
其他合成材料制造	1026812	1035627	670906	419775	245841
专用化学产品制造	3436395	3605586	1991843	1065437	726766
化学试剂和助剂制造	666923	672998	422955	257697	136832
专项化学用品制造	917875	1006928	418301	186287	114966
林产化学产品制造	86921	87844	57344	47981	8237
环境污染处理专用药剂材料制造	74453	74453	17165	10213	3800
动物胶制造	136777	136787	38652	15391	22101
其他专用化学产品制造	1553446	1626576	1037426	547868	440830
日用化学产品制造	1321541	1350513	901391	506785	195321
肥皂及合成洗涤剂制造	716985	740432	545182	288197	93433
化妆品制造	176572	180974	129487	75713	47569
口腔清洁用品制造	59370	59939	41738	23759	14479

国民经济行业小类城镇投资总规模情况（九）

单位：万元

地　　区	计划总投资	实际需要总投资	自开始建设累计完成投资	累计新增固定资产	未完工程累计投资
香料、香精制造	156678	156952	66585	36157	16793
其他日用化学产品制造	211936	212216	118399	82959	23047
医药制造业	12432267	12635218	7043436	3806627	2595112
化学药品原药制造	2268416	2278440	1303824	718962	455169
化学药品制剂制造	3071708	3121756	1952361	1075927	712591
中药饮片加工	1705125	1749983	1125096	533073	465092
中成药制造	2188367	2221631	1396612	807660	479474
兽用药品制造	969075	970308	268990	133609	93816
生物、生化制品的制造	1922745	1981345	787067	380061	355734
卫生材料及医药用品制造	306831	311755	209486	157335	33236
化学纤维制造业	3266932	3333808	1721891	1036213	635132
纤维素纤维原料及纤维制造	944683	944849	445187	386802	50174
化纤浆粕制造	24424	24474	22944	22144	800
人造纤维（纤维素纤维）制造	920259	920375	422243	364658	49374
合成纤维制造	2322249	2388959	1276704	649411	584958
锦纶纤维制造	79372	79338	57638	44688	12180
涤纶纤维制造	1457387	1495027	818052	325790	460316
腈纶纤维制造	34080	34789	30082	4870	25212
维纶纤维制造	175477	175607	129205	103900	24045
其他合成纤维制造	575933	604198	241727	170163	63205
橡胶制品业	3817169	3888025	2278618	974264	646805
轮胎制造	2920669	2943050	1682939	567097	526692
车辆、飞机及工程机械轮胎制造	2833476	2855737	1623892	540829	520572
力车胎制造	62431	62551	48669	18310	4970
轮胎翻新加工	24762	24762	10378	7958	1150
橡胶板、管、带的制造	158884	159040	99525	73089	16912
橡胶零件制造	162056	194791	126943	90826	32471
再生橡胶制造	66092	71624	37813	30542	6451
日用及医用橡胶制品制造	151392	151828	67782	50920	15542
橡胶靴鞋制造	107222	108606	71350	43044	23642
其他橡胶制品制造	250854	259086	192266	118746	25095
塑料制品业	5638501	5693397	3403202	2186888	895098
塑料薄膜制造	1269517	1273901	798862	497036	246207
塑料板、管、型材的制造	1638024	1662845	870121	484365	317423
塑料丝、绳及编织品的制造	364303	366454	280831	206902	62687
泡沫塑料制造	275496	292804	206557	135127	34013
塑料人造革、合成革制造	226259	227625	135030	88790	32040
塑料包装箱及容器制造	437494	438401	281504	186045	70413
塑料零件制造	270872	269807	182357	146306	25007
日用塑料制造	202780	200713	131862	95353	25977

国民经济行业小类城镇投资总规模情况（十）

单位：万元

地　　区	计划总投资	实际需要总投资	自开始建设累计完成投资	累计新增固定资产	未完工程累计投资
塑料鞋制造	40530	40825	27266	14273	10772
日用塑料杂品制造	162250	159888	104596	81080	15205
其他塑料制品制造	953756	960847	516078	346964	81331
非金属矿物制品业	17945460	18187432	9948092	5951686	3268794
水泥、石灰和石膏的制造	8405030	8457561	4223648	2462360	1492735
水泥制造	8346395	8398866	4181110	2424922	1488788
石灰和石膏制造	58635	58695	42538	37438	3947
水泥及石膏制品制造	1488423	1583998	901286	543761	278624
水泥制品制造	1003641	1010195	599806	336104	214842
砼结构构件制造	125597	209465	106521	77454	22987
石棉水泥制品制造	12480	12383	11062	9988	654
轻质建筑材料制造	267792	271277	117444	69487	28506
其他水泥制品制造	78913	80678	66453	50728	11635
砖瓦、石材及其他建筑材料制造	2315740	2341209	1516639	1004795	403482
黏土砖瓦及建筑砌块制造	482538	484639	314955	220236	76969
建筑陶瓷制品制造	791557	795625	503300	322807	142532
建筑用石加工	430521	433814	346950	260570	64835
防水建筑材料制造	206377	207732	117250	80458	25072
隔热和隔音材料制造	90319	90927	57996	34732	15382
其他建筑材料制造	314428	328472	176188	85992	78692
玻璃及玻璃制品制造	3041244	3066787	1692728	1032185	496719
平板玻璃制造	950674	960171	521461	335526	137555
技术玻璃制品制造	634504	637019	298949	82278	177915
光学玻璃制造	72644	77333	62820	37508	11737
玻璃仪器制造	32362	32362	25567	23504	2063
日用玻璃制品及玻璃包装容器	357159	359926	237099	180343	46817
玻璃保温容器制造	50472	50472	39859	21812	15375
玻璃纤维及制品制造	547742	552972	293352	223279	65103
玻璃纤维增强塑料制品制造	130340	130920	82627	41646	9768
其他玻璃制品制造	265347	265612	130994	86289	30386
陶瓷制品制造	930080	940245	548349	298068	215866
卫生陶瓷制品制造	297640	299212	144827	72855	48375
特种陶瓷制品制造	125674	126414	72398	44682	27225
日用陶瓷制品制造	468361	476085	298794	164473	127903
园林、陈设艺术及其他陶瓷制造	38405	38534	32330	16058	12363
耐火材料制品制造	365475	369464	277696	176667	97735
石棉制品制造	20291	20391	18545	12027	5990
云母制品制造	7780	7780	7350	5880	1470
耐火陶瓷制品及其他耐火材料	337404	341293	251801	158760	90275
石墨及其他非金属矿物制品制造	1399468	1428168	787746	433850	283633

国民经济行业小类城镇投资总规模情况(十一)

单位：万元

地　　区	计划总投资	实际需要总投资	自开始建设累计完成投资	累计新增固定资产	未完工程累计投资
石墨及碳素制品制造	821788	822138	477693	242103	189978
其他非金属矿物制品制造	577680	606030	310053	191747	93655
黑色金属冶炼及压延加工业	38730830	39087804	19748445	10012526	8593694
炼铁	3133215	3246261	2299159	1196133	1020581
炼钢	15258734	15379628	8660175	4682261	3612254
钢压延加工	15360220	15424340	6672460	3334159	3180085
铁合金冶炼	4978661	5037575	2116651	799973	780774
有色金属冶炼及压延加工业	15251008	15341568	7094358	3951938	2596057
常用有色金属冶炼	11842804	11949012	5373492	3143009	1955069
铜冶炼	721430	730723	431856	328657	84918
铅锌冶炼	989532	996236	288209	154392	118090
镍钴冶炼	405232	414153	202695	92528	110167
锡冶炼	32924	32924	28053	6548	21505
锑冶炼	18505	18595	13972	5405	7567
铝冶炼	9469819	9556513	4301611	2498712	1564811
镁冶炼	95517	96013	46259	20889	23820
其他常用有色金属冶炼	109845	103855	60837	35878	24191
贵金属冶炼	529262	533157	276987	107655	65766
金冶炼	466245	468237	218661	64989	55192
银冶炼	33178	34378	29976	21100	7226
其他贵金属冶炼	29839	30542	28350	21566	3348
稀有稀土金属冶炼	571985	573915	387345	144025	156911
钨钼冶炼	206595	208642	175241	54219	37234
稀土金属冶炼	175537	175537	106824	34636	71258
其他稀有金属冶炼	189853	189736	105280	55170	48419
有色金属合金制造	368864	337604	203324	127456	72441
有色金属压延加工	1938093	1947880	853210	429793	345870
常用有色金属压延加工	1738836	1748334	720804	345781	299223
贵金属压延加工	34800	34800	34078	33600	478
稀有稀土金属压延加工	164457	164746	98328	50412	46169
金属制品业	6244012	6301608	3346474	2048200	1010022
结构性金属制品制造	2304587	2344693	1114126	665616	344811
金属结构制造	1957123	1997680	895615	525298	282077
金属门窗制造	347464	347013	218511	140318	62734
金属工具制造	744920	750267	353102	237944	84039
切削工具制造	117634	118747	94694	67605	21655
手工具制造	100814	102479	71879	45081	15022
农用及园林用金属工具制造	21146	21146	14416	7131	6935
刀剪及类似日用金属工具制造	328135	328180	46617	44256	841
其他金属工具制造	177191	179715	125496	73871	39586

国民经济行业小类城镇投资总规模情况（十二）

单位：万元

地　　区	计划总投资	实际需要总投资	自开始建设累计完成投资	累计新增固定资产	未完工程累计投资
集装箱及金属包装容器制造	320427	324445	220405	127570	81851
集装箱制造	114254	114634	81236	34535	46351
金属压力容器制造	80708	81626	36909	28967	7687
金属包装容器制造	125465	128185	102260	64068	27813
金属丝绳及其制品的制造	557566	560196	276404	182169	81518
建筑、安全用金属制品制造	797931	801238	469226	278802	151254
建筑、家具用金属配件制造	294833	295914	174962	110594	55654
建筑装饰及水暖管道零件制造	256804	257871	162609	72137	64581
安全、消防用金属制品制造	35818	35819	26541	18478	4263
其他建筑安全用金属制品制造	210476	211634	105114	77593	26756
金属表面处理及热处理加工	306992	303488	193211	119890	53769
搪瓷制品制造	41959	42145	30376	11275	18781
工业生产配套用搪瓷制品制造	9490	9490	7340	3555	3465
搪瓷卫生洁具制造	2100	2100	2011	300	1711
搪瓷日用品及其他搪瓷制品制造	30369	30555	21025	7420	13605
不锈钢及类似日用金属制品制造	779196	783347	401914	243826	117479
金属制厨房调理及卫生器具制造	140904	141087	67381	35572	26676
金属制厨用器皿及餐具制造	350413	351038	165385	102433	54513
其他日用金属制品制造	287879	291222	169148	105821	36290
其他金属制品制造	390434	391789	287710	181108	76520
铸币及贵金属制实验室用品制造	21673	21673	19310	18576	620
其他未列明的金属制品制造	368761	370116	268400	162532	75900
通用设备制造业	8496795	8545855	4979900	3115884	1420690
锅炉及原动机制造	1383902	1382479	802926	461598	292316
锅炉及辅助设备制造	257253	257447	144287	94647	40113
内燃机及配件制造	854343	852326	500296	258384	202427
汽轮机及辅机制造	153913	153893	87921	55872	32049
水轮机及辅机制造	108549	108549	61577	45026	16551
其他原动机制造	9844	10264	8845	7669	1176
金属加工机械制造	1593621	1611429	1009143	683655	235152
金属切削机床制造	613095	627257	407976	316152	77364
金属成形机床制造	146640	148640	69282	38778	26204
铸造机械制造	136265	137911	127151	114231	4873
金属切割及焊接设备制造	38064	38074	33598	17255	13784
机床附件制造	163704	164555	125879	57309	24793
其他金属加工机械制造	495853	494992	245257	139930	88134
起重运输设备制造	498749	502080	296069	165140	97198
泵阀门压缩机及类似机械制造	883013	897561	581033	345087	190519
泵及真空设备制造	270898	272986	194589	114858	62072
气体压缩机械制造	163250	163319	92018	47367	43694

国民经济行业小类城镇投资总规模情况（十三）

单位：万元

地　　区	计划总投资	实际需要总投资	自开始建设累计完成投资	累计新增固定资产	未完工程累计投资
阀门和旋塞的制造	236189	240363	145949	106369	34780
液压和气压动力机械及元件制造	212676	220893	148477	76493	49973
轴承齿轮传动和驱动部件制造	746752	749360	442357	208406	184577
轴承制造	482198	482426	276702	133528	118382
齿轮、传动和驱动部件制造	264554	266934	165655	74878	66195
烘炉、熔炉及电炉制造	24490	24690	10871	4390	4871
风机衡器包装设备等通用设备制造	1745973	1747183	865173	574579	201852
风机、风扇制造	266695	266441	148569	69851	59160
气体、液体分离及纯净设备制造	57284	58609	38053	18484	19427
制冷、空调设备制造	831946	831880	272036	199569	40203
风动和电动工具制造	124774	123794	67519	46163	14409
喷枪及类似器具制造	1150	1150	1150	1120	30
包装专用设备制造	107989	107994	72043	54988	14252
衡器制造	20104	20336	16446	5753	8486
其他通用设备制造	336031	336979	249357	178651	45885
通用零部件制造及机械修理	643398	641098	424014	281819	118184
金属密封件制造	53459	53474	40138	30226	8489
紧固件、弹簧制造	114622	115893	75817	43153	26206
机械零部件加工及设备修理	212893	213201	127083	97512	21296
其他通用零部件制造	262424	258530	180976	110928	62193
金属铸、锻加工	976897	989975	548314	391210	96021
钢铁铸件制造	750824	760825	413624	289668	71784
锻件及粉末冶金制品制造	226073	229150	134690	101542	24237
专用设备制造业	7637721	8045565	4938890	2934915	1721938
矿山、冶金、建筑专用设备制造	1733608	1796697	980110	439159	484131
采矿、采石设备制造	332434	388152	238776	83014	147750
石油钻采专用设备制造	83996	85031	57120	27354	20977
建筑工程用机械制造	637120	637995	362733	163267	181644
建筑材料生产专用机械制造	463726	464065	185983	77457	95392
冶金专用设备制造	216332	221454	135498	88067	38368
化工木材非金属加工专用设备制造	1057557	1062179	616498	357984	234146
炼油、化工生产专用设备制造	223571	223775	149462	63820	83750
橡胶加工专用设备制造	86126	86142	53202	22114	28502
塑料加工专用设备制造	122679	121575	73165	46819	23260
木材加工机械制造	180454	181570	35289	16578	18111
模具制造	377375	381715	270833	179720	77074
其他非金属加工专用设备制造	67352	67402	34547	28933	3449
食品饮料烟草及饲料专用设备制造	194576	194448	133753	77653	47335
食品饮料烟草工业专用设务制造	115568	115414	88008	50646	30857
农副食品加工专用设备制造	65707	65733	39720	26576	10887

国民经济行业小类城镇投资总规模情况(十四)

单位：万元

地　　区	计划总投资	实际需要总投资	自开始建设累计完成投资	累计新增固定资产	未完工程累计投资
饲料生产专用设备制造	13301	13301	6025	431	5591
印刷制药日化生产专用设备制造	617953	624202	389076	235291	121304
制浆和造纸专用设备制造	81268	81386	54702	32901	14631
印刷专用设备制造	229359	234604	162259	91663	65692
日用化工专用设备制造	65176	64582	24871	17787	6924
制药专用设备制造	40981	41111	12563	6256	5957
照明器具生产专用设备制造	45527	46527	26749	12659	9091
玻璃、陶瓷和搪瓷制品生产专	63178	63258	46698	18780	17100
其他日用品生产专用设备制造	92464	92734	61234	55245	1909
纺织服装和皮革工业专用设备制造	585932	590605	349847	232171	74628
纺织专用设备制造	421047	424788	256472	159817	56597
皮革毛皮及其制品专用设备制造	62654	63237	25956	22930	2976
缝纫机械制造	77470	77819	58972	42775	13587
其他服装加工专用设备制造	24761	24761	8447	6649	1468
电子和电工机械专用设备制造	1700983	1732361	1107202	617248	453043
农、林、牧、渔专用机械制造	772620	1054839	745951	598906	85088
拖拉机制造	351019	626994	459482	379006	47353
机械化农业及园艺机具制造	196379	202112	124377	107418	14828
营林及木竹采伐机械制造					
畜牧机械制造	4483	4493	4433	3493	90
渔业机械制造	4810	4814	3457	1804	1653
农林牧渔机械配件制造	85973	86301	57278	42575	7838
其他农林牧渔业机械制造	129956	130125	96924	64610	13326
医疗仪器设备及器械制造	390520	393385	213689	125150	86085
医疗诊断、监护及治疗设备	183069	185887	89497	53081	35865
口腔科用设备及器具制造	6335	6335	5273	50	5223
实验室及医用消毒设备和器具	3571	3571	3139	2320	660
医疗、外科及兽医用器械制造	82815	82806	49072	25162	22658
机械治疗及病房护理设备制造	30146	30164	15633	4202	11431
假肢、人工器官及植入器械制造	20995	20995	6411	4325	2086
其他医疗设备及器械制造	63589	63627	44664	36010	8162
环保、社会公共安全及其他专用设备	583972	596849	402764	251353	136178
环境污染防治专用设备制造	233313	235089	163117	111912	44800
地质勘察专用设备制造	7300	7489	5513	2065	3448
邮政专用机械及器材制造	170	170	50	50	
商业、饮食、服务业专用设备	36283	36283	34083	31083	

国民经济行业小类城镇投资总规模情况（十五）

单位：万元

地　　区	计划总投资	实际需要总投资	自开始建设累计完成投资	累计新增固定资产	未完工程累计投资
社会公共安全设备及器材制造	67629	80976	64016	19869	43319
交通安全及管制专用设备制造	3630	3630	2440	550	1790
水资源专用机械制造	23991	23961	17896	10923	6773
其他专用设备制造	211656	209251	115649	74901	36048
交通运输设备制造业	23148411	23573352	13364606	7523271	3874333
铁路运输设备制造	594228	605836	435636	240066	178607
铁路机车车辆及动车组制造	260448	260916	171717	115367	55862
工矿有轨专用车辆制造	63646	64226	48745	28122	19236
铁路机车车辆配件制造	38258	38158	26403	19002	4509
铁路专用设备及器材、配件制造	154974	155353	108716	23397	82941
其他铁路设备制造及设备修理	76902	87183	80055	54178	16059
汽车制造	17960741	18358925	10008054	5469000	2749770
汽车整车制造	10714391	10773217	5697791	2928609	1600097
改装汽车制造	1758669	1969263	962146	579135	343772
电车制造	26931	27131	19001	15378	2323
汽车车身、挂车的制造	211546	273547	126180	69913	47526
汽车零部件及配件制造	5045689	5110083	3054971	1762208	733324
汽车修理	203515	205684	147965	113757	22728
摩托车制造	578963	580972	338034	197841	125663
摩托车整车制造	302335	303833	178837	113223	57856
摩托车零部件及配件制造	276628	277139	159197	84618	67807
自行车制造	186399	188451	124930	95579	20726
脚踏自行车及残疾人座车制造	80572	82816	48663	39150	5016
助动自行车制造	105827	105635	76267	56429	15710
船舶及浮动装置制造	1269286	1272591	982829	674719	255166
金属船舶制造	949978	951967	784568	584072	168190
非金属船舶制造	23828	23828	14090	11710	2090
娱乐船和运动船的建造和修理	7960	7960	5225	4479	626
船用配套设备制造	195550	195143	120563	53859	47407
船舶修理及拆船	91223	92946	57636	19852	36853
航标器材及其他浮动装置的制造	747	747	747	747	
交通器材及其他交通运输设备制造	2558794	2566577	1475123	846066	544401
交通管理用金属标志及设施制造	20510	20510	9717	2453	4464
其他交通运输设备制造	2538284	2546067	1465406	843613	539937
电气机械及器材制造业	7657309	7759658	4557513	2788967	1260831

国民经济行业小类城镇投资总规模情况（十六）

单位：万元

地　　区	计划总投资	实际需要总投资	自开始建设累计完成投资	累计新增固定资产	未完工程累计投资
电机制造	759059	768724	426694	253066	132318
发电机及发电机组制造	238675	247437	113892	40866	58863
电动机制造	213134	212354	135241	88007	40243
微电机及其他电机制造	307250	308933	177561	124193	33212
输配电及控制设备制造	1737013	1757922	1107579	569373	405293
变压器、整流器和电感器制造	566093	568729	314153	194818	98047
电容器及其配套设备制造	97570	98951	50940	31612	16805
配电开关控制设备制造	463185	478107	315907	143786	159885
电力电子元器件制造	436019	437618	299488	141730	67228
其他输配电及控制设备制造	174146	174517	127091	57427	63328
电线、电缆、光缆及电工器材制造	1509879	1531805	907503	583926	239839
电线电缆制造	940944	954283	524923	349481	138464
光纤、光缆制造	287525	296082	228734	146893	39978
绝缘制品制造	90711	90413	46763	34861	11493
其他电工器材制造	190699	191027	107083	52691	49904
电池制造	823030	832624	451380	278837	158090
家用电力器具制造	1980294	2016310	1130668	756808	205656
家用制冷电器具制造	728047	728285	304610	214172	67447
家用空气调节器制造	540755	538948	327554	230291	58570
家用通风电器具制造	77358	77403	55702	33057	9010
家用厨房电器具制造	223290	261233	174853	112534	11843
家用清洁卫生电器具制造	81885	81120	66033	49513	12475
家用美容、保健电器具制造	24098	24107	18909	13920	1803
家用电力器具专用配件制造	55230	55513	37942	21710	13628
其他家用电力器具制造	249631	249701	145065	81611	30880
非电力家用器具制造	162002	163442	121355	74301	34348
燃气、太阳能及类似能源器具	134307	135747	97621	59270	26175
其他非电力家用器具制造	27695	27695	23734	15031	8173
照明器具制造	509774	514468	318548	207818	60082
电光源制造	222393	222715	136505	85152	14360
照明灯具制造	217785	222080	142248	100115	30861
灯用电器附件及其他照明器具	69596	69673	39795	22551	14861
其他电气机械及器材制造	176258	174363	93786	64838	25205
车辆专用照明及电气信号设备	45938	45443	19692	10195	7847
其他未列明的电气机械制造	130320	128920	74094	54643	17358
通信设备、计算机及其他电子设备制造	22568065	22989815	13050071	6932153	5331029
通信设备制造	2401454	2400908	1323498	666783	496991
通信传输设备制造	404397	397812	235969	155660	53567
通信交换设备制造	549704	550729	367757	95034	214594
通信终端设备制造	225556	225718	121345	64137	43818

国民经济行业小类城镇投资总规模情况（十七）

单位：万元

地　　区	计划总投资	实际需要总投资	自开始建设累计完成投资	累计新增固定资产	未完工程累计投资
移动通信及终端设备制造	701306	706222	368761	215120	144164
其他通信设备制造	520491	520427	229666	136832	40848
广播电视设备制造	122641	122641	41547	15078	25118
广播电视节目制作及发射设备	47729	47729	24287	4349	18681
广播电视接收设备及器材制造	14700	14700	6382	4348	1940
应用电视设备及其他广播电视设备	60212	60212	10878	6381	4497
电子计算机制造	2807389	2795963	1439097	876623	459724
电子计算机整机制造	1054686	1025093	421218	178697	194801
计算机网络设备制造	218773	225325	141738	77908	62076
电子计算机外部设备制造	1533930	1545545	876141	620018	202847
电子器件制造	9313520	9664372	5405927	2050449	3173750
电子真空器件制造	1375217	1442203	742604	363565	287147
半导体分立器件制造	883169	881122	486555	183562	297436
集成电路制造	5808107	6106093	3666581	1169242	2421748
光电子器件及其他电子器件制造	1247027	1234954	510187	334080	167419
电子元件制造	5238893	5282530	3197873	2300045	669367
电子元件及组件制造	4708696	4736711	2829090	2015598	632945
印制电路板制造	530197	545819	368783	284447	36422
家用视听设备制造	1477142	1510759	901571	695825	154580
家用影视设备制造	1244893	1278510	804720	635135	130978
家用音响设备制造	232249	232249	96851	60690	23602
其他电子设备制造	1207026	1212642	740558	327350	351499
仪器仪表及文化、办公用机械制造	2988089	3027546	1744940	1029470	537949
通用仪器仪表制造	697619	699872	383961	239508	120020
工业自动控制系统装置制造	304679	304623	166250	103671	49214
电工仪器仪表制造	206216	208520	93541	42674	46829
绘图、计算及测量仪器制造	33212	33212	26008	24033	1912
实验分析仪器制造	30963	30963	24056	22084	1972
试验机制造	10330	10356	4363	3632	396
供应用仪表及其他通用仪器制造	112219	112198	69743	43414	19697
专用仪器仪表制造	279734	285964	171631	118057	47119
环境监测专用仪器仪表制造	15551	15565	11944	6121	4582
汽车及其他用计数仪表制造	46275	46275	16775	9455	4266
农林牧渔专用仪器仪表制造	3780	3780	3680	3080	
地质勘探和地震专用仪器制造	10207	10207	5481	4657	634
教学专用仪器制造	3805	3805	3175	3055	120
电子测量仪器制造	95046	101129	66867	42671	24046

国民经济行业小类城镇投资总规模情况（十八）

单位：万元

地　　区	计划总投资	实际需要总投资	自开始建累计完成投资	累计新增固定资产	未完工程累计投资
其他专用仪器制造	105070	105203	63709	49018	13471
钟表与计时仪器制造	109650	111722	90524	52925	15500
光学仪器及眼镜制造	503253	504358	286836	161190	90100
光学仪器制造	432738	430294	240662	144253	67359
眼镜制造	70515	74064	46174	16937	22741
文化、办公用机械制造	1193677	1222447	685225	393720	203980
电影机械制造	132453	132453	116594	22763	89429
幻灯及投影设备制造	18950	18950	5952	50	5902
照相机及器材制造	548191	573615	235927	178246	39341
复印和胶印设备制造	85661	85755	55015	8696	34338
计算器及货币专用设备制造	372016	375268	239073	180367	29902
其他文化、办公用机械制造	36406	36406	32664	3598	5068
其他仪器仪表的制造及修理	204156	203183	126763	64070	61230
工艺品及其他制造业	5123625	5209939	2751790	1043257	1082997
工艺美术品制造	1003397	1007564	572700	337791	181939
雕塑工艺品制造	154287	154541	66177	31937	26591
金属工艺品制造	91230	91910	59692	30560	24805
漆器工艺品制造	51877	51980	33632	26229	7403
花画工艺品制造	45277	45329	16839	9801	6227
天然植物纤维编织工艺品制造	39142	40095	30520	21461	7476
抽纱刺绣工艺品制造	125340	125793	69861	49551	14520
地毯、挂毯制造	139863	140028	76164	47691	22229
珠宝首饰及有关物品的制造	146003	146240	81606	47874	30140
其他工艺美术品制造	210378	211648	138209	72687	42548
日用杂品制造	159922	161706	110109	62973	31671
制镜及类似品加工	23489	23489	19205	10328	8528
鬃毛加工、制刷及清扫工具的	32486	32787	23881	13494	5243
其他日用杂品制造	103947	105430	67023	39151	17900
煤制品制造	78442	78444	50752	20134	26111
其他未列明的制造业	3881864	3962225	2018229	622359	843276
废弃资源和废旧材料回收加工业	223092	223173	132851	30923	101053
金属废料和碎屑的加工处理	100193	100213	33926	9276	24100
非金属废料和碎屑的加工处理	122899	122960	98925	21647	76953
（四）电力燃气及水的生产和供应业	**186520274**	**197090016**	**96298454**	**43322065**	**34959150**
电力、热力的生产和供应业	163909825	174289734	83835007	37481175	28963739
电力生产	123615274	133613930	55967197	21763380	18522197
火力发电	62630080	62826508	24554399	10441161	9971734
水力发电	49460457	59257143	22770673	7207053	5931770
核力发电	10020320	10020320	8158703	3939769	2372091

国民经济行业小类城镇投资总规模情况（十九）

单位：万元

地　　区	计划总投资	实际需要总投资	自开始建设累计完成投资	累计新增固定资产	未完工程累计投资
其他能源发电	1504417	1509959	483422	175397	246602
电力供应	36041861	36281554	25373756	14325339	9512901
热力生产和供应	4252690	4394250	2494054	1392456	928641
燃气生产和供应业	7107440	7219164	3647396	1937574	1528491
燃气生产和供应业	7107440	7219164	3647396	1937574	1528491
水的生产和供应业	15503009	15581118	8816051	3903316	4466920
自来水的生产和供应	8393372	8447134	4963806	2362242	2280873
污水处理及其再生利用	7000518	7024458	3785859	1516346	2145966
其他水的处理、利用与分配	109119	109526	66386	24728	40081
（五）建筑业	**12644364**	**12750882**	**7233111**	**4145853**	**2207145**
房屋和土木工程建筑业	11596734	11697256	6603491	3832293	2024064
房屋工程建筑	3477433	3509656	2129588	1353231	555371
土木工程建筑	8119301	8187600	4473903	2479062	1468693
铁路、道路、隧道和桥梁工程	6241599	6298234	3326209	1907757	1007999
水利和港口工程建筑	956400	966067	563810	295469	204104
工矿工程建筑	91645	91745	38360	26972	4673
架线和管道工程建筑	296003	297900	213667	117475	53379
其他土木工程建筑	533654	533654	331857	131389	198538
建筑安装业	323853	326242	223375	121754	67179
建筑安装业	323853	326242	223375	121754	67179
建筑装饰业	160160	160490	127619	67724	32957
建筑装饰业	160160	160490	127619	67724	32957
其他建筑业	563617	566894	278626	124082	82945
工程准备	429271	432513	168516	34309	65315
提供施工设备服务	43868	43868	36431	30234	3690
其他未列明的建筑活动	90478	90513	73679	59539	13940
（六）交通运输、仓储和邮政业	**224540510**	**225817786**	**122807066**	**53455734**	**57367771**
铁路运输业	32124358	32265814	20867251	8929567	11287960
铁路旅客运输	4876001	4926025	1818496	1222362	280746
铁路货物运输	25878513	25969345	18174818	7235730	10685079
铁路运输辅助活动	1369844	1370444	873937	471475	322135
客运火车站	202219	202219	111129	36372	74007
货运火车站	4207	4207	4207	3947	
其他铁路运输辅助活动	1163418	1164018	758601	431156	248128
道路运输业	129938669	130706107	72243712	34317898	31708730
公路旅客运输	59846871	60311453	34154706	14919578	16636497
道路货物运输	9203423	9257179	5523886	2770221	2248463
道路运输辅助活动	60888375	61137475	32565120	16628099	12823770
客运汽车站	1399069	1409438	719335	382461	292016
公路管理与养护	53701274	53787141	28408509	15225167	10764613

国民经济行业小类城镇投资总规模情况（二十）

单位：万元

地　　区	计划总投资	实际需要总投资	自开始建设累计完成投资	累计新增固定资产	未完工程累计投资
其他道路运输辅助活动	5788032	5940896	3437276	1020471	1767141
城市公共交通业	29946918	30093856	10676686	2540506	7591296
公共电汽车客运	3072393	3179848	2092785	1181375	796732
轨道交通	26090562	26106222	7923548	867628	6629520
出租车客运	194254	204563	192535	183488	8927
城市轮渡	13837	14923	13215	12601	614
其他城市公共交通	575872	588300	454603	295414	155503
水上运输业	14092865	14159719	6822745	3040626	2991394
水上旅客运输	789942	796962	248537	63440	184015
远洋旅客运输	10845	10845	10570	10570	
沿海旅客运输	314845	314125	85885	29553	55954
内河旅客运输	464252	471992	152082	23317	128061
水上货物运输	1311628	1316365	620179	172034	347189
远洋货物运输	144529	145363	50820	22448	26522
沿海货物运输	947260	947826	392623	78974	250333
内河货物运输	219839	223176	176736	70612	70334
水上运输辅助活动	11991295	12046392	5954029	2805152	2460190
客运港口	640488	626588	312269	104944	204325
货运港口	9796240	9863184	5058617	2645062	1736049
其他水上运输辅助活动	1554567	1556620	583143	55146	519816
航空运输业	8439609	8586387	4606314	1857687	2493685
航空客货运输	3032531	3138794	1930583	1401304	462392
航空旅客运输	2853459	2959722	1883483	1385488	431108
航空货物运输	179072	179072	47100	15816	31284
通用航空服务	1755659	1755659	169334	19128	150206
航空运输辅助活动	3651419	3691934	2506397	437255	1881087
机场	3140875	3177609	2179888	373853	1680736
空中交通管理	422060	422155	259241	32629	170285
其他航空运输辅助活动	88484	92170	67268	30773	30066
管道运输业	5048034	5048421	4679121	1232625	244560
装卸搬运和其他运输服务业	837316	842789	562149	273703	178022
装卸搬运	662209	667682	478327	230213	151186
运输代理服务	175107	175107	83822	43490	26836
仓储业	3261640	3258615	1777235	1003100	583569
谷物、棉花等农产品仓储	741653	749040	603379	453581	119019
其他仓储	2519987	2509575	1173856	549519	464550
邮政业	851101	856078	571853	260022	288555
国家邮政	811161	816138	557070	253062	280732
其他寄递服务	39940	39940	14783	6960	7823
（七）信息传输计算机服务和软件业	**29955357**	**30996624**	**23959608**	**13863984**	**8569554**

国民经济行业小类城镇投资总规模情况（二十一）

单位：万元

地　　区	计划总投资	实际需要总投资	自开始建设累计完成投资	累计新增固定资产	未完工程累计投资
电信和其他信息传输服务业	28356313	29379827	23309990	13577914	8287858
电信	24601196	25590660	20314217	11597292	7628836
固定电信服务	11798461	11867280	8993704	5918013	2753967
移动电信服务	12290773	13192118	10957824	5424867	4793876
其他电信服务	511962	531262	362689	254412	80993
互联网信息服务	2899497	2911441	2384827	1670714	467442
广播电视传输服务	838394	860500	594252	294019	191180
有线广播电视传输服务	771046	793007	543681	282015	156879
无线广播电视传输服务	67348	67493	50571	12004	34301
卫星传输服务	17226	17226	16694	15889	400
计算机服务业	349465	353040	201737	71155	113329
计算机系统服务	164013	167388	109712	28626	80273
数据处理	85145	85145	30862	5817	23139
计算机维修	1000	1000	1000	1000	
其他计算机服务	99307	99507	60163	35712	9917
软件业	1249579	1263757	447881	214915	168367
公共软件服务	840536	854414	337059	161122	118235
基础软件服务	167089	180179	118889	67721	22289
应用软件服务	673447	674235	218170	93401	95946
其他软件服务	409043	409343	110822	53793	50132
（八）批发和零售业	**18150313**	**18493713**	**10874360**	**6037896**	**3829126**
批发业	7342167	7407062	4214913	2460977	1424689
农畜产品批发	473350	481559	308336	201977	88933
谷物、豆及薯类批发	182046	182800	98077	57416	29059
种子、饲料批发	67450	67697	38666	26518	10800
棉、麻批发	35618	35618	31343	18980	11863
牲畜批发	16294	16420	14567	14095	452
其他农畜产品批发	171942	179024	125683	84968	36759
食品、饮料及烟草制品批发	1303776	1316313	864844	450833	354606
米、面制品及食用油批发	98546	100582	72276	55191	14779
糕点、糖果及糖批发	73800	73870	48035	33880	12105
果品、蔬菜批发	480450	482808	295191	137325	129642
肉、禽、蛋及水产品批发	203898	205148	119522	59115	49554
盐及调味品批发	37341	37761	26476	8489	16288
饮料及茶叶批发	34175	34450	24992	13944	9824
烟草制品批发	294511	299115	232913	120172	101612
其他食品批发	81055	82579	45439	22717	20802
纺织、服装及日用品批发	954362	968833	636958	403425	186072
纺织品、针织品及原料批发	154613	160212	119508	68395	35953
服装批发	443683	444193	259789	115522	115125

国民经济行业小类城镇投资总规模情况（二十二）

单位：万元

地　　　区	计划总投资	实际需要总投资	自开始建设累计完成投资	累计新增固定资产	未完工程累计投资
鞋帽批发	26459	26459	16877	16659	218
厨房、卫生间用具及日用杂货	24270	25096	23973	20698	2415
化妆品及卫生用品批发	10902	10902	6242	3222	1000
其他日用品批发	294435	301971	210569	178929	31361
文化、体育用品及器材批发	285417	297782	168676	107844	58284
文具用品批发	68497	68527	19536	16742	2709
体育用品批发	700	700	700	630	
图书批发	176398	187589	127293	80300	45595
报刊批发					
音像制品及电子出版物批发					
首饰、工艺品及收藏品批发	32589	32589	12873	2484	9880
其他文化用品批发	7233	8377	8274	7688	100
医药及医疗器材批发	335831	338869	141006	70133	59458
西药批发	189870	190938	79777	44068	26601
中药材及中成药批发	107690	109660	50707	22560	27852
医疗用品及器材批发	38271	38271	10522	3505	5005
矿产品、建材及化工产品批发	2130193	2135644	1095332	654350	349376
煤炭及制品批发	100026	102412	66226	31277	31374
石油及制品批发	317575	317768	256925	137064	107352
非金属矿及制品批发	3227	3227	3227	2977	
金属及金属矿批发	85053	85323	51538	33198	16479
建材批发	1517326	1519160	637905	389266	176932
化肥批发	43110	43506	27526	19256	8270
农药批发	7746	7796	4748	2526	2222
农用薄膜批发	5200	5200	5200	5200	
其他化工产品批发	50930	51252	42037	33586	6747
机械设备、五金交电及电子产品	1318800	1322741	698222	404185	219474
农业机械批发	88585	89213	49548	28279	18702
汽车、摩托车及零配件批发	768077	769009	389564	237965	113686
五金、交电批发	153997	155489	95880	60565	11987
家用电器批发	88350	88350	46230	30020	10190
计算机、软件及辅助设备批发	3390	3403	3403	3403	
通讯及广播电视设备批发	29400	29400	23181	3894	19287
其他机械设备及电子产品批发	187001	187877	90416	40059	45622
贸易经纪与代理	146114	146114	55709	17045	29700
其他批发	394324	399207	245830	151185	78786
再生物资回收与批发	72194	72521	37531	19579	17102
其他未列明的批发	322130	326686	208299	131606	61684
零售业	10808146	11086651	6659447	3576919	2404437
综合零售	6970520	7161411	4360678	2177353	1758411

国民经济行业小类城镇投资总规模情况（二十三）

单位：万元

地　　区	计划总投资	实际需要总投资	自开始建设累计完成投资	累计新增固定资产	未完工程累计投资
百货零售	4283104	4436704	2730973	1208190	1263330
超级市场零售	1823426	1846731	1135220	693517	310159
其他综合零售	863990	877976	494485	275646	184922
食品、饮料及烟草制品专门零售	351518	359173	262482	175366	68558
粮油零售	49463	50919	32531	20435	11445
糕点、面包零售	9767	10227	8840	6584	1913
果品、蔬菜零售	50177	50933	40394	28562	6117
肉、禽、蛋及水产品零售	71698	71972	56843	41064	14959
饮料及茶叶零售	5379	5475	4640	3820	820
烟草制品零售	30283	31766	24158	7907	16091
其他食品零售	134751	137881	95076	66994	17213
纺织、服装及日用品专门零售	436117	444629	320191	205630	85240
纺织品及针织品零售	42840	47059	41449	32110	3772
服装零售	281744	283925	185576	144088	27493
鞋帽零售	640	640	620	470	
钟表、眼镜零售	4109	4191	4151	4151	
化妆品及卫生用品零售	1188	1188	1188	932	
其他日用品零售	105596	107626	87207	23879	53975
文化、体育用品及器材专门零售	222324	230716	152227	100297	47168
文具用品零售	18596	18596	9656	9656	
体育用品零售	1920	1930	1930	1930	
图书零售	175322	180054	118660	74994	39154
报刊零售	2282	3682	2242	280	1962
音像制品及电子出版物零售	1450	1450	1349	1349	
珠宝首饰零售	5105	5655	5435	5335	
工艺美术品及收藏品零售	15060	16360	10702	5210	5392
照相器材零售	51	51	51	51	
其他文化用品零售	2538	2938	2202	1492	660
医药及医疗器材专门零售	109242	109430	60620	30422	29790
药品零售	99078	99266	56908	27345	29190
医疗用品及器材零售	10164	10164	3712	3077	600
汽车、摩托车、燃料及零配件专	1694469	1744709	828140	480570	252811
汽车零售	1281033	1279163	577077	308499	199101
汽车零配件零售	154033	171882	67522	27542	28280
摩托车及零配件零售	21873	21875	15781	12898	2833
机动车燃料零售	237530	271789	167760	131631	22597
家用电器及电子产品专门零售	203634	204159	152636	84823	16214
家用电器零售	126894	127169	103126	55375	8594
计算机、软件及辅助设备零售	65503	65753	39226	24866	4420
通信设备零售	9418	9418	8465	2990	3200

国民经济行业小类城镇投资总规模情况(二十四)

单位：万元

地　　区	计划总投资	实际需要总投资	自开始建设累计完成投资	累计新增固定资产	未完工程累计投资
其他电子产品零售	1819	1819	1819	1592	
五金家具及室内装修材料专门零售	697890	708701	424195	246079	133411
五金零售	72260	72279	36892	29580	7215
家具零售	402718	410151	230005	110519	77301
涂料零售	800	800	300		
其他室内装修材料零售	222112	225471	156998	105980	48895
无店铺及其他零售	122432	123723	98278	76379	12834
流动货摊零售					
邮购及电子销售					
生活用燃料零售	24740	25340	21511	15684	3689
花卉零售	30911	30911	25773	18853	850
旧货零售	15171	15173	8675	8050	425
其他未列明的零售	51610	52299	42319	33792	7870
（九）住宿和餐饮业	**8875936**	**9195205**	**5407554**	**2671646**	**2376071**
住宿业	7138342	7401202	4183058	1846562	2030779
旅游饭店	6246190	6476030	3590911	1498496	1826580
一般旅馆	757156	788622	499284	290520	181952
其他住宿服务	134996	136550	92863	57546	22247
餐饮业	1737594	1794003	1224496	825084	345292
正餐服务	1493219	1549294	1023818	687663	283221
快餐服务	32621	32691	32583	31559	1024
饮料及冷饮服务	39608	39648	37718	36778	860
其他餐饮服务	172146	172370	130377	69084	60187
（十）金融业	**2180209**	**2205066**	**1637115**	**786851**	**713409**
银行业	1800838	1826823	1401738	651872	657848
中央银行	210120	214909	135686	70797	52078
商业银行	1516708	1536807	1208702	540352	594568
其他银行	74010	75107	57350	40723	11202
证券业	17572	17572	17431	13781	
证券市场管理	5586	5586	5453	1858	
证券经纪与交易	8655	8655	8647	8647	
证券投资	3107	3107	3107	3052	
证券分析与咨询	224	224	224	224	
保险业	228797	229368	147264	106499	30280
人寿保险	187077	187309	107657	71890	27295
非人寿保险	34936	34975	33590	29605	2985
保险辅助服务	6784	7084	6017	5004	
其他金融活动	133002	131303	70682	14699	25281
金融信托与管理	58906	58906	20372	4254	16118
金融租赁	13017	11309	4044	2473	1571

国民经济行业小类城镇投资总规模情况（二十五）

单位：万元

地　　区	计划总投资	实际需要总投资	自开始建设累计完成投资	累计新增固定资产	未完工程累计投资
财务公司	150	158	158	158	
邮政储蓄	35778	35778	35578	4678	200
典当	3689	3690	1750	1070	680
其他未列明的金融活动	21462	21462	8780	2066	6712
（十一）房地产业	**398488220**	**417515479**	**238855574**	**103689518**	**109851785**
房地产业	398488220	417515479	238855574	103689518	109851785
房地产开发经营	390055667	409029285	231610432	97379197	109106203
物业管理	742272	764212	484686	252480	172136
房地产中介服务	89730	93080	66275	30844	35071
其他房地产活动	7600551	7628902	6694181	6026997	538375
（十二）租赁和商务服务业	**9233743**	**9625317**	**4884610**	**2220580**	**1968860**
租赁业	33663	33713	30828	28330	668
机械设备租赁	33663	33713	30828	28330	668
汽车租赁	13549	13549	11919	10549	120
农业机械租赁	1550	1550	1550	1550	
建筑工程机械与设备租赁	11388	11388	10976	10198	198
计算机及通讯设备租赁					
其他机械与设备租赁	7176	7226	6383	6033	350
文化及日用品出租					
图书及音像制品出租					
其他文化及日用品出租					
商务服务业	9200080	9591604	4853782	2192250	1968192
企业管理服务	5476342	5759319	2769978	1286754	1037863
企业管理机构	2661393	2843013	1478515	732341	487593
投资与资产管理	2018151	2112091	1051084	435881	434190
其他企业管理服务	796798	804215	240379	118532	116080
法律服务	4474	4476	2261	1461	800
律师及相关的法律服务	4396	4398	2183	1383	800
公证服务	78	78	78	78	
其他法律服务					
咨询与调查	134509	135334	99973	7179	82531
会计、审计及税务服务	7853	7853	4680	2263	2317
市场调查					
社会经济咨询	33786	33811	12975	4265	6329
其他专业咨询	92870	93670	82318	651	73885
广告业	17920	17920	13136	9444	3092
知识产权服务	984	984	887	887	
职业中介服务	36997	37209	19299	10686	8153
市场管理	1150209	1191829	535195	289103	213629
旅行社	169621	170876	69882	30069	19213

国民经济行业小类城镇投资总规模情况（二十六）

单位：万元

地　　区	计划总投资	实际需要总投资	自开始建设累计完成投资	累计新增固定资产	未完工程累计投资
其他商务服务	2209024	2273657	1343171	556667	602911
会议及展览服务	1877214	1941669	1193839	492648	525370
包装服务	70521	70522	22507	4497	18010
保安服务	2500	2500	2200	1500	300
办公服务	176932	176942	78775	31853	44959
其他未列明的商务服务	81857	82024	45850	26169	14272
（十三）科研技术服务和地质勘察业	**8226526**	**8404417**	**5140314**	**2289959**	**2257691**
研究与试验发展	4247905	4317084	2378647	1064535	1110598
自然科学研究与试验发展	803425	811286	459825	153457	245492
工程和技术研究与试验发展	1966335	1979935	914274	374362	508071
农业科学研究与试验发展	216778	220426	114519	72914	35136
医学研究与试验发展	129227	130548	86889	52054	27944
社会人文科学研究与试验发展	1132140	1174889	803140	411748	293955
专业技术服务业	2580046	2667302	1840491	851373	698574
气象服务	468932	470269	290743	59575	199150
地震服务	27624	27828	19849	17684	2165
海洋服务	2808	2808	1975	193	1782
测绘服务	30122	37907	35901	19240	16452
技术检测	133890	138257	73089	42657	26679
环境监测	57114	57373	24981	5991	14260
工程技术与规划管理	1783366	1848877	1341773	685361	408971
工程管理服务	1198375	1248408	889501	572172	286029
工程勘察设计	241438	247711	164530	69572	80621
规划管理	343553	352758	287742	43617	42321
其他专业技术服务	76190	83983	52180	20672	29115
科技交流和推广服务业	1019328	1033917	628744	176760	365161
技术推广服务	279762	294208	178398	71332	103660
科技中介服务	420541	421249	240658	62608	161005
其他科技服务	319025	318460	209688	42820	100496
地质勘察业	379247	386114	292432	197291	83358
矿产地质勘察	312881	319055	245301	175780	63942
能源矿产地质勘察	272187	277323	214613	158568	53956
固体矿产地质勘察	37523	38561	27792	15176	9126
其他矿产地质勘察	3171	3171	2896	2036	860
基础地质勘察	33371	33881	22198	14528	7545
地质勘察技术服务	32995	33178	24933	6983	11871
（十四）水利环境和公共设施管理业	**137938372**	**139545161**	**79013907**	**32047905**	**36593750**
水利管理业	38001194	38305991	22160140	8123086	8524657
防洪管理	16599615	16902279	9012248	4270533	2889905
水资源管理	18665830	18662699	11396251	2781546	5075153

国民经济行业小类城镇投资总规模情况（二十七）

单位：万元

地　　区	计划总投资	实际需要总投资	自开始建设累计完成投资	累计新增固定资产	未完工程累计投资
水库管理	11813814	11877889	7279655	1211369	2712327
调水、引水管理	5644825	5679018	3496577	1223189	2108031
其他水资源管理	1207191	1105792	620019	346988	254795
其他水利管理	2735749	2741013	1751641	1071007	559599
环境管理业	8998331	9159094	5369044	1969795	3019733
自然保护	987271	1030825	455464	199327	240302
自然保护区管理	345763	348744	128680	59631	59176
野生动植物保护	500224	501980	255054	94337	159764
其他自然保护	141284	180101	71730	45359	21362
环境治理	8011060	8128269	4913580	1770468	2779431
城市市容管理	384251	385235	273734	198566	59230
城市环境卫生管理	1764228	1776944	982567	356088	553167
水污染治理	3786558	3852910	2172606	835103	1249262
危险废物治理	96878	96878	47611	36834	9189
其他环境治理	1979145	2016302	1437062	343877	908583
公共设施管理业	90938847	92080076	51484723	21955024	25049360
市政公共设施管理	77744931	78630912	45423869	19221086	22274159
城市绿化管理	3199351	3287571	1870096	1075124	650671
游览景区管理	9994565	10161593	4190758	1658814	2124530
风景名胜区管理	2820393	2928671	1429032	575916	673605
公园管理	3828192	3872488	1719337	582028	1037375
其他游览景区管理	3345980	3360434	1042389	500870	413550
（十五）居民服务和其他服务业	**1969792**	**2025397**	**948208**	**574832**	**286768**
居民服务业	1079538	1132671	770882	493147	215421
家庭服务	28192	28192	13828	9401	1754
托儿所	2856	2981	2048	1285	763
洗染服务	935	935	935	907	
理发及美容保健服务	9476	10376	8471	6561	1660
洗浴服务	117830	120056	96732	73780	21602
婚姻服务	1224	1224	1224	1161	63
殡葬服务	387092	405448	272577	165703	78636
摄影扩印服务	5310	5310	4690	4010	550
其他居民服务	526623	558149	370377	230339	110393
其他服务业	890254	892726	177326	81685	71347
修理与维护	60075	60455	32109	19564	10587
汽车、摩托车维护与保养	39265	39645	27948	17934	8754
办公设备维修	210	210	180	150	30
家用电器修理	1180	1180	1088	980	
其他日用品修理	19420	19420	2893	500	1803
清洁服务	23939	23939	10564	4539	90

国民经济行业小类城镇投资总规模情况（二十八）

单位：万元

地　　　区	计划总投资	实际需要总投资	自开始建设累计完成投资	累计新增固定资产	未完工程累计投资
建筑物清洁服务	2480	2480	1680	1680	
其他清洁服务	21459	21459	8884	2859	90
其他未列明的服务	806240	808332	134653	57582	60670
（十六）教育	**37599791**	**38487960**	**21750110**	**12210394**	**8021111**
教育	37599791	38487960	21750110	12210394	8021111
学前教育	270971	276821	179380	134546	29533
初等教育	1660037	1689156	1278559	927909	296442
中等教育	10120562	10389004	7142115	4670302	2042861
初中教育	2698237	2780583	2022885	1294365	603297
高中教育	5860175	6012965	4093192	2805025	1054607
中等专业教育	817315	832535	545762	263149	229029
职业中学教育	401752	407588	258454	169288	79663
技工学校教育	157651	159453	86830	65196	18598
其他中等教育	185432	195880	134992	73279	57667
高等教育	24127772	24691227	12431170	6075849	5376280
普通高等教育	23296594	23851628	11955939	5898030	5135084
成人高等教育	831178	839599	475231	177819	241196
其他教育	1420449	1441752	718886	401788	275995
职业技能培训	496633	503315	310760	215859	78960
特殊教育	87706	88072	57607	12371	45071
其他未列明的教育	836110	850365	350519	173558	151964
（十七）卫生社会保障和社会福利业	**8194456**	**8553606**	**5558226**	**2985734**	**2187207**
卫生	7704515	8042702	5193757	2733842	2090402
医院	6825852	7146051	4497572	2229347	1929143
综合医院	5390850	5648982	3475167	1729014	1520972
中医医院	429140	461265	323016	158093	151854
中西医结合医院	163050	175115	135788	107388	22219
民族医院	10819	10819	10312	9061	1201
专科医院	791643	808687	530883	213808	227485
疗养院	40350	41183	22406	11983	5412
卫生院及社区医疗活动	95104	96360	79739	57354	17079
门诊部医疗活动	66389	68577	61886	47606	14055
计划生育技术服务活动	19116	19470	15355	11042	3659
妇幼保健活动	130256	133711	101230	57593	36022
专科疾病防治活动	34442	34937	24808	18388	3912
疾病预防控制及防疫活动	380388	386320	285170	226781	53151
其他卫生活动	152968	157276	127997	85731	33381
社会保障业	159014	159105	110175	91898	11307
社会保障业	159014	159105	110175	91898	11307
社会福利业	330927	351799	254294	159994	85498

国民经济行业小类城镇投资总规模情况（二十九）

单位：万元

地　　区	计划总投资	实际需要总投资	自开始建设累计完成投资	累计新增固定资产	未完工程累计投资
提供住宿的社会福利	234610	239312	184314	116943	61593
干部休养所	37061	39801	34897	28731	2569
收养收容服务	197549	199511	149417	88212	59024
不提供住宿的社会福利	96317	112487	69980	43051	23905
（十八）文化、体育和娱乐业	**17441705**	**18447830**	**8456618**	**2844924**	**4591704**
新闻出版业	540687	571094	418267	150024	233799
新闻业	164583	189799	120382	47909	61324
出版业	376104	381295	297885	102115	172475
图书出版	101029	105170	92582	5692	73776
报纸出版	261961	263011	197359	90829	97649
期刊出版	2414	2414	2414	2414	
音像制品出版	9450	9450	4470	2850	1020
电子出版物出版	130	130	130	130	
其他出版	1120	1120	930	200	30
广播、电视、电影和音像业	2760147	2825151	1355063	527244	787252
广播	382495	391023	240058	103307	115350
电视	2079191	2118500	869476	297140	560044
电影	291555	308722	239191	124572	107806
电影制作与发行	145993	151291	113214	41354	69673
电影放映	145562	157431	125977	83218	38133
音像制作	6906	6906	6338	2225	4052
文化艺术业	4218154	4332963	2420677	609076	1522629
文艺创作与表演	320272	324070	229056	15206	210367
艺术表演场馆	798153	838240	473003	104530	309262
图书馆与档案馆	389569	393740	215485	66892	70734
图书馆	320576	324676	174875	62542	51577
档案馆	68993	69064	40610	4350	19157
文物及文化保护	587153	611349	315361	119494	180619
博物馆	1043159	1063784	457932	96876	251381
烈士陵园、纪念馆	81828	84041	49391	20993	24679
群众文化活动	732255	726804	453498	110022	331384
文化艺术经纪代理	804	804	554	204	350
其他文化艺术	264961	290131	226397	74859	143853
体育	4021365	4755285	2171225	708772	1102752
体育组织	249004	256958	178404	89332	80590
体育场馆	3543867	4250553	1893133	558205	983755
其他体育	228494	247774	99688	61235	38407
娱乐业	5901352	5963337	2091386	849808	945272
室内娱乐活动	674007	676975	450575	313813	96554
游乐园	1328853	1374788	590594	157424	279966

国民经济行业小类城镇投资总规模情况（三十）

单位：万元

地　　区	计划总投资	实际需要总投资	自开始建设累计完成投资	累计新增固定资产	未完工程累计投资
休闲健身娱乐活动	3125270	3137919	868983	310877	486201
其他娱乐活动	773222	773655	181234	67694	82551
（十九）公共管理和社会组织	**39345677**	**40599767**	**25897519**	**13971961**	**9827316**
中国共产党机关	673701	689752	460342	230250	213500
中国共产党机关	673701	689752	460342	230250	213500
国家机构	35588836	36757056	23367928	12457561	8983198
国家权力机构	4218858	4383744	2699279	1160313	1301242
国家行政机构	28941262	29841714	18863159	10355349	6992808
综合事务管理机构	10625892	10987391	7108439	4128721	2411669
对外事务管理机构	71377	71943	34420	20718	8859
公共安全管理机构	2829179	2916455	1893520	1008322	808116
社会事务管理机构	2604835	2650486	1786235	811983	796956
经济事务管理机构	6962884	7217801	4178601	2333323	1498759
政府事务管理机构	4743917	4863789	3016873	1615944	1087115
行政监督检查机构	1103178	1133849	845071	436338	381334
人民法院和人民检察院	1466502	1557960	1107295	538730	495985
人民法院	912274	964305	677333	300760	324871
人民检察院	554228	593655	429962	237970	171114
其他国家机构	962214	973638	698195	403169	193163
人民政协和民主党派	177379	182543	116939	59185	55602
人民政协	150453	155369	105026	53509	49715
民主党派	26926	27174	11913	5676	5887
群众团体、社会团体和宗教组织	846556	891935	542782	291786	237543
群众团体	172081	178688	116859	80140	33429
工会	105198	109211	79667	64389	13138
妇联	10618	11628	9345	5697	3640
共青团	14295	14295	4089	1040	3030
其他群众团体	41970	43554	23758	9014	13621
社会团体	455743	493612	340376	173962	160152
专业性团体	17277	17277	10985	3353	4824
行业性团体	137604	140110	54755	34040	18008
其他社会团体	300862	336225	274636	136569	137320
宗教组织	218732	219635	85547	37684	43962
基层群众自治组织	2059205	2078481	1409528	933179	337473
社区自治组织	1246054	1257016	761595	500308	199442
村民自治组织	813151	821465	647933	432871	138031
（二十）国际组织	**11519**	**11519**	**10519**	**4719**	**5800**
国际组织	11519	11519	10519	4719	5800

各地区城镇投资和新增固定资产

单位：万元

地　区	投资额	新增固定资产	固定资产交付使用率（%）
全国总计	**458116959**	**286639357**	**62.60**
北　京	19999107	11658611	58.30
天　津	9317426	5465841	58.70
河　北	17728062	11088845	62.50
山　西	9988240	6077713	60.80
内蒙古	10970976	7510715	68.50
辽　宁	17712262	12301709	69.50
吉　林	8729070	5945951	68.10
黑龙江	10694838	8037470	75.20
上　海	22455438	14879275	66.30
江　苏	40115925	22902783	57.10
浙　江	31985074	17783296	55.60
安　徽	11845153	5952109	50.20
福　建	12292773	6914113	56.20
江　西	10991035	6760689	61.50
山　东	41639013	26509217	63.70
河　南	16771716	10207382	60.90
湖　北	15737323	11948746	75.90
湖　南	12352666	8267842	66.90
广　东	41451176	24880560	60.00
广　西	7912617	4905057	62.00
海　南	2462433	1631790	66.30
重　庆	10406455	5913478	56.80
四　川	18350737	10623109	57.90
贵　州	6679183	3960322	59.30
云　南	8392210	5983938	71.30
西　藏	1339556	900921	67.30
陕　西	10710423	6548365	61.10
甘　肃	5537181	3853453	69.60
青　海	2369392	917173	38.70
宁　夏	2631371	1808348	68.70
新　疆	8925935	6855765	76.80
不分地区	9622193	7644771	79.40

国民经济行业大类投资和新增固定资产（一）

单位：万元

行　　业	投资额	新增固定资产	固定资产交付使用率（%）
全　国　总　计	**458116959**	**286639357**	**62.60**
（一）农、林、牧、渔业	**5349794**	**3750424**	**70.10**
农业	1401965	990473	70.60
林业	1502417	1025469	68.30
畜牧业	961077	655997	68.30
渔业	203171	148408	73.00
农、林、牧、渔服务业	1281164	930077	72.60
（二）采矿业	**15518508**	**11829326**	**76.20**
煤炭开采和洗选业	4364297	2982110	68.30
石油和天然气开采业	9459899	7593970	80.30
黑色金属矿采选业	500835	376517	75.20
有色金属矿采选业	708718	526525	74.30
非金属矿采选业	467048	345012	73.90
其他采矿业	17711	5192	29.30
（三）制造业	**107439508**	**66468619**	**61.90**
农副食品加工业	3988757	2561720	64.20
食品制造业	2929198	1914020	65.30
饮料制造业	2110893	1465217	69.40
烟草制品业	860786	618190	71.80
纺织业	6141477	4102091	66.80
纺织服装、鞋、帽制造业	1995154	1194314	59.90
皮革、毛皮、羽毛(绒)及其制品业	936741	625670	66.80
木材加工及木、竹、藤、棕、草制品业	1155092	786016	68.00
家具制造业	737477	422701	57.30
造纸及纸制品业	3137372	1992069	63.50
印刷业和记录媒介的复制	1247142	897424	72.00
文教体育用品制造业	432660	273228	63.20
石油加工、炼焦及核燃料加工业	3220402	2135049	66.30
化学原料及化学制品制造业	11014170	5289353	48.00
医药制造业	5014481	3059419	61.00
化学纤维制造业	1209836	745873	61.70
橡胶制品业	1414933	870914	61.60
塑料制品业	2579012	1802668	69.90
非金属矿物制品业	7772502	4856632	62.50
黑色金属冶炼及压延加工业	14030291	8264998	58.90
有色金属冶炼及压延加工业	4550530	3043188	66.90
金属制品业	2802784	1786765	63.70
通用设备制造业	3636648	2474243	68.00
专用设备制造业	3404328	2201410	64.70

国民经济行业大类投资和新增固定资产(二)

单位：万元

行　　业	投资额	新增固定资产	固定资产交付使用率（%）
交通运输设备制造业	7171004	4193901	58.50
电气机械及器材制造业	3155559	2062457	65.40
通信设备、计算机及其他电子设备制造业	7692930	5184299	67.40
仪器仪表文化办公用机械制造业	1026554	708189	69.00
工艺品及其他制造业	2009972	912971	45.40
废弃资源和废旧材料回收加工业	60823	23630	38.90
（四）电力燃气水的生产供应业	**38039029**	**22283723**	**58.60**
电力、热力的生产和供应业	33048240	19364188	58.60
燃气生产和供应业	1516416	1029852	67.90
水的生产和供应业	3474373	1889683	54.40
（五）建筑业	**5279945**	**3443011**	**65.20**
房屋和土木工程建筑业	4802051	3172333	66.10
建筑安装业	186567	106447	57.10
建筑装饰业	105498	64062	60.70
其他建筑业	185829	100169	53.90
（六）交通运输、仓储和邮政业	**56690243**	**35313708**	**62.30**
铁路运输业	7059968	5640606	79.90
道路运输业	36077849	21796780	60.40
城市公共交通业	4379787	2243403	51.20
水上运输业	3640944	1806040	49.60
航空运输业	2198513	1351429	61.50
管道运输业	1440559	1217262	84.50
装卸搬运和其他运输服务业	463993	218250	47.00
仓储业	1154052	814010	70.50
邮政业	274578	225928	82.30
（七）信息传输、计算机服务和软件业	**16457420**	**10530456**	**64.00**
电信和其他信息传输服务业	16020513	10300649	64.30
计算机服务业	106606	53033	49.70
软件业	330301	176774	53.50
（八）批发和零售业	**7913719**	**5355390**	**67.70**
批发业	3154182	2227581	70.60
零售业	4759537	3127809	65.70
（九）住宿和餐饮业	**3212642**	**2044908**	**63.70**
住宿业	2214426	1326919	59.90
餐饮业	998216	717989	71.90
（十）金融业	**861586**	**714144**	**82.90**
银行业	746104	593819	79.60
证券业	16631	13781	82.90
保险业	59498	95845	161.10

国民经济行业大类投资和新增固定资产（三）

单位：万元

行　　业	投资额	新增固定资产	固定资产交付使用率（%）
其他金融活动	39353	10699	27.2
（十一）房地产业	**111052837**	**72420116**	**65.2**
房地产业	111052837	72420116	65.2
（十二）租赁和商务服务业	3097691	1717249	55.4
租赁业	26859	26958	100.4
商务服务业	3070832	1690291	55.0
（十三）科学研究、技术服务和地质勘察业	**2817115**	**1467060**	**52.1**
研究与试验发展	1333366	678394	50.9
专业技术服务业	894289	465414	52.0
科技交流和推广服务业	327761	137777	42.0
地质勘察业	261699	185475	70.9
（十四）水利、环境和公共设施管理业	**42201547**	**22222428**	**52.7**
水利管理业	7218550	4328861	60.0
环境管理业	2637696	1067199	40.5
公共设施管理业	32345301	16826368	52.0
（十五）居民服务和其他服务业	**655500**	**431936**	**65.9**
居民服务业	517689	357201	69.0
其他服务业	137811	74735	54.2
（十六）教育	**14741223**	**9944794**	**67.5**
教育	14741223	9944794	67.5
（十七）卫生、社会保障和社会福利业	**3577193**	**2633103**	**73.6**
卫生	3329139	2429347	73.0
社会保障业	64268	68389	106.4
社会福利业	183786	135367	73.7
（十八）文化、体育和娱乐业	**4796123**	**2198849**	**45.8**
新闻出版业	234766	131250	55.9
广播、电视、电影和音像业	813040	431918	53.1
文化艺术业	1247856	478619	38.4
体育	1067293	410587	38.5
娱乐业	1433168	746475	52.1
（十九）公共管理和社会组织	**18412456**	**11867233**	**64.5**
中国共产党机关	302993	218499	72.1
国家机构	16531539	10491108	63.5
人民政协和民主党派	63900	54025	84.5
群众团体、社会团体和宗教组织	287261	266027	92.6
基层群众自治组织	1226763	837574	68.3
（二十）国际组织	**2880**	**2880**	**100.0**
国际组织	2880	2880	100.0

各地区按登记注册类型分的城镇投资（一）

单位：万元

地区	合计	内资	国有	集体	股份合作	国有联营	集体联营
全国总计	**458116959**	**409029078**	**204028951**	**10420677**	**3737535**	**1269729**	**397127**
北京	19999107	17231049	5905296	345175	167452	18974	10520
天津	9317426	8264169	4131584	83143	132661	53436	1542
河北	17728062	16274159	7920634	767898	117618	64674	24154
山西	9988240	9793819	4278856	224194	52898	69910	1048
内蒙古	10970976	10822094	5629557	76225	35394	18427	0
辽宁	17712262	15960828	6617833	188491	92424	550	7161
吉林	8729070	8255979	3961434	55097	22611	200	3500
黑龙江	10694838	10469091	5627645	70688	69258	320	498
上海	22455438	18033807	7370061	585692	104708	88143	149369
江苏	40115925	32946062	19500233	1578184	510133	98818	53474
浙江	31985074	29122767	12912303	432135	310751	16236	3832
安徽	11845153	11277371	5598298	172662	252049	40916	4118
福建	12292773	8991276	4771904	259596	95712	123098	14578
江西	10991035	10050063	5799070	70920	124157	6041	1960
山东	41639013	37503705	15052011	2731319	449501	111807	37118
河南	16771716	15526369	8941210	234524	82099	6902	1540
湖北	15737323	14597786	7899189	144766	92539	47343	13415
湖南	12352666	11618286	6701085	118512	118862	82914	10265
广东	41451176	30090079	13480132	1376692	263706	107574	20552
广西	7912617	7330543	4033277	89636	46053	66785	9046
海南	2462433	2087939	844579	10552	19935	41409	4950
重庆	10406455	9761626	4027802	89433	103264	9154	1350
四川	18350737	17836567	8474328	170830	128744	36827	237
贵州	6679183	6544880	4197868	57412	60484	2363	913
云南	8392210	8088274	5140039	77314	42079	5068	48
西藏	1339556	1339556	1257612	3575	1200		384
陕西	10710423	10468750	6011815	170877	143651	145466	4108
甘肃	5537181	5447367	3737052	111111	54206	2800	17447
青海	2369392	2333715	1506331	25456	13514	2439	
宁夏	2631371	2567253	1381400	32868	7722		
新疆	8925935	8771656	4489971	65700	22150	1135	
不分地区	9622193	9622193	6828542				

各地区按登记注册类型分的城镇投资（二）

单位：万元

地 区	内资						
	国有与集体联营	其他联营	国有独资公司	其他有限责任公司	股份有限公司	私营	个体户
全国总计	**879729**	**999822**	**11311335**	**85558352**	**41777457**	**39065883**	**5822833**
北 京	8616	27705	1364859	6752399	1359666	1200779	
天 津	6681	15455	536859	1391455	1144102	717094	1422
河 北	13155	224547	328521	3401508	1842454	771774	385821
山 西	128825	10952	287737	2815870	999832	766062	75198
内 蒙 古	570	3779	422228	2757137	974096	699307	117444
辽 宁	1190	11689	503843	4024292	2062416	2168019	122446
吉 林	1810	7740	202809	1952526	1141273	696664	169729
黑 龙 江	1195	10167	108293	1592629	2217370	586472	147511
上 海	160054	7972	396488	5260302	902655	2905177	70
江 苏	93759	8161	382793	4828725	1955787	3624699	182776
浙 江	12453	22755	885756	9263305	2026850	2702593	293558
安 徽	1876	16167	305335	1869449	1632427	1161579	92948
福 建	11845	31045	232281	1670676	571839	908340	217248
江 西	14382	14235	158470	1219404	988826	1291861	250289
山 东	218415	120435	792341	9348801	3880336	4103693	319434
河 南	1120	13005	468102	2720420	1462736	701033	609168
湖 北	41003	66547	291694	2763821	1528097	1118492	296203
湖 南	24144	51095	166722	1941673	1191845	672787	413534
广 东	14517	180840	634005	5543245	2880782	4616173	675087
广 西	5383	21704	323960	785414	852635	671736	353520
海 南	6509	3549	29721	479261	492376	49111	81439
重 庆	5000	25177	551429	2334817	684093	1730128	91430
四 川	13000	18750	219274	4314139	2270944	1879528	208229
贵 州	6385	25162	313472	725663	465346	534801	130059
云 南	62653	10397	140791	1259584	532927	544961	201614
西 藏	726	0	0	11792	26206	9295	21434
陕 西	5061	24020	701398	1624491	503265	818466	173965
甘 肃	10496	10192	32438	729320	326434	287605	43211
青 海	5636	1850	4900	364931	260521	120712	17112
宁 夏	0	14400	142062	450177	156564	358614	10926
新 疆	3270	330	232395	1361126	1799465	648328	120008
不分地区	0	0	150359	0	2643292	0	0

各地区按登记注册类型分的城镇投资（三）

单位：万元

地区	内资		港澳台投资			
	个体合伙	其他内资企业		合资经营	合作经营	独资
全国总计	**302727**	**3456921**	**23750758**	**11080282**	**3227380**	**8495873**
北　京		69608	1295188	419874	686437	81232
天　津		48735	302977	143650	34443	97739
河　北	12092	399309	916408	430908	140028	325943
山　西	2710	79727	89458	72141	2570	14747
内蒙古	14303	73627	64201	39846	4530	18825
辽　宁	16546	143928	605213	350893	53186	102425
吉　林	2500	38086	112969	65228	22920	20971
黑龙江	3317	33728	93630	56574		23665
上　海	0	103116	1329104	729853	160905	438346
江　苏	23522	104998	2720531	1274791	113916	1313148
浙　江	5270	234970	1100088	526100	55411	475372
安　徽	16610	112937	267508	143137	9664	81385
福　建	2828	80286	1797863	520237	74518	1161947
江　西	24318	86130	509808	246400	9965	232486
山　东	19476	319018	1684698	1026860	32831	476398
河　南	7500	277010	545846	293394	80234	123888
湖　北	14494	280183	631509	205872	58741	317892
湖　南	15234	109614	516271	317725	21465	140025
广　东	42323	254451	7564259	3200758	1519583	2700908
广　西	11727	59667	281823	194627	36014	37112
海　南	6174	18374	86015	19831	2334	57619
重　庆	26845	81704	336270	212199	78556	44505
四　川	1150	100587	281803	157401	8629	101103
贵　州	2390	22562	64474	51849	540	12085
云　南	1381	69418	239853	151830	16482	42617
西　藏	1360	5972				
陕　西	9952	132215	94754	75926	3478	6303
甘　肃	13761	71294	48126	30223		17707
青　海	2169	8144	13405	5301		8104
宁　夏	452	12068	19686	4426		260
新　疆	2323	25455	137020	112428		21116
不分地区						

各地区按登记注册类型分的城镇投资（四）

单位：万元

地区	港澳台股份有限	外商投资	合资经营	合作经营	独资	股份有限
全国总计	**947223**	**25337123**	**12016214**	**1707806**	**10550404**	**1062699**
北京	107645	1472870	646942	400189	111288	314451
天津	27145	750280	321368	5191	379367	44354
河北	19529	537495	342820	13198	59507	121970
山西		104963	42166	36523	23074	3200
内蒙古	1000	84681	73680	3496	6555	950
辽宁	98709	1146221	676342	93818	351114	24947
吉林	3850	360122	314515	7700	24509	13398
黑龙江	13391	132117	93918	20011	12024	6164
上海		3092527	1906199	104311	1058101	23916
江苏	18676	4449332	1552190	181527	2698684	16931
浙江	43205	1762219	956164	28977	693647	83431
安徽	33322	300274	89733	28226	156712	25603
福建	41161	1503634	377729	30164	1064431	31310
江西	20957	431164	138458	17310	246571	28825
山东	148609	2450610	928234	130782	1315372	76222
河南	48330	699501	482952	58599	109943	48007
湖北	49004	508028	254321	140515	94969	18223
湖南	37056	218109	117272	9910	81518	9409
广东	143010	3796838	2029867	322774	1383306	60891
广西	14070	300251	103383	29589	103921	63358
海南	6231	288479	34313	11603	241662	901
重庆	1010	308559	157188	2933	146848	1590
四川	14670	232367	164965	5569	45433	16400
贵州	0	69829	33018	88	21505	15218
云南	28924	64083	43719	20	19794	550
西藏						
陕西	9047	146919	76945	5773	59423	4778
甘肃	196	41688	30668	725	5645	4650
青海		22272		875	21397	
宁夏	15000	44432	20879	16400	7153	
新疆	3476	17259	6266	1010	6931	3052
不分地区						

国民经济行业大类按登记注册类型分的城镇投资（一）

单位：万元

行　　业	合　计	内资	国有	集体	股份合作
全　国　总　计	**458116959**	**409029078**	**204028951**	**10420677**	**3737535**
（一）农、林、牧、渔业	**5349794**	**5196313**	**3792400**	**80735**	**39547**
农业	1401965	1349582	966656	27685	15541
林业	1502417	1492262	1348209	5111	5103
畜牧业	961077	923310	410444	19507	12638
渔业	203171	177016	58623	3540	3857
农、林、牧、渔服务业	1281164	1254143	1008468	24892	2408
（二）采矿业	**15518508**	**15305356**	**5035397**	**153213**	**62673**
煤炭开采和洗选业	4364297	4358577	2102085	100186	26604
石油和天然气开采业	9459899	9310299	2288878	0	0
黑色金属矿采选业	500835	486578	196192	18221	26364
有色金属矿采选业	708718	686565	340306	25133	6647
非金属矿采选业	467048	445626	106749	9423	2958
其他采矿业	17711	17711	1187	250	100
（三）制造业	**107439508**	**80499775**	**18944402**	**2522028**	**1090380**
农副食品加工业	3988757	3210476	348476	100943	80397
食品制造业	2929198	2399947	189847	100901	61044
饮料制造业	2110893	1756357	316402	25555	12193
烟草制品业	860786	856695	808038	83	0
纺织业	6141477	4911291	680423	264718	86801
纺织服装、鞋、帽制造业	1995154	1253104	116243	70811	20100
皮革毛皮羽毛(绒)及其制品业	936741	544792	30136	20345	9256
木材加工及木竹藤棕草制品业	1155092	930496	160813	21344	9606
家具制造业	737477	464525	11962	16903	3351
造纸及纸制品业	3137372	2067022	374420	138781	23987
印刷业和记录媒介的复制	1247142	966277	234832	35822	19972
文教体育用品制造业	432660	242932	33532	13667	1409
石油加工、炼焦及核燃料加工业	3220402	3093287	826634	84691	3293
化学原料及化学制品制造业	11014170	7331171	1908799	124151	79715
医药制造业	5014481	4415747	584551	102036	56917
化学纤维制造业	1209836	768461	134467	4779	14970
橡胶制品业	1414933	850779	178569	42045	7780
塑料制品业	2579012	1656547	89428	61926	20617
非金属矿物制品业	7772502	6664953	875944	236712	117655
黑色金属冶炼及压延加工业	14030291	12519903	4765836	200272	83041
有色金属冶炼及压延加工业	4550530	4072295	1189965	48725	23691
金属制品业	2802784	2038522	239196	97234	57309
通用设备制造业	3636648	2992021	722169	176393	47172
专用设备制造业	3404328	2697924	741181	81406	34259

国民经济行业大类按登记注册类型分的城镇投资（二）

单位：万元

行　业	合　计	内资	国有	集体	股份合作
交通运输设备制造业	7171004	4800123	1709740	133526	69613
电气机械及器材制造业	3155559	2137827	290511	67651	80699
通信设备计算机及其他电子设备制造业	7692930	2519818	472744	76900	28973
仪器仪表文化办公用机械制造业	1026554	516281	129342	6528	9784
工艺品及其他制造业	2009972	1774765	761992	157831	26726
废弃资源和废旧材料回收加工业	60823	45437	18210	9349	50
（四）电力燃气水的生产供应业	**38039029**	**35714435**	**24052512**	**239833**	**198316**
电力、热力的生产和供应业	33048240	30949080	20605431	150682	183761
燃气生产和供应业	1516416	1379292	624497	19080	8878
水的生产和供应业	3474373	3386063	2822584	70071	5677
（五）建筑业	**5279945**	**5177667**	**3299925**	**340728**	**44471**
房屋和土木工程建筑业	4802051	4708055	3143048	309658	28954
建筑安装业	186567	186456	96992	10829	2020
建筑装饰业	105498	100016	620	7482	11136
其他建筑业	185829	183140	59265	12759	2361
（六）交通运输、仓储和邮政业	**56690243**	**55829734**	**46207655**	**162007**	**192263**
铁路运输业	7059968	7059968	6806096	1570	32354
道路运输业	36077849	35896703	31960135	75847	77933
城市公共交通业	4379787	4359097	2202830	32942	68613
水上运输业	3640944	3203546	2532966	21960	8758
航空运输业	2198513	2187570	1386859	0	0
管道运输业	1440559	1407443	156493	0	0
装卸搬运和其他运输服务业	463993	450685	396091	6847	0
仓储业	1154052	992204	494155	22841	4605
邮政业	274578	272518	272030	0	0
（七）信息传输计算机服务和软件业	**16457420**	**12904609**	**10901134**	**14708**	**16548**
电信和其他信息传输服务业	16020513	12517078	10768679	13777	15146
计算机服务业	106606	104226	17766	390	290
软件业	330301	283305	114689	541	1112
（八）批发和零售业	**7913719**	**7405933**	**1951886**	**607839**	**117292**
批发业	3154182	3016339	913738	242375	57985
零售业	4759537	4389594	1038148	365464	59307
（九）住宿和餐饮业	**3212642**	**2721768**	**561529**	**103550**	**83775**
住宿业	2214426	1806702	456455	63529	55096
餐饮业	998216	915066	105074	40021	28679
（十）金融业	**861586**	**848091**	**617763**	**68350**	**10846**
银行业	746104	739269	555598	67108	9591
证券业	16631	14630	4666	0	950
保险业	59498	54839	37935	50	205

国民经济行业大类按登记注册类型分的城镇投资（三）

单位：万元

行　　业	合　计	内资	国有	集体	股份合作
其他金融活动	39353	39353	19564	1192	100
（十一）房地产业	**111052837**	**98231137**	**13013155**	**4044670**	**1591363**
房地产业	111052837	98231137	13013155	4044670	1591363
（十二）租赁和商务服务业	**3097691**	**2998770**	**1439796**	**251338**	**32499**
租赁业	26859	25391	1795	1360	320
商务服务业	3070832	2973379	1438001	249978	32179
（十三）科研技术服务和地质勘察业	**2817115**	**2694086**	**2309520**	**18351**	**2260**
研究与试验发展	1333366	1311435	1141333	9249	820
专业技术服务业	894289	796906	718684	5033	670
科技交流和推广服务业	327761	324046	196138	4069	550
地质勘察业	261699	261699	253365	0	220
（十四）水利环境和公共设施管理业	**42201547**	**41869128**	**35490284**	**497069**	**104629**
水利管理业	7218550	7199019	6672840	26318	4180
环境管理业	2637696	2594780	2075525	8598	2860
公共设施管理业	32345301	32075329	26741919	462153	97589
（十五）居民服务和其他服务业	**655500**	**639013**	**334864**	**48669**	**9207**
居民服务业	517689	507070	299781	32837	5922
其他服务业	137811	131943	35083	15832	3285
（十六）教育	**14741223**	**14629732**	**12991026**	**109056**	**100247**
教育	14741223	14629732	12991026	109056	100247
（十七）卫生社会保障和社会福利业	**3577193**	**3550348**	**3246573**	**49403**	**11728**
卫生	3329139	3302384	3054288	43410	7834
社会保障业	64268	64268	42689	750	1361
社会福利业	183786	183696	149596	5243	2533
（十八）文化、体育和娱乐业	**4796123**	**4420327**	**3183209**	**54018**	**22759**
新闻出版业	234766	219266	213602	0	700
广播、电视、电影和音像业	813040	809540	700571	2865	200
文化艺术业	1247856	1227720	1054581	11062	1500
体育	1067293	1047620	774841	4056	9815
娱乐业	1433168	1116181	439614	36035	10544
（十九）公共管理和社会组织	**18412456**	**18390256**	**16655921**	**1055112**	**6732**
中国共产党机关	302993	302993	298607	156	30
国家机构	16531539	16514212	15974138	246989	5020
人民政协和民主党派	63900	63900	47794	2453	0
群众团体、社会团体和宗教组织	287261	284011	141471	14985	840
基层群众自治组织	1226763	1225140	193911	790529	842
（二十）国际组织	**2880**	**2600**	**0**	**0**	**0**
国际组织	2880	2600	0	0	0

国民经济行业大类按登记注册类型分的城镇投资（四）

单位：万元

行　　业	内				资
	国有联营	集体联营	国有与集体联营	其他联营	国有独资公司
全 国 总 计	**1269729**	**397127**	**879729**	**999822**	**11311335**
（一）农、林、牧、渔业	**5361**	**1720**	**17669**	**20094**	**23551**
农业	1461	510	8819	10360	979
林业	2200	0	1200	1054	402
畜牧业	1700	0	380	8005	5069
渔业	0	600	7270	460	0
农、林、牧、渔服务业	0	610	0	215	17101
（二）采矿业	**5959**	**855**	**3050**	**28366**	**1101983**
煤炭开采和洗选业	2028	644	620	15041	996402
石油和天然气开采业	0	0	1810	0	74790
黑色金属矿采选业	0	0	0	3410	10619
有色金属矿采选业	3931	0	620	2279	8560
非金属矿采选业	0	211	0	7636	11432
其他采矿业	0	0	0	0	180
（三）制造业	**267422**	**155317**	**498974**	**279269**	**2876076**
农副食品加工业	12299	660	1591	17291	28994
食品制造业	14921	5744	3761	6667	22692
饮料制造业	5492	7033	4140	28661	10235
烟草制品业	1200	0	35	192	5238
纺织业	8768	3102	15712	29273	101057
纺织服装、鞋、帽制造业	2000	10880	105	6630	3815
皮革毛皮羽毛(绒)及其制品业	0	1500	170	1800	514
木材加工及木竹藤棕草制品业	3805	150	4807	8486	160
家具制造业	522	1500	0	3170	1540
造纸及纸制品业	564	0	4000	5065	27099
印刷业和记录媒介的复制	2592	12502	950	680	2095
文教体育用品制造业	0	0	0	0	300
石油加工、炼焦及核燃料加工业	0	0	0	7200	73471
化学原料及化学制品制造业	22173	14369	16008	20724	345779
医药制造业	17832	21175	14622	16612	30562
化学纤维制造业	1020	0	0	0	47858
橡胶制品业	2073	2400	200	4180	64371
塑料制品业	538	4006	1810	6955	31440
非金属矿物制品业	56350	11317	76874	68449	84733
黑色金属冶炼及压延加工业	23715	4930	285707	10231	941682
有色金属冶炼及压延加工业	8001	2600	7201	4976	231724
金属制品业	6472	11133	4816	12964	3010
通用设备制造业	18598	13376	11423	2217	108963
专用设备制造业	5251	4266	2650	2754	200321

国民经济行业大类按登记注册类型分的城镇投资（五）

单位：万元

行业	内资				
	国有联营	集体联营	国有与集体联营	其他联营	国有独资公司
交通运输设备制造业	24692	2281	3928	6492	254296
电气机械及器材制造业	7130	11265	939	2570	19896
通信设备计算机及其他电子设备制造业	17204	900	22210	3750	62339
仪器仪表文化办公用机械制造业	504	1025	1068	0	16175
工艺品及其他制造业	3706	6223	14247	1040	155717
废弃资源和废旧材料回收加工业	0	980	0	240	0
（四）电力燃气水的生产供应业	**400194**	**5841**	**42369**	**20956**	**922593**
电力、热力的生产和供应业	392974	5415	30151	20106	581931
燃气生产和供应业	5897	426	9600	500	192115
水的生产和供应业	1323	0	2618	350	148547
（五）建筑业	**27555**	**5588**	**1640**	**9967**	**82784**
房屋和土木工程建筑业	23555	5588	1640	9769	45756
建筑安装业	0	0	0	0	6300
建筑装饰业	4000	0	0	0	0
其他建筑业	0	0	0	198	30728
（六）交通运输、仓储和邮政业	**98023**	**7540**	**10740**	**24825**	**1674075**
铁路运输业	19806	0	0	0	33038
道路运输业	4647	0	2534	12680	1286032
城市公共交通业	0	240	3309	0	271958
水上运输业	5958	0	0	0	16009
航空运输业	31211	0	4247	1458	17751
管道运输业	0	0	0	0	37833
装卸搬运和其他运输服务业	0	300	0	0	0
仓储业	36401	7000	650	10687	11454
邮政业	0	0	0	0	0
（七）信息传输计算机服务和软件业	**12859**	**5848**	**0**	**7490**	**201089**
电信和其他信息传输服务业	12859	5648	0	5090	187596
计算机服务业	0	200	0	0	0
软件业	0	0	0	2400	13493
（八）批发和零售业	**24766**	**46026**	**31993**	**86904**	**46789**
批发业	10417	15404	4534	20794	27627
零售业	14349	30622	27459	66110	19162
（九）住宿和餐饮业	**18081**	**9619**	**21027**	**16730**	**22769**
住宿业	17931	8029	11052	9950	12969
餐饮业	150	1590	9975	6780	9800
（十）金融业	**1688**	**9118**	**0**	**80**	**2422**
银行业	1688	0	0	0	1632
证券业	0	0	0	0	0
保险业	0	0	0	80	790

国民经济行业大类按登记注册类型分的城镇投资（六）

单位：万元

行　　业	内资				
	国有联营	集体联营	国有与集体联营	其他联营	国有独资公司
其他金融活动	0	9118	0	0	0
（十一）房地产业	**174967**	**114343**	**177431**	**310228**	**1319106**
房地产业	174967	114343	177431	310228	1319106
（十二）租赁和商务服务业	**6466**	**4295**	**5142**	**83950**	**229430**
租赁业	478	0	500	0	220
商务服务业	5988	4295	4642	83950	229210
（十三）科研技术服务和地质勘察业	**1270**	**868**	**12203**	**1200**	**42148**
研究与试验发展	350	868	12000	0	18776
专业技术服务业	420	0	203	1200	10308
科技交流和推广服务业	500	0	0	0	9659
地质勘察业	0	0	0	0	3405
（十四）水利环境和公共设施管理业	**144213**	**1790**	**44883**	**41023**	**2614606**
水利管理业	2933	0	1170	0	159041
环境管理业	5438	0	2000	250	219205
公共设施管理业	135842	1790	41713	40773	2236360
（十五）居民服务和其他服务业	**628**	**630**	**0**	**4210**	**613**
居民服务业	628	0	0	4160	0
其他服务业	0	630	0	50	613
（十六）教育	**38803**	**9207**	**3070**	**35937**	**31630**
教育	38803	9207	3070	35937	31630
（十七）卫生社会保障和社会福利业	**9691**	**4260**	**1200**	**6419**	**2225**
卫生	9691	4060	1200	70	1821
社会保障业	0	0	0	0	0
社会福利业	0	200	0	6349	404
（十八）文化、体育和娱乐业	**15473**	**898**	**1542**	**2450**	**86559**
新闻出版业	0	0	0	150	0
广播、电视、电影和音像业	12373	300	82	0	920
文化艺术业	2500	500	0	0	31804
体育	0	0	0	0	52717
娱乐业	600	98	1460	2300	1118
（十九）公共管理和社会组织	**16310**	**13364**	**6796**	**19724**	**30887**
中国共产党机关	0	0	0	0	0
国家机构	15960	3144	2326	16074	28517
人民政协和民主党派	0	0	0	0	0
群众团体、社会团体和宗教组织	350	0	970	580	2370
基层群众自治组织	0	10220	3500	3070	0
（二十）国际组织	**0**	**0**	**0**	**0**	**0**
国际组织	0	0	0	0	0

国民经济行业大类按登记注册类型分的城镇投资（七）

单位：万元

行业	内资					
	其他有限责任公司	股份有限公司	私营	个体户	个人合伙	其他内资企业
全国总计	**85558352**	**41777457**	**39065883**	**5822833**	**302727**	**3456921**
（一）农、林、牧、渔业	**447355**	**282600**	**297903**	**52242**	**25888**	**109248**
农业	106992	58269	78702	25440	4286	43882
林业	67894	30969	19047	1904	3435	5734
畜牧业	157306	118611	124288	15669	13395	36298
渔业	40550	21900	24501	1296	2952	11467
农、林、牧、渔服务业	74613	52851	51365	7933	1820	11867
（二）采矿业	**1958690**	**6490651**	**382500**	**15298**	**6425**	**60296**
煤炭开采和洗选业	371620	588653	129444	2317	853	22080
石油和天然气开采业	1233186	5662276	49359	0	0	0
黑色金属矿采选业	106344	31319	74080	2830	1998	15201
有色金属矿采选业	122911	123911	41175	4542	930	5620
非金属矿采选业	116446	79561	85562	5609	2644	17395
其他采矿业	8183	4931	2880	0	0	0
（三）制造业	**27058096**	**15955543**	**9511031**	**177898**	**114469**	**1048870**
农副食品加工业	1412484	596133	548352	15634	5463	41759
食品制造业	878603	726201	337372	7148	732	44314
饮料制造业	731981	443358	141562	1494	85	28166
烟草制品业	24197	17312	50	0	0	350
纺织业	2023324	805706	842216	5624	9684	34883
纺织服装、鞋、帽制造业	440923	144594	372354	13243	4525	46881
皮革毛皮羽毛(绒)及其制品业	304620	52713	106213	500	1380	15645
木材加工及木竹藤棕草制品业	320906	154519	206950	6458	2051	30441
家具制造业	158483	92114	139406	5780	14927	14867
造纸及纸制品业	778256	402747	248932	4096	1979	57096
印刷业和记录媒介的复制	301274	154709	172729	4997	3225	19898
文教体育用品制造业	90639	24315	63131	1287	3987	10665
石油加工、炼焦及核燃料加工业	826030	941319	278610	5180	7900	38959
化学原料及化学制品制造业	2016221	2070072	649703	8990	3440	51027
医药制造业	1892409	1268726	361269	2300	4000	42736
化学纤维制造业	274266	238162	46039	1100	0	5800
橡胶制品业	254732	198918	90117	262	0	5132
塑料制品业	659176	367014	338197	7830	9848	57762
非金属矿物制品业	2493844	1377748	1095837	12700	10983	145807
黑色金属冶炼及压延加工业	4138286	1418802	587151	3117	7098	50035
有色金属冶炼及压延加工业	1410970	925688	197397	1403	921	19033
金属制品业	686592	311935	511608	19917	4877	71459
通用设备制造业	845391	525024	460952	5705	3884	50754
专用设备制造业	668756	492656	406008	2820	1562	54034

国民经济行业大类按登记注册类型分的城镇投资（八）

单位：万元

行　　业	内			资		
	其他有限责任公司	股份有限公司	私营	个体户	个人合伙	其他内资企业
交通运输设备制造业	1389033	740375	439891	7877	843	17536
电气机械及器材制造业	771825	425921	398762	11380	4226	45052
通信设备计算机及其他电子设备制造业	751137	850487	183651	13412	5413	30698
仪器仪表文化办公用机械制造业	179498	79825	86593	1889	400	3650
工艺品及其他制造业	328039	102814	196438	5725	1036	13231
废弃资源和废旧材料回收加工业	6201	5636	3541	30	0	1200
（四）电力燃气水的生产供应业	**6342455**	**2959593**	**425526**	**5181**	**16374**	**82692**
电力、热力的生产和供应业	5935506	2591325	351369	5081	15994	79354
燃气生产和供应业	181995	285662	49142	100	260	1140
水的生产和供应业	224954	82606	25015	0	120	2198
（五）建筑业	**800982**	**187290**	**283377**	**21097**	**3847**	**68416**
房屋和土木工程建筑业	677270	157373	235701	20297	3454	45992
建筑安装业	36828	6739	12227	0	0	14521
建筑装饰业	47870	2168	20949	520	318	4953
其他建筑业	39014	21010	14500	280	75	2950
（六）交通运输、仓储和邮政业	**4186301**	**2795081**	**171995**	**33037**	**5188**	**261004**
铁路运输业	133480	33624	0	0	0	0
道路运输业	1856047	347963	73575	27784	4193	167333
城市公共交通业	1367985	341632	12538	2902	0	54148
水上运输业	514911	79618	20485	0	515	2366
航空运输业	71238	647706	0	0	0	27100
管道运输业	9920	1203197	0	0	0	0
装卸搬运和其他运输服务业	28137	4536	11990	200	0	2584
仓储业	204120	136805	53407	2151	480	7448
邮政业	463	0	0	0	0	25
（七）信息传输计算机服务和软件业	**793745**	**916324**	**29939**	**871**	**250**	**3804**
电信和其他信息传输服务业	671595	827151	7812	671	0	1054
计算机服务业	46663	31637	6830	200	0	250
软件业	75487	57536	15297	0	250	2500
（八）批发和零售业	**2219002**	**960031**	**966324**	**52478**	**28125**	**266478**
批发业	850064	380187	389243	8613	8627	86731
零售业	1368938	579844	577081	43865	19498	179747
（九）住宿和餐饮业	**747877**	**468752**	**505533**	**72544**	**10529**	**79453**
住宿业	492474	359436	249539	18543	5214	46485
餐饮业	255403	109316	255994	54001	5315	32968
（十）金融业	**10687**	**118658**	**2552**	**33**	**0**	**5894**
银行业	5605	96377	0	0	0	1670
证券业	4100	4110	580	0	0	224
保险业	684	15095	0	0	0	0

国民经济行业大类按登记注册类型分的城镇投资（九）

单位：万元

行业	内资					
	其他有限责任公司	股份有限公司	私营	个体户	个人合伙	其他内资企业
其他金融活动	298	3076	1972	33	0	4000
（十一）房地产业	**37120708**	**9002198**	**25415739**	**5349779**	**52074**	**545376**
房地产业	37120708	9002198	25415739	5349779	52074	545376
（十二）租赁和商务服务业	**493020**	**276768**	**86178**	**4139**	**1585**	**84164**
租赁业	8448	3683	8057	530	0	0
商务服务业	484572	273085	78121	3609	1585	84164
（十三）科研技术服务和地质勘察业	**217079**	**72001**	**13035**	**0**	**1228**	**2923**
研究与试验发展	88098	36472	1990	0	90	1389
专业技术服务业	38734	16038	5416	0	0	200
科技交流和推广服务业	90057	15191	5410	0	1138	1334
地质勘察业	190	4300	219	0	0	0
（十四）水利环境和公共设施管理业	**2027071**	**609919**	**156236**	**3090**	**8274**	**126041**
水利管理业	261802	53742	4509	360	0	12124
环境管理业	201431	38070	26845	590	740	13228
公共设施管理业	1563838	518107	124882	2140	7534	100689
（十五）居民服务和其他服务业	**99340**	**23810**	**95764**	**14117**	**1190**	**5971**
居民服务业	65181	12739	70600	10237	540	4445
其他服务业	34159	11071	25164	3880	650	1526
（十六）教育	**348320**	**256237**	**448279**	**3842**	**8660**	**245418**
教育	348320	256237	448279	3842	8660	245418
（十七）卫生社会保障和社会福利业	**77718**	**31244**	**53179**	**1890**	**2163**	**52655**
卫生	70938	30137	42819	1490	2163	32463
社会保障业	1874	100	400	0	0	17094
社会福利业	4906	1007	9960	400	0	3098
（十八）文化、体育和娱乐业	**502704**	**324217**	**146057**	**8580**	**3024**	**68837**
新闻出版业	3420	1064	130	100	0	100
广播、电视、电影和音像业	16870	61743	8415	53	300	4848
文化艺术业	70454	35009	4458	1160	100	14592
体育	125314	41670	9082	0	60	30065
娱乐业	286646	184731	123972	7267	2564	19232
（十九）公共管理和社会组织	**104602**	**46540**	**74736**	**6717**	**13434**	**339381**
中国共产党机关	260	0	1160	0	0	2780
国家机构	69842	35933	46278	2077	9887	58027
人民政协和民主党派	13653	0	0	0	0	0
群众团体、社会团体和宗教组织	9166	282	5137	0	255	107605
基层群众自治组织	11681	10325	22161	4640	3292	170969
（二十）国际组织	**2600**	**0**	**0**	**0**	**0**	**0**
国际组织	2600	0	0	0	0	0

国民经济行业大类按登记注册类型分的城镇投资（十）

单位：万元

行　　业	港澳台投资	合资经营	合作经营	独资	股份有限
全　国　总　计	**23750758**	**11080282**	**3227380**	**8495873**	**947223**
（一）农、林、牧、渔业	**63334**	**28084**	**9590**	**24634**	**1026**
农业	25217	2375	8700	13966	176
林业	2780	1000	760	1020	0
畜牧业	13531	9071	130	3480	850
渔业	15113	11338	0	3775	0
农、林、牧、渔服务业	6693	4300	0	2393	0
（二）采矿业	**188036**	**27248**	**10830**	**142609**	**7349**
煤炭开采和洗选业	3330	280	0	550	2500
石油和天然气开采业	149280	3195	10000	136085	0
黑色金属矿采选业	12367	7518	0	0	4849
有色金属矿采选业	15559	13339	0	2220	0
非金属矿采选业	7500	2916	830	3754	0
其他采矿业	0	0	0	0	0
（三）制造业	**9293283**	**3814500**	**442428**	**4719653**	**316702**
农副食品加工业	310249	148324	16943	77587	67395
食品制造业	193797	76251	1589	96077	19880
饮料制造业	159449	101404	19	56116	1910
烟草制品业	4011	4011	0	0	0
纺织业	669030	263203	28810	350698	26319
纺织服装、鞋、帽制造业	416074	89565	15460	296474	14575
皮革毛皮羽毛(绒)及其制品业	195282	55628	6236	130499	2919
木材加工及木竹藤棕草制品业	121213	61544	729	58400	540
家具制造业	133832	44862	5780	82450	740
造纸及纸制品业	286841	130713	2378	149500	4250
印刷业和记录媒介的复制	174609	108787	2748	58672	4402
文教体育用品制造业	106377	10726	1936	91696	2019
石油加工、炼焦及核燃料加工业	78038	33033	23890	21115	0
化学原料及化学制品制造业	565198	277856	14608	259168	13566
医药制造业	303246	158039	28527	81354	35326
化学纤维制造业	91919	18854	0	71965	1100
橡胶制品业	89969	20181	0	69788	0
塑料制品业	434933	168718	8336	251177	6702
非金属矿物制品业	550497	350605	57788	133664	8440
黑色金属冶炼及压延加工业	733456	566111	107564	58361	1420
有色金属冶炼及压延加工业	213389	62182	43272	94822	13113
金属制品业	323647	97347	12247	213243	810
通用设备制造业	167465	62488	8881	91550	4546
专用设备制造业	204182	76909	175	110838	16260

国民经济行业大类按登记注册类型分的城镇投资（十一）

单位：万元

行　　业	港澳台投资	合资经营	合作经营	独资	股份有限
交通运输设备制造业	432424	316252	3950	102301	9921
电气机械及器材制造业	453385	190401	9293	222432	31259
通信设备计算机及其他电子设备制造业	1590688	252434	25110	1296011	17133
仪器仪表文化办公用机械制造业	164276	38232	12645	111969	1430
工艺品及其他制造业	121935	28128	3514	79566	10727
废弃资源和废旧材料回收加工业	3872	1712	0	2160	0
（四）电力燃气水的生产供应业	**1352416**	**766524**	**115891**	**435217**	**34784**
电力、热力的生产和供应业	1229558	721238	75193	428131	4996
燃气生产和供应业	44520	29042	6002	6799	2677
水的生产和供应业	78338	16244	34696	287	27111
（五）建筑业	**56852**	**37799**	**0**	**11592**	**7461**
房屋和土木工程建筑业	53875	37111	0	10203	6561
建筑安装业	111	111	0	0	0
建筑装饰业	1966	577	0	1389	0
其他建筑业	900	0	0	0	900
（六）交通运输、仓储和邮政业	**600517**	**525939**	**26618**	**22755**	**25205**
铁路运输业	0	0	0	0	0
道路运输业	110772	76755	24302	4885	4830
城市公共交通业	14085	13427	400	0	258
水上运输业	381565	367982	0	4410	9173
航空运输业	10943	10825	0	0	118
管道运输业	17034	15008	0	0	2026
装卸搬运和其他运输服务业	5199	5199	0	0	0
仓储业	60919	36743	1916	13460	8800
邮政业	0	0	0	0	0
（七）信息传输计算机服务和软件业	**2206414**	**1246631**	**1500**	**767421**	**190862**
电信和其他信息传输服务业	2193025	1236908	1500	765623	188994
计算机服务业	1600	0	0	1600	0
软件业	11789	9723	0	198	1868
（八）批发和零售业	**347663**	**149985**	**5918**	**159857**	**31903**
批发业	107045	23354	4684	71137	7870
零售业	240618	126631	1234	88720	24033
（九）住宿和餐饮业	**301210**	**98720**	**28896**	**142362**	**31232**
住宿业	267188	82359	28153	133874	22802
餐饮业	34022	16361	743	8488	8430
（十）金融业	**6589**	**0**	**6589**	**0**	**0**
银行业	6589	0	6589	0	0
证券业	0	0	0	0	0
保险业	0	0	0	0	0

国民经济行业大类按登记注册类型分的城镇投资（十二）

单位：万元

行　　业	港澳台投资	合资经营	合作经营	独资	股份有限
其他金融活动	0	0	0	0	0
（十一）房地产业	**8678418**	**4095888**	**2365287**	**1942838**	**274405**
房地产业	8678418	4095888	2365287	1942838	274405
（十二）租赁和商务服务业	**73216**	**21812**	**3689**	**28268**	**19447**
租赁业	0	0	0	0	0
商务服务业	73216	21812	3689	28268	19447
（十三）科研技术服务和地质勘察业	**99679**	**4149**	**93076**	**2394**	**60**
研究与试验发展	2997	2997	0	0	0
专业技术服务业	95880	350	93076	2394	60
科技交流和推广服务业	802	802	0	0	0
地质勘察业	0	0	0	0	0
（十四）水利环境和公共设施管理业	**169263**	**89299**	**50859**	**28105**	**1000**
水利管理业	2131	0	2131	0	0
环境管理业	26201	8200	9430	7571	1000
公共设施管理业	140931	81099	39298	20534	0
（十五）居民服务和其他服务业	**7035**	**1757**	**0**	**3500**	**1778**
居民服务业	6017	1039	0	3200	1778
其他服务业	1018	718	0	300	0
（十六）教育	**40163**	**9396**	**7388**	**21770**	**1609**
教育	40163	9396	7388	21770	1609
（十七）卫生社会保障和社会福利业	**19596**	**14221**	**4485**	**890**	**0**
卫生	19506	14221	4485	800	0
社会保障业	0	0	0	0	0
社会福利业	90	0	0	90	0
（十八）文化、体育和娱乐业	**233761**	**141177**	**53926**	**36258**	**2400**
新闻出版业	0	0	0	0	0
广播、电视、电影和音像业	3500	3500	0	0	0
文化艺术业	6776	4946	780	1050	0
体育	7994	2488	4706	600	200
娱乐业	215491	130243	48440	34608	2200
（十九）公共管理和社会组织	**13313**	**7153**	**410**	**5750**	**0**
中国共产党机关	0	0	0	0	0
国家机构	9050	3890	410	4750	0
人民政协和民主党派	0	0	0	0	0
群众团体、社会团体和宗教组织	2900	1900	0	1000	0
基层群众自治组织	1363	1363	0	0	0
（二十）国际组织	**0**	**0**	**0**	**0**	**0**
国际组织	0	0	0	0	0

国民经济行业大类按登记注册类型分的城镇投资（十三）

单位：万元

行业	外商投资	合资经营	合作经营	独资	股份有限
全国总计	**25337123**	**12016214**	**1707806**	**10550404**	**1062699**
（一）农、林、牧、渔业	**90147**	**33454**	**12604**	**43789**	**300**
农业	27166	6579	4525	16062	0
林业	7375	283	4782	2310	0
畜牧业	24236	6025	2055	16156	0
渔业	11042	9142	0	1900	0
农、林、牧、渔服务业	20328	11425	1242	7361	300
（二）采矿业	**25116**	**6713**	**1966**	**14069**	**2368**
煤炭开采和洗选业	2390	0	0	1910	480
石油和天然气开采业	320	0	0	320	0
黑色金属矿采选业	1890	0	0	1890	0
有色金属矿采选业	6594	2178	1966	1930	520
非金属矿采选业	13922	4535	0	8019	1368
其他采矿业	0	0	0	0	0
（三）制造业	**17646450**	**8869678**	**281826**	**8049825**	**445121**
农副食品加工业	468032	199745	25875	221192	21220
食品制造业	335454	145587	16947	165658	7262
饮料制造业	195087	117513	3726	56393	17455
烟草制品业	80	0	0	80	0
纺织业	561156	219355	36814	294807	10180
纺织服装、鞋、帽制造业	325976	99012	9337	209140	8487
皮革毛皮羽毛(绒)及其制品业	196667	44458	4491	147338	380
木材加工及木竹藤棕草制品业	103383	47968	6070	47795	1550
家具制造业	139120	47245	0	81776	10099
造纸及纸制品业	783509	208704	1469	571984	1352
印刷业和记录媒介的复制	106256	64351	9924	30921	1060
文教体育用品制造业	83351	23023	264	55172	4892
石油加工、炼焦及核燃料加工业	49077	43746	3721	1610	0
化学原料及化学制品制造业	3117801	2458762	45301	591357	22381
医药制造业	295488	165465	4275	99341	26407
化学纤维制造业	349456	144072	0	205384	0
橡胶制品业	474185	202869	1808	269508	0
塑料制品业	487532	114130	6945	345404	21053
非金属矿物制品业	557052	310084	20583	207398	18987
黑色金属冶炼及压延加工业	776932	599505	1100	63045	113282
有色金属冶炼及压延加工业	264846	173063	1404	88059	2320
金属制品业	440615	163350	8667	252790	15808
通用设备制造业	477162	138525	19416	272218	47003
专用设备制造业	502222	198497	5059	292482	6184

国民经济行业大类按登记注册类型分的城镇投资（十四）

单位：万元

行　　业	外商投资	合资经营	合作经营	独资	股份有限
交通运输设备制造业	1938457	1510801	22711	388346	16599
电气机械及器材制造业	564347	243893	10971	279329	30154
通信设备计算机及其他电子设备制造业	3582424	1070946	9214	2464238	38026
仪器仪表文化办公用机械制造业	345997	60861	5584	278552	1000
工艺品及其他制造业	113272	44654	150	66708	1760
废弃资源和废旧材料回收加工业	11514	9494	0	1800	220
（四）电力燃气水的生产供应业	**972178**	**370314**	**384208**	**110101**	**107555**
电力、热力的生产和供应业	869602	279244	382191	101412	106755
燃气生产和供应业	92604	82379	1925	7500	800
水的生产和供应业	9972	8691	92	1189	0
（五）建筑业	**45426**	**16604**	**0**	**24632**	**4190**
房屋和土木工程建筑业	40121	15804	0	20127	4190
建筑安装业	0	0	0	0	0
建筑装饰业	3516	550	0	2966	0
其他建筑业	1789	250	0	1539	0
（六）交通运输、仓储和邮政业	**259992**	**198902**	**27268**	**32147**	**1675**
铁路运输业	0	0	0	0	0
道路运输业	70374	49109	18688	902	1675
城市公共交通业	6605	3200	960	2445	0
水上运输业	55833	55233	600	0	0
航空运输业	0	0	0	0	0
管道运输业	16082	16082	0	0	0
装卸搬运和其他运输服务业	8109	1089	7020	0	0
仓储业	100929	74189	0	26740	0
邮政业	2060	0	0	2060	0
（七）信息传输计算机服务和软件业	**1346397**	**82983**	**27865**	**875026**	**360523**
电信和其他信息传输服务业	1310410	59685	27865	865235	357625
计算机服务业	780	780	0	0	0
软件业	35207	22518	0	9791	2898
（八）批发和零售业	**160123**	**84172**	**20080**	**51021**	**4850**
批发业	30798	11639	0	18159	1000
零售业	129325	72533	20080	32862	3850
（九）住宿和餐饮业	**189664**	**103978**	**17746**	**64651**	**3289**
住宿业	140536	85367	13707	39072	2390
餐饮业	49128	18611	4039	25579	899
（十）金融业	**6906**	**6476**	**0**	**430**	**0**
银行业	246	246	0	0	0
证券业	2001	1571	0	430	0
保险业	4659	4659	0	0	0

国民经济行业大类按登记注册类型分的城镇投资（十五）

单位：万元

行　　业	外商投资	合资经营	合作经营	独资	股份有限
其他金融活动	0	0	0	0	0
（十一）房地产业	**4143282**	**2076605**	**826292**	**1140278**	**100107**
房地产业	4143282	2076605	826292	1140278	100107
（十二）租赁和商务服务业	**25705**	**11040**	**18**	**10597**	**4050**
租赁业	1468	1450	18	0	0
商务服务业	24237	9590	0	10597	4050
（十三）科研技术服务和地质勘察业	**23350**	**7825**	**230**	**15295**	**0**
研究与试验发展	18934	6293	230	12411	0
专业技术服务业	1503	1062	0	441	0
科技交流和推广服务业	2913	470	0	2443	0
地质勘察业	0	0	0	0	0
（十四）水利环境和公共设施管理业	**163156**	**54072**	**66940**	**25344**	**16800**
水利管理业	17400	17400	0	0	0
环境管理业	16715	8668	1035	7012	0
公共设施管理业	129041	28004	65905	18332	16800
（十五）居民服务和其他服务业	**9452**	**7208**	**548**	**1298**	**398**
居民服务业	4602	2358	548	1298	398
其他服务业	4850	4850	0	0	0
（十六）教育	**71328**	**18831**	**1085**	**51162**	**250**
教育	71328	18831	1085	51162	250
（十七）卫生社会保障和社会福利业	**7249**	**351**	**0**	**6898**	**0**
卫生	7249	351	0	6898	0
社会保障业	0	0	0	0	0
社会福利业	0	0	0	0	0
（十八）文化、体育和娱乐业	**142035**	**59776**	**38780**	**32381**	**11098**
新闻出版业	15500	0	15500	0	0
广播、电视、电影和音像业	0	0	0	0	0
文化艺术业	13360	11960	0	1400	0
体育	11679	311	9558	1810	0
娱乐业	101496	47505	13722	29171	11098
（十九）公共管理和社会组织	**8887**	**6952**	**350**	**1460**	**125**
中国共产党机关	0	0	0	0	0
国家机构	8277	6952	0	1200	125
人民政协和民主党派	0	0	0	0	0
群众团体、社会团体和宗教组织	350	0	350	0	0
基层群众自治组织	260	0	0	260	0
（二十）国际组织	**280**	**280**	**0**	**0**	**0**
国际组织	280	280	0	0	0

各地区国有控股、内资、外商及港澳台城镇投资

单位：万元

地　区	投资中： 国有及国有控股投资	投资中： 内资投资	外商投资	港澳台商投资
全国总计	**294403684**	**409029078**	**25337123**	**23750758**
北　京	10964529	17231049	1472870	1295188
天　津	7687345	8264169	750280	302977
河　北	11057806	16274159	537495	916408
山　西	6837181	9793819	104963	89458
内蒙古	7897091	10822094	84681	64201
辽　宁	10392993	15960828	1146221	605213
吉　林	6855929	8255979	360122	112969
黑龙江	8096365	10469091	132117	93630
上　海	12047875	18033807	3092527	1329104
江　苏	24806640	32946062	4449332	2720531
浙　江	17360977	29122767	1762219	1100088
安　徽	7868920	11277371	300274	267508
福　建	6441512	8991276	1503634	1797863
江　西	7101059	10050063	431164	509808
山　东	24476679	37503705	2450610	1684698
河　南	11100276	15526369	699501	545846
湖　北	11015343	14597786	508028	631509
湖　南	10569827	11618286	218109	516271
广　东	21182884	30090079	3796838	7564259
广　西	5428936	7330543	300251	281823
海　南	1660577	2087939	288479	86015
重　庆	6159485	9761626	308559	336270
四　川	11237466	17836567	232367	281803
贵　州	5017910	6544880	69829	64474
云　南	6663268	8088274	64083	239853
西　藏	1299543	1339556		
陕　西	8545016	10468750	146919	94754
甘　肃	4420526	5447367	41688	48126
青　海	1844764	2333715	22272	13405
宁　夏	1834142	2567253	44432	19686
新　疆	6908627	8771656	17259	137020
不分地区	9622193	9622193		

国民经济行业小类国有控股、内资、外商及港澳台城镇投资

（一）

单位：万元

行业	投资中：国有及国有控股投资	投资中：内资投资	外商投资	港澳台商投资
全国总计	**294403684**	**409029078**	**25337123**	**23750758**
（一）农、林、牧、渔业	**4234180**	**5196313**	**90147**	**63334**
农业	1088696	1349582	27166	25217
谷物及其他作物的种植	611766	667749	4576	5200
谷物的种植	355083	369708	2081	
薯类的种植	2862	3886		
油料的种植	10372	13790		
豆类的种植	34088	34567		
棉花的种植	81789	103732		
麻类的种植	1786	1786		
糖料的种植	8302	10221		
烟草的种植	1707	1717		
其他作物的种植	115777	128342	2495	5200
蔬菜、园艺作物的种植	327796	450850	9491	6901
蔬菜的种植	207454	248813	3422	6706
花卉的种植	67693	113977	5469	195
其他园艺作物的种植	52649	88060	600	0
水果、坚果、饮料和香料作物的种植	121951	179651	9449	12916
水果、坚果的种植	105746	155293	7909	10945
茶及其他饮料作物的种植	14941	20943	1520	415
香料作物的种植	1264	3415	20	1556
中药材的种植	27183	51332	3650	200
林业	1401413	1492262	7375	2780
林木的培育和种植	1091343	1176387	7375	2780
育种和育苗	132822	173380	1954	950
造林	854242	883496	3599	1170
林木的抚育和管理	104279	119511	1822	660
木材和竹材的采运	226880	228221		
木材的采运	226880	228051		
竹材的采运		170		
林产品的采集	83190	87654		
畜牧业	548964	923310	24236	13531
牲畜的饲养	415078	649147	14178	5460
猪的饲养	63760	117643	5298	2195
家禽的饲养	20747	67433	4735	5296
狩猎和捕捉动物	478	478	0	0
其他畜牧业	48901	88609	25	580
渔业	100551	177016	11042	15113
海洋渔业	48804	93520	10642	13097
海水养殖	45555	88881	10642	13097

国民经济行业小类国有控股、内资、外商及港澳台城镇投资

（二）

单位：万元

行业	投资中：国有及国有控股投资	投资中：内资投资	外商投资	港澳台商投资
海洋捕捞	3249	4639		
内陆渔业	51747	83496	400	2016
内陆养殖	51597	83346	400	2016
内陆捕捞	150	150		
农、林、牧、渔服务业	1094556	1254143	20328	6693
农业服务业	893791	1009568	19465	4575
灌溉服务	482252	487463	4625	650
农产品初加工服务	85279	151498	8798	3425
其他农业服务	326260	370607	6042	500
林业服务业	80543	86343		
畜牧服务业	91991	114600		
兽医服务	23290	23679		
其他畜牧服务	68701	90921		
渔业服务业	28231	43632	863	2118
（二）采矿业	**14181627**	**15305356**	**25116**	**188036**
煤炭开采和洗选业	3894783	4358577	2390	3330
烟煤和无烟煤的开采洗选	3751694	4178556	2240	680
褐煤的开采洗选	135777	161027		2650
其他煤炭采选	7312	18994	150	
石油和天然气开采业	9255378	9310299	320	149280
天然原油和天然气开采	9021599	9087845		136085
与石油和天然气开采有关的服务	233779	222454	320	13195
黑色金属矿采选业	282919	486578	1890	12367
铁矿采选	270655	466461	1890	12367
其他黑色金属矿采选	12264	20117		
有色金属矿采选业	509953	686565	6594	15559
常用有色金属矿采选	234507	335908	4338	15009
铜矿采选	103829	142737	830	
铅锌矿采选	69026	123031	2530	7370
镍钴矿采选	19101	22945	978	
锡矿采选	32495	31185		4600
锑矿采选	1100	1790		
铝矿采选	3001	3001		3039
镁矿采选	1050	1950		
其他常用有色金属矿采选	4905	9269		
贵金属矿采选	240889	292303	1656	
金矿采选	234387	281830	1656	
银矿采选	6502	10398		
其他贵金属矿采选		75		
稀有稀土金属矿采选	34557	58354	600	550

国民经济行业小类国有控股、内资、外商及港澳台城镇投资

（三）

单位：万元

行业	投资中：国有及国有控股投资	投资中：内资投资	外商投资	港澳台商投资
钨钼矿采选	24789	34809	500	
稀土金属矿采选	4200	13047	100	
放射性金属矿采选	59	239		
其他稀有金属矿采选	5509	10259		550
非金属矿采选业	226338	445626	13922	7500
土砂石开采	82808	233499	5798	3420
石灰石、石膏开采	29952	68970	735	350
建筑装饰用石开采	18378	65618	3413	
耐火土石开采	3955	21242		
黏土及其他土砂石开采	30523	77669	1650	3070
化学矿采选	28422	40513		
采盐	71670	91522	713	1226
石棉及其他非金属矿采选	43438	80092	7411	2854
石棉、云母矿采选	3510	6129		
石墨、滑石采选	6139	17426	740	
宝石、玉石开采	110	110	2241	
其他非金属矿采选	33679	56427	4430	2854
其他采矿业	12256	17711		
其他采矿业	12256	17711		
（三）制造业	**50738591**	**80499775**	**17646450**	**9293283**
农副食品加工业	1504187	3210476	468032	310249
谷物磨制	152744	310741	15120	2682
饲料加工	109983	311379	17687	19536
植物油加工	338943	568005	170332	92359
食用植物油加工	323887	546150	170332	92359
非食用植物油加工	15056	21855		
制糖	95724	140876	13050	7375
屠宰及肉类加工	386456	844923	62307	13455
畜禽屠宰	199067	403066	16782	8385
肉制品及副产品加工	187389	441857	45525	5070
水产品加工	99815	234117	70523	61470
水产品冷冻加工	79235	172436	35932	44307
鱼糜制品及水产品干腌制加工	16783	30865	13236	15860
水产饲料制造	1043	14324	7785	1303
鱼油提取及制品的制造	1200	1200		
其他水产品加工	1554	15292	13570	
蔬菜、水果和坚果加工	174042	332799	47976	53681
其他农副食品加工	146480	467636	71037	59691
淀粉及淀粉制品的制造	96113	266582	46065	24077
豆制品制造	10439	32077	9439	

国民经济行业小类国有控股、内资、外商及港澳台城镇投资

（四）

单位：万元

行业	投资中：国有及国有控股投资	投资中：内资投资	外商投资	港澳台商投资
蛋品加工	3413	18241	900	2800
其他未列明的农副食品加工	36515	150736	14633	32814
食品制造业	1132466	2399947	335454	193797
焙烤食品制造	79506	177934	36809	38096
糕点、面包制造	29616	69194	15911	11114
饼干及其他焙烤食品制造	49890	108740	20898	26982
糖果、巧克力及蜜饯制造	29071	96341	27698	11554
糖果、巧克力制造	12291	45766	26998	9967
蜜饯制作	16780	50575	700	1587
方便食品制造	61791	256884	56323	62893
米、面制品制造	23547	88880	21889	3612
速冻食品制造	9640	54969	6157	6510
方便面及其他方便食品制造	28604	113035	28277	52771
液体乳及乳制品制造	391186	788725	88505	4600
罐头制造	122312	217713	27908	9344
肉、禽类罐头制造	10013	29562	2425	400
水产品罐头制造	10443	14943	138	161
蔬菜、水果罐头制造	93395	166647	19369	8498
其他罐头食品制造	8461	6561	5976	285
调味品、发酵制品制造	159172	335203	20909	17879
味精制造	68226	134587	3382	
酱油、食醋及类似制品的制造	22547	82314	2611	7283
其他调味品、发酵制品制造	68399	118302	14916	10596
其他食品制造	289428	527147	77302	49431
营养、保健食品制造	36676	84084	4500	7342
冷冻饮品及食用冰制造	25959	68797	19424	3258
盐加工	53610	56688	960	
食品及饲料添加剂制造	129811	216271	18621	17592
其他未列明的食品制造	43372	101307	33797	21239
饮料制造业	1132838	1756357	195087	159449
酒精制造	161505	199862	820	
酒的制造	637180	936232	74473	46872
白酒制造	269599	363740	4255	1913
啤酒制造	235344	340501	40602	41500
黄酒制造	24105	52505	196	1117
葡萄酒制造	84085	116790	24790	2250
其他酒制造	24047	62696	4630	92
软饮料制造	325440	582792	117814	110194
碳酸饮料制造	33560	46946	47972	805
瓶（罐）装饮用水制造	30627	73246	30401	20953

国民经济行业小类国有控股、内资、外商及港澳台城镇投资

（五）

单位：万元

行业	投资中：国有及国有控股投资	投资中：内资投资	外商投资	港澳台商投资
果菜汁及果菜汁饮料制造	184608	314542	20699	33801
含乳饮料和植物蛋白饮料制造	36870	68204	11312	16968
固体饮料制造	685	18015		52
茶饮料及其他软饮料制造	39090	61839	7430	37615
精制茶加工	8713	37471	1980	2383
烟草制品业	842764	856695	80	4011
烟叶复烤	66556	70239		4011
卷烟制造	746559	747405		
其他烟草制品加工	29649	39051	80	
纺织业	2176497	4911291	561156	669030
棉、化纤纺织及印染精加工	1352372	2870638	249957	305810
棉、化纤纺织加工	1216931	2471546	145121	205518
棉、化纤印染精加工	135441	399092	104836	100292
毛纺织和染整精加工	296543	563482	47255	101293
毛条加工	161235	284253	11950	47057
毛纺织	113244	212548	24870	32253
毛染整精加工	22064	66681	10435	21983
麻纺织	53227	106875	34421	6430
丝绢纺织及精加工	93955	266863	44576	40255
缫丝加工	13185	47682	1406	16500
绢纺和丝织加工	50180	112639	24537	5488
丝印染精加工	30590	106542	18633	18267
纺织制成品制造	220566	638461	111574	89725
棉及化纤制品制造	94529	250718	61340	17667
毛制品制造	9526	17181	8084	5247
麻制品制造	7737	15237	2330	
丝制品制造	3324	12552	1184	6503
绳、索、缆的制造	2532	10562	544	1036
纺织带和帘子布制造	53333	60963	1304	13172
无纺布制造	22403	129427	13285	9873
其他纺织制成品制造	27182	141821	23503	36227
针织品、编织品及其制品制造	159834	464972	73373	125517
棉、化纤针织品及编织品制造	88356	207567	34206	59466
毛针织品及编织品制造	55743	178735	12741	30616
丝针织品及编织品制造	9638	40905	15031	12972
其他针织品及编织品制造	6097	37765	11395	22463
纺织服装、鞋、帽制造业	341255	1253104	325976	416074
纺织服装制造	311528	1197019	290926	362075
纺织面料鞋的制造	13937	37954	24216	44794
制帽	15790	18131	10834	9205

国民经济行业小类国有控股、内资、外商及港澳台城镇投资

（六）

单位：万元

行业	投资中：国有及国有控股投资	投资中：内资投资	外商投资	港澳台商投资
皮革、毛皮、羽毛(绒)及其制品业	166954	544792	196667	195282
皮革鞣制加工	20796	89858	24351	13717
皮革制品制造	123198	378194	160817	170785
皮鞋制造	84744	246923	84518	130893
皮革服装制造	15925	62430	24648	8735
皮箱、包(袋)制造	13667	40380	34660	16174
皮手套及皮装饰制品制造	3568	11292	2454	5168
其他皮革制品制造	5294	17169	14537	9815
毛皮鞣制及制品加工	21085	31687	9799	7960
毛皮鞣制加工	5160	11440	600	560
毛皮服装加工	5155	12005	5150	3350
其他毛皮制品加工	10770	8242	4049	4050
羽毛(绒)加工及制品制造	1875	45053	1700	2820
羽毛(绒)加工		18640	1700	
羽毛(绒)制品加工	1875	26413		2820
木材加工及木、竹、藤、棕、草制造	382800	930496	103383	121213
锯材、木片加工	63492	128258	8223	5890
锯材加工	30359	69887	7863	5810
木片加工	33133	58371	360	80
人造板制造	257055	602827	50015	85404
胶合板制造	36942	156250	4392	15594
纤维板制造	151883	249224	43588	58624
刨花板制造	14770	32716	480	870
其他人造板、材制造	53460	164637	1555	10316
木制品制造	38192	144893	39259	20907
建筑用木料及木材组件加工	28796	74926	32084	1470
木容器制造	4716	13355	1080	555
软木制品及其他木制品制造	4680	56612	6095	18882
竹、藤、棕、草制品制造	24061	54518	5886	9012
家具制造业	171520	464525	139120	133832
木质家具制造	139254	362454	117241	82310
竹、藤家具制造	1360	8672		800
金属家具制造	13662	39610	15980	29113
塑料家具制造	13316	19178	1978	2472
其他家具制造	3928	34611	3921	19137
造纸及纸制品业	1147057	2067022	783509	286841
纸浆制造	139982	207578	383050	23692
造纸	894007	1422504	290931	214557
机制纸及纸板制造	863504	1315667	255498	208004
手工纸制造	1500	3380	8700	

国民经济行业小类国有控股、内资、外商及港澳台城镇投资

（七）　　单位：万元

行业	投资中：	投资中：		
	国有及国有控股投资	内资投资	外商投资	港澳台商投资
加工纸制造	29003	103457	26733	6553
纸制品制造	113068	436940	109528	48592
纸和纸板容器的制造	56691	201861	94911	24657
其他纸制品制造	56377	235079	14617	23935
印刷业和记录媒介的复制	426354	966277	106256	174609
印刷	403173	886111	92023	140211
书、报、刊印刷	97512	199488	27229	32585
本册印制	42679	99609	4753	18240
包装装潢及其他印刷	262982	587014	60041	89386
装订及其他印刷服务活动	11110	43731	10833	18082
记录媒介的复制	12071	36435	3400	16316
文教体育用品制造业	85888	242932	83351	106377
文化用品制造	18812	70827	8077	14013
文具制造	10227	43210	5860	4808
笔的制造	570	16120	1533	2740
教学用模型及教具制造	1100	4729		
墨水、墨汁制造		2396		
其他文化用品制造	6915	4372	684	6465
体育用品制造	30395	79098	20908	26017
球类制造	2650	7740	1688	3106
体育器材及配件制造	7221	19023	7802	5898
训练健身器材制造	16050	24497	4178	12810
运动防护用具制造	1640	3196		149
其他体育用品制造	2834	24642	7240	4054
乐器制造	19082	22300	12028	4297
中乐器制造	1280	6587		
西乐器制造	5713	10693	3444	1900
电子乐器制造	10589	5020	8259	897
其他乐器及零件制造	1500		325	1500
玩具制造	17399	68017	39443	58887
游艺器材及娱乐用品制造	200	2690	2895	3163
露天游乐场所游乐设备制造		1630	1123	
游艺用品及室内游艺器材制造	200	1060	1772	3163
石油加工、炼焦及核燃料加工业	1929433	3093287	49077	78038
精炼石油产品的制造	1081614	1290025	19745	42508
原油加工及石油制品制造	1074174	1281767	16071	42508
人造原油生产	7440	8258	3674	
炼焦及其他	847819	1803262	29332	35530
化学原料及化学制品制造业	6962329	7331171	3117801	565198

国民经济行业小类国有控股、内资、外商及港澳台城镇投资

（八）

单位：万元

行业	投资中：国有及国有控股投资	投资中：内资投资	外商投资	港澳台商投资
基础化学原料制造	2241542	1853195	1400751	109904
无机酸制造	107190	163955	38354	20908
无机碱制造	305916	441545		5019
无机盐制造	134109	224702	26943	7810
有机化学原料制造	1445883	591556	1121300	28637
其他基础化学原料制造	248444	431437	214154	47530
肥料制造	1641175	1961660	14859	18925
氮肥制造	1129087	1224846	1280	1465
磷肥制造	92070	168250	5162	
钾肥制造	98026	99969		7433
复混肥料制造	234679	321701	4663	1980
有机肥料及微生物肥料制造	39847	78622	1858	3847
其他肥料制造	47466	68272	1896	4200
农药制造	203641	305349	14307	8096
化学农药制造	168860	235321	8867	3170
生物化学农药及微生物农药制造	34781	70028	5440	4926
涂料、油墨、颜料及类似产品制造	160684	517965	101454	54642
涂料制造	86201	292471	38506	21324
油墨及类似产品制造	12547	28984	17119	5388
颜料制造	21529	41470	19837	9784
染料制造	33467	117859	1495	11536
密封用填料及类似品制造	6940	37181	24497	6610
合成材料制造	1995430	1321069	1196752	135620
初级形态的塑料及合成树脂制造	1577904	724663	1132109	106422
合成橡胶制造	30296	51889	4199	3280
合成纤维单(聚合)体的制造	168004	202999	47178	8683
其他合成材料制造	219226	341518	13266	17235
专用化学产品制造	596075	1041727	258273	184896
化学试剂和助剂制造	158372	294627	52263	10619
专项化学用品制造	90308	199188	47647	37249
林产化学产品制造	10653	42768	1087	1335
环境污染处理专用药剂材料制造	7116	13551	2304	1252
动物胶制造	28146	36514	723	
其他专用化学产品制造	301480	455079	154249	134441
日用化学产品制造	123782	330206	131405	53115
肥皂及合成洗涤剂制造	69501	142668	76218	22086
化妆品制造	15060	53241	29399	14511
口腔清洁用品制造	15772	17772	13744	60

国民经济行业小类国有控股、内资、外商及港澳台城镇投资

（九）

单位：万元

行业	投资中：国有及国有控股投资	投资中：内资投资	外商投资	港澳台商投资
香料、香精制造	6764	30097	6700	1800
其他日用化学产品制造	16685	86428	5344	14658
医药制造业	2501632	4415747	295488	303246
化学药品原药制造	493915	767246	31146	104874
化学药品制剂制造	748086	1218925	93967	65024
中药饮片加工	358626	696332	32882	26164
中成药制造	506366	949757	51816	66579
兽用药品制造	116582	189797	9948	15818
生物、生化制品的制造	206937	460348	25722	23627
卫生材料及医药用品制造	71120	133342	50007	1160
化学纤维制造业	476049	768461	349456	91919
纤维素纤维原料及纤维制造	149119	136964	190803	13650
化纤浆粕制造	16066	22164	0	0
人造纤维（纤维素纤维）制造	133053	114800	190803	13650
合成纤维制造	326930	631497	158653	78269
锦纶纤维制造	10294	41069	0	8304
涤纶纤维制造	187574	423261	106288	17383
腈纶纤维制造	5497	7837	150	0
维纶纤维制造	53924	57308	4000	0
其他合成纤维制造	69641	102022	48215	52582
橡胶制品业	591920	850779	474185	89969
轮胎制造	430187	510128	375418	11281
车辆、飞机及工程机械轮胎制造	422637	489816	373965	6825
力车胎制造	6700	13854	353	4456
轮胎翻新加工	850	6458	1100	0
橡胶板、管、带的制造	27247	84186	4023	3145
橡胶零件制造	35277	75261	18341	6802
再生橡胶制造	13845	29142	7042	327
日用及医用橡胶制品制造	18958	41837	13860	7997
橡胶靴鞋制造	32980	60956	2345	5053
其他橡胶制品制造	33426	49269	53156	55364
塑料制品业	542583	1656547	487532	434933
塑料薄膜制造	131988	339716	112227	97161
塑料板、管、型材的制造	162948	495138	99630	45895
塑料丝、绳及编织品的制造	61189	176131	22004	23012
泡沫塑料制造	47984	157202	7288	5894
塑料人造革、合成革制造	13389	65975	12749	15754
塑料包装箱及容器制造	37610	126642	56853	54630
塑料零件制造	18957	53162	67741	33496
日用塑料制造	12651	65603	11651	35589

国民经济行业小类国有控股、内资、外商及港澳台城镇投资

（十）

单位：万元

行业	投资中：国有及国有控股投资	投资中：内资投资	外商投资	港澳台商投资
塑料鞋制造	5630	16556	1032	6407
日用塑料杂品制造	7021	49047	10619	29182
其他塑料制品制造	55867	176978	97389	123502
非金属矿物制品业	3319952	6664953	557052	550497
水泥、石灰和石膏的制造	1906466	2937500	105156	206813
水泥制造	1888807	2905052	100066	205563
石灰和石膏制造	17659	32448	5090	1250
水泥及石膏制品制造	234297	733809	24008	57685
水泥制品制造	151706	490348	11192	48399
砼结构构件制造	19551	88474	1735	5267
石棉水泥制品制造	2574	8228	1000	1094
轻质建筑材料制造	35503	90181	10081	2336
其他水泥制品制造	24963	56578		589
砖瓦、石材及其他建筑材料制造	327404	1161910	96351	55931
黏土砖瓦及建筑砌块制造	107270	263112	12701	5885
建筑陶瓷制品制造	70158	377046	26307	27221
建筑用石加工	72122	272000	13971	14638
防水建筑材料制造	30650	68028	17132	2708
隔热和隔音材料制造	11458	46252	6744	494
其他建筑材料制造	35746	135472	19496	4985
玻璃及玻璃制品制造	451158	853437	223889	151393
平板玻璃制造	106277	214040	45317	14963
技术玻璃制品制造	103599	144172	18860	91326
光学玻璃制造	14939	20499	20476	3181
玻璃仪器制造	6338	23078	2439	
日用玻璃制品及玻璃包装容器	52548	162039	24637	9400
玻璃保温容器制造	20080	35494	298	
玻璃纤维及制品制造	82037	134201	59093	17451
玻璃纤维增强塑料制品制造	48386	42736	29533	1777
其他玻璃制品制造	16954	77178	23236	13295
陶瓷制品制造	142187	339421	51520	26736
卫生陶瓷制品制造	34120	79716	28242	12044
特种陶瓷制品制造	26933	52173	4752	260
日用陶瓷制品制造	77889	190563	17826	12544
园林、陈设艺术及其他陶瓷制造	3245	16969	700	1888
耐火材料制品制造	58363	202855	23431	14670
石棉制品制造	4715	14365		3080
云母制品制造	2180	3120		350
耐火陶瓷制品及其他耐火材料	51468	185370	23431	11240
石墨及其他非金属矿物制品制造	200077	436021	32697	37269

国民经济行业小类国有控股、内资、外商及港澳台城镇投资

（十一）

单位：万元

行业	投资中：	投资中：		
	国有及国有控股投资	内资投资	外商投资	港澳台商投资
石墨及碳素制品制造	129408	250070	19947	31463
其他非金属矿物制品制造	70669	185951	12750	5806
黑色金属冶炼及压延加工业	9117529	12519903	776932	733456
炼铁	874370	1763861	21672	134493
炼钢	4304224	5459049	97172	218551
钢压延加工	2964722	3901166	592257	268640
铁合金冶炼	974213	1395827	65831	111772
有色金属冶炼及压延加工业	2869018	4072295	264846	213389
常用有色金属冶炼	2344596	3164346	144466	78483
铜冶炼	174492	221950	2661	
铅锌冶炼	130427	175494	2476	2800
镍钴冶炼	119698	122148	2840	
锡冶炼	15910	20071	2135	
锑冶炼	10142	5209	7813	
铝冶炼	1855179	2535303	118763	66352
镁冶炼	10713	34607	7300	3570
其他常用有色金属冶炼	28035	49564	478	5761
贵金属冶炼	170497	209267	1764	7790
金冶炼	160697	173822	519	4710
银冶炼	7400	23271	1245	3080
其他贵金属冶炼	2400	12174	0	
稀有稀土金属冶炼	82935	156997	22156	2670
钨钼冶炼	30660	35386	8646	200
稀土金属冶炼	22836	45442	300	
其他稀有金属冶炼	29439	76169	13210	2470
有色金属合金制造	50711	106009	41370	5467
有色金属压延加工	220279	435676	55090	118979
常用有色金属压延加工	171927	371780	54063	118979
贵金属压延加工	15500	18008		
稀有稀土金属压延加工	32852	45888	1027	
金属制品业	694538	2038522	440615	323647
结构性金属制品制造	244081	770975	106059	84572
金属结构制造	207633	606188	97399	74001
金属门窗制造	36448	164787	8660	10571
金属工具制造	60423	201785	32047	40151
切削工具制造	19323	48855	10415	3535
手工具制造	17815	38368	3776	9306
农用及园林用金属工具制造	2470	10436	750	1860
刀剪及类似日用金属工具制造	4256	44710		500
其他金属工具制造	16559	59416	17106	24950

国民经济行业小类国有控股、内资、外商及港澳台城镇投资

（十二）

单位：万元

行业	投资中：国有及国有控股投资	投资中：内资投资	外商投资	港澳台商投资
集装箱及金属包装容器制造	40381	90143	71602	33770
集装箱制造	11435	5975	54303	13060
金属压力容器制造	13140	31874	160	245
金属包装容器制造	15806	52294	17139	20465
金属丝绳及其制品的制造	125784	169007	39114	19469
建筑、安全用金属制品制造	99612	291769	53131	35221
建筑、家具用金属配件制造	42554	117675	26669	8364
建筑装饰及水暖管道零件制造	33316	97887	13539	23215
安全、消防用金属制品制造	9900	19521	2700	
其他建筑、安全用金属制品制造	13842	56686	10223	3642
金属表面处理及热处理加工	25047	109436	42791	11778
搪瓷制品制造	1480	21151	1245	
工业生产配套用搪瓷制品制造	310	6950		
搪瓷卫生洁具制造		1763		
搪瓷日用品及其他搪瓷制品制造	1170	12438	1245	
不锈钢及类似日用金属制品制造	46402	226050	65015	48790
金属制厨房调理及卫生器具制造	5795	40043	14908	9383
金属制厨用器皿及餐具制造	15787	84086	22821	23242
其他日用金属制品制造	24820	101921	27286	16165
其他金属制品制造	51328	158206	29611	49896
铸币及贵金属制实验室用品制造	12118	13169	150	1487
其他未列明的金属制品制造	39210	145037	29461	48409
通用设备制造业	1679996	2992021	477162	167465
锅炉及原动机制造	424459	456743	49717	10763
锅炉及辅助设备制造	65040	100372	4989	6968
内燃机及配件制造	296603	287401	39921	3795
汽轮机及辅机制造	54522	55172		
水轮机及辅机制造	6994	9820		
其他原动机制造	1300	3978	4807	
金属加工机械制造	307458	601694	59048	34217
金属切削机床制造	112726	184871	10879	3792
金属成形机床制造	32123	43761	4379	3483
铸造机械制造	15113	93601	12102	7363
金属切割及焊接设备制造	6297	18612	6717	
机床附件制造	53836	83504	8728	13417
其他金属加工机械制造	87363	177345	16243	6162
起重运输设备制造	92311	193481	37241	
泵、阀门、压缩机及类似机械的制造	158487	349717	69797	24539
泵及真空设备制造	65929	130622	9262	824
气体压缩机械制造	32700	58741	13096	5246

国民经济行业小类国有控股、内资、外商及港澳台城镇投资

（十三）　　　　单位：万元

行　　　　业	投资中：国有及国有控股投资	投资中：内资投资	外商投资	港澳台商投资
阀门和旋塞的制造	25535	85438	14164	10040
液压和气压动力机械及元件制造	34323	74916	33275	8429
轴承、齿轮、传动和驱动部件的制造	107278	236806	63787	7531
轴承制造	76181	143085	48383	6673
齿轮、传动和驱动部件制造	31097	93721	15404	858
烘炉、熔炉及电炉制造	5413	8853		
风机、衡器、包装设备等通用设备制造	278865	474198	83115	41001
风机、风扇制造	56151	84974	2793	12502
气体、液体分离及纯净设备制造	10855	27805	1259	142
制冷、空调设备制造	87185	122734	38749	10908
风动和电动工具制造	12393	41457	15986	1600
喷枪及类似器具制造		1050	100	
包装专用设备制造	42388	58731	4317	8603
衡器制造	10537	6804	6491	
其他通用设备制造	59356	130643	13420	7246
通用零部件制造及机械修理	135799	273412	58521	20901
金属密封件制造	17480	23518	6920	6625
紧固件、弹簧制造	17369	46652	9505	7304
机械零部件加工及设备修理	44582	96166	20019	1402
其他通用零部件制造	56368	107076	22077	5570
金属铸、锻加工	169926	397117	55936	28513
钢铁铸件制造	121124	300556	52063	13885
锻件及粉末冶金制品制造	48802	96561	3873	14628
专用设备制造业	1630608	2697924	502222	204182
矿山、冶金、建筑专用设备制造	421959	650494	55857	14398
采矿、采石设备制造	110924	156507	17678	3490
石油钻采专用设备制造	13661	36376	5210	
建筑工程用机械制造	154558	243112	15717	1044
建筑材料生产专用机械制造	88189	144270	4653	8415
冶金专用设备制造	54627	70229	12599	1449
化工、木材、非金属加工专用设备制造	151951	331400	89363	58023
炼油、化工生产专用设备制造	45620	80851	200	186
橡胶加工专用设备制造	29709	43124	7595	118
塑料加工专用设备制造	11327	45725	2984	17403
木材加工机械制造	3219	24512	7030	280
模具制造	53783	117832	70332	28202
其他非金属加工专用设备制造	8293	19356	1222	11834
食品、饮料、烟草及饲料生产专用设备	45398	93286	11596	301
食品、饮料、烟草工业专用设设备	28784	54421	10875	170
农副食品加工专用设备制造	14269	35754	721	

国民经济行业小类国有控股、内资、外商及港澳台城镇投资

（十四）

单位：万元

行业	投资中：国有及国有控股投资	投资中：内资投资	外商投资	港澳台商投资
饲料生产专用设备制造	2345	3111		131
印刷、制药、日化生产专用设备制造	141856	214898	66803	32050
制浆和造纸专用设备制造	19142	42786	944	2760
印刷专用设备制造	72420	78162	21167	25995
日用化工专用设备制造	16492	12989	6997	
制药专用设备制造	2616	9643	20	2600
照明器具生产专用设备制造	6566	21466	7	695
玻璃陶瓷和搪瓷制品专用设备制造	920	14566	31722	
其他日用品生产专用设备制造	23700	35286	5946	
纺织、服装和皮革工业专用设备	89484	229492	29271	15971
纺织专用设备制造	69232	174597	21542	10809
皮革、毛皮及其制品加工专用设备	6481	13843	3354	0
缝纫机械制造	13662	37750	2307	5162
其他服装加工专用设备制造	109	3302	2068	
电子和电工机械专用设备制造	394191	480768	160259	25238
农、林、牧、渔专用机械制造	245269	364385	16422	4874
拖拉机制造	134642	150854	4554	4070
机械化农业及园艺机具制造	57630	88617	9158	110
营林及木竹采伐机械制造				
畜牧机械制造	40	3163		
渔业机械制造	63	3297		
农林牧渔机械配件制造	20862	45553	800	
其他农林牧渔业机械制造	32032	72901	1910	694
医疗仪器设备及器械制造	44809	101860	50004	12278
医疗诊断、监护及治疗设备制造	22538	38505	17238	5656
口腔科用设备及器具制造	40	40	5113	
实验室及医用消毒设备和器具	1383	2174	299	
医疗、外科及兽医用器械制造	13049	35900	264	4374
机械治疗及病房护理设备制造	86	3030	11086	
假肢、人工器官及植入设备	765	2851	0	2248
其他医疗设备及器械制造	6948	19360	16004	
环保、社会公共安全及其他专用设备	95691	231341	22647	41049
环境污染防治专用设备制造	34542	85962	1280	18392
地质勘察专用设备制造	1258	1808	300	
邮政专用机械及器材制造		50		
商业、饮食、服务业专用设备	23336	31123	2960	

国民经济行业小类国有控股、内资、外商及港澳台城镇投资

（十五）

单位：万元

行业	投资中：国有及国有控股投资	投资中：内资投资	外商投资	港澳台商投资
社会公共安全设备及器材制造	8914	22235	1730	13810
交通安全及管制专用设备制造	600	2440		
水资源专用机械制造	4072	16355	55	1276
其他专用设备制造	22969	71368	16322	7571
交通运输设备制造业	4517453	4800123	1938457	432424
铁路运输设备制造	224068	279643	17839	
铁路机车车辆及动车组制造	115994	118219		
工矿有轨专用车辆制造	8740	11586	14251	
铁路机车车辆配件制造	16190	24048	918	
铁路专用设备及器材、配件制造	46399	90053	750	
其他铁路设备制造及设备修理	36745	35737	1920	
汽车制造	3384614	3356123	1820875	372891
汽车整车制造	2149308	1414248	1101470	86916
改装汽车制造	173035	275382	12873	91089
电车制造	1049	14205	3254	252
汽车车身、挂车的制造	32173	89107	4664	4440
汽车零部件及配件制造	980919	1444491	691467	188432
汽车修理	48130	118690	7147	1762
摩托车制造	52081	204319	22850	24667
摩托车整车制造	42386	102526	12375	7114
摩托车零部件及配件制造	9695	101793	10475	17553
自行车制造	21874	57835	23163	21774
脚踏自行车及残疾人座车制造	11783	16398	22093	2944
助动自行车制造	10091	41437	1070	18830
船舶及浮动装置制造	243023	290997	35807	6592
金属船舶制造	153867	173257	25632	443
非金属船舶制造		13230	830	
娱乐船和运动船的建造和修理		1576	400	2699
船用配套设备制造	58193	65783	6200	2200
船舶修理及拆船	30963	37151	1998	1250
航标器材及其他浮动装置的制造			747	
交通器材及其他交通运输设备制造	591793	611206	17923	6500
交通管理用金属标志及设施制造		6162		
其他交通运输设备制造	591793	605044	17923	6500
电气机械及器材制造业	932890	2137827	564347	453385

国民经济行业小类国有控股、内资、外商及港澳台城镇投资

（十六）

单位：万元

行业	投资中：国有及国有控股投资	投资中：内资投资	外商投资	港澳台商投资
电机制造	107825	241069	80409	21326
发电机及发电机组制造	37294	50956	10633	8732
电动机制造	46717	99566	15179	3030
微电机及其他电机制造	23814	90547	54597	9564
输配电及控制设备制造	302317	594810	76285	69389
变压器、整流器和电感器制造	80623	161261	14216	10779
电容器及其配套设备制造	11441	23825	158	11490
配电开关控制设备制造	109142	211515	17455	1655
电力电子元器件制造	61402	121225	42110	31515
其他输配电及控制设备制造	39709	76984	2346	13950
电线、电缆、光缆及电工器材制造	162454	478010	59662	72052
电线电缆制造	125954	344376	29755	52257
光纤、光缆制造	11568	57536	7168	1270
绝缘制品制造	10409	27994	7738	5094
其他电工器材制造	14523	48104	15001	13431
电池制造	103944	187536	76989	30288
家用电力器具制造	193688	370459	186041	198596
家用制冷电器具制造	96754	63032	59224	51572
家用空气调节器制造	46652	103227	48320	24564
家用通风电器具制造		28222		20520
家用厨房电器具制造	21894	28516	45767	67465
家用清洁卫生电器具制造	12068	27596	6942	13168
家用美容、保健电器具制造	6165	7541	5395	3037
家用电力器具专用配件制造	2440	20463	10891	1137
其他家用电力器具制造	7715	91862	9502	17133
非电力家用器具制造	16638	69223	19507	9935
燃气、太阳能及类似能源的器具制造	16188	58019	14630	4262
其他非电力家用器具制造	450	11204	4877	5673
照明器具制造	27431	150109	40094	42982
电光源制造	13606	41758	30660	6406
照明灯具制造	6480	83054	5174	30118
灯用电器附件及其他照明器具制造	7345	25297	4260	6458
其他电气机械及器材制造	18593	46611	25360	8817
车辆专用照明及电气信号设备制造	6500	12532	2046	1238
其他未列明的电气机械制造	12093	34079	23314	7579
通信设备、计算机及其他电子设备制造	1935939	2519818	3582424	1590688
通信设备制造	414970	492116	246894	100400
通信传输设备制造	81866	98091	44448	21517
通信交换设备制造	123942	130852	37930	2913
通信终端设备制造	29568	61191	17917	5706

国民经济行业小类国有控股、内资、外商及港澳台城镇投资

（十七）　　单位：万元

行业	投资中：国有及国有控股投资	投资中：内资投资	外商投资	港澳台商投资
移动通信及终端设备制造	115942	106879	120844	52632
其他通信设备制造	63652	95103	25755	17632
广播电视设备制造	10637	27274	3461	2210
广播电视节目制作及发射设备制造	3279	14536	250	2000
广播电视接收设备及器材制造	1050	5841	211	210
应用电视设备及其他广播电视制造	6308	6897	3000	
电子计算机制造	162561	266477	510281	194324
电子计算机整机制造	67120	148118	67093	67737
计算机网络设备制造	25732	32255	69937	8425
电子计算机外部设备制造	69709	86104	373251	118162
电子器件制造	679661	579149	1299641	707115
电子真空器件制造	309234	269484	167688	14566
半导体分立器件制造	108690	113781	153018	43289
集成电路制造	180254	79419	767578	573601
光电子器件及其他电子器件制造	81483	116465	211357	75659
电子元件制造	289699	598555	1173367	479855
电子元件及组件制造	283444	550506	1037109	403218
印制电路板制造	6255	48049	136258	76637
家用视听设备制造	265457	308605	159434	56958
家用影视设备制造	253215	271465	148333	45803
家用音响设备制造	12242	37140	11101	11155
其他电子设备制造	112954	247642	189346	49826
仪器仪表及文化、办公用机械制造	318715	516281	345997	164276
通用仪器仪表制造	91796	204601	30556	12845
工业自动控制系统装置制造	53325	92426	3626	4992
电工仪器仪表制造	13786	54484	2991	2117
绘图、计算及测量仪器制造	9024	12312	6454	1310
实验分析仪器制造	788	5058	7985	
试验机制造	2441	2941		
供应用仪表及其他通用仪器制造	12432	37380	9500	4426
专用仪器仪表制造	49531	95269	17502	2555
环境监测专用仪器仪表制造	4809	8400		
汽车及其他用计数仪表制造	9084	13848	607	880
农林牧渔专用仪器仪表制造	2800	3680		
地质勘探和地震专用仪器制造	2306	3711		
教学专用仪器制造		2970	85	
电子测量仪器制造	9239	31867	7855	575

国民经济行业小类国有控股、内资、外商及港澳台城镇投资

（十八）

单位：万元

行业	投资中：国有及国有控股投资	投资中：内资投资	外商投资	港澳台商投资
其他专用仪器制造	21293	30793	8955	1100
钟表与计时仪器制造	22072	30994	17674	9370
光学仪器及眼镜制造	54660	100944	111383	4838
光学仪器制造	52857	69466	109067	1083
眼镜制造	1803	31478	2316	3755
文化、办公用机械制造	86734	61076	115108	127986
电影机械制造	26570	9807	16763	2261
幻灯及投影设备制造	951	1001		
照相机及器材制造	42346	33390	49462	58704
复印和胶印设备制造	5038	7199	22448	6163
计算器及货币专用设备制造	10929	6852	25194	57161
其他文化、办公用机械制造	900	2827	1241	3697
其他仪器仪表的制造及修理	13922	23397	53774	6682
工艺品及其他制造业	1184421	1774765	113272	121935
工艺美术品制造	105415	369304	70893	64484
雕塑工艺品制造	20146	42457	5845	4736
金属工艺品制造	4731	39597	1957	8008
漆器工艺品制造	12942	22216	740	4447
花画工艺品制造		6420	869	8784
天然植物纤维编织工艺品制造	2048	22276	1916	1936
抽纱刺绣工艺品制造	9916	52242	11314	3710
地毯、挂毯制造	23517	63271	9184	1334
珠宝首饰及有关物品的制造	15629	39310	11094	17320
其他工艺美术品制造	16486	81515	27974	14209
日用杂品制造	25806	72274	13283	8861
制镜及类似品加工		18099		757
鬃毛加工、制刷及清扫工具的制造	3250	11353	8429	944
其他日用杂品制造	22556	42822	4854	7160
煤制品制造	15380	26615	810	14865
其他未列明的制造业	1037820	1306572	28286	33725
废弃资源和废旧材料回收加工业	23006	45437	11514	3872
金属废料和碎屑的加工处理	2677	14246	9234	3872
非金属废料和碎屑的加工处理	20329	31191	2280	0
（四）电力燃气及水的生产和供应业	**33607404**	**35714435**	**972178**	**1352416**
电力、热力的生产和供应业	29140789	30949080	869602	1229558
电力生产	15387163	16898177	850820	1220536
火力发电	9229050	9595929	796452	1147138
水力发电	4978943	6084569	38142	28193
核力发电	908653	880669	570	27984

国民经济行业小类国有控股、内资、外商及港澳台城镇投资

（十九）　　单位：万元

行业	投资中：国有及国有控股投资	投资中：内资投资	外商投资	港澳台商投资
其他能源发电	270517	337010	15656	17221
电力供应	12703381	12840096	2500	
热力生产和供应	1050245	1210807	16282	9022
燃气生产和供应业	1217935	1379292	92604	44520
燃气生产和供应业	1217935	1379292	92604	44520
水的生产和供应业	3248680	3386063	9972	78338
自来水的生产和供应	1846602	1928787	9612	42462
污水处理及其再生利用	1363775	1417971	360	35876
其他水的处理、利用与分配	38303	39305		
（五）建筑业	**4039997**	**5177667**	**45426**	**56852**
房屋和土木工程建筑业	3743917	4708055	40121	53875
房屋工程建筑	990539	1701539	39287	31636
土木工程建筑	2753378	3006516	834	22239
铁路、道路、隧道和桥梁工程	2161327	2376896	30	10168
水利和港口工程建筑	284735	299020	804	
工矿工程建筑	30109	31398		
架线和管道工程建筑	147796	159134		1517
其他土木工程建筑	129411	140068		10554
建筑安装业	140384	186456		111
建筑安装业	140384	186456		111
建筑装饰业	43283	100016	3516	1966
建筑装饰业	43283	100016	3516	1966
其他建筑业	112413	183140	1789	900
工程准备	84351	95151	950	
提供施工设备服务	5054	31368	839	
其他未列明的建筑活动	23008	56621		900
（六）交通运输、仓储和邮政业	**53415126**	**55829734**	**259992**	**600517**
铁路运输业	6988758	7059968		
铁路旅客运输	1133231	1165665		
铁路货物运输	5369557	5394720		
铁路运输辅助活动	485970	499583		
客运火车站	58063	70256		
货运火车站	1927	2187		
其他铁路运输辅助活动	425980	427140		
道路运输业	34952842	35896703	70374	110772
公路旅客运输	14535314	14825056	2046	60018
道路货物运输	2631622	2851509	9439	4955
道路运输辅助活动	17785906	18220138	58889	45799
客运汽车站	259706	357988	900	8300
公路管理与养护	15725237	16022289	57989	32669

国民经济行业小类国有控股、内资、外商及港澳台城镇投资

（二十）

单位：万元

行业	投资中：国有及国有控股投资	投资中：内资投资	外商投资	港澳台商投资
其他道路运输辅助活动	1800963	1839861		4830
城市公共交通业	3311407	4359097	6605	14085
公共电汽车客运	1369247	1460554	1410	13685
轨道交通	1619251	2451388		
出租车客运	81104	178656	5195	400
城市轮渡	5447	7473		
其他城市公共交通	236358	261026		
水上运输业	3170903	3203546	55833	381565
水上旅客运输	147529	164085	40	
远洋旅客运输	10487	10487	40	
沿海旅客运输	48534	57363		
内河旅客运输	88508	96235		
水上货物运输	266521	293191	13079	9258
远洋货物运输	38790	38545	1471	85
沿海货物运输	173039	188196	108	9173
内河货物运输	54692	66450	11500	0
水上运输辅助活动	2756853	2746270	42714	372307
客运港口	135320	145132	1916	5200
货运港口	2324241	2297565	40798	365847
其他水上运输辅助活动	297292	303573		1260
航空运输业	2188381	2187570		10943
航空客货运输	1150039	1147470		7820
航空旅客运输	1117988	1123239		
航空货物运输	32051	24231		7820
通用航空服务	159436	159318		3123
航空运输辅助活动	878906	880782		
机场	714188	716064		
空中交通管理	140054	140054		
其他航空运输辅助活动	24664	24664		
管道运输业	1432559	1407443	16082	17034
装卸搬运和其他运输服务业	420665	450685	8109	5199
装卸搬运	389064	395874	368	4795
运输代理服务	31601	54811	7741	404
仓储业	677498	992204	100929	60919
谷物、棉花等农产品仓储	282208	305333	4111	
其他仓储	395290	686871	96818	60919
邮政业	272113	272518	2060	
国家邮政	261856	262261	2060	
其他寄递服务	10257	10257		
（七）信息传输、计算机服务和软件业	**13702903**	**12904609**	**1346397**	**2206414**

国民经济行业小类国有控股、内资、外商及港澳台城镇投资

（二十一）

单位：万元

行业	投资中：国有及国有控股投资	投资中：内资投资	外商投资	港澳台商投资
电信和其他信息传输服务业	13455639	12517078	1310410	2193025
电信	11497909	10508927	1279059	2097629
固定电信服务	6331472	6351211	32778	46504
移动电信服务	5029135	3976204	1234738	2047763
其他电信服务	137302	181512	11543	3362
互联网信息服务	1705367	1750049	31351	95396
广播电视传输服务	245439	251178		
有线广播电视传输服务	199155	204894		
无线广播电视传输服务	46284	46284		
卫星传输服务	6924	6924		
计算机服务业	47844	104226	780	1600
计算机系统服务	24500	50976	150	
数据处理	15074	25065		
计算机维修	1000	1000		
其他计算机服务	7270	27185	630	1600
软件业	199420	283305	35207	11789
公共软件服务	156998	201969	32337	8289
基础软件服务	62000	87362		
应用软件服务	94998	114607	32337	8289
其他软件服务	42422	81336	2870	3500
（八）批发和零售业	**3582513**	**7405933**	**160123**	**347663**
批发业	1483813	3016339	30798	107045
农畜产品批发	118703	203077	50	4510
谷物、豆及薯类批发	41955	68007		1120
种子、饲料批发	25161	32025	50	
棉、麻批发	9384	20253		3390
牲畜批发	7148	9728		
其他农畜产品批发	35055	73064		
食品、饮料及烟草制品批发	414692	614026	11422	9164
米、面制品及食用油批发	45264	64507		
糕点、糖果及糖批发	14574	31453		2437
果品、蔬菜批发	117427	209348	300	3850
肉、禽、蛋及水产品批发	46555	80097	11122	887
盐及调味品批发	21368	23074		
饮料及茶叶批发	7315	17429		1260
烟草制品批发	143480	150670		730
其他食品批发	18709	37448		
纺织、服装及日用品批发	186135	458457	10032	46740
纺织品、针织品及原料批发	54521	102477		1340
服装批发	62105	205396	7837	

国民经济行业小类国有控股、内资、外商及港澳台城镇投资

（二十二）

单位：万元

行　　业	投资中：国有及国有控股投资	投资中：内资投资	外商投资	港澳台商投资
鞋帽批发		7692	387	60
厨房、卫生间用具及日用杂货	5068	11192		1995
化妆品及卫生用品批发	1940	5242	1000	
其他日用品批发	62501	126458	808	43345
文化、体育用品及器材批发	91236	95973	137	249
文具用品批发	18359	19399	137	
体育用品批发		630		
图书批发	57998	57998		
报刊批发				
音像制品及电子出版物批发				
首饰、工艺品及收藏品批发	8302	9947		249
其他文化用品批发	6577	7999		
医药及医疗器材批发	55180	104349	200	
西药批发	38918	62487	200	
中药材及中成药批发	7235	31340		
医疗用品及器材批发	9027	10522		
矿产品、建材及化工产品批发	336252	849506	800	16153
煤炭及制品批发	33804	58061		
石油及制品批发	155445	193314		780
非金属矿及制品批发	3137	3227		
金属及金属矿批发	13605	47572	300	
建材批发	112090	479666	500	10489
化肥批发	5767	25075		
农药批发	208	3998		
农用薄膜批发		5200		
其他化工产品批发	12196	33393		4884
机械设备、五金交电及电子产品	227957	520254	6259	16300
农业机械批发	15461	37996		
汽车、摩托车及零配件批发	156598	322892	2120	4535
五金、交电批发	16263	71157		470
家用电器批发	16150	41730		
计算机、软件及辅助设备批发	2043	3323		
通讯及广播电视设备批发	5172	7348		920
其他机械设备及电子产品批发	16270	35808	4139	10375
贸易经纪与代理	11639	36482	642	4429
其他批发	42019	134215	1256	9500
再生物资回收与批发	7880	29193		
其他未列明的批发	34139	105022	1256	9500
零售业	2098700	4389594	129325	240618
综合零售	1317229	2589751	95892	196020

国民经济行业小类国有控股、内资、外商及港澳台城镇投资

（二十三）

单位：万元

行业	投资中：国有及国有控股投资	投资中：内资投资	外商投资	港澳台商投资
百货零售	677562	1370089	50235	144628
超级市场零售	428428	851163	45267	47942
其他综合零售	211239	368499	390	3450
食品、饮料及烟草制品专门零售	129136	201759	2900	1885
粮油零售	16064	21982		
糕点、面包零售	3405	5440		
果品、蔬菜零售	14356	30854		
肉、禽、蛋及水产品零售	35550	44482	900	1885
饮料及茶叶零售	2376	3720		
烟草制品零售	18206	18326		
其他食品零售	39179	76955	2000	
纺织、服装及日用品专门零售	66113	205977	4530	19604
纺织品及针织品零售	13250	23574	3727	
服装零售	40670	105205	639	19604
鞋帽零售		620		
钟表、眼镜零售	1424	3787		
化妆品及卫生用品零售	80	1178		
其他日用品零售	10689	71613	164	
文化、体育用品及器材专门零售	99015	115619	150	
文具用品零售	1060	4956		
体育用品零售	1300	1930		
图书零售	88758	90251		
报刊零售	2162	2242		
音像制品及电子出版物零售	635	1135		
珠宝首饰零售	540	3350	150	
工艺美术品及收藏品零售	4560	9502		
照相器材零售		51		
其他文化用品零售		2202		
医药及医疗器材专门零售	28393	48451		330
药品零售	26893	45707		330
医疗用品及器材零售	1500	2744		
汽车、摩托车、燃料及零配件专门零售	258343	687732	7805	6584
汽车零售	149927	464855	7375	5367
汽车零配件零售	25207	65387		717
摩托车及零配件零售	4914	14641		
机动车燃料零售	78295	142849	430	500
家用电器及电子产品专门零售	73568	129912		9073
家用电器零售	53955	93292		
计算机、软件及辅助设备零售	12100	26713		9073
通信设备零售	7463	8365		

国民经济行业小类国有控股、内资、外商及港澳台城镇投资

（二十四）

单位：万元

行业	投资中： 国有及国有控股投资	投资中： 内资投资	外商投资	港澳台商投资
其他电子产品零售	50	1542		
五金、家具及室内装修材料专门零售	106679	329096	18048	6362
五金零售	23052	35602		
家具零售	60270	197369	100	6362
涂料零售		300		
其他室内装修材料零售	23357	95825	17948	
无店铺及其他零售	20224	81297		760
流动货摊零售				
邮购及电子销售				
生活用燃料零售	8772	19586		60
花卉零售		15222		
旧货零售	4770	7375		
其他未列明的零售	6682	39114		700
（九）住宿和餐饮业	**1180319**	**2721768**	**189664**	**301210**
住宿业	898754	1806702	140536	267188
旅游饭店	708453	1392673	137097	251973
一般旅馆	154498	339118	2339	12215
其他住宿服务	35803	74911	1100	3000
餐饮业	281565	915066	49128	34022
正餐服务	205937	775995	35829	31354
快餐服务	2695	15341	13199	843
饮料及冷饮服务	16380	35963		325
其他餐饮服务	56553	87767	100	1500
（十）金融业	**713680**	**848091**	**6906**	**6589**
银行业	633515	739269	246	6589
中央银行	88702	88812		
商业银行	499118	601461	246	6589
其他银行	45695	48996		
证券业	10941	14630	2001	
证券市场管理	3452	3452	2001	
证券经纪与交易	6392	8327		
证券投资	1097	2627		
证券分析与咨询		224		
保险业	49451	54839	4659	
人寿保险	30440	31761	4659	
非人寿保险	18467	21974		
保险辅助服务	544	1104		
其他金融活动	19773	39353		
金融信托与管理	8100	20372		
金融租赁	4011	4044		

国民经济行业小类国有控股、内资、外商及港澳台城镇投资

（二十五）　　单位：万元

行　　　业	投资中：国有及国有控股投资	投资中：内资投资	外商投资	港澳台商投资
财务公司		158		
邮政储蓄	409	4559		
典当		1750		
其他未列明的金融活动	7253	8470		
（十一）房地产业	**32041719**	**98231137**	**4143282**	**8678418**
房地产业	32041719	98231137	4143282	8678418
房地产开发经营	31256781	91568682	4133074	8667447
物业管理	164648	304460	2900	2843
房地产中介服务	20573	32503		128
其他房地产活动	599717	6325492	7308	8000
（十二）租赁和商务服务业	**2215525**	**2998770**	**25705**	**73216**
租赁业	6547	25391	1468	
机械设备租赁	6547	25391	1468	
汽车租赁	3413	11769		
农业机械租赁	600	1050		
建筑工程机械与设备租赁	1353	10576	400	
计算机及通讯设备租赁				
其他机械与设备租赁	1181	1996	1068	
文化及日用品出租				
图书及音像制品出租				
其他文化及日用品出租				
商务服务业	2208978	2973379	24237	73216
企业管理服务	1457911	1940661	8773	36681
企业管理机构	695643	940776	2900	26713
投资与资产管理	605452	797965	4677	
其他企业管理服务	156816	201920	1196	9968
法律服务	2168	2261		
律师及相关的法律服务	2090	2183		
公证服务	78	78		
其他法律服务				
咨询与调查	50582	60997	4365	277
会计、审计及税务服务	1931	4080		
市场调查				
社会经济咨询	1342	3868	4365	177
其他专业咨询	47309	53049		100
广告业	5084	12359		380
知识产权服务	887	887		
职业中介服务	12767	14929		
市场管理	243869	361512	4764	12085
旅行社	26893	34190	752	17663

国民经济行业小类国有控股、内资、外商及港澳台城镇投资

（二十六）

单位：万元

行业	投资中：国有及国有控股投资	投资中：内资投资	外商投资	港澳台商投资
其他商务服务	408817	545583	5583	6130
会议及展览服务	352592	415897	5403	6130
包装服务	10800	22007		
保安服务	1500	2200		
办公服务	27602	62477	180	
其他未列明的商务服务	16323	43002		
（十三）科研技术服务和地质勘察业	**2625268**	**2694086**	**23350**	**99679**
研究与试验发展	1253188	1311435	18934	2997
自然科学研究与试验发展	191583	203473	530	733
工程和技术研究与试验发展	459848	485903	17786	
农业科学研究与试验发展	80465	91176	418	
医学研究与试验发展	60130	63882		
社会人文科学研究与试验发展	461162	467001	200	2264
专业技术服务业	844220	796906	1503	95880
气象服务	101304	101404		
地震服务	12894	15544		340
海洋服务	1975	1975		
测绘服务	23083	23668		
技术检测	45927	59004		350
环境监测	12958	13858		
工程技术与规划管理	628753	552166	312	94157
工程管理服务	380599	290280	312	94157
工程勘察设计	103421	107201		
规划管理	144733	154685		
其他专业技术服务	17326	29287	1191	1033
科技交流和推广服务业	266600	324046	2913	802
技术推广服务	84952	93119	2017	802
科技中介服务	116344	142149	216	
其他科技服务	65304	88778	680	
地质勘察业	261260	261699		
矿产地质勘察	222756	222976		
能源矿产地质勘察	196823	197043		
固体矿产地质勘察	23566	23566		
其他矿产地质勘察	2367	2367		
基础地质勘察	18552	18771		
地质勘察技术服务	19952	19952		
（十四）水利环境和公共设施管理业	**40094032**	**41869128**	**163156**	**169263**
水利管理业	7121188	7199019	17400	2131
防洪管理	2725368	2729470		
水资源管理	3348070	3377520	17400	2131

国民经济行业小类国有控股、内资、外商及港澳台城镇投资

（二十七）　　单位：万元

行　　业	投资中：国有及国有控股投资	投资中：内资投资	外商投资	港澳台商投资
水库管理	1764288	1787845		
调水、引水管理	1202254	1202337	17400	2131
其他水资源管理	381528	387338		
其他水利管理	1047750	1092029		
环境管理业	2447603	2594780	16715	26201
自然保护	193092	231194	3720	8700
自然保护区管理	80519	92089		600
野生动植物保护	69075	85558	3555	8100
其他自然保护	43498	53547	165	
环境治理	2254511	2363586	12995	17501
城市市容管理	218073	230292		
城市环境卫生管理	421122	467196	5754	14301
水污染治理	952571	994181	1906	3200
危险废物治理	27169	28309	4300	
其他环境治理	635576	643608	1035	
公共设施管理业	30525241	32075329	129041	140931
市政公共设施管理	27057815	28106605	66716	46490
城市绿化管理	1283071	1321587		8080
游览景区管理	2184355	2647137	62325	86361
风景名胜区管理	744279	980746	3252	3484
公园管理	976672	1067257	21859	34773
其他游览景区管理	463404	599134	37214	48104
（十五）居民服务和其他服务业	**383502**	**639013**	**9452**	**7035**
居民服务业	333115	507070	4602	6017
家庭服务	5140	10716		
托儿所	763	1973		
洗染服务	130	935		
理发及美容保健服务	2379	5553	918	2000
洗浴服务	14375	88172	560	1200
婚姻服务		1224		
殡葬服务	119366	163505	2107	2817
摄影扩印服务	1455	3400	320	
其他居民服务	189507	231592	697	
其他服务业	50387	131943	4850	1018
修理与维护	12355	29565	350	1018
汽车、摩托车维护与保养	9422	26374	350	718
办公设备维修	30	180		
家用电器修理	10	118		300
其他日用品修理	2893	2893		
清洁服务	6515	10564		

国民经济行业小类国有控股、内资、外商及港澳台城镇投资

(二十八)

单位：万元

行业	投资中：国有及国有控股投资	投资中：内资投资	外商投资	港澳台商投资
建筑物清洁服务	180	1680		
其他清洁服务	6335	8884		
其他未列明的服务	31517	91814	4500	
（十六）教育	**13368364**	**14629732**	**71328**	**40163**
教育	13368364	14629732	71328	40163
学前教育	86131	135530	2773	1970
初等教育	975425	1081530	677	1085
中等教育	4496410	5117057	30695	32352
初中教育	1320512	1583177	24649	18447
高中教育	2535727	2829395	6046	12905
中等专业教育	352465	384992		1000
职业中学教育	156253	176939		
技工学校教育	51830	54668		
其他中等教育	79623	87886		
高等教育	7371893	7753391	35173	3118
普通高等教育	7165464	7451435	35173	3118
成人高等教育	206429	301956		
其他教育	438505	542224	2010	1638
职业技能培训	152889	240823	2010	1068
特殊教育	51234	53214		
其他未列明的教育	234382	248187		570
（十七）卫生社会保障和社会福利业	**3326776**	**3550348**	**7249**	**19596**
卫生	3131917	3302384	7249	19506
医院	2591255	2732974	7051	19346
综合医院	2065563	2142388	5671	14946
中医医院	169017	187564		600
中西医结合医院	66028	68733		
民族医院	9067	9127		
专科医院	267034	305472	1380	3800
疗养院	14546	19690		
卫生院及社区医疗活动	46346	64182	198	
门诊部医疗活动	46603	52374		
计划生育技术服务活动	12911	13011		
妇幼保健活动	71941	72242		160
专科疾病防治活动	18523	18613		
疾病预防控制及防疫活动	273029	273169		
其他卫生活动	71309	75819		
社会保障业	42789	64268		
社会保障业	42789	64268		
社会福利业	152070	183696		90

国民经济行业小类国有控股、内资、外商及港澳台城镇投资

（二十九）　　单位：万元

行　　业	投资中：国有及国有控股投资	投资中：内资投资	外商投资	港澳台商投资
提供住宿的社会福利	102303	127716		90
干部休养所	29204	29204		
收养收容服务	73099	98512		90
不提供住宿的社会福利	49767	55980		
（十八）文化、体育和娱乐业	**4041690**	**4420327**	**142035**	**233761**
新闻出版业	232716	219266	15500	
新闻业	80902	65402	15500	
出版业	151814	153864		
图书出版	51506	51506		
报纸出版	95014	95014		
期刊出版	2414	2414		
音像制品出版	2850	3870		
电子出版物出版	0	130		
其他出版	30	930		
广播、电视、电影和音像业	782502	809540		3500
广播	130373	131745		
电视	492914	494334		
电影	157681	180975		
电影制作与发行	94615	101713		
电影放映	63066	79262		
音像制作	1534	2486		3500
文化艺术业	1177877	1227720	13360	6776
文艺创作与表演	68632	71999		
艺术表演场馆	229510	232380	1100	
图书馆与档案馆	125469	131099		
图书馆	104788	109938		
档案馆	20681	21161		
文物及文化保护	179728	186295		
博物馆	199685	210839	300	
烈士陵园、纪念馆	31224	36189		
群众文化活动	297823	307571		5940
文化艺术经纪代理	200	404		
其他文化艺术	45606	50944	11960	836
体育	979428	1047620	11679	7994
体育组织	118814	120910		
体育场馆	844947	903156	9869	5554
其他体育	15667	23554	1810	2440
娱乐业	869167	1116181	101496	215491
室内娱乐活动	158393	296996	14488	15435
游乐园	355958	359066	30430	56706

国民经济行业小类国有控股、内资、外商及港澳台城镇投资

（三十）

单位：万元

行业	投资中：国有及国有控股投资	投资中：内资投资	外商投资	港澳台商投资
休闲健身娱乐活动	253289	324383	54978	129166
其他娱乐活动	101527	135736	1600	14184
（十九）公共管理和社会组织	**16907588**	**18390256**	**8887**	**13313**
中国共产党机关	301647	302993		
中国共产党机关	301647	302993		
国家机构	16154485	16514212	8277	9050
国家权力机构	1848548	1878843	2305	0
国家行政机构	13118840	13429248	5972	9050
综合事务管理机构	5218637	5381003	2712	7140
对外事务管理机构	22431	22431		
公共安全管理机构	1211667	1214135		
社会事务管理机构	1154908	1157493		
经济事务管理机构	2951884	3021158	1200	1810
政府事务管理机构	2029146	2099876	2060	100
行政监督检查机构	530167	533152		
人民法院和人民检察院	703333	704203		
人民法院	417318	417656		
人民检察院	286015	286547		
其他国家机构	483764	501918		
人民政协和民主党派	61447	63900		
人民政协	52331	54784		
民主党派	9116	9116		
群众团体、社会团体和宗教组织	166104	284011	350	2900
群众团体	50340	57305		
工会	31459	31459		
妇联	5511	5511		
共青团	3520	3520		
其他群众团体	9850	16815		
社会团体	80962	159772		1900
专业性团体	7445	7445		
行业性团体	30818	42136		1900
其他社会团体	42699	110191		
宗教组织	34802	66934	350	1000
基层群众自治组织	223905	1225140	260	1363
社区自治组织	116986	665505	260	163
村民自治组织	106919	559635		1200
（二十）国际组织	**2880**	**2600**	**280**	
国际组织	2880	2600	280	

各地区按三次产业分的城镇投资

单位：万元

地　　区	合　计	第一产业	第二产业	第三产业
全国总计	**458116959**	**5349794**	**166276990**	**286490175**
北　　京	19999107	22571	1785275	18191261
天　　津	9317426	22025	3142953	6152448
河　　北	17728062	334317	7715535	9678210
山　　西	9988240	114893	5830082	4043265
内 蒙 古	10970976	407974	4908521	5654481
辽　　宁	17712262	234325	6669567	10808370
吉　　林	8729070	157972	3664580	4906518
黑 龙 江	10694838	362101	4097455	6235282
上　　海	22455438	25451	6630736	15799251
江　　苏	40115925	125464	16815136	23175325
浙　　江	31985074	74743	8713418	23196913
安　　徽	11845153	110758	4761252	6973143
福　　建	12292773	90957	3878853	8322963
江　　西	10991035	67445	3396848	7526742
山　　东	41639013	312756	22246567	19079690
河　　南	16771716	274945	6810297	9686474
湖　　北	15737323	251262	6648089	8837972
湖　　南	12352666	115369	4124071	8113226
广　　东	41451176	130078	12942766	28378332
广　　西	7912617	100693	2858788	4953136
海　　南	2462433	170315	719130	1572988
重　　庆	10406455	127493	2576308	7702654
四　　川	18350737	213954	5719779	12417004
贵　　州	6679183	29853	2739555	3909775
云　　南	8392210	132432	2560601	5699177
西　　藏	1339556	63174	261960	1014422
陕　　西	10710423	309315	3311653	7089455
甘　　肃	5537181	220717	2439302	2877162
青　　海	2369392	112402	1098758	1158232
宁　　夏	2631371	80227	885411	1665733
新　　疆	8925935	553813	3321273	5050849
不分地区	9622193		3002471	6619722

各地区按投资规模分的城镇投资（一）

地　　区	500万元以下	500万～1000万元	1000万～3000万元	3000万～5000万元
全国总计	**13960351**	**16100675**	**47695560**	**32568238**
北　　京	36534	100495	410228	420441
天　　津	90793	139256	526241	444253
河　　北	718477	930970	2841901	1813294
山　　西	283808	284705	1133565	779528
内 蒙 古	592761	607893	1503598	909530
辽　　宁	509249	679011	1812520	1260247
吉　　林	214806	350055	1177266	822087
黑 龙 江	338774	424736	1213557	771773
上　　海	89955	232469	911045	708904
江　　苏	663832	1161476	3649711	2959675
浙　　江	394793	739930	2742253	1969727
安　　徽	481888	515138	1664999	989998
福　　建	279640	409189	1214011	889220
江　　西	376723	514239	1547696	943156
山　　东	1392542	1641293	5344558	4022793
河　　南	597539	653508	2069890	1406309
湖　　北	842839	805412	2049243	1122786
湖　　南	403563	659254	1743624	1119322
广　　东	936256	1095432	3469168	2323605
广　　西	694574	451245	999689	534793
海　　南	108951	112678	298285	159817
重　　庆	300488	337541	1084096	816626
四　　川	592645	758996	2495409	1889952
贵　　州	434003	323836	906243	544047
云　　南	489132	410131	885149	602214
西　　藏	251367	123555	192344	128753
陕　　西	426079	495256	1247326	680667
甘　　肃	442977	346472	818266	396569
青　　海	221262	138279	292147	157335
宁　　夏	159045	160825	362170	276752
新　　疆	595056	497400	1083632	704058
不分地区			5730	7

注：本表不含城镇和工矿区私人建房投资。

各地区按投资规模分的城镇投资（二）

地　　区	5000 万元～1 亿元	1 亿～5 亿元	5 亿～10 亿元	10 亿元及以上
全国总计	**53317762**	**130219098**	**47216368**	**111739107**
北　　京	1081273	6607783	3609991	7732362
天　　津	850593	2702693	889746	3672429
河　　北	2382347	5301549	1233432	2138678
山　　西	1202198	3370163	622515	2246269
内 蒙 古	1463865	2557476	1056852	2170207
辽　　宁	2026889	5908930	2528740	2929540
吉　　林	1265343	2659978	830887	1244547
黑 龙 江	1142743	2745289	1015645	2906253
上　　海	1658054	6680921	3657728	8516292
江　　苏	4660541	13128238	4403635	9322473
浙　　江	3606155	11398130	4487723	6356493
安　　徽	1733519	3408750	1097772	1864717
福　　建	1797723	4081380	1112526	2296984
江　　西	1505311	2391140	982898	2520381
山　　东	6365165	13010994	4043610	5581599
河　　南	2236934	4376030	1689226	3137980
湖　　北	1848823	3707559	1029711	4058491
湖　　南	1738003	3556152	733489	2003444
广　　东	3796933	10476031	4522186	14243369
广　　西	942672	2129883	461736	1360376
海　　南	305436	593266	135443	670459
重　　庆	1447676	3454030	1223201	1659194
四　　川	2793466	5140934	1459895	3013163
贵　　州	702402	1381136	424856	1856736
云　　南	963007	2097362	648065	2111343
西　　藏	140301	208884	110402	163166
陕　　西	1343535	2688970	1166619	2497249
甘　　肃	705663	1140940	472229	1179442
青　　海	225528	449927	425929	442523
宁　　夏	491205	640187	142911	387880
新　　疆	873392	2154357	687777	2238708
不分地区	21067	70036	308993	9216360

各地区按构成分的城镇投资

单位：万元

地区	投资额	建筑安装工程	设备工器具购置	其他费用
全国总计	**458116959**	**280913139**	**93006738**	**84197082**
北京	19999107	11332502	1959134	6707471
天津	9317426	5914844	1571079	1831503
河北	17728062	10701337	4530493	2496232
山西	9988240	6107931	2713022	1167287
内蒙古	10970976	7370594	2281622	1318760
辽宁	17712262	10590855	3755024	3366383
吉林	8729070	6054314	1655616	1019140
黑龙江	10694838	7068549	2301394	1324895
上海	22455438	12114578	4211378	6129482
江苏	40115925	23105678	9176480	7833767
浙江	31985074	18246996	4453099	9284979
安徽	11845153	7208386	2707010	1929757
福建	12292773	7451773	2573101	2267899
江西	10991035	7543431	2143756	1303848
山东	41639013	25748046	10725827	5165140
河南	16771716	10873795	3439995	2457926
湖北	15737323	8637651	3730342	3369330
湖南	12352666	8129672	2116415	2106579
广东	41451176	25637403	8125327	7688446
广西	7912617	4841012	1657466	1414139
海南	2462433	1385822	749649	326962
重庆	10406455	6789398	1379857	2237200
四川	18350737	11227127	3180175	3943435
贵州	6679183	4156276	1399327	1123580
云南	8392210	5426353	1556741	1409116
西藏	1339556	1176512	133507	29537
陕西	10710423	7457025	1634391	1619007
甘肃	5537181	3796949	1137473	602759
青海	2369392	1858023	322317	189052
宁夏	2631371	1917238	402866	311267
新疆	8925935	6295456	1637836	992643
不分地区	9622193	4747613	3645019	1229561

各地区按隶属关系分的城镇投资

单位：万元

地　区	合　计	中央项目	地方项目				
				省属	地市属	县属	其他
全国总计	**458116959**	**62598547**	**395518412**	**67355516**	**107217072**	**102850732**	**118095092**
北　京	19999107	2543119	17455988	4862766	3382183	221813	8989226
天　津	9317426	1529894	7787532	3383755	1255867	211931	2935979
河　北	17728062	1494047	16234015	1939536	3288841	6753230	4252408
山　西	9988240	1420994	8567246	2018856	1653950	2079934	2814506
内蒙古	10970976	1143297	9827679	1847481	2461535	2902404	2616259
辽　宁	17712262	2509033	15203229	1649140	4890019	3379335	5284735
吉　林	8729070	1550134	7178936	612895	2142530	2028000	2395511
黑龙江	10694838	2904104	7790734	2252925	2387764	1423024	1727021
上　海	22455438	2433471	20021967	7887283	7114005	31173	4989506
江　苏	40115925	3519894	36596031	2384603	12257406	13633988	8320034
浙　江	31985074	2563555	29421519	1583386	7809085	11709632	8319416
安　徽	11845153	564023	11281130	1767184	4219701	2224404	3069841
福　建	12292773	494412	11798361	1990039	3486507	3234482	3087333
江　西	10991035	524125	10466910	2732706	2457860	2329655	2946689
山　东	41639013	2803345	38835668	4239207	7822793	13034628	13739040
河　南	16771716	1987324	14784392	2081947	4315322	4932879	3454244
湖　北	15737323	3178573	12558750	1994245	3793351	2756333	4014821
湖　南	12352666	1140925	11211741	2109377	2256053	3664276	3182035
广　东	41451176	3572226	37878950	5232909	13073260	7343651	12229130
广　西	7912617	1277779	6634838	1238108	2444566	1298002	1654162
海　南	2462433	282475	2179958	689713	358777	213692	917776
重　庆	10406455	1042202	9364253	1426222	1851843	2553455	3532733
四　川	18350737	1635158	16715579	1881310	4729466	5150067	4954736
贵　州	6679183	1872036	4807147	1278953	807617	1120322	1600255
云　南	8392210	1255776	7136434	1791371	1551610	2122727	1670726
西　藏	1339556	975902	363654	70594	113538	106605	72917
陕　西	10710423	1139028	9571395	2265411	2878244	2486042	1941698
甘　肃	5537181	1164097	4373084	1470487	715615	1370480	816502
青　海	2369392	548887	1820505	609272	400595	639714	170924
宁　夏	2631371	371420	2259951	764914	495553	474193	525291
新　疆	8925935	3535099	5390836	1298921	801616	1420661	1869638
不分地区	9622193	9622193					

各地区按建设性质分的城镇投资

单位：万元

地区	新建	扩建	改建	单纯建造生活设施	迁建	恢复	单纯购置
全国总计	**180924102**	**102498657**	**49320003**	**4390583**	**4145898**	**350853**	**9649054**
北京	2652504	3693234	1122660	175775	179917	23673	126581
天津	4402321	1901387	520417	5688	53321	36173	282821
河北	7841884	3825143	2417492	222897	180204	14639	345715
山西	4431205	2991089	1243647	241540	42608	2169	19753
内蒙古	5498937	2825211	1323803	221697	27403	7735	49515
辽宁	5118206	4441263	2433738	132744	287369	12245	365614
吉林	2983330	1988456	1827731	118340	79078	12700	162940
黑龙江	4888564	2557169	940988	182915	19715	8445	328168
上海	8530388	1807961	2393896	60246	136264	700	513486
江苏	16631142	10400897	4095015	59594	220985	5003	437309
浙江	13238601	5318100	2417727	130256	535251	17675	237080
安徽	4996771	2457587	1621304	68848	52641	13303	139822
福建	5061777	2112809	525678	29024	172302	2783	555643
江西	5318188	2000736	1454644	38284	37537	5443	152005
山东	15920866	14391617	3794214	640266	367322	7019	462492
河南	7408963	4119669	2238495	214932	111900	10698	207204
湖北	6443713	3547808	2459600	99857	175761	13135	334578
湖南	5025861	2476056	1841578	101758	82057	15228	113989
广东	16985101	7299241	2233009	44686	484827	25607	1455278
广西	3435126	1780194	850130	102330	73304	7626	123146
海南	1121926	490617	116137	63691	3725	7088	215020
重庆	3763623	1664300	900918	120673	420962	14392	159103
四川	6643452	3676886	2821412	93370	151925	29842	218903
贵州	2829248	1590332	893131	47419	37420	3727	122472
云南	3685676	1909108	1173106	88077	77148	19233	104367
西藏	702124	192193	350915	35594	2056	2550	13335
陕西	4274636	2495909	1278567	488032	20573	15039	89863
甘肃	2498836	1410678	809572	177831	12326	7957	77329
青海	1366606	507219	206114	25697	5812	5613	12748
宁夏	1075707	604131	308286	88403	33572		1811
新疆	2007032	3112226	2193246	270119	60613	3413	162823
不分地区	4141788	2909431	512833				2058141

注：本表不含房地产开发投资、城镇和工矿区私人建房投资。

各地区城镇旧设备、旧建筑物及土地购置情况

单位：万元

地　区	购置旧设备	购置用于更新的设备	旧建筑物购置费	土地购置费
全国总计	**599345**	**6907517**	**2110852**	**32127434**
北　京	7323	135244	39365	2450073
天　津	3317	280952	447521	463585
河　北	34160	468233	26703	624995
山　西	2211	141228	16013	182307
内蒙古	3364	68532	11274	278672
辽　宁	48199	298175	85914	1209688
吉　林	804	82810	15165	227537
黑龙江	8047	197630	42635	374557
上　海	30122	0	3455	2498962
江　苏	111318	186666	329759	3473412
浙　江	27249	556485	192330	5859196
安　徽	9564	277780	72848	790058
福　建	24138	395653	80278	993486
江　西	11678	293062	17020	480774
山　东	5140	1109594	50743	1366246
河　南	19076	284205	37724	752056
湖　北	19845	262509	27931	707600
湖　南	47722	84210	143111	854183
广　东	77136	459717	86102	3591714
广　西	22299	134094	81615	427713
海　南	520	28910	1848	101332
重　庆	27136	53969	104957	899737
四　川	20751	310133	72043	1584243
贵　州	4409	158399	27521	190846
云　南	10034	51248	60222	673593
西　藏	588	115	495	2902
陕　西	12638	362606	18368	535435
甘　肃	4973	103809	11132	164046
青　海	601	228		36366
宁　夏	680	15593	1004	89162
新　疆	4303	105728	5756	187742
不分地区				55216

各地区按行业大类分的城镇投资（一）

单位：万元

地区	合计	(一) 农、林、牧、渔业	农业	林业	畜牧业
全国总计	**458116959**	**5349794**	**1401965**	**1502417**	**961077**
北京	19999107	22571	3250	11965	3699
天津	9317426	22025	7230	895	5330
河北	17728062	334317	95438	100832	76277
山西	9988240	114893	13340	30277	41341
内蒙古	10970976	407974	32119	166579	96163
辽宁	17712262	234325	49438	95367	53681
吉林	8729070	157972	47000	67626	36820
黑龙江	10694838	362101	144061	146350	44726
上海	22455438	25451	11923	8563	2290
江苏	40115925	125464	24438	16091	5786
浙江	31985074	74743	19524	7141	8590
安徽	11845153	110758	14888	55401	11634
福建	12292773	90957	37152	9139	20390
江西	10991035	67445	21067	16937	8958
山东	41639013	312756	64029	54234	97534
河南	16771716	274945	48496	99079	72744
湖北	15737323	251262	73355	44498	35588
湖南	12352666	115369	46860	13962	22145
广东	41451176	130078	49008	18827	25944
广西	7912617	100693	20531	19001	8888
海南	2462433	170315	15735	92880	3151
重庆	10406455	127493	43158	42237	13416
四川	18350737	213954	70651	19099	46620
贵州	6679183	29853	7175	11332	4344
云南	8392210	132432	40159	17861	8458
西藏	1339556	63174	35539	10582	4845
陕西	10710423	309315	43372	146887	50860
甘肃	5537181	220717	20963	79165	33783
青海	2369392	112402	33977	22192	30305
宁夏	2631371	80227	29951	30808	8026
新疆	8925935	553813	238138	46610	78741
不分地区	9622193				

各地区按行业大类分的城镇投资（二）

单位：万元

地　　区	渔　业	农、林牧、渔服务业	（二）采矿业	煤炭开采和洗选业	石油和天然气开采业	黑色金属矿采选业
全国总计	**203171**	**1281164**	**15518508**	**4364297**	**9459899**	**500835**
北　京	350	3307	37424	1292		34548
天　津	139	8431	889679		881913	
河　北	8631	53139	272609	185274	23998	26998
山　西		29935	942339	903602		29147
内蒙古	450	112663	449997	204192	56725	77567
辽　宁	10559	25280	915589	143183	717609	33388
吉　林		6526	487815	28021	435308	2352
黑龙江	1124	25840	1350564	180684	1136853	24691
上　海		2675	24882		24702	180
江　苏	5640	73509	273844	158717	88482	11090
浙　江	2670	36818	10522	2110		1341
安　徽	5716	23119	523225	399678	100	42946
福　建	15809	8467	24690	7115	900	4304
江　西	4436	16047	123882	50593		13830
山　东	41188	55771	2535943	1055199	1190383	52595
河　南		54626	878486	217554	612420	141
湖　北	32691	65130	202538	17134	104470	40261
湖　南	1320	31082	80625	31860	0	8390
广　东	12922	23377	240978	6093	205617	9310
广　西	4308	47965	58383	6854		8973
海　南	37494	21055	12365		5378	4672
重　庆	1200	27482	56520	31822	15691	2813
四　川	8059	69525	219034	69094	65484	15177
贵　州	606	6396	146811	127172	3927	165
云　南	1151	64803	152533	37873		30104
西　藏	100	12108	3813			
陕　西	120	68076	726011	129168	550427	9946
甘　肃	420	86386	236325	68836	115455	7127
青　海		25928	236929	13611	190245	2167
宁　夏	1478	9964	60403	58373	950	
新　疆	4590	185734	1745304	78834	1584775	6612
不分地区			1598446	150359	1448087	

各地区按行业大类分的城镇投资（三）

单位：万元

地　区	有色金属矿采选业	非金属矿采选业	其他采矿业	（三）制造业	农副食品加工业	食品制造业
全国总计	**708718**	**467048**	**17711**	**107439508**	**3988757**	**2929198**
北　京		1584		1298958	30424	50954
天　津		7766		1728328	53627	32520
河　北	14213	22126		5640692	180207	114504
山　西	4450	5140		3410209	88366	102445
内蒙古	58344	52192	977	2625719	232399	242270
辽　宁	6646	13153	1610	4699120	261799	109092
吉　林	7486	14648		2519511	135681	79359
黑龙江	2965	5371		1796891	148145	186747
上　海				5516153	4558	54227
江　苏	4861	10294	400	12500722	176861	225305
浙　江	1097	5974		6169207	52341	73395
安　徽	54427	25784	290	3296233	79407	139060
福　建	1120	1627	9624	2960775	121661	61004
江　西	36303	23156		2728530	65085	73436
山　东	165005	72051	710	16153542	972557	490755
河　南	47301	1070		3952352	200736	98488
湖　北	7734	32939		3954793	171305	135188
湖　南	28116	12259		2792228	145269	85985
广　东	6547	13411		9104045	178763	78320
广　西	15078	27008	470	1585782	184194	15076
海　南	2315			537964	33600	1369
重　庆	110	5192	892	1309728	52544	47091
四　川	41915	27364		3906771	130448	97623
贵　州	8414	7133		1018157	10140	16348
云　南	68960	15248	348	1262603	38381	37374
西　藏	2233		1580	35726	3538	60
陕　西	29650	6010	810	1724837	42796	61882
甘　肃	36342	8565		1352857	77186	59310
青　海	11985	18921		454576	31724	11048
宁　夏		1080		468364	13372	7671
新　疆	45101	29982		934135	71643	141292
不分地区						

各地区按行业大类分的城镇投资（四）

单位：万元

地　　区	饮料制造业	烟草制品业	纺织业	纺织服装鞋帽制造业	皮革、毛皮、羽绒及其制品业	木材加工及木竹藤棕、草制品业
全国总计	**2110893**	**860786**	**6141477**	**1995154**	**936741**	**1155092**
北　　京	22454	5691	13699	1576		
天　　津	14543	2000	17764	10720	2290	4188
河　　北	83773	22799	289252	82133	40152	74283
山　　西	36337	1213	23334	2029	14880	200
内 蒙 古	49809	5559	73863	10458	2820	40472
辽　　宁	78404	6715	80292	54670	43668	74501
吉　　林	174343	6917	20478	10430	3300	48528
黑 龙 江	76446	15843	40454	1411	1490	65041
上　　海	14376	26926	61048	21791	9840	7800
江　　苏	54808	30691	1104755	324800	29492	100249
浙　　江	119017	23907	555121	326636	133563	75157
安　　徽	66187	66647	154031	30296	14444	53545
福　　建	67996	58252	284756	102724	105535	42950
江　　西	81415	40530	95820	67252	52970	52616
山　　东	290742	35825	1975824	478349	165522	162673
河　　南	128711	53961	222020	21284	19369	24738
湖　　北	84917	42297	348061	42144	13783	60016
湖　　南	28345	46326	90270	21619	23494	43670
广　　东	40049	32143	318894	342219	151395	46242
广　　西	44386	60333	28109	15146	9158	96423
海　　南	5685		12705	330		2874
重　　庆	16240	14924	45089	3500	15627	1656
四　　川	231843	78542	91737	9563	32215	36111
贵　　州	65544	14527	3882	2480	460	3414
云　　南	26180	130414	7441	1160	0	15930
西　　藏	3820					590
陕　　西	95317	11345	46165	4467	2251	3125
甘　　肃	29258	20795	20013	3190	6468	2993
青　　海	2109		2586		6142	240
宁　　夏	12681	1000	5540	2627	9220	1250
新　　疆	65158	4664	108474	150	27193	13617
不分地区						

各地区按行业大类分的城镇投资（五）

单位：万元

地区	家具制造业	造纸及纸制品业	印刷业、记录媒介的复制	文教体育用品制造业	石油加工炼焦及核燃料加工业	化学原料及化学制品制造业
全国总计	**737477**	**3137372**	**1247142**	**432660**	**3220402**	**11014170**
北京		42396	41978	3100	16513	57642
天津	16083	5574	10463	7769	17774	117347
河北	42402	202250	93560	18821	100033	353387
山西	500	7545	1512	705	761553	401231
内蒙古	2601	35345	13935	140	136034	253357
辽宁	50201	48596	26223	2250	245099	415632
吉林	29764	18185	21882	2200	29535	318811
黑龙江	15391	45222	2468	300	276382	100150
上海	1643	32564	115046	1348	114189	733314
江苏	46151	338866	125536	38903	103939	1929255
浙江	79121	252483	74080	48955	154892	678649
安徽	6751	39060	38109	12211	21283	152992
福建	29002	61730	32570	23927	19793	154806
江西	28352	93856	41717	23625	29329	121985
山东	200672	699736	112993	94066	324815	1580364
河南	8458	180965	22799	1300	36734	312642
湖北	16571	81363	28926	4820	48338	269260
湖南	12753	115047	41616	7702	71868	222249
广东	97163	274519	183791	132113	83813	1356034
广西	5500	82770	15163	2336	16494	74804
海南	823	222400	2741	125	400	115268
重庆	153	19157	11963	100	8958	123789
四川	13210	132067	104768	2350	73807	395110
贵州	2138	9308	4230	780	9303	127455
云南	1114	26701	37733	103	47762	129217
西藏			384			
陕西	23147	23054	25560	591	147840	172451
甘肃	3927	10717	4535	1420	115318	101946
青海		500	1606	600	98	146465
宁夏	3456	18294	6305		42490	47421
新疆	430	17102	2950		166016	51137
不分地区						

各地区按行业大类分的城镇投资（六）

单位：万元

地　　区	医药制造业	化学纤维制造业	橡胶制品业	塑料制品业	非金属矿物制品业	黑色金属冶炼及压延加工业
全国总计	**5014481**	**1209836**	**1414933**	**2579012**	**7772502**	**14030291**
北　　京	73615		1358	7496	21313	82511
天　　津	150920	1387	35576	66109	102316	440612
河　　北	247794	28845	65973	117897	561398	1857033
山　　西	119907	2780	1900	14697	259212	1086420
内 蒙 古	121345	200	3358	23554	179216	441691
辽　　宁	183657	20290	77272	65144	309099	1156098
吉　　林	317422	16327	22970	24530	179508	118109
黑 龙 江	197672	30000	3008	39772	104965	94543
上　　海	159491	7913	49163	66529	117083	1222969
江　　苏	323559	218376	156002	294991	396391	1125190
浙　　江	303486	212776	133765	244625	312521	269517
安　　徽	172282	28014	45341	96023	482842	701921
福　　建	65461	45328	98684	102518	160952	232452
江　　西	182236	175969	16758	52173	368411	358038
山　　东	502335	228153	474444	340466	1728179	1021211
河　　南	162545	42995	59994	107929	304212	397006
湖　　北	287590	12756	14692	112383	254756	617188
湖　　南	149811	20402	20050	55745	186662	570335
广　　东	269537	27366	54845	443536	333321	338329
广　　西	116017	5798	6053	8912	155527	264829
海　　南	27846		1797	4360	5272	12686
重　　庆	70827	36994	8792	7071	173546	101273
四　　川	284025	26541	15871	194312	304794	635215
贵　　州	111949	3090	11315	11837	101541	137691
云　　南	97965		1488	3786	163562	239339
西　　藏	6497				20317	
陕　　西	158651		6732	14220	195507	81925
甘　　肃	58036	3200	5745	28289	101514	318497
青　　海	19578			1136	56164	17384
宁　　夏	55466	80	19464	4492	45717	27340
新　　疆	16959	14256	2523	24480	86684	62939
不分地区						

各地区按行业大类分的城镇投资（七）

单位：万元

地　区	有色金属冶炼及压延加工业	金属制品业	通用设备制造业	专用设备制造业	交通运输设备制造业	电气机械及器材制造业
全国总计	**4550530**	**2802784**	**3636648**	**3404328**	**7171004**	**3155559**
北　京	12926	23153	33479	51627	458489	65205
天　津	13514	40468	40071	28793	100633	97186
河　北	43640	234202	185930	119835	259482	87862
山　西	293727	18304	80450	44628	24420	11928
内蒙古	549185	20593	8590	122876	34941	5895
辽　宁	84429	157721	264163	135685	366663	143924
吉　林	23072	15560	33309	45222	715000	35731
黑龙江	2943	26025	50188	42121	178261	31842
上　海	13443	36798	159213	88554	502575	72562
江　苏	129693	294665	714174	538819	621810	386778
浙　江	71316	206014	273053	157162	408274	389381
安　徽	60143	39696	107160	56665	415224	93980
福　建	81081	89716	58181	96947	139869	139974
江　西	150728	88907	36779	50668	129505	88263
山　东	320140	630789	772684	700980	717296	354580
河　南	895108	45835	123006	193832	90546	84024
湖　北	151101	100765	177119	104355	467996	96494
湖　南	197006	84902	77375	149370	158502	100207
广　东	65417	414852	142762	151489	531561	667843
广　西	126336	42794	54494	30108	48147	12181
海　南	1000	2970	938	8607	38437	6535
重　庆	85837	9916	41578	46848	338073	15512
四　川	292679	52977	100973	113292	184774	62883
贵　州	184599	7753	8872	25541	75714	17516
云　南	186962	5492	19163	21797	14557	5065
西　藏		500			20	
陕　西	51318	36696	49888	205167	131595	48156
甘　肃	209275	34779	16291	58099	9395	17578
青　海	146736	4143	243	1070	1778	605
宁　夏	85344	21869	2571	12825	860	7828
新　疆	21832	13930	3951	1346	6607	8041
不分地区						

各地区按行业大类分的城镇投资（八）

单位：万元

地　　区	通信设备计算机及其他电子设备制造	仪器仪表及文化办公用机械制造业	工艺品及其他制造业	废弃资源废旧材料回收加工业	(四)电力、燃气和水的生产与供应业	电力、热力的生产与供应业
全国总计	**7692930**	**1026554**	**2009972**	**60823**	**38039029**	**33048240**
北　　京	114978	36359	30022		386573	221579
天　　津	278583	9422	10076		425892	324895
河　　北	89802	14233	28810	400	1400640	1171473
山　　西	2044	3158	4784		1443250	1304368
内 蒙 古	10383	60	4770		1804011	1614378
辽　　宁	149045	63759	22133	2896	943523	850267
吉　　林	24300	30538	18500		475379	416588
黑 龙 江	6551	9252	4258		737006	591250
上　　海	1280344	56082	476512	8252	1030696	661562
江　　苏	2021466	212358	423185	13654	3901962	3257704
浙　　江	317605	73390	148935	70	2262425	1987327
安　　徽	84247	14012	22978	1682	516334	393004
福　　建	389473	27708	62213	3512	829368	760753
江　　西	62226	26007	67318	6556	535795	456831
山　　东	429528	101872	235912	10080	2365580	2069545
河　　南	69577	9772	30165	3601	1922135	1709460
湖　　北	146646	30146	32517	1300	2362537	2234034
湖　　南	20992	25446	17130	2080	1164828	1047758
广　　东	1824155	196634	325140	1800	2785231	2527506
广　　西	49869	2549	11936	340	1192805	1079966
海　　南	27832	184	280	900	113569	84234
重　　庆	2612	9141	917		843299	594546
四　　川	162555	30013	16323	150	1568914	1342195
贵　　州	50480		250		1556867	1471718
云　　南	2522	170	1225		1132884	927028
西　　藏					212019	206532
陕　　西	52914	23774	7603	700	775372	662604
甘　　肃	20508	9693	2032	2850	708539	631574
青　　海	134		2487		319537	304657
宁　　夏	1559	10822	800		346255	294489
新　　疆			761		571779	444390
不分地区					1404025	1404025

各地区按行业大类分的城镇投资（九）

单位：万元

地　区	燃气的生产与供应业	水的生产与供应业	（五）建筑业	房屋和土木工程建筑业	建筑安装业	建筑装饰业
全国总计	**1516416**	**3474373**	**5279945**	**4802051**	**186567**	**105498**
北　京	114113	50881	62320	55255	4285	
天　津	34695	66302	99054	94374	3344	486
河　北	103419	125748	401594	385371	3800	8460
山　西	76951	61931	34284	27137	1665	500
内蒙古	119125	70508	28794	25955	1181	358
辽　宁	21923	71333	111335	84023	11106	12737
吉　林	4320	54471	181875	167938	4704	8383
黑龙江	10960	134796	212994	201287	3621	8086
上　海	140222	228912	59005	53680	2916	0
江　苏	111350	532908	138608	106790	9149	6994
浙　江	57528	217570	271264	228989	5316	3541
安　徽	46221	77109	425460	374592	39126	811
福　建	19627	48988	64020	58714	3078	294
江　西	22611	56353	8641	4105		310
山　东	139224	156811	1191502	1133973	27475	14585
河　南	106208	106467	57324	47685	5920	610
湖　北	54088	74415	128221	120251	1640	1926
湖　南	24323	92747	86390	73577	3994	8430
广　东	40781	216944	812512	713376	20118	17948
广　西	12700	100139	21818	12875	6127	
海　南	9958	19377	55232	54546		
重　庆	22458	226295	366761	351983	1010	8493
四　川	77458	149261	25060	14378	7093	107
贵　州	12837	72312	17720	16982	389	58
云　南	9655	196201	12581	11338	963	280
西　藏		5487	10402	10402		
陕　西	37638	75130	85433	82555	2223	650
甘　肃	20056	56909	141581	136379	2760	726
青　海	2000	12880	87716	83559	3772	325
宁　夏	7470	44296	10389	9469	250	400
新　疆	56497	70892	70055	60513	9542	
不分地区						

各地区按行业大类分的城镇投资（十）

单位：万元

地　　区	其他建筑业	（六）交通运输、仓储和邮政业	铁路运输业	道路运输业	城市公共交通业	水上运输业
全国总计	**185829**	**56690243**	**7059968**	**36077849**	**4379787**	**3640944**
北　京	2780	1355307	99211	557155	488723	
天　津	850	963385	5266	233483	469612	211954
河　北	3963	1489636	19841	979815	71487	297334
山　西	4982	1265850	82308	1135704	3350	
内蒙古	1300	1944901	180120	1705038	9071	
辽　宁	3469	1388562	3968	698365	109868	369537
吉　林	850	812469	30291	644545	35385	
黑龙江		1226534	154139	1009193	21178	3103
上　海	2409	2617765	53427	579906	1002219	697526
江　苏	15675	4056379	20975	3294978	261661	335286
浙　江	33418	3005915	6045	2388103	69214	462973
安　徽	10931	1375260	93009	1168968	54280	8640
福　建	1934	1531132	17948	1275722	36562	96925
江　西	4226	1911364	89154	1743133	11622	12069
山　东	15469	2366514	325181	1408623	37169	208292
河　南	3109	3040402	237552	2581497	108248	500
湖　北	4404	2085472	126381	1570099	92669	41985
湖　南	389	1921736	14110	1193434	613098	55618
广　东	61070	4399219	120967	1984364	572236	667732
广　西	2816	1086828	63670	922539	29597	41076
海　南	686	352090	67570	44401	1977	21222
重　庆	5275	919500	26570	658589	62907	80687
四　川	3482	1910368	111834	1435471	62625	10077
贵　州	291	1039351		987313	8822	8986
云　南		1720988	38780	1602070	50475	1250
西　藏		455558		406666	7907	
陕　西	5	1500307	58520	1320463	22195	260
甘　肃	1716	840707	124311	621416	50537	6353
青　海	60	412038	2855	384584	6133	1559
宁　夏	270	265566	6817	255246	639	
新　疆		1115260	210030	837409	8321	
不分地区		6313880	4669118	449557		

各地区按行业大类分的城镇投资（十一）

单位：万元

地　　区	航空运输业	管道运输业	装卸搬运和其他运输服务来	仓储业	邮政业	（七）信息传输计算机服务和软件业
全国总计	**2198513**	**1440559**	**463993**	**1154052**	**274578**	**16457420**
北　　京	191994			9044	9180	854832
天　　津	5845		721	33772	2732	334370
河　　北	17201		45936	51651	6371	623711
山　　西	23250			18842	2396	345304
内 蒙 古	16070		60	29892	4650	198457
辽　　宁	109117	2771	5783	87653	1500	574313
吉　　林	22468		9432	65293	5055	139144
黑 龙 江	7262		1123	20333	10203	763191
上　　海	138814		9029	123173	13671	764100
江　　苏	13255	1825	32443	90349	5607	893361
浙　　江	5752		12043	50301	11484	886567
安　　徽	8332	4665	11646	19027	6693	345900
福　　建	53979	6100	7136	21550	15210	589970
江　　西	21572		6404	10723	16687	538967
山　　东	65798	2706	165652	137979	15114	894387
河　　南		4524	32722	45871	29488	488345
湖　　北	54131	131290	29812	28888	10217	554902
湖　　南	12668	3820	2050	19748	7190	405499
广　　东	809036	31905	64717	138640	9622	2567957
广　　西	7894		517	10274	11261	466552
海　　南	205257		5928	90	5645	50353
重　　庆	67382	5226	792	2956	14391	414654
四　　川	213740	1400	6315	53601	15305	698867
贵　　州	20143		144	7384	6559	337624
云　　南	8248	3782	92	11075	5216	540248
西　　藏	22595			15092	3298	69342
陕　　西	27808	40633	412	20339	9677	314277
甘　　肃	1570		11675	12099	12746	171778
青　　海	12551	650		590	3116	50859
宁　　夏			1035	1751	78	74849
新　　疆	34781	4057	374	16072	4216	504740
不分地区		1195205				

各地区按行业大类分的城镇投资（十二）

单位：万元

地　　区	电信和其他信息传输服务业	计算机服务业	软件业	(八)批发和零售业	批发业	零售业
全国总计	**16020513**	**106606**	**330301**	**7913719**	**3154182**	**4759537**
北　　京	812601	6931	35300	130644	65884	64760
天　　津	317220		17150	88962	19678	69284
河　　北	623393	165	153	618865	219435	399430
山　　西	337236	8068		189745	79485	110260
内 蒙 古	198457			199462	84708	114754
辽　　宁	541839	1290	31184	588486	190908	397578
吉　　林	129100	8294	1750	207582	87427	120155
黑 龙 江	751791	200	11200	228917	95441	133476
上　　海	752087	6061	5952	101364	15143	86221
江　　苏	886536	2554	4271	530818	143588	387230
浙　　江	877572	330	8665	241802	137708	104094
安　　徽	337169	240	8491	157075	55352	101723
福　　建	574104	3057	12809	104879	58976	45903
江　　西	523552	8937	6478	197634	85830	111804
山　　东	839526	2891	51970	1183018	526356	656662
河　　南	486928	917	500	264482	102550	161932
湖　　北	535501	3695	15706	476667	143531	333136
湖　　南	388258	8692	8549	313756	120555	193201
广　　东	2496833	18084	53040	449683	225568	224115
广　　西	453230		13322	94927	40961	53966
海　　南	49853		500	16788	10650	6138
重　　庆	409422	5232		129385	36408	92977
四　　川	684919	8590	5358	246766	94766	152000
贵　　州	316114	1336	20174	77528	35547	41981
云　　南	540248			147476	53127	94349
西　　藏	69342			13997	1951	12046
陕　　西	293988	2900	17389	273123	93117	180006
甘　　肃	166548	4840	390	171777	105252	66525
青　　海	50859			40817	14945	25872
宁　　夏	74126	723		63177	20222	42955
新　　疆	502161	2579		364117	189113	175004
不分地区						

各地区按行业大类分的城镇投资（十三）

单位：万元

地区	（九）住宿和餐饮业	住宿业	餐饮业	（十）金融业	银行业	证券业
全国总计	**3212642**	**2214426**	**998216**	**861586**	**746104**	**16631**
北京	145987	135339	10648	24641	15523	
天津	17165	9913	7252	7702	5131	2571
河北	140152	55987	84165	38001	32040	3440
山西	50006	22446	27560	17448	15820	
内蒙古	60048	35658	24390	22009	21139	
辽宁	305435	97898	207537	43986	35758	221
吉林	106601	62936	43665	22200	21345	549
黑龙江	25374	17935	7439	31978	27916	
上海	80093	76674	3419	6205		
江苏	180122	93011	87111	18554	16663	200
浙江	161317	152194	9123	47067	43426	
安徽	106518	82600	23918	16411	15010	961
福建	65451	56134	9317	18737	16772	
江西	120017	99379	20638	23792	20010	
山东	242186	92031	150155	78361	73627	3054
河南	85965	64651	21314	27222	26817	
湖北	150416	100483	49933	58028	53342	1731
湖南	151325	114026	37299	23236	14831	55
广东	228658	170627	58031	135547	118565	3397
广西	61762	54152	7610	12585	11801	
海南	185062	184075	987	8093	4756	
重庆	76213	67663	8550	22165	21350	
四川	120916	104783	16133	19503	14733	
贵州	27058	15876	11182	20647	20349	
云南	68962	53963	14999	24632	19663	
西藏	11697	11397	300	5583	5583	
陕西	78192	49135	29057	27898	23551	
甘肃	19596	12222	7374	10274	9268	
青海	15419	10534	4885	3785	3785	
宁夏	36712	33852	2860	5476	5106	
新疆	88217	76852	11365	39820	32424	452
不分地区						

各地区按行业大类分的城镇投资（十四）

单位：万元

地　　区	保险业	其他金融活动	（十一）房地产业	（十二）租赁和商务服务业	租赁业	商务服务业
全国总计	**59498**	**39353**	**111052837**	**3097691**	**26859**	**3070832**
北　　京		9118	12067079	226351		226351
天　　津			2435619	45212	772	44440
河　　北	2234	287	3332481	196012	1370	194642
山　　西	1628		1033608	13242		13242
内 蒙 古	870		1118801	16841	1600	15241
辽　　宁	6909	1098	5004276	110389	420	109969
吉　　林	306		1579792	54403	30	54373
黑 龙 江	4062		1824533	113538	350	113188
上　　海	605	5600	9166494	17486	393	17093
江　　苏	1030	661	8553722	152783	2388	150395
浙　　江		3641	10377348	420454		420454
安　　徽	440		2618414	74385	3150	71235
福　　建	1645	320	3977427	124142	3458	120684
江　　西	2944	838	2053687	41249	700	40549
山　　东	120	1560	6634050	239725	1866	237859
河　　南	405		2541967	92869	2135	90734
湖　　北	1920	1035	2764678	130323	960	129363
湖　　南	1350	7000	2784476	192670	1868	190802
广　　东	7275	6310	13237778	307389		307389
广　　西	784		1557578	62639		62639
海　　南	3337		475570	35124		35124
重　　庆	815		3597214	42768	826	41942
四　　川	4602	168	4912009	60766	0	60766
贵　　州	298		1183913	21727	1835	19892
云　　南	4769	200	1368860	21316		21316
西　　藏	0		41039	450		450
陕　　西	4347		2152688	222874		222874
甘　　肃	1006		598618	33139	1590	31549
青　　海			242655	1630	50	1580
宁　　夏		370	645984	3115	1050	2065
新　　疆	5797	1147	1170479	22680	48	22632
不分地区			0			

各地区按行业大类分的城镇投资（十五）

单位：万元

地　　区	（十三）科研技术服务和地质勘察业	研究与试验发展	专业技术服务业	科技交流和推广服务业	地质勘察业	（十四）水利环境和公共设施管理业
全国总计	**2817115**	**1333366**	**894289**	**327761**	**261699**	**42201547**
北　　京	352027	206122	96011	40491	9403	1413451
天　　津	14693	6151	5556	2766	220	1387649
河　　北	250045	75934	17530	3851	152730	1020488
山　　西	10455	1982	4247	3446	780	610092
内 蒙 古	45796	5287	11813	5745	22951	1178638
辽　　宁	143409	63709	75380	4320		800077
吉　　林	40819	24329	9915	6305	270	744834
黑 龙 江	56457	48127	6458	1872		598670
上　　海	88289	73916	10697	3676		1825641
江　　苏	270284	191148	52030	21120	5986	5604049
浙　　江	104405	13207	87825	2745	628	5228598
安　　徽	29650	18091	5509	5640	410	638716
福　　建	35439	20525	10924	2613	1377	685825
江　　西	26834	17418	6414	1060	1942	1252506
山　　东	229000	106060	25775	95866	1299	2232809
河　　南	77580	52124	18452	4056	2948	1493405
湖　　北	78926	45337	18092	8148	7349	1132890
湖　　南	55882	24192	9616	19628	2446	844509
广　　东	369376	71740	271367	19429	6840	3303109
广　　西	21439	13660	3063	2118	2598	1017076
海　　南	4881	4580	301			174211
重　　庆	39019	28694	8642	1296	387	1460090
四　　川	135199	82135	37127	14512	1425	2755169
贵　　州	10553	4375	4035	100	2043	674949
云　　南	26563	8878	9759	4368	3558	937403
西　　藏	13619	9193	3300	120	1006	169859
陕　　西	166094	89367	25934	41686	9107	935364
甘　　肃	29888	18282	3017	7525	1064	251699
青　　海	9319	1309	741	1672	5597	156250
宁　　夏	5536		5126	410		399500
新　　疆	51485	7494	25479	1177	17335	992333
不分地区	24154		24154			281688

各地区按行业大类分的城镇投资（十六）

单位：万元

地　　区	水利管理业	环境管理业	公共设施管理业	（十五）居民服务和其他服务业	居民服务业	其他服务业
全国总计	**7218550**	**2637696**	**32345301**	**655500**	**517689**	**137811**
北　　京	55118	174599	1183734	23169	1911	21258
天　　津	198986	23794	1164869	2966	2266	700
河　　北	202785	97563	720140	47937	39472	8465
山　　西	86226	20757	503109	720	720	
内 蒙 古	361416	51276	765946	20956	20248	708
辽　　宁	105645	112866	581566	24589	18279	6310
吉　　林	68798	64587	611449	10219	4469	5750
黑 龙 江	161261	25241	412168	9037	6788	2249
上　　海	311587	92511	1421543	15894	2465	13429
江　　苏	423584	231113	4949352	68866	60279	8587
浙　　江	556213	255735	4416650	123740	121048	2692
安　　徽	157444	42406	438866	13611	6949	6662
福　　建	62715	42407	580703	15123	12882	2241
江　　西	161287	38354	1052865	13899	12319	1580
山　　东	312260	194167	1726382	67426	38029	29397
河　　南	369696	40507	1083202	15131	14441	690
湖　　北	299886	207014	625990	13804	10746	3058
湖　　南	304861	34140	505508	20628	19340	1288
广　　东	412833	150973	2739303	45315	43402	1913
广　　西	268278	40009	708789	3664	2952	712
海　　南	35255	11884	127072	3200	3150	50
重　　庆	152881	182469	1124740	11686	7655	4031
四　　川	368526	245773	2140870	19205	14921	4284
贵　　州	82333	58974	533642	7692	6634	1058
云　　南	235072	58408	643923	15295	11113	4182
西　　藏	105101	9796	54962	4723	4523	200
陕　　西	234290	52811	648263	12535	9513	3022
甘　　肃	130425	13691	107583	7188	6530	658
青　　海	46788	14088	95374	1239	779	460
宁　　夏	133320	22246	243934	3755	1997	1758
新　　疆	531992	27537	432804	12288	11869	419
不分地区	281688					

各地区按行业大类分的城镇投资（十七）

单位：万元

地区	（十六）教育	（十七）卫生社会保障和社会福利业	卫生	社会保障业	社会福利业	（十八）文化体育和娱乐业
全国总计	**14741223**	**3577193**	**3329139**	**64268**	**183786**	**4796123**
北　京	484282	157116	153310		3806	246857
天　津	306543	137726	132211		5515	263314
河　北	583543	147368	127135	50	20183	186099
山　西	221330	58138	52939	161	5038	78448
内蒙古	224518	81507	77299	737	3471	99262
辽　宁	444475	91907	76988	1960	12959	209745
吉　林	348151	63322	61421	1039	862	92820
黑龙江	475520	78395	73420	180	4795	160332
上　海	410718	121714	116501	3127	2086	369232
江　苏	1380539	189605	178549	6113	4943	328633
浙　江	1186133	298198	279600	200	18398	340474
安　徽	417564	73860	64465	7584	1811	58857
福　建	412740	109322	107223	597	1502	80936
江　西	451203	256430	232758	20127	3545	98186
山　东	1361767	236627	227572	770	8285	339596
河　南	666715	140749	136859		3890	119871
湖　北	587068	148179	132714	2848	12617	112917
湖　南	369281	153166	139637	8220	5309	248009
广　东	1354098	290579	280608	3369	6602	466878
广　西	229374	92747	83889	355	8503	60999
海　南	68847	17125	16732		393	93486
重　庆	329384	87349	81959	2004	3386	89360
四　川	862675	144667	124814	3103	16750	180641
贵　州	171378	73550	70874	32	2644	61403
云　南	229710	66168	58201	722	7245	97984
西　藏	52458	18682	16957	500	1225	17432
陕　西	608820	65197	59563	200	5434	142789
甘　肃	173388	43212	39998	100	3114	45775
青　海	34540	14892	11726		3166	7364
宁　夏	55239	18496	16027		2469	16238
新　疆	239222	101200	97190	170	3840	82186
不分地区						

各地区按行业大类分的城镇投资（十八）

单位：万元

地　区	新闻出版业	广播电视电影和音像业	文化艺术业	体育	娱乐业	(十九)公共管理和社会组织
全国总计	**234766**	**813040**	**1247856**	**1067293**	**1433168**	**18412456**
北　京	44173	100903	85415	13219	3147	709518
天　津		2093	71011	75543	114667	147142
河　北	13792	16191	25022	28659	102435	1003872
山　西	3483	5270	50794	12566	6335	148879
内蒙古	8805	8045	19592	13454	49366	443285
辽　宁	1579	27302	39632	16376	124856	1078721
吉　林	1100	52622	20189	11270	7639	684162
黑龙江	15744	53848	12432	36062	42246	642806
上　海	700	4464	84682	130890	148496	214256
江　苏	32497	28303	42437	88926	136470	947610
浙　江	10865	48796	194212	72891	13710	774895
安　徽	2665	18223	13909	2825	21235	1046922
福　建	2123	26427	16231	27634	8521	571840
江　西	6746	40826	11012	8027	31575	540974
山　东	12505	40685	44085	32851	209470	2974224
河　南	8790	26966	24051	18084	41980	631771
湖　北	4232	33467	20058	13483	41677	543702
湖　南	26846	17666	22923	119004	61570	626453
广　东	14808	78243	200704	83802	89321	1222746
广　西	861	13618	13726	14620	18174	184966
海　南	1385	4499	12630	36946	38026	88158
重　庆	2422	19560	16323	38779	12276	483867
四　川	5396	44447	66985	44452	19361	350253
贵　州	4990	17135	29356	4562	5360	202402
云　南	61	8995	15634	24984	48310	433572
西　藏	2798	3921	7884	1610	1219	139983
陕　西	2176	38010	53858	27526	21219	589017
甘　肃	530	9452	19312	12734	3747	480123
青　海	0	1778	1178	2735	1673	167425
宁　夏	1493	2345	1386	9089	1925	72090
新　疆	1201	18940	11193	43690	7162	266822
不分地区						

各地区按行业大类分的城镇投资（十九）

地　　区	中国共产党机关	国家机构	人民政协和民主党派	群众团体社会团体宗教组织	基层群众自治组织	（二十）国际组织
全国总计	**302993**	**16531539**	**63900**	**287261**	**1226763**	**2880**
北　京	64573	552836	1981	76819	13309	
天　津	0	143504		3638	0	
河　北	29841	774051	350	5303	194327	
山　西	3007	131167	621	459	13625	
内蒙古	18528	414983	1216	6329	2229	
辽　宁	5865	1048695	5416	14000	4745	
吉　林	5754	662433	200	6970	8805	
黑龙江	7450	621888	4569	6949	1950	
上　海		211303		2953		
江　苏	6040	874643	17453	9302	40172	
浙　江	14104	739482		11151	10158	
安　徽	10837	971771	400	32911	31003	
福　建	153	554390	3360	9170	4767	
江　西	2966	534068	500	2500	940	
山　东	29018	2237580	1467	16486	689673	
河　南	4095	598344	965	2259	26108	
湖　北	7360	502328	1966	4719	27329	
湖　南	9003	580418	496	28196	8340	2600
广　东	7329	1146998	2482	13166	52771	
广　西	5808	163439	461	3266	11992	
海　南	267	87661		230		
重　庆	2476	472951	2702	3646	2092	
四　川	8573	319276	5861	6833	9710	
贵　州	446	197175	224	2251	2306	
云　南	7178	372167	3277	5368	45582	
西　藏	1184	135634		1292	1873	
陕　西	25013	542394	2275	2307	17028	280
甘　肃	7404	461873	3712	3446	3688	
青　海	1445	161526	0	4014	440	
宁　夏	919	68789	1691	373	318	
新　疆	16357	247772	255	955	1483	
不分地区						

各地区按行业门类分的城镇住宅投资（一）

单位：万元

地　区	合　计	农、林、牧、渔业	采矿业	制造业	电力、燃气及水的生产和供应业
全国总计	**86248748**	**267550**	**297368**	**1587020**	**316415**
北　京	6926819	2634	2038	30130	7984
天　津	1564057	1140		2462	250
河　北	3149700	492	16853	102690	16746
山　西	881957	1295	19317	91763	8110
内蒙古	1044824	14765	10936	55348	23284
辽　宁	3872298	2559	4417	29408	20140
吉　林	1575755	13007	31994	32212	7840
黑龙江	1561787	24013	7235	62283	19080
上　海	6845259			10866	
江　苏	6651130	1691	597	27121	2434
浙　江	8025744	260	189	44173	941
安　徽	2094234	865	35796	49460	2355
福　建	2733635	3959		38053	2437
江　西	1492875	2633	4289	42141	4936
山　东	6148689	4556	13710	234880	46327
河　南	2432140	1811	74703	87605	24390
湖　北	2425894	3960	15211	50835	7808
湖　南	2135290	2260	2066	31543	5929
广　东	9413751	9193	355	115604	6569
广　西	1298263	4504	3430	36008	9845
海　南	474983	16481		11573	2938
重　庆	2398307	4664	2837	61313	5494
四　川	4037082	8936	3642	43111	8629
贵　州	810745	564	2126	13819	19170
云　南	1323188	7667	4975	57608	11315
西　藏	90946	3805		757	931
陕　西	2228816	7403	12013	127861	24988
甘　肃	797082	1890	18172	58332	15991
青　海	242878	2273	148	5268	1261
宁　夏	519100	8585		10471	810
新　疆	1049969	109685	10319	22322	7483
不分地区	1551				

各地区按行业门类分的城镇住宅投资（二）

单位：万元

地　区	建筑业	交通运输、仓储和邮政业	信息传输、计算机服务和软件业	批发和零售业	住宿和餐饮业
全国总计	**808739**	**355173**	**75490**	**526980**	**139695**
北　京	34021	3800	6225	6139	
天　津	3429			3300	900
河　北	108016	21170	4613	62327	9262
山　西	7336	8929	490	36269	3867
内蒙古	15222	60750	939	16765	3313
辽　宁	13540	4716		8589	4571
吉　林	95781	4325	937	15454	1265
黑龙江	74562	12189	6199	33483	321
上　海					
江　苏	460	1780		19046	18024
浙　江	27600	1101	1370	3996	3383
安　徽	21767	3348	300	11036	3860
福　建	2498	100		2827	4290
江　西	1620	2017	1351	16001	4854
山　东	130693	23630	6838	36731	9184
河　南	22889	22811	10546	21510	3697
湖　北	33927	11253	1230	18494	1685
湖　南	4922	13040	2060	24482	11369
广　东	15829	6910	1340	18765	2778
广　西	9897	11404	3134	11205	2262
海　南	2606	8908	297	3584	2640
重　庆	56741	29772	3004	14856	11644
四　川	9723	12038	5862	22864	6817
贵　州	367	1850	567	13121	374
云　南	7419	12285	5794	23432	7797
西　藏	511	1086	1255	485	480
陕　西	28968	11637	5483	31249	10851
甘　肃	45097	21245	1337	23564	3179
青　海	3423	3260	3457	4413	1004
宁　夏	1188	595	169	2830	1212
新　疆	28687	37673	693	20163	4812
不分地区		1551			

各地区按行业门类分的城镇住宅投资（三）

单位：万元

地　区	金融业	房地产业	租赁和商务服务业	科学研究、技术服务和地质勘察业	水利、环境和公共设施管理业
全国总计	**194180**	**74066900**	**451704**	**325126**	**766375**
北　京	9118	6336018	57058	81558	
天　津		1510160	200	1581	
河　北	9415	2181795	82710	44356	13110
山　西	8711	538440	1114	2658	32126
内蒙古	10434	639788	300	6399	7063
辽　宁	13342	3546230	5923	8446	53997
吉　林	7281	1103132	1841	3032	24552
黑龙江	14177	1033237	8329	5180	10302
上　海		6798783		79	
江　苏	187	6261222	1260	1942	59831
浙　江	902	7620226	1250	6131	73177
安　徽	2129	1782377	14965	620	23024
福　建	413	2580128	3788	644	7953
江　西	1315	1285213	1131	2756	21841
山　东	38815	4483022	40127	29888	103012
河　南	10608	1871263	4276	12540	22905
湖　北	5139	1995604	32438	7342	35814
湖　南	2360	1843123	18316	4364	13295
广　东	2186	8992481	21324	12642	13071
广　西	2550	1064707	2219	7755	24146
海　南	4216	371253	1831	1713	1244
重　庆	7541	1929474	1724	1601	28100
四　川	4434	3521092	20657	25282	98253
贵　州	2178	671597	1022	2497	21910
云　南	9262	964933	2020	5895	13322
西　藏	2395	31050		605	4594
陕　西	11446	1418939	113656	29198	24570
甘　肃	5579	420323	8296	1954	5312
青　海	1271	171159	130	1660	1110
宁　夏	1360	458352	774	180	9861
新　疆	5416	641779	3025	14628	18880
不分地区					

各地区按行业门类分的城镇住宅投资（四）

单位：万元

地区	居民服务和其他服务业	教育	卫生、社会保障和社会福利业	文件、体育和娱乐业	公共管理和社会组织	国际组织
全国总计	**216115**	**1973293**	**249476**	**146584**	**3481965**	**2600**
北京	14225	151353	809	23191	160518	
天津		35338		2197	3100	
河北	32910	60547	18396	7305	356987	
山西		39334	11085	12746	58367	
内蒙古		31991	4861	9691	132975	
辽宁	331	55751	4110	6741	89487	
吉林	700	53282	5839	730	172551	
黑龙江		75590	6712	7901	160994	
上海		35531				
江苏	37000	179436	1770		37329	
浙江	115346	102775	2620	870	19434	
安徽	180	27327	13391	364	101070	
福建	35	64981	7708	267	13554	
江西	833	43184	2823	1151	52786	
山东	2820	215039	47051	12823	669543	
河南	814	79689	10990	8754	140339	
湖北	1860	59561	11145	7194	125394	
湖南	40	56417	6398	4480	86226	2600
广东	2281	103345	6907	4505	77666	
广西	435	55713	9322	2179	37548	
海南		13076	2034	1791	28798	
重庆	2432	65228	9935	4779	157168	
四川	578	131918	18077	7515	87654	
贵州	240	20849	2975	3719	31800	
云南	560	50675	13728	1478	123023	
西藏		14805	2390	633	25164	
陕西	1557	89383	12046	8679	258889	
甘肃		19360	5365	2188	139898	
青海		2728	2667	285	37361	
宁夏	938	5527	1213	243	14792	
新疆		33560	7109	2185	81550	
不分地区						

国民经济行业小类按构成分的城镇投资（一）

单位：万元

行业	投资额	建筑安装工程	设备工器具购置	其他费用
全国总计	**458116959**	**280913139**	**93006738**	**84197082**
(一）农、林、牧、渔业	**5349794**	**3098384**	**543371**	**1708039**
农业	1401965	920466	146281	335218
谷物及其他作物的种植	677525	490434	74875	112216
谷物的种植	371789	293775	28906	49108
薯类的种植	3886	1690	767	1429
油料的种植	13790	8808	1155	3827
豆类的种植	34567	23153	7626	3788
棉花的种植	103732	75772	22603	5357
麻类的种植	1786	485	473	828
糖料的种植	10221	6874	273	3074
烟草的种植	1717	1325	100	292
其他作物的种植	136037	78552	12972	44513
蔬菜、园艺作物的种植	467242	310942	47067	109233
蔬菜的种植	258941	191325	24602	43014
花卉的种植	119641	64472	14717	40452
其他园艺作物的种植	88660	55145	7748	25767
水果、坚果、饮料和香料作物的种植	202016	98339	17439	86238
水果、坚果的种植	174147	87961	15171	71015
茶及其他饮料作物的种植	22878	8396	1579	12903
香料作物的种植	4991	1982	689	2320
中药材的种植	55182	20751	6900	27531
林业	1502417	606983	57090	838344
林木的培育和种植	1186542	494908	29575	662059
育种和育苗	176284	91523	14098	70663
造林	888265	341329	13912	533024
林木的抚育和管理	121993	62056	1565	58372
木材和竹材的采运	228221	77462	21784	128975
木材的采运	228051	77420	21684	128947
竹材的采运	170	42	100	28
林产品的采集	87654	34613	5731	47310
畜牧业	961077	558415	121165	281497
牲畜的饲养	668785	370445	80955	217385
猪的饲养	125136	80711	13550	30875
家禽的饲养	77464	47587	18426	11451
狩猎和捕捉动物	478	343	10	125
其他畜牧业	89214	59329	8224	21661
渔业	203171	131041	42329	29801
海洋渔业	117259	79468	27521	10270
海水养殖	112620	77841	25012	9767

国民经济行业小类按构成分的城镇投资（二）

单位：万元

行　　业	投资额	建筑安装工程	设备工器具购置	其他费用
海洋捕捞	4639	1627	2509	503
内陆渔业	85912	51573	14808	19531
内陆养殖	85762	51423	14808	19531
内陆捕捞	150	150		
农、林、牧、渔服务业	1281164	881479	176506	223179
农业服务业	1033608	720468	149482	163658
灌溉服务	492738	382434	53964	56340
农产品初加工服务	163721	86578	59687	17456
其他农业服务	377149	251456	35831	89862
林业服务业	86343	53913	6374	26056
畜牧服务业	114600	73702	11319	29579
兽医服务	23679	16281	1531	5867
其他畜牧服务	90921	57421	9788	23712
渔业服务业	46613	33396	9331	3886
（二）采矿业	**15518508**	**10378567**	**3337172**	**1802769**
煤炭开采和洗选业	4364297	2188358	1561003	614936
烟煤和无烟煤的开采洗选	4181476	2116637	1465134	599705
褐煤的开采洗选	163677	59557	89788	14332
其他煤炭采选	19144	12164	6081	899
石油和天然气开采业	9459899	7274772	1160142	1024985
天然原油和天然气开采	9223930	7091426	1109591	1022913
与石油和天然气开采有关的服务	235969	183346	50551	2072
黑色金属矿采选业	500835	268984	195663	36188
铁矿采选	480718	260327	185578	34813
其他黑色金属矿采选	20117	8657	10085	1375
有色金属矿采选业	708718	409383	224435	74900
常用有色金属矿采选	355255	187397	119190	48668
铜矿采选	143567	76733	45186	21648
铅锌矿采选	132931	70521	41723	20687
镍钴矿采选	23923	13234	8764	1925
锡矿采选	35785	18750	13726	3309
锑矿采选	1790	785	815	190
铝矿采选	6040	2112	3698	230
镁矿采选	1950	1650	280	20
其他常用有色金属矿采选	9269	3612	4998	659
贵金属矿采选	293959	192296	83502	18161
金矿采选	283486	185870	80155	17461
银矿采选	10398	6426	3272	700
其他贵金属矿采选	75		75	
稀有稀土金属矿采选	59504	29690	21743	8071

国民经济行业小类按构成分的城镇投资(三)

单位：万元

行业	投资额	建筑安装工程	设备工器具购置	其他费用
钨钼矿采选	35309	13566	14538	7205
稀土金属矿采选	13147	9200	3757	190
放射性金属矿采选	239	91	143	5
其他稀有金属矿采选	10809	6833	3305	671
非金属矿采选业	467048	225197	191548	50303
土砂石开采	242717	103890	113939	24888
石灰石、石膏开采	70055	28276	32907	8872
建筑装饰用石开采	69031	31848	32170	5013
耐火土石开采	21242	12333	5655	3254
黏土及其他土砂石开采	82389	31433	43207	7749
化学矿采选	40513	14837	16525	9151
采盐	93461	52784	30701	9976
石棉及其他非金属矿采选	90357	53686	30383	6288
石棉、云母矿采选	6129	3066	2245	818
石墨、滑石采选	18166	13208	3981	977
宝石、玉石开采	2351	110	2020	221
其他非金属矿采选	63711	37302	22137	4272
其他采矿业	17711	11873	4381	1457
其他采矿业	17711	11873	4381	1457
（三）制造业	**107439508**	**45253567**	**51269482**	**10916459**
农副食品加工业	3988757	1964138	1655904	368715
谷物磨制	328543	168324	129826	30393
饲料加工	348602	183633	138252	26717
植物油加工	830696	389863	370963	69870
食用植物油加工	808841	373814	367337	67690
非食用植物油加工	21855	16049	3626	2180
制糖	161301	51354	103664	6283
屠宰及肉类加工	920685	519330	309702	91653
畜禽屠宰	428233	224508	155325	48400
肉制品及副产品加工	492452	294822	154377	43253
水产品加工	366110	157810	169745	38555
水产品冷冻加工	252675	109867	116870	25938
鱼糜制品及水产品干腌制加工	59961	19737	33910	6314
水产饲料制造	23412	13226	7471	2715
鱼油提取及制品的制造	1200	1200		
其他水产品加工	28862	13780	11494	3588
蔬菜、水果和坚果加工	434456	220025	172101	42330
其他农副食品加工	598364	273799	261651	62914
淀粉及淀粉制品的制造	336724	151591	154684	30449
豆制品制造	41516	19487	16926	5103

国民经济行业小类按构成分的城镇投资（四）

单位：万元

行　　业	投资额	建筑安装工程	设备工器具购置	其他费用
蛋品加工	21941	8425	9531	3985
其他未列明的农副食品加工	198183	94296	80510	23377
食品制造业	2929198	1279530	1402295	247373
焙烤食品制造	252839	121041	109836	21962
糕点、面包制造	96219	53628	30207	12384
饼干及其他焙烤食品制造	156620	67413	79629	9578
糖果、巧克力及蜜饯制造	135593	71963	50334	13296
糖果、巧克力制造	82731	36466	38702	7563
蜜饯制作	52862	35497	11632	5733
方便食品制造	376100	165592	179068	31440
米、面制品制造	114381	57365	47996	9020
速冻食品制造	67636	29497	26999	11140
方便面及其他方便食品制造	194083	78730	104073	11280
液体乳及乳制品制造	881830	362449	450029	69352
罐头制造	254965	98407	134713	21845
肉、禽类罐头制造	32387	14346	13156	4885
水产品罐头制造	15242	5608	8511	1123
蔬菜、水果罐头制造	194514	73267	107689	13558
其他罐头食品制造	12822	5186	5357	2279
调味品、发酵制品制造	373991	163274	177722	32995
味精制造	137969	58346	71213	8410
酱油、食醋及类似制品的制造	92208	45048	39433	7727
其他调味品、发酵制品制造	143814	59880	67076	16858
其他食品制造	653880	296804	300593	56483
营养、保健食品制造	95926	49814	38988	7124
冷冻饮品及食用冰制造	91479	44234	42025	5220
盐加工	57648	24856	22601	10191
食品及饲料添加剂制造	252484	91740	143677	17067
其他未列明的食品制造	156343	86160	53302	16881
饮料制造业	2110893	881344	1033082	196467
酒精制造	200682	76970	96367	27345
酒的制造	1057577	469992	503788	83797
白酒制造	369908	221512	119129	29267
啤酒制造	422603	119896	281712	20995
黄酒制造	53818	21934	27296	4588
葡萄酒制造	143830	66131	58963	18736
其他酒制造	67418	40519	16688	10211
软饮料制造	810800	314478	419296	77026
碳酸饮料制造	95723	39931	51469	4323
瓶（罐）装饮用水制造	124600	45096	71947	7557

国民经济行业小类按构成分的城镇投资（五）

单位：万元

行　　业	投资额	建筑安装工程	设备工器具购置	其他费用
果菜汁及果菜汁饮料制造	369042	135381	190933	42728
含乳饮料和植物蛋白饮料制造	96484	40218	45676	10590
固体饮料制造	18067	8699	6648	2720
茶饮料及其他软饮料制造	106884	45153	52623	9108
精制茶加工	41834	19904	13631	8299
烟草制品业	860786	294295	500533	65958
烟叶复烤	74250	35767	33195	5288
卷烟制造	747405	242259	455200	49946
其他烟草制品加工	39131	16269	12138	10724
纺织业	6141477	2239059	3458368	444050
棉、化纤纺织及印染精加工	3426405	1135779	2047627	242999
棉、化纤纺织加工	2822185	900469	1736489	185227
棉、化纤印染精加工	604220	235310	311138	57772
毛纺织和染整精加工	712030	224391	449808	37831
毛条加工	343260	98508	226734	18018
毛纺织	269671	82687	171981	15003
毛染整精加工	99099	43196	51093	4810
麻纺织	147726	61851	71488	14387
丝绢纺织及精加工	351694	127821	197429	26444
缫丝加工	65588	21069	39369	5150
绢纺和丝织加工	142664	55016	73574	14074
丝印染精加工	143442	51736	84486	7220
纺织制成品制造	839760	379129	381339	79292
棉及化纤制品制造	329725	147172	154574	27979
毛制品制造	30512	11785	13883	4844
麻制品制造	17567	10913	5706	948
丝制品制造	20239	7422	10259	2558
绳、索、缆的制造	12142	4874	5892	1376
纺织带和帘子布制造	75439	46812	25107	3520
无纺布制造	152585	52302	81144	19139
其他纺织制成品制造	201551	97849	84774	18928
针织品、编织品及其制品制造	663862	310088	310677	43097
棉、化纤针织品及编织品制造	301239	139502	145949	15788
毛针织品及编织品制造	222092	120390	84145	17557
丝针织品及编织品制造	68908	23224	41580	4104
其他针织品及编织品制造	71623	26972	39003	5648
纺织服装、鞋、帽制造业	1995154	1019736	733133	242285
纺织服装制造	1850020	954134	662284	233602
纺织面料鞋的制造	106964	43854	56447	6663
制帽	38170	21748	14402	2020

国民经济行业小类按构成分的城镇投资（六）

单位：万元

行　　业	投资额	建筑安装工程	设备工器具购置	其他费用
皮革、毛皮、羽毛(绒)及其制品业	936741	489071	352587	95083
皮革鞣制加工	127926	67229	50529	10168
皮革制品制造	709796	376140	260112	73544
皮鞋制造	462334	232143	182625	47566
皮革服装制造	95813	55335	29089	11389
皮箱、包(袋)制造	91214	55561	26552	9101
皮手套及皮装饰制品制造	18914	11394	6154	1366
其他皮革制品制造	41521	21707	15692	4122
毛皮鞣制及制品加工	49446	22574	22523	4349
毛皮鞣制加工	12600	3407	8578	615
毛皮服装加工	20505	8600	10055	1850
其他毛皮制品加工	16341	10567	3890	1884
羽毛(绒)加工及制品制造	49573	23128	19423	7022
羽毛(绒)加工	20340	12483	6000	1857
羽毛(绒)制品加工	29233	10645	13423	5165
木材加工及木竹藤棕草制品制造	1155092	448285	581191	125616
锯材、木片加工	142371	69431	52987	19953
锯材加工	83560	39968	29002	14590
木片加工	58811	29463	23985	5363
人造板制造	738246	272887	400187	65172
胶合板制造	176236	68995	87487	19754
纤维板制造	351436	123542	205717	22177
刨花板制造	34066	14081	16312	3673
其他人造板、材制造	176508	66269	90671	19568
木制品制造	205059	71923	100896	32240
建筑用木料及木材组件加工	108480	38337	48689	21454
木容器制造	14990	6540	7556	894
软木制品及其他木制品制造	81589	27046	44651	9892
竹、藤、棕、草制品制造	69416	34044	27121	8251
家具制造业	737477	433420	194514	109543
木质家具制造	562005	329499	155030	77476
竹、藤家具制造	9472	4336	4040	1096
金属家具制造	84703	48067	19157	17479
塑料家具制造	23628	10874	8483	4271
其他家具制造	57669	40644	7804	9221
造纸及纸制品业	3137372	1007098	1848478	281796
纸浆制造	614320	150297	369488	94535
造纸	1927992	614546	1175214	138232
机制纸及纸板制造	1779169	545966	1107865	125338
手工纸制造	12080	2727	9105	248

国民经济行业小类按构成分的城镇投资(七)

单位：万元

行　　　业	投资额	建筑安装工程	设备工器具购置	其　他费　用
加工纸制造	136743	65853	58244	12646
纸制品制造	595060	242255	303776	49029
纸和纸板容器的制造	321429	145031	152958	23440
其他纸制品制造	273631	97224	150818	25589
印刷业和记录媒介的复制	1247142	456593	687311	103238
印刷	1118345	421009	600179	97157
书、报、刊印刷	259302	101201	137058	21043
本册印制	122602	48990	63180	10432
包装装潢及其他印刷	736441	270818	399941	65682
装订及其他印刷服务活动	72646	25106	42083	5457
记录媒介的复制	56151	10478	45049	624
文教体育用品制造业	432660	247582	144246	40832
文化用品制造	92917	54039	31276	7602
文具制造	53878	36489	13973	3416
笔的制造	20393	10762	6214	3417
教学用模型及教具制造	4729	2951	1373	405
墨水、墨汁制造	2396	776	1585	35
其他文化用品制造	11521	3061	8131	329
体育用品制造	126023	66912	47888	11223
球类制造	12534	6778	4528	1228
体育器材及配件制造	32723	18231	11114	3378
训练健身器材制造	41485	19748	19296	2441
运动防护用具制造	3345	2745	300	300
其他体育用品制造	35936	19410	12650	3876
乐器制造	38625	18433	18559	1633
中乐器制造	6587	2658	3552	377
西乐器制造	16037	10897	4495	645
电子乐器制造	14176	3378	10187	611
其他乐器及零件制造	1825	1500	325	
玩具制造	166347	104687	42561	19099
游艺器材及娱乐用品制造	8748	3511	3962	1275
露天游乐场所游乐设备制造	2753	876	1477	400
游艺用品及室内游艺器材制造	5995	2635	2485	875
石油加工、炼焦及核燃料加工业	3220402	1563544	1345879	310979
精炼石油产品的制造	1352278	548595	623424	180259
原油加工及石油制品制造	1340346	541778	620837	177731
人造原油生产	11932	6817	2587	2528
炼焦及其他	1868124	1014949	722455	130720
化学原料及化学制品制造业	11014170	4442912	4891048	1680210

国民经济行业小类按构成分的城镇投资（八）

单位：万元

行　　　业	投资额	建筑安装工程	设备工器具购置	其　他费　用
基础化学原料制造	3363850	1125183	1636449	602218
无机酸制造	223217	76689	123843	22685
无机碱制造	446564	171718	229161	45685
无机盐制造	259455	98479	139124	21852
有机化学原料制造	1741493	544855	761053	435585
其他基础化学原料制造	693121	233442	383268	76411
肥料制造	1995444	772800	1015489	207155
氮肥制造	1227591	431475	655536	140580
磷肥制造	173412	61050	95572	16790
钾肥制造	107402	31041	64005	12356
复混肥料制造	328344	157233	144235	26876
有机肥料及微生物肥料制造	84327	37975	38878	7474
其他肥料制造	74368	54026	17263	3079
农药制造	327752	163823	130989	32940
化学农药制造	247358	107696	113414	26248
生物化学农药及微生物农药制造	80394	56127	17575	6692
涂料、油墨、颜料及类似产品制造	674061	322023	267924	84114
涂料制造	352301	193472	113569	45260
油墨及类似产品制造	51491	22719	21233	7539
颜料制造	71091	26685	37503	6903
染料制造	130890	51105	62808	16977
密封用填料及类似品制造	68288	28042	32811	7435
合成材料制造	2653441	1210949	922498	519994
初级形态的塑料及合成树脂制造	1963194	973753	605568	383873
合成橡胶制造	59368	27443	25537	6388
合成纤维单(聚合)体的制造	258860	65072	154932	38856
其他合成材料制造	372019	144681	136461	90877
专用化学产品制造	1484896	603697	722611	158588
化学试剂和助剂制造	357509	153888	165778	37843
专项化学用品制造	284084	125130	120090	38864
林产化学产品制造	45190	22656	19525	3009
环境污染处理专用药剂材料制造	17107	9520	5843	1744
动物胶制造	37237	12278	21845	3114
其他专用化学产品制造	743769	280225	389530	74014
日用化学产品制造	514726	244437	195088	75201
肥皂及合成洗涤剂制造	240972	107520	100312	33140
化妆品制造	97151	45480	38773	12898
口腔清洁用品制造	31576	14165	4459	12952

国民经济行业小类按构成分的城镇投资（九）

单位：万元

行　　业	投资额	建筑安装工程	设备工器具购置	其他费用
香料、香精制造	38597	19003	14404	5190
其他日用化学产品制造	106430	58269	37140	11021
医药制造业	5014481	2662898	1777212	574371
化学药品原药制造	903266	409890	392041	101335
化学药品制剂制造	1377916	738964	499326	139626
中药饮片加工	755378	430684	257354	67340
中成药制造	1068152	597611	337240	133301
兽用药品制造	215563	112305	77835	25423
生物、生化制品的制造	509697	277887	142183	89627
卫生材料及医药用品制造	184509	95557	71233	17719
化学纤维制造业	1209836	308363	801747	99726
纤维素纤维原料及纤维制造	341417	83243	226383	31791
化纤浆粕制造	22164	6394	14132	1638
人造纤维（纤维素纤维）制造	319253	76849	212251	30153
合成纤维制造	868419	225120	575364	67935
锦纶纤维制造	49373	12725	32436	4212
涤纶纤维制造	546932	135994	370681	40257
腈纶纤维制造	7987	3949	3186	852
维纶纤维制造	61308	25767	31748	3793
其他合成纤维制造	202819	46685	137313	18821
橡胶制品业	1414933	427003	895901	92029
轮胎制造	896827	213455	630987	52385
车辆、飞机及工程机械轮胎制造	870606	205574	614890	50142
力车胎制造	18663	5494	11633	1536
轮胎翻新加工	7558	2387	4464	707
橡胶板、管、带的制造	91354	42542	43116	5696
橡胶零件制造	100404	42802	48435	9167
再生橡胶制造	36511	12673	19988	3850
日用及医用橡胶制品制造	63694	25584	34720	3390
橡胶靴鞋制造	68354	27373	33681	7300
其他橡胶制品制造	157789	62574	84974	10241
塑料制品业	2579012	1046815	1308701	223496
塑料薄膜制造	549104	197266	303752	48086
塑料板、管、型材的制造	640663	263362	313958	63343
塑料丝、绳及编织品的制造	221147	94139	110603	16405
泡沫塑料制造	170384	79239	81752	9393
塑料人造革、合成革制造	94478	35725	49019	9734
塑料包装箱及容器制造	238125	76003	137506	24616
塑料零件制造	154399	45846	96723	11830
日用塑料制造	112843	45718	57804	9321

国民经济行业小类按构成分的城镇投资（十）

单位：万元

行业	投资额	建筑安装工程	设备工器具购置	其他费用
塑料鞋制造	23995	11632	8042	4321
日用塑料杂品制造	88848	34086	49762	5000
其他塑料制品制造	397869	209517	157584	30768
非金属矿物制品业	7772502	3326465	3675724	770313
水泥、石灰和石膏的制造	3249469	1319352	1605475	324642
水泥制造	3210681	1300522	1588262	321897
石灰和石膏制造	38788	18830	17213	2745
水泥及石膏制品制造	815502	340317	388246	86939
水泥制品制造	549939	226446	266865	56628
砼结构构件制造	95476	39538	49149	6789
石棉水泥制品制造	10322	5120	3956	1246
轻质建筑材料制造	102598	46475	40686	15437
其他水泥制品制造	57167	22738	27590	6839
砖瓦、石材及其他建筑材料制造	1314192	596019	599339	118834
黏土砖瓦及建筑砌块制造	281698	142663	116916	22119
建筑陶瓷制品制造	430574	170752	230633	29189
建筑用石加工	300609	142775	130743	27091
防水建筑材料制造	87868	34359	40126	13383
隔热和隔音材料制造	53490	28121	18910	6459
其他建筑材料制造	159953	77349	62011	20593
玻璃及玻璃制品制造	1228719	525656	583819	119244
平板玻璃制造	274320	112837	121507	39976
技术玻璃制品制造	254358	114650	109991	29717
光学玻璃制造	44156	11261	30776	2119
玻璃仪器制造	25517	14013	11034	470
日用玻璃制品及玻璃包装容制造	196076	84079	93713	18284
玻璃保温容器制造	35792	11481	23955	356
玻璃纤维及制品制造	210745	95050	106169	9526
玻璃纤维增强塑料制品制造	74046	37403	29514	7129
其他玻璃制品制造	113709	44882	57160	11667
陶瓷制品制造	417677	207028	169840	40809
卫生陶瓷制品制造	120002	45738	63696	10568
特种陶瓷制品制造	57185	30504	24066	2615
日用陶瓷制品制造	220933	119927	75398	25608
园林、陈设艺术及其他陶瓷制造	19557	10859	6680	2018
耐火材料制品制造	240956	114851	102610	23495
石棉制品制造	17445	6699	10291	455
云母制品制造	3470	955	1955	560
耐火陶瓷制品及其他耐火材料	220041	107197	90364	22480
石墨及其他非金属矿物制品制造	505987	223242	226395	56350

国民经济行业小类按构成分的城镇投资(十一)

单位：万元

行业	投资额	建筑安装工程	设备工器具购置	其他费用
石墨及碳素制品制造	301480	137438	128751	35291
其他非金属矿物制品制造	204507	85804	97644	21059
黑色金属冶炼及压延加工业	14030291	5914895	7071093	1044303
炼铁	1920026	933739	870568	115719
炼钢	5774772	2240619	3067840	466313
钢压延加工	4762063	1985784	2399219	377060
铁合金冶炼	1573430	754753	733466	85211
有色金属冶炼及压延加工业	4550530	2098364	2023195	428971
常用有色金属冶炼	3387295	1648247	1437261	301787
铜冶炼	224611	106521	91453	26637
铅锌冶炼	180770	92227	71714	16829
镍钴冶炼	124988	57525	54610	12853
锡冶炼	22206	8692	11225	2289
锑冶炼	13022	6912	5880	230
铝冶炼	2720418	1324826	1159836	235756
镁冶炼	45477	24427	18986	2064
其他常用有色金属冶炼	55803	27117	23557	5129
贵金属冶炼	218821	94234	95527	29060
金冶炼	179051	77111	85188	16752
银冶炼	27596	10444	5474	11678
其他贵金属冶炼	12174	6679	4865	630
稀有稀土金属冶炼	181823	70730	90006	21087
钨钼冶炼	44232	20610	20987	2635
稀土金属冶炼	45742	20346	21561	3835
其他稀有金属冶炼	91849	29774	47458	14617
有色金属合金制造	152846	48621	94648	9577
有色金属压延加工	609745	236532	305753	67460
常用有色金属压延加工	544822	213597	271279	59946
贵金属压延加工	18008	6193	9200	2615
稀有稀土金属压延加工	46915	16742	25274	4899
金属制品业	2802784	1311173	1210981	280630
结构性金属制品制造	961606	499145	371926	90535
金属结构制造	777588	404920	308329	64339
金属门窗制造	184018	94225	63597	26196
金属工具制造	273983	127592	120699	25692
切削工具制造	62805	21860	37144	3801
手工具制造	51450	18293	27031	6126
农用及园林用金属工具制造	13046	6149	5224	1673
刀剪及类似日用金属工具制造	45210	30982	10350	3878
其他金属工具制造	101472	50308	40950	10214

国民经济行业小类按构成分的城镇投资（十二）

单位：万元

行业	投资额	建筑安装工程	设备工器具购置	其他费用
集装箱及金属包装容器制造	195515	86785	95490	13240
集装箱制造	73338	31723	36927	4688
金属压力容器制造	32279	19209	10113	2957
金属包装容器制造	89898	35853	48450	5595
金属丝绳及其制品的制造	227590	77660	138241	11689
建筑、安全用金属制品制造	380121	167765	164971	47385
建筑、家具用金属配件制造	152708	65259	72487	14962
建筑装饰及水暖管道零件制造	134641	53235	55498	25908
安全、消防用金属制品制造	22221	8921	11316	1984
其他建筑、安全用金属制品制造	70551	40350	25670	4531
金属表面处理及热处理加工	164005	76387	67498	20120
搪瓷制品制造	22396	6892	13347	2157
工业生产配套用搪瓷制品制造	6950	2339	4350	261
搪瓷卫生洁具制造	1763	52	1711	
搪瓷日用品及其他搪瓷制品制造	13683	4501	7286	1896
不锈钢及类似日用金属制品制造	339855	156877	142982	39996
金属制厨房调理及卫生器具制造	64334	30497	26198	7639
金属制厨用器皿及餐具制造	130149	58356	57294	14499
其他日用金属制品制造	145372	68024	59490	17858
其他金属制品制造	237713	112070	95827	29816
铸币及贵金属制实验室用品制造	14806	2733	11551	522
其他未列明的金属制品制造	222907	109337	84276	29294
通用设备制造业	3636648	1532574	1719003	385071
锅炉及原动机制造	517223	136410	333240	47573
锅炉及辅助设备制造	112329	46073	47128	19128
内燃机及配件制造	331117	73407	235632	22078
汽轮机及辅机制造	55172	10015	41940	3217
水轮机及辅机制造	9820	3789	3731	2300
其他原动机制造	8785	3126	4809	850
金属加工机械制造	694959	321596	292647	80716
金属切削机床制造	199542	98721	84718	16103
金属成形机床制造	51623	25287	19821	6515
铸造机械制造	113066	63369	43155	6542
金属切割及焊接设备制造	25329	13489	7481	4359
机床附件制造	105649	43008	48793	13848
其他金属加工机械制造	199750	77722	88679	33349
起重运输设备制造	230722	120476	87744	22502
泵、阀门、压缩机及类似机械的制造	444053	217437	180994	45622
泵及真空设备制造	140708	52191	69178	19339
气体压缩机械制造	77083	44482	26346	6255

国民经济行业小类按构成分的城镇投资（十三）

单位：万元

行　　　业	投资额	建筑安装工程	设备工器具购置	其　他费　用
阀门和旋塞的制造	109642	57912	41654	10076
液压和气压动力机械及元件制造	116620	62852	43816	9952
轴承、齿轮、传动和驱动部件制造	308124	118984	146022	43118
轴承制造	198141	81300	89523	27318
齿轮、传动和驱动部件制造	109983	37684	56499	15800
烘炉、熔炉及电炉制造	8853	4915	2983	955
风机、衡器、包装设备等通用设备制造	598314	253127	271299	73888
风机、风扇制造	100269	43174	43754	13341
气体、液体分离及纯净设备制造	29206	10861	15506	2839
制冷、空调设备制造	172391	62715	89488	20188
风动和电动工具制造	59043	23916	28888	6239
喷枪及类似器具制造	1150	260	860	30
包装专用设备制造	71651	25314	37745	8592
衡器制造	13295	8952	3652	691
其他通用设备制造	151309	77935	51406	21968
通用零部件制造及机械修理	352834	176359	144499	31976
金属密封件制造	37063	21467	13448	2148
紧固件、弹簧制造	63461	27155	27464	8842
机械零部件加工及设备修理	117587	60092	47889	9606
其他通用零部件制造	134723	67645	55698	11380
金属铸、锻加工	481566	183270	259575	38721
钢铁铸件制造	366504	149698	187388	29418
锻件及粉末冶金制品制造	115062	33572	72187	9303
专用设备制造业	3404328	1598623	1466389	339316
矿山、冶金、建筑专用设备制造	720749	340865	314568	65316
采矿、采石设备制造	177675	90933	76325	10417
石油钻采专用设备制造	41586	22134	15882	3570
建筑工程用机械制造	259873	101269	126180	32424
建筑材料生产专用机械制造	157338	85393	57633	14312
冶金专用设备制造	84277	41136	38548	4593
化工、木材、非金属加工专用设	478786	248248	186108	44430
炼油、化工生产专用设备制造	81237	46466	24887	9884
橡胶加工专用设备制造	50837	32574	14541	3722
塑料加工专用设备制造	66112	33797	26094	6221
木材加工机械制造	31822	19654	10335	1833
模具制造	216366	98744	98931	18691
其他非金属加工专用设备制造	32412	17013	11320	4079
食品、饮料、烟草及饲料专用设备制造	105183	58629	38405	8149
食品、饮料、烟草工业专用设备制造	65466	35087	26325	4054
农副食品加工专用设备制造	36475	22369	10357	3749

国民经济行业小类按构成分的城镇投资（十四）

单位：万元

行业	投资额	建筑安装工程	设备工器具购置	其他费用
饲料生产专用设备制造	3242	1173	1723	346
印刷、制药、日化生产专用设备制造	313751	154140	122060	37551
制浆和造纸专用设备制造	46490	24357	15132	7001
印刷专用设备制造	125324	59364	52358	13602
日用化工专用设备制造	19986	4100	11908	3978
制药专用设备制造	12263	6680	3330	2253
照明器具生产专用设备制造	22168	11298	7045	3825
玻璃、陶瓷和搪瓷制品专用设备制造	46288	29953	11668	4667
其他日用品生产专用设备制造	41232	18388	20619	2225
纺织、服装和皮革工业专用设备制造	274734	111067	138561	25106
纺织专用设备制造	206948	86023	103653	17272
皮革、毛皮及其制品加工设备制造	17197	5834	8600	2763
缝纫机械制造	45219	17597	22957	4665
其他服装加工专用设备制造	5370	1613	3351	406
电子和电工机械专用设备制造	666265	277072	334511	54682
农、林、牧、渔专用机械制造	385681	188285	157285	40111
拖拉机制造	159478	79186	63078	17214
机械化农业及园艺机具制造	97885	56831	31379	9675
营林及木竹采伐机械制造				
畜牧机械制造	3163	670	2410	83
渔业机械制造	3297	1184	1826	287
农林牧渔机械配件制造	46353	20514	23361	2478
其他农林牧渔业机械制造	75505	29900	35231	10374
医疗仪器设备及器械制造	164142	79025	65313	19804
医疗诊断、监护及治疗设备制造	61399	32754	21865	6780
口腔科用设备及器具制造	5153	2535	1022	1596
实验室及医用消毒设备和器具制造	2473	1431	997	45
医疗、外科及兽医用器械制造	40538	14082	20533	5923
机械治疗及病房护理设备制造	14116	6117	5633	2366
假肢、人工器官及植（介）入	5099	2118	2945	36
其他医疗设备及器械制造	35364	19988	12318	3058
环保、社会公共安全及其他专用制造	295037	141292	109578	44167
环境污染防治专用设备制造	105634	50490	38536	16608
地质勘察专用设备制造	2108	932	1146	30
邮政专用机械及器材制造	50		50	
商业、饮食、服务业专用设备制造	34083	13470	18593	2020

国民经济行业小类按构成分的城镇投资（十五）

单位：万元

行　　业	投资额	建筑安装工程	设备工器具购置	其　他费　用
社会公共安全设备及器材制造	37775	19647	13662	4466
交通安全及管制专用设备制造	2440	1842	408	190
水资源专用机械制造	17686	8865	7471	1350
其他专用设备制造	95261	46046	29712	19503
交通运输设备制造业	7171004	2583253	3786685	801066
铁路运输设备制造	297482	151519	132926	13037
铁路机车车辆及动车组制造	118219	35918	76365	5936
工矿有轨专用车辆制造	25837	10604	13274	1959
铁路机车车辆配件制造	24966	14252	7814	2900
铁路专用设备及器材、配件制造	90803	78130	10693	1980
其他铁路设备制造及设备修理	37657	12615	24780	262
汽车制造	5549889	1927689	2960465	661735
汽车整车制造	2602634	797707	1448832	356095
改装汽车制造	379344	137597	202966	38781
电车制造	17711	9738	5548	2425
汽车车身、挂车的制造	98211	61553	30411	6247
汽车零部件及配件制造	2324390	834458	1246443	243489
汽车修理	127599	86636	26265	14698
摩托车制造	251836	109012	109268	33556
摩托车整车制造	122015	53494	50632	17889
摩托车零部件及配件制造	129821	55518	58636	15667
自行车制造	102772	42102	43993	16677
脚踏自行车及残疾人座车制造	41435	19083	17613	4739
助动自行车制造	61337	23019	26380	11938
船舶及浮动装置制造	333396	130515	172866	30015
金属船舶制造	199332	75450	104672	19210
非金属船舶制造	14060	8953	4487	620
娱乐船和运动船的建造和修理	4675	4064	611	
船用配套设备制造	74183	16741	48562	8880
船舶修理及拆船	40399	25225	13869	1305
航标器材及其他浮动装置的制造	747	82	665	
交通器材及其他交通运输设备制造	635629	222416	367167	46046
交通管理用金属标志及设施制造	6162	1100	1953	3109
其他交通运输设备制造	629467	221316	365214	42937
电气机械及器材制造业	3155559	1317099	1477927	360533

国民经济行业小类按构成分的城镇投资（十六）

单位：万元

行　　业	投资额	建筑安装工程	设备工器具购置	其他费用
电机制造	342804	123322	181603	37879
发电机及发电机组制造	70321	31135	33427	5759
电动机制造	117775	42295	62486	12994
微电机及其他电机制造	154708	49892	85690	19126
输配电及控制设备制造	740484	335844	275270	129370
变压器、整流器和电感器制造	186256	89125	75037	22094
电容器及其配套设备制造	35473	19389	12837	3247
配电开关控制设备制造	230625	101722	72076	56827
电力电子元器件制造	194850	77595	79609	37646
其他输配电及控制设备制造	93280	48013	35711	9556
电线、电缆、光缆及电工器材制造	609724	243478	291209	75037
电线电缆制造	426388	175039	194590	56759
光纤、光缆制造	65974	26061	32700	7213
绝缘制品制造	40826	13668	23557	3601
其他电工器材制造	76536	28710	40362	7464
电池制造	294813	139674	130291	24848
家用电力器具制造	755096	272510	433334	49252
家用制冷电器具制造	173828	57790	106320	9718
家用空气调节器制造	176111	82161	87305	6645
家用通风电器具制造	48742	18111	28721	1910
家用厨房电器具制造	141748	21883	113541	6324
家用清洁卫生电器具制造	47706	12387	24451	10868
家用美容、保健电器具制造	15973	4653	9999	1321
家用电力器具专用配件制造	32491	16323	14322	1846
其他家用电力器具制造	118497	59202	48675	10620
非电力家用器具制造	98665	47095	43482	8088
燃气、太阳能及类似能源器具制造	76911	38566	31992	6353
其他非电力家用器具制造	21754	8529	11490	1735
照明器具制造	233185	122923	86568	23694
电光源制造	78824	30885	43587	4352
照明灯具制造	118346	70743	30707	16896
灯用电器附件及其他照明器具制造	36015	21295	12274	2446
其他电气机械及器材制造	80788	32253	36170	12365
车辆专用照明及电气信号设备制造	15816	9924	3095	2797
其他未列明的电气机械制造	64972	22329	33075	9568
通信设备、计算机及其他电子设备制造	7692930	2771444	4380710	540776
通信设备制造	839410	327933	449212	62265
通信传输设备制造	164056	42958	111636	9462
通信交换设备制造	171695	115472	47741	8482
通信终端设备制造	84814	32411	45704	6699

国民经济行业小类按构成分的城镇投资（十七）

单位：万元

行　　业	投资额	建筑安装工程	设备工器具购置	其他费用
移动通信及终端设备制造	280355	76170	192208	11977
其他通信设备制造	138490	60922	51923	25645
广播电视设备制造	32945	20110	6938	5897
广播电视节目制作及发射设备制造	16786	8503	3171	5112
广播电视接收设备及器材制造	6262	3349	2317	596
应用电视设备及其他广播设备制造	9897	8258	1450	189
电子计算机制造	971082	413736	466330	91016
电子计算机整机制造	282948	165529	89068	28351
计算机网络设备制造	110617	27946	78998	3673
电子计算机外部设备制造	577517	220261	298264	58992
电子器件制造	2585905	877987	1584034	123884
电子真空器件制造	451738	119530	286474	45734
半导体分立器件制造	310088	128168	174575	7345
集成电路制造	1420598	484575	898366	37657
光电子器件及其他电子器件制造	403481	145714	224619	33148
电子元件制造	2251777	729793	1342155	179829
电子元件及组件制造	1990833	673991	1147887	168955
印制电路板制造	260944	55802	194268	10874
家用视听设备制造	524997	189105	307149	28743
家用影视设备制造	465601	155529	287376	22696
家用音响设备制造	59396	33576	19773	6047
其他电子设备制造	486814	212780	224892	49142
仪器仪表及文化、办公用机械制造	1026554	412683	518585	95286
通用仪器仪表制造	248002	120487	86937	40578
工业自动控制系统装置制造	101044	49988	34448	16608
电工仪器仪表制造	59592	28303	19780	11509
绘图、计算及测量仪器制造	20076	10509	8966	601
实验分析仪器制造	13043	7511	4717	815
试验机制造	2941	935	1728	278
供应用仪表及其他通用仪器制造	51306	23241	17298	10767
专用仪器仪表制造	115326	51535	52393	11398
环境监测专用仪器仪表制造	8400	5071	2746	583
汽车及其他用计数仪表制造	15335	7328	6802	1205
农林牧渔专用仪器仪表制造	3680	100	2780	800
地质勘探和地震专用仪器制造	3711	2059	1477	175
教学专用仪器制造	3055	1355	1533	167
电子测量仪器制造	40297	20231	14839	5227

国民经济行业小类按构成分的城镇投资（十八）

单位：万元

行　　　　业	投资额	建筑安装工程	设备工器具购置	其　他费　用
其他专用仪器制造	40848	15391	22216	3241
钟表与计时仪器制造	58038	28566	19540	9932
光学仪器及眼镜制造	217165	87061	109109	20995
光学仪器制造	179616	66223	97691	15702
眼镜制造	37549	20838	11418	5293
文化、办公用机械制造	304170	81051	214874	8245
电影机械制造	28831	14349	13882	600
幻灯及投影设备制造	1001	50	719	232
照相机及器材制造	141556	22583	114702	4271
复印和胶印设备制造	35810	14732	19269	1809
计算器及货币专用设备制造	89207	24156	63958	1093
其他文化、办公用机械制造	7765	5181	2344	240
其他仪器仪表的制造及修理	83853	43983	35732	4138
工艺品及其他制造业	2009972	1148536	308536	552900
工艺美术品制造	504681	268191	172320	64170
雕塑工艺品制造	53038	31535	12719	8784
金属工艺品制造	49562	24104	20779	4679
漆器工艺品制造	27403	17708	6097	3598
花画工艺品制造	16073	8059	5374	2640
天然植物纤维编织工艺品制造	26128	17026	4945	4157
抽纱刺绣工艺品制造	67266	29840	31595	5831
地毯、挂毯制造	73789	33318	34110	6361
珠宝首饰及有关物品的制造	67724	38828	17264	11632
其他工艺美术品制造	123698	67773	39437	16488
日用杂品制造	94418	51741	32764	9913
制镜及类似品加工	18856	8927	9546	383
鬃毛加工、制刷及清扫工具的制造	20726	9122	10509	1095
其他日用杂品制造	54836	33692	12709	8435
煤制品制造	42290	13571	26367	2352
其他未列明的制造业	1368583	815033	77085	476465
废弃资源和废旧材料回收加工业	60823	26772	18524	15527
金属废料和碎屑的加工处理	27352	9916	11617	5819
非金属废料和碎屑的加工处理	33471	16856	6907	9708
（四）电力燃气及水的生产和供应业	**38039029**	**19579467**	**12229815**	**6229747**
电力、热力的生产和供应业	33048240	16042185	11416764	5589291
电力生产	18969533	8336398	6671767	3961368
火力发电	11539519	4609180	5140499	1789840
水力发电	6150904	3422868	871573	1856463
核力发电	909223	150118	474407	284698

国民经济行业小类按构成分的城镇投资（十九）

单位：万元

行　　业	投资额	建筑安装工程	设备工器具购置	其他费用
其他能源发电	369887	154232	185288	30367
电力供应	12842596	6934426	4422682	1485488
热力生产和供应	1236111	771361	322315	142435
燃气生产和供应业	1516416	1050076	283046	183294
燃气生产和供应业	1516416	1050076	283046	183294
水的生产和供应业	3474373	2487206	530005	457162
自来水的生产和供应	1980861	1473443	305305	202113
污水处理及其再生利用	1454207	980908	221307	251992
其他水的处理、利用与分配	39305	32855	3393	3057
（五）建筑业	**5279945**	**3990688**	**523709**	**765548**
房屋和土木工程建筑业	4802051	3694069	416514	691468
房屋工程建筑	1772462	1453552	126578	192332
土木工程建筑	3029589	2240517	289936	499136
铁路、道路、隧道和桥梁工程	2387094	1804345	149715	433034
水利和港口工程建筑	299824	199046	74255	26523
工矿工程建筑	31398	23507	5588	2303
架线和管道工程建筑	160651	95312	47862	17477
其他土木工程建筑	150622	118307	12516	19799
建筑安装业	186567	113350	51018	22199
建筑安装业	186567	113350	51018	22199
建筑装饰业	105498	71684	23449	10365
建筑装饰业	105498	71684	23449	10365
其他建筑业	185829	111585	32728	41516
工程准备	96101	59398	6276	30427
提供施工设备服务	32207	14860	15503	1844
其他未列明的建筑活动	57521	37327	10949	9245
（六）交通运输、仓储和邮政业	**56690243**	**41880863**	**7268835**	**7540545**
铁路运输业	7059968	3885609	2297763	876596
铁路旅客运输	1165665	798031	213985	153649
铁路货物运输	5394720	2731767	1979417	683536
铁路运输辅助活动	499583	355811	104361	39411
客运火车站	70256	44821	9556	15879
货运火车站	2187	2147	20	20
其他铁路运输辅助活动	427140	308843	94785	23512
道路运输业	36077849	30509861	1077762	4490226
公路旅客运输	14887120	12099546	703364	2084210
道路货物运输	2865903	2413690	201131	251082
道路运输辅助活动	18324826	15996625	173267	2154934
客运汽车站	367188	248006	30929	88253
公路管理与养护	16112947	14034340	113500	1965107

国民经济行业小类按构成分的城镇投资（二十）

单位：万元

行　　业	投资额	建筑安装工程	设备工器具购置	其　他费　用
其他道路运输辅助活动	1844691	1714279	28838	101574
城市公共交通业	4379787	2097768	1265443	1016576
公共电汽车客运	1475649	729404	552981	193264
轨道交通	2451388	1168989	497198	785201
出租车客运	184251	5925	174889	3437
城市轮渡	7473	5517	1394	562
其他城市公共交通	261026	187933	38981	34112
水上运输业	3640944	2480009	704928	456007
水上旅客运输	164125	102646	41425	20054
远洋旅客运输	10527	40	10487	
沿海旅客运输	57363	24898	19123	13342
内河旅客运输	96235	77708	11815	6712
水上货物运输	315528	169343	135775	10410
远洋货物运输	40101	15776	19951	4374
沿海货物运输	197477	107278	87095	3104
内河货物运输	77950	46289	28729	2932
水上运输辅助活动	3161291	2208020	527728	425543
客运港口	152248	106284	8930	37034
货运港口	2704210	1876049	493497	334664
其他水上运输辅助活动	304833	225687	25301	53845
航空运输业	2198513	1007217	962936	228360
航空客货运输	1155290	266691	852485	36114
航空旅客运输	1123239	243466	846493	33280
航空货物运输	32051	23225	5992	2834
通用航空服务	162441	23806	8680	129955
航空运输辅助活动	880782	716720	101771	62291
机场	716064	608382	47634	60048
空中交通管理	140054	89042	49210	1802
其他航空运输辅助活动	24664	19296	4927	441
管道运输业	1440559	507152	722062	211345
装卸搬运和其他运输服务业	463993	426298	17286	20409
装卸搬运	401037	381122	9662	10253
运输代理服务	62956	45176	7624	10156
仓储业	1154052	775569	164856	213627
谷物、棉花等农产品仓储	309444	239159	37805	32480
其他仓储	844608	536410	127051	181147
邮政业	274578	191380	55799	27399
国家邮政	264321	181123	55799	27399
其他寄递服务	10257	10257		
（七）信息传输、计算机服务和软件业	**16457420**	**6251720**	**9564884**	**640816**

国民经济行业小类按构成分的城镇投资（二十一）

单位：万元

行　　　　业	投资额	建筑安装工程	设备工器具购置	其　他费　用
电信和其他信息传输服务业	16020513	5991824	9486754	541935
电信	13885615	5268176	8147313	470126
固定电信服务	6430493	2609634	3624072	196787
移动电信服务	7258705	2570440	4423539	264726
其他电信服务	196417	88102	99702	8613
互联网信息服务	1876796	604124	1222068	50604
广播电视传输服务	251178	116336	113637	21205
有线广播电视传输服务	204894	97460	88786	18648
无线广播电视传输服务	46284	18876	24851	2557
卫星传输服务	6924	3188	3736	
计算机服务业	106606	55987	32187	18432
计算机系统服务	51126	30544	16256	4326
数据处理	25065	4951	7997	12117
计算机维修	1000		1000	
其他计算机服务	29415	20492	6934	1989
软件业	330301	203909	45943	80449
公共软件服务	242595	150764	41184	50647
基础软件服务	87362	57633	2724	27005
应用软件服务	155233	93131	38460	23642
其他软件服务	87706	53145	4759	29802
（八）批发和零售业	**7913719**	**5852225**	**745238**	**1316256**
批发业	3154182	2375198	284240	494744
农畜产品批发	207637	156172	24583	26882
谷物、豆及薯类批发	69127	49698	11503	7926
种子、饲料批发	32075	25848	2844	3383
棉、麻批发	23643	11696	8296	3651
牲畜批发	9728	8373	345	1010
其他农畜产品批发	73064	60557	1595	10912
食品、饮料及烟草制品批发	634612	499803	38013	96796
米、面制品及食用油批发	64507	52419	4358	7730
糕点、糖果及糖批发	33890	27454	1326	5110
果品、蔬菜批发	213498	164313	7816	41369
肉、禽、蛋及水产品批发	92106	69539	12199	10368
盐及调味品批发	23074	14942	823	7309
饮料及茶叶批发	18689	15296	1547	1846
烟草制品批发	151400	125019	8130	18251
其他食品批发	37448	30821	1814	4813
纺织、服装及日用品批发	515229	389621	31300	94308
纺织品、针织品及原料批发	103817	76342	7844	19631
服装批发	213233	158070	5714	49449

国民经济行业小类按构成分的城镇投资（二十二）

单位：万元

行　　业	投资额	建筑安装工程	设备工器具购置	其他费用
鞋帽批发	8139	7592	87	460
厨房、卫生间用具及日用杂货批发	13187	12175	330	682
化妆品及卫生用品批发	6242	4060	452	1730
其他日用品批发	170611	131382	16873	22356
文化、体育用品及器材批发	96359	69718	10228	16413
文具用品批发	19536	15303	212	4021
体育用品批发	630	230	400	
图书批发	57998	42663	7589	7746
报刊批发				
音像制品及电子出版物批发				
首饰、工艺品及收藏品批发	10196	5929	600	3667
其他文化用品批发	7999	5593	1427	979
医药及医疗器材批发	104549	77699	11970	14880
西药批发	62687	45482	6712	10493
中药材及中成药批发	31340	25570	2543	3227
医疗用品及器材批发	10522	6647	2715	1160
矿产品、建材及化工产品批发	866459	639073	94090	133296
煤炭及制品批发	58061	39725	11558	6778
石油及制品批发	194094	115504	42720	35870
非金属矿及制品批发	3227	1703	1394	130
金属及金属矿批发	47872	30163	8289	9420
建材批发	490655	399279	19139	72237
化肥批发	25075	19943	2344	2788
农药批发	3998	2924	400	674
农用薄膜批发	5200	5200		
其他化工产品批发	38277	24632	8246	5399
机械设备、五金交电及电子产品批发	542813	399345	47327	96141
农业机械批发	37996	29346	1472	7178
汽车、摩托车及零配件批发	329547	238192	22963	68392
五金、交电批发	71627	58701	5445	7481
家用电器批发	41730	31937	7686	2107
计算机、软件及辅助设备批发	3323	1020	1903	400
通讯及广播电视设备批发	8268	4381	1958	1929
其他机械设备及电子产品批发	50322	35768	5900	8654
贸易经纪与代理	41553	27157	11056	3340
其他批发	144971	116610	15673	12688
再生物资回收与批发	29193	20447	5346	3400
其他未列明的批发	115778	96163	10327	9288
零售业	4759537	3477027	460998	821512
综合零售	2881663	2141955	262582	477126

国民经济行业小类按构成分的城镇投资（二十三）

单位：万元

行业	投资额	建筑安装工程	设备工器具购置	其他费用
百货零售	1564952	1185699	124803	254450
超级市场零售	944372	644914	127350	172108
其他综合零售	372339	311342	10429	50568
食品、饮料及烟草制品专门零售	206544	177784	6077	22683
粮油零售	21982	19419	1022	1541
糕点、面包零售	5440	4575	265	600
果品、蔬菜零售	30854	25982	699	4173
肉、禽、蛋及水产品零售	47267	39855	1603	5809
饮料及茶叶零售	3720	2976	72	672
烟草制品零售	18326	16166	464	1696
其他食品零售	78955	68811	1952	8192
纺织、服装及日用品专门零售	230111	187082	17786	25243
纺织品及针织品零售	27301	22548	1867	2886
服装零售	125448	94016	13837	17595
鞋帽零售	620	550	40	30
钟表、眼镜零售	3787	1159	73	2555
化妆品及卫生用品零售	1178	870	148	160
其他日用品零售	71777	67939	1821	2017
文化、体育用品及器材专门零售	115769	86382	17640	11747
文具用品零售	4956	2380	2406	170
体育用品零售	1930	1705	145	80
图书零售	90251	72137	8758	9356
报刊零售	2242	2162	80	
音像制品及电子出版物零售	1135	715	350	70
珠宝首饰零售	3500	1450	1650	400
工艺美术品及收藏品零售	9502	3635	4200	1667
照相器材零售	51		51	
其他文化用品零售	2202	2198		4
医药及医疗器材专门零售	48781	28773	10619	9389
药品零售	46037	27647	10361	8029
医疗用品及器材零售	2744	1126	258	1360
汽车、摩托车、燃料及零配件专门零售	702121	461359	88844	151918
汽车零售	477597	320827	38251	118519
汽车零配件零售	66104	49656	10201	6247
摩托车及零配件零售	14641	11009	791	2841
机动车燃料零售	143779	79867	39601	24311
家用电器及电子产品专门零售	138985	100914	15806	22265
家用电器零售	93292	77296	7451	8545
计算机、软件及辅助设备零售	35786	20221	7222	8343
通信设备零售	8365	2447	683	5235

国民经济行业小类按构成分的城镇投资（二十四）

单位：万元

行　　业	投资额	建筑安装工程	设备工器具购置	其他费用
其他电子产品零售	1542	950	450	142
五金、家具及室内装修材料专门零售	353506	242446	26962	84098
五金零售	35602	23133	4048	8421
家具零售	203831	135754	17773	50304
涂料零售	300	300		
其他室内装修材料零售	113773	83259	5141	25373
无店铺及其他零售	82057	50332	14682	17043
流动货摊零售				
邮购及电子销售				
生活用燃料零售	19646	12098	6085	1463
花卉零售	15222	7502	16	7704
旧货零售	7375	5845	150	1380
其他未列明的零售	39814	24887	8431	6496
（九）住宿和餐饮业	**3212642**	**2304635**	**352760**	**555247**
住宿业	2214426	1617903	197152	399371
旅游饭店	1781743	1275092	148170	358481
一般旅馆	353672	273896	44732	35044
其他住宿服务	79011	68915	4250	5846
餐饮业	998216	686732	155608	155876
正餐服务	843178	580562	129885	132731
快餐服务	29383	15342	10287	3754
饮料及冷饮服务	36288	24627	5593	6068
其他餐饮服务	89367	66201	9843	13323
（十）金融业	**861586**	**519712**	**268528**	**73346**
银行业	746104	447665	237627	60812
中央银行	88812	70929	10724	7159
商业银行	608296	334518	225831	47947
其他银行	48996	42218	1072	5706
证券业	16631	2567	10732	3332
证券市场管理	5453	518	1748	3187
证券经纪与交易	8327	1010	7317	
证券投资	2627	1039	1443	145
证券分析与咨询	224		224	
保险业	59498	38151	16141	5206
人寿保险	36420	25287	6467	4666
非人寿保险	21974	12440	8994	540
保险辅助服务	1104	424	680	
其他金融活动	39353	31329	4028	3996
金融信托与管理	20372	15267	2867	2238
金融租赁	4044	3587		457

国民经济行业小类按构成分的城镇投资（二十五）

单位：万元

行业	投资额	建筑安装工程	设备工器具购置	其他费用
财务公司	158		158	
邮政储蓄	4559	4371	188	
典当	1750	1180		570
其他未列明的金融活动	8470	6924	815	731
（十一）房地产业	**111052837**	**75688484**	**1545485**	**33818868**
房地产业	111052837	75688484	1545485	33818868
房地产开发经营	104369203	69290046	1504071	33575086
物业管理	310203	248261	19131	42811
房地产中介服务	32631	27758	141	4732
其他房地产活动	6340800	6122419	22142	196239
（十二）租赁和商务服务业	**3097691**	**2220140**	**221009**	**656542**
租赁业	26859	8020	17191	1648
机械设备租赁	26859	8020	17191	1648
汽车租赁	11769	1818	9575	376
农业机械租赁	1050	350	700	
建筑工程机械与设备租赁	10976	4803	5011	1162
计算机及通讯设备租赁				
其他机械与设备租赁	3064	1049	1905	110
文化及日用品出租				
图书及音像制品出租				
其他文化及日用品出租				
商务服务业	3070832	2212120	203818	654894
企业管理服务	1986115	1422936	122096	441083
企业管理机构	970389	758342	57383	154664
投资与资产管理	802642	520388	42916	239338
其他企业管理服务	213084	144206	21797	47081
法律服务	2261	1336	35	890
律师及相关的法律服务	2183	1258	35	890
公证服务	78	78		
其他法律服务				
咨询与调查	65639	59142	3029	3468
会计、审计及税务服务	4080	2721	995	364
市场调查				
社会经济咨询	8410	3858	1979	2573
其他专业咨询	53149	52563	55	531
广告业	12739	3857	7852	1030
知识产权服务	887	877		10
职业中介服务	14929	11502	962	2465
市场管理	378361	260062	12560	105739
旅行社	52605	35167	2374	15064

国民经济行业小类按构成分的城镇投资（二十六）

单位：万元

行　　业	投资额	建筑安装工程	设备工器具购置	其他费用
其他商务服务	557296	417241	54910	85145
会议及展览服务	427430	323400	44885	59145
包装服务	22007	13381	3063	5563
保安服务	2200	1700	400	100
办公服务	62657	46084	2466	14107
其他未列明的商务服务	43002	32676	4096	6230
（十三）科研技术服务和地质勘察业	**2817115**	**1869166**	**440998**	**506951**
研究与试验发展	1333366	913973	225243	194150
自然科学研究与试验发展	204736	137454	44310	22972
工程和技术研究与试验发展	503689	298307	142625	62757
农业科学研究与试验发展	91594	70560	12511	8523
医学研究与试验发展	63882	42297	12353	9232
社会人文科学研究与试验发展	469465	365355	13444	90666
专业技术服务业	894289	582719	79944	231626
气象服务	101404	63812	30197	7395
地震服务	15884	9970	2099	3815
海洋服务	1975	1029	254	692
测绘服务	23668	17865	2303	3500
技术检测	59354	26605	19652	13097
环境监测	13858	8428	4220	1210
工程技术与规划管理	646635	431064	15530	200041
工程管理服务	384749	304513	2091	78145
工程勘察设计	107201	83475	12874	10852
规划管理	154685	43076	565	111044
其他专业技术服务	31511	23946	5689	1876
科技交流和推广服务业	327761	245818	20059	61884
技术推广服务	95938	70818	10369	14751
科技中介服务	142365	111773	7237	23355
其他科技服务	89458	63227	2453	23778
地质勘察业	261699	126656	115752	19291
矿产地质勘察	222976	96577	108926	17473
能源矿产地质勘察	197043	78809	108538	9696
固体矿产地质勘察	23566	15536	302	7728
其他矿产地质勘察	2367	2232	86	49
基础地质勘察	18771	13403	4455	913
地质勘察技术服务	19952	16676	2371	905
（十四）水利环境和公共设施管理业	**42201547**	**29113316**	**1057828**	**12030403**
水利管理业	7218550	5838524	228212	1151814
防洪管理	2729470	2285001	48822	395647
水资源管理	3397051	2608273	152859	635919

国民经济行业小类按构成分的城镇投资（二十七）

单位：万元

行　　　业	投资额	建筑安装工程	设备工器具购置	其　他费　用
水库管理	1787845	1321848	43195	422802
调水、引水管理	1221868	938838	93453	189577
其他水资源管理	387338	347587	16211	23540
其他水利管理	1092029	945250	26531	120248
环境管理业	2637696	1570426	309008	758262
自然保护	243614	182043	17232	44339
自然保护区管理	92689	76935	1994	13760
野生动植物保护	97213	68182	11657	17374
其他自然保护	53712	36926	3581	13205
环境治理	2394082	1388383	291776	713923
城市市容管理	230292	182502	6530	41260
城市环境卫生管理	487251	320183	99816	67252
水污染治理	999287	531679	81553	386055
危险废物治理	32609	17489	9543	5577
其他环境治理	644643	336530	94334	213779
公共设施管理业	32345301	21704366	520608	10120327
市政公共设施管理	28219811	19196715	392858	8630238
城市绿化管理	1329667	779474	20441	529752
游览景区管理	2795823	1728177	107309	960337
风景名胜区管理	987482	646289	30820	310373
公园管理	1123889	610097	11887	501905
其他游览景区管理	684452	471791	64602	148059
（十五）居民服务和其他服务业	**655500**	**489359**	**56269**	**109872**
居民服务业	517689	401283	37713	78693
家庭服务	10716	8966	680	1070
托儿所	1973	1716	1	256
洗染服务	935	620	232	83
理发及美容保健服务	8471	5829	1930	712
洗浴服务	89932	62096	18925	8911
婚姻服务	1224	963	161	100
殡葬服务	168429	135313	10886	22230
摄影扩印服务	3720	1487	1539	694
其他居民服务	232289	184293	3359	44637
其他服务业	137811	88076	18556	31179
修理与维护	30933	20861	6669	3403
汽车、摩托车维护与保养	27442	18054	6126	3262
办公设备维修	180	30	150	
家用电器修理	418	25	393	
其他日用品修理	2893	2752		141
清洁服务	10564	2742	2867	4955

国民经济行业小类按构成分的城镇投资（二十八）

单位：万元

行　　业	投资额	建筑安装工程	设备工器具购置	其　他费　用
建筑物清洁服务	1680	270	1410	
其他清洁服务	8884	2472	1457	4955
其他未列明的服务	96314	64473	9020	22821
（十六）教育	**14741223**	**11904416**	**798252**	**2038555**
教育	14741223	11904416	798252	2038555
学前教育	140273	118630	8922	12721
初等教育	1083292	953351	48118	81823
中等教育	5180104	4433168	186230	560706
初中教育	1626273	1417418	55547	153308
高中教育	2848346	2421832	100828	325686
中等专业教育	385992	316004	15389	54599
职业中学教育	176939	154963	8418	13558
技工学校教育	54668	45646	2060	6962
其他中等教育	87886	77305	3988	6593
高等教育	7791682	6009635	521430	1260617
普通高等教育	7489726	5762347	504229	1223150
成人高等教育	301956	247288	17201	37467
其他教育	545872	389632	33552	122688
职业技能培训	243901	181009	19600	43292
特殊教育	53214	13804	489	38921
其他未列明的教育	248757	194819	13463	40475
（十七）卫生社会保障和社会福利业	**3577193**	**2442938**	**879923**	**254332**
卫生	3329139	2250362	854109	224668
医院	2759371	1835230	734795	189346
综合医院	2163005	1436077	582157	144771
中医医院	188164	131915	44285	11964
中西医结合医院	68733	42533	22612	3588
民族医院	9127	6499	2523	105
专科医院	310652	203775	81309	25568
疗养院	19690	14431	1909	3350
卫生院及社区医疗活动	64380	50503	10314	3563
门诊部医疗活动	52374	37056	13749	1569
计划生育技术服务活动	13011	10922	1048	1041
妇幼保健活动	72402	54024	11702	6676
专科疾病防治活动	18613	12939	4469	1205
疾病预防控制及防疫活动	273169	190425	66355	16389
其他卫生活动	75819	59263	11677	4879
社会保障业	64268	45600	14524	4144
社会保障业	64268	45600	14524	4144
社会福利业	183786	146976	11290	25520

国民经济行业小类按构成分的城镇投资（二十九）

单位：万元

行业	投资额	建筑安装工程	设备工器具购置	其他费用
提供住宿的社会福利	127806	103181	8386	16239
干部休养所	29204	25400	223	3581
收养收容服务	98602	77781	8163	12658
不提供住宿的社会福利	55980	43795	2904	9281
（十八）文化、体育和娱乐业	**4796123**	**3395642**	**545509**	**854972**
新闻出版业	234766	177738	34227	22801
新闻业	80902	65329	3408	12165
出版业	153864	112409	30819	10636
图书出版	51506	43706	5564	2236
报纸出版	95014	65767	21291	7956
期刊出版	2414		2414	
音像制品出版	3870	2650	800	420
电子出版物出版	130	90	40	
其他出版	930	196	710	24
广播、电视、电影和音像业	813040	469876	191867	151297
广播	131745	77467	36681	17597
电视	494334	255655	123468	115211
电影	180975	134743	27746	18486
电影制作与发行	101713	74909	16302	10502
电影放映	79262	59834	11444	7984
音像制作	5986	2011	3972	3
文化艺术业	1247856	961308	102931	183617
文艺创作与表演	71999	41772	17079	13148
艺术表演场馆	233480	173141	30773	29566
图书馆与档案馆	131099	102305	19169	9625
图书馆	109938	83627	17850	8461
档案馆	21161	18678	1319	1164
文物及文化保护	186295	127178	5855	53262
博物馆	211139	165097	9821	36221
烈士陵园、纪念馆	36189	27973	903	7313
群众文化活动	313511	277448	8228	27835
文化艺术经纪代理	404	195	154	55
其他文化艺术	63740	46199	10949	6592
体育	1067293	842643	82922	141728
体育组织	120910	81170	33299	6441
体育场馆	918579	744103	48052	126424
其他体育	27804	17370	1571	8863
娱乐业	1433168	944077	133562	355529
室内娱乐活动	326919	234462	56272	36185
游乐园	446202	216917	22833	206452

国民经济行业小类按构成分的城镇投资（三十）

单位：万元

行业	投资额	建筑安装工程	设备工器具购置	其他费用
休闲健身娱乐活动	508527	394060	33781	80686
其他娱乐活动	151520	98638	20676	32206
（十九）公共管理和社会组织	**18412456**	**14676992**	**1357655**	**2377809**
中国共产党机关	302993	248817	29353	24823
中国共产党机关	302993	248817	29353	24823
国家机构	16531539	13050189	1255326	2226024
国家权力机构	1881148	1525965	103420	251763
国家行政机构	13444270	10543788	1080172	1820310
综合事务管理机构	5390855	4088601	409266	892988
对外事务管理机构	22431	19610	807	2014
公共安全管理机构	1214135	1026118	65138	122879
社会事务管理机构	1157493	965662	79527	112304
经济事务管理机构	3024168	2497147	123582	403439
政府事务管理机构	2102036	1532101	350261	219674
行政监督检查机构	533152	414549	51591	67012
人民法院和人民检察院	704203	590862	34595	78746
人民法院	417656	348096	19623	49937
人民检察院	286547	242766	14972	28809
其他国家机构	501918	389574	37139	75205
人民政协和民主党派	63900	47716	8006	8178
人民政协	54784	40628	7084	7072
民主党派	9116	7088	922	1106
群众团体、社会团体和宗教组织	287261	227103	15553	44605
群众团体	57305	44167	4278	8860
工会	31459	24278	3981	3200
妇联	5511	4350		1161
共青团	3520	3358	40	122
其他群众团体	16815	12181	257	4377
社会团体	161672	122253	8714	30705
专业性团体	7445	6419	198	828
行业性团体	44036	36129	1335	6572
其他社会团体	110191	79705	7181	23305
宗教组织	68284	60683	2561	5040
基层群众自治组织	1226763	1103167	49417	74179
社区自治组织	665928	603801	30839	31288
村民自治组织	560835	499366	18578	42891
（二十）国际组织	**2880**	**2858**	**16**	**6**
国际组织	2880	2858	16	6

国民经济行业小类按隶属关系分的城镇投资(一)

单位：万元

行业	合计	中央项目	地方项目	省属	地市属	县属	其他
全国总计	**458116959**	**62598547**	**395518412**	**67355516**	**107217072**	**102850732**	**118095092**
(一)农、林、牧、渔业	**5349794**	**438663**	**4911131**	**562762**	**537572**	**2787005**	**1023792**
农业	1401965	186567	1215398	178444	117071	623337	296546
谷物及其他作物的种植	677525	171549	505976	150500	29713	259800	65963
谷物的种植	371789	90595	281194	117577	12223	130139	21255
薯类的种植	3886	61	3825	360		2301	1164
油料的种植	13790	8250	5540	952	2720	850	1018
豆类的种植	34567		34567	27302	2172	4414	679
棉花的种植	103732	66301	37431		1572	21476	14383
麻类的种植	1786	100	1686			1686	
糖料的种植	10221	953	9268	1182	110	5848	2128
烟草的种植	1717		1717	1115		592	10
其他作物的种植	136037	5289	130748	2012	10916	92494	25326
蔬菜、园艺作物的种植	467242	12057	455185	19757	64890	225732	144806
蔬菜的种植	258941	11577	247364	6349	49263	139464	52288
花卉的种植	119641		119641	12173	12627	36062	58779
其他园艺作物的种植	88660	480	88180	1235	3000	50206	33739
水果、坚果、饮料和香料作物的种植	202016	2961	199055	7587	17567	107665	66236
水果、坚果的种植	174147	2488	171659	6628	15392	92011	57628
茶及其他饮料作物的种植	22878		22878	864	2175	15204	4635
香料作物的种植	4991	473	4518	95		450	3973
中药材的种植	55182		55182	600	4901	30140	19541
林业	1502417	105645	1396772	257456	207300	847144	84872
林木的培育和种植	1186542	22729	1163813	61279	183695	838877	79962
育种和育苗	176284	2989	173295	13023	55625	68120	36527
造林	888265	14349	873916	30057	117111	695619	31129
林木的抚育和管理	121993	5391	116602	18199	10959	75138	12306
木材和竹材的采运	228221	82916	145305	118117	21958	4800	430
木材的采运	228051	82916	145135	118117	21958	4800	260
竹材的采运	170		170				170
林产品的采集	87654		87654	78060	1647	3467	4480
畜牧业	961077	30966	930111	43271	63371	476632	346837
牲畜的饲养	668785	29428	639357	36110	45483	340684	217080
猪的饲养	125136		125136	6878	13580	49859	54819
家禽的饲养	77464	58	77406		1651	37903	37852
狩猎和捕捉动物	478		478			178	300
其他畜牧业	89214	1480	87734	283	2657	48008	36786
渔业	203171	5303	197868	13152	15780	56907	112029
海洋渔业	117259	5293	111966	6194	1042	28701	76029
海水养殖	112620	5293	107327	6194	461	26033	74639

国民经济行业小类按隶属关系分的城镇投资（二）

单位：万元

行业	合计	中央项目	地方项目	省属	地市属	县属	其他
海洋捕捞	4639		4639		581	2668	1390
内陆渔业	85912	10	85902	6958	14738	28206	36000
内陆养殖	85762	10	85752	6958	14738	28056	36000
内陆捕捞	150		150			150	
农、林、牧、渔服务业	1281164	110182	1170982	70439	134050	782985	183508
农业服务业	1033608	108657	924951	55602	107719	613290	148340
灌溉服务	492738	85353	407385	17633	61252	314381	14119
农产品初加工服务	163721	19574	144147	18099	8331	36658	81059
其他农业服务	377149	3730	373419	19870	38136	262251	53162
林业服务业	86343	309	86034	7930	18730	54110	5264
畜牧服务业	114600	1216	113384	6907	2795	89561	14121
兽医服务	23679	829	22850	1684	1465	19300	401
其他畜牧服务	90921	387	90534	5223	1330	70261	13720
渔业服务业	46613		46613		4806	26024	15783
（二）采矿业	**15518508**	**8964511**	**6553997**	**3071491**	**786034**	**1442366**	**1254106**
煤炭开采和洗选业	4364297	403139	3961158	2684355	247696	609508	419599
烟煤和无烟煤的开采洗选	4181476	402308	3779168	2572906	240677	570959	394626
褐煤的开采洗选	163677	831	162846	107839	6919	31677	16411
其他煤炭采选	19144		19144	3610	100	6872	8562
石油和天然气开采业	9459899	8494627	965272	83389	351924	298623	231336
天然原油和天然气开采	9223930	8286243	937687	75429	347664	298083	216511
与石油和天然气开采有关的服务	235969	208384	27585	7960	4260	540	14825
黑色金属矿采选业	500835	44852	455983	80752	68388	105354	201489
铁矿采选	480718	44852	435866	76526	68388	99184	191768
其他黑色金属矿采选	20117		20117	4226		6170	9721
有色金属矿采选业	708718	20762	687956	166876	60615	301646	158819
常用有色金属矿采选	355255	12001	343254	141182	39257	56993	105822
铜矿采选	143567	4693	138874	59185	27425	10215	42049
铅锌矿采选	132931		132931	50192	8076	32013	42650
镍钴矿采选	23923	7074	16849	7980		5320	3549
锡矿采选	35785		35785	21775		1720	12290
锑矿采选	1790		1790			1460	330
铝矿采选	6040	234	5806	2050	3756		
镁矿采选	1950		1950			1100	850
其他常用有色金属矿采选	9269		9269			5165	4104
贵金属矿采选	293959	4083	289876	22072	14290	224366	29148
金矿采选	283486	4083	279403	21572	8692	220066	29073
银矿采选	10398		10398	500	5598	4300	
其他贵金属矿采选	75		75				75
稀有稀土金属矿采选	59504	4678	54826	3622	7068	20287	23849

国民经济行业小类按隶属关系分的城镇投资（三）

单位：万元

行　业	合　计	中央项目	地方项目				
				省属	地市属	县属	其他
钨钼矿采选	35309		35309	2812	7068	15477	9952
稀土金属矿采选	13147		13147			3350	9797
放射性金属矿采选	239	59	180			180	
其他稀有金属矿采选	10809	4619	6190	810		1280	4100
非金属矿采选业	467048	1131	465917	55142	56781	124040	229954
土砂石开采	242717		242717	13626	8522	77169	143400
石灰石、石膏开采	70055		70055	11491	5972	19845	32747
建筑装饰用石开采	69031		69031	681		15840	52510
耐火土石开采	21242		21242	407	1000	9448	10387
黏土及其他土砂石开采	82389		82389	1047	1550	32036	47756
化学矿采选	40513		40513	8083	8457	10255	13718
采盐	93461	395	93066	11893	39302	24857	17014
石棉及其他非金属矿采选	90357	736	89621	21540	500	11759	55822
石棉、云母矿采选	6129	541	5588		300	2629	2659
石墨、滑石采选	18166		18166	800	200	2111	15055
宝石、玉石开采	2351		2351			110	2241
其他非金属矿采选	63711	195	63516	20740		6909	35867
其他采矿业	17711		17711	977	630	3195	12909
其他采矿业	17711		17711	977	630	3195	12909
（三）制造业	**107439508**	**10609563**	**96829945**	**11154867**	**20059322**	**24365134**	**41250622**
农副食品加工业	3988757	14226	3974531	114126	535563	1281407	2043435
谷物磨制	328543	384	328159	30953	26402	125996	144808
饲料加工	348602	2726	345876	7161	48337	105329	185049
植物油加工	830696	6885	823811	19530	126150	207526	470605
食用植物油加工	808841	6885	801956	19530	126150	188748	467528
非食用植物油加工	21855		21855			18778	3077
制糖	161301	3631	157670	2166	19614	106078	29812
屠宰及肉类加工	920685		920685	24456	165571	331167	399491
畜禽屠宰	428233		428233	23892	78688	172471	153182
肉制品及副产品加工	492452		492452	564	86883	158696	246309
水产品加工	366110		366110	269	66163	101146	198532
水产品冷冻加工	252675		252675	269	40397	78837	133172
鱼糜制品及水产品干腌制加	59961		59961		12947	11673	35341
水产饲料制造	23412		23412		3897	7100	12415
鱼油提取及制品的制造	1200		1200			1200	
其他水产品加工	28862		28862		8922	2336	17604
蔬菜、水果和坚果加工	434456	378	434078	3000	39160	122090	269828
其他农副食品加工	598364	222	598142	26591	44166	182075	345310
淀粉及淀粉制品的制造	336724	222	336502	17495	24079	115998	178930
豆制品制造	41516		41516	1246	5231	16873	18166

国民经济行业小类按隶属关系分的城镇投资（四）

单位：万元

行业	合计	中央项目	地方项目				
				省属	地市属	县属	其他
蛋品加工	21941		21941			7383	14558
其他未列明的农副食品加工	198183		198183	7850	14856	41821	133656
食品制造业	2929198	90023	2839175	105208	452569	970426	1310972
焙烤食品制造	252839	5339	247500	4599	6986	77713	158202
糕点、面包制造	96219	5339	90880	2724	3030	24297	60829
饼干及其他焙烤食品制造	156620		156620	1875	3956	53416	97373
糖果、巧克力及蜜饯制造	135593		135593	480	14895	34708	85510
糖果、巧克力制造	82731		82731	480	14895	10107	57249
蜜饯制作	52862		52862			24601	28261
方便食品制造	376100	19418	356682	3433	22836	93700	236713
米、面制品制造	114381	19418	94963	1100	6080	30765	57018
速冻食品制造	67636		67636	1400	7324	11566	47346
方便面及其他方便食品制造	194083		194083	933	9432	51369	132349
液体乳及乳制品制造	881830	14676	867154	43299	159809	346920	317126
罐头制造	254965	45199	209766	6820	28097	83439	91410
肉、禽类罐头制造	32387		32387	5860	6318	9614	10595
水产品罐头制造	15242		15242		7755	5068	2419
蔬菜、水果罐头制造	194514	45199	149315	960	12464	66686	69205
其他罐头食品制造	12822		12822		1560	2071	9191
调味品、发酵制品制造	373991	4295	369696	18949	88730	134160	127857
味精制造	137969		137969	50	28570	66538	42811
酱油、食醋及类似制品的制造	92208		92208	15380	20619	26003	30206
其他调味品、发酵制品制造	143814	4295	139519	3519	39541	41619	54840
其他食品制造	653880	1096	652784	27628	131216	199786	294154
营养、保健食品制造	95926		95926	1040	8680	33758	52448
冷冻饮品及食用冰制造	91479		91479	3896	14664	15671	57248
盐加工	57648	191	57457	6233	17393	26031	7800
食品及饲料添加剂制造	252484	905	251579	1876	77977	77659	94067
其他未列明的食品制造	156343		156343	14583	12502	46667	82591
饮料制造业	2110893	147074	1963819	71304	519779	578617	794119
酒精制造	200682	125574	75108	1420	20570	28480	24638
酒的制造	1057577	21488	1036089	56686	290975	330507	357921
白酒制造	369908	513	369395	40510	136812	127800	64273
啤酒制造	422603		422603	2011	135944	129982	154666
黄酒制造	53818		53818	3699	40	9766	40313
葡萄酒制造	143830	20975	122855	5915	17534	32782	66624
其他酒制造	67418		67418	4551	645	30177	32045
软饮料制造	810800		810800	9578	207224	209780	384218
碳酸饮料制造	95723		95723	817	27602	4084	63220
瓶（罐）装饮用水制造	124600		124600	180	14803	20692	88925

国民经济行业小类按隶属关系分的城镇投资(五)

单位：万元

行业	合计	中央项目	地方项目				
				省属	地市属	县属	其他
果菜汁及果菜汁饮料制造	369042		369042	5290	117816	126291	119645
含乳饮料和植物蛋白饮料制造	96484		96484		8907	31634	55943
固体饮料制造	18067		18067			8441	9626
茶饮料及其他软饮料制造	106884		106884	3291	38096	18638	46859
精制茶加工	41834	12	41822	3620	1010	9850	27342
烟草制品业	860786	531764	329022	170063	127371	28669	2919
烟叶复烤	74250	22105	52145	31347	2297	17101	1400
卷烟制造	747405	501340	246065	111849	123904	9785	527
其他烟草制品加工	39131	8319	30812	26867	1170	1783	992
纺织业	6141477	42916	6098561	123725	978425	2072895	2923516
棉、化纤纺织及印染精加工	3426405	35572	3390833	72536	614166	1220820	1483311
棉、化纤纺织加工	2822185	29712	2792473	64587	476215	1070693	1180978
棉、化纤印染精加工	604220	5860	598360	7949	137951	150127	302333
毛纺织和染整精加工	712030	416	711614	24048	145003	260013	282550
毛条加工	343260		343260	11847	86454	146884	98075
毛纺织	269671	416	269255	12201	53498	73386	130170
毛染整精加工	99099		99099		5051	39743	54305
麻纺织	147726		147726	1313	14580	79297	52536
丝绢纺织及精加工	351694	5742	345952	3346	54291	114033	174282
缫丝加工	65588		65588	1682	2677	19340	41889
绢纺和丝织加工	142664	5742	136922	1664	22640	57936	54682
丝印染精加工	143442		143442		28974	36757	77711
纺织制成品制造	839760	1186	838574	10714	75542	238872	513446
棉及化纤制品制造	329725		329725	2372	29344	72553	225456
毛制品制造	30512		30512			13319	17193
麻制品制造	17567		17567	1319		8531	7717
丝制品制造	20239		20239		3780	5784	10675
绳、索、缆的制造	12142		12142	2216	1403	4358	4165
纺织带和帘子布制造	75439		75439	3350	13334	37632	21123
无纺布制造	152585	687	151898		14066	18296	119536
其他纺织制成品制造	201551	499	201052	1457	13615	78399	107581
针织品、编织品及其制品制造	663862		663862	11768	74843	159860	417391
棉、化纤针织品及编织品制造	301239		301239	7306	37848	71469	184616
毛针织品及编织品制造	222092		222092	4314	31031	40283	146464
丝针织品及编织品制造	68908		68908	148		20685	48075
其他针织品及编织品制造	71623		71623		5964	27423	38236
纺织服装、鞋、帽制造业	1995154	2052	1993102	7157	90744	517910	1377291
纺织服装制造	1850020	1375	1848645	7157	79885	491731	1269872
纺织面料鞋的制造	106964	677	106287		9729	8849	87709
制帽	38170		38170		1130	17330	19710

国民经济行业小类按隶属关系分的城镇投资（六）

单位：万元

行　　业	合　计	中央项目	地方项目				
				省属	地市属	县属	其他
皮革、毛皮、羽毛(绒)及其制品业	936741	495	936246	2300	46374	230929	656643
皮革鞣制加工	127926		127926	2300	14317	51053	60256
皮革制品制造	709796	495	709301		29257	147721	532323
皮鞋制造	462334		462334		21112	101338	339884
皮革服装制造	95813	495	95318		2600	25360	67358
皮箱、包(袋)制造	91214		91214		3233	7766	80215
皮手套及皮装饰制品制造	18914		18914		60	4384	14470
其他皮革制品制造	41521		41521		2252	8873	30396
毛皮鞣制及制品加工	49446		49446		1300	22637	25509
毛皮鞣制加工	12600		12600			5450	7150
毛皮服装加工	20505		20505			14205	6300
其他毛皮制品加工	16341		16341		1300	2982	12059
羽毛(绒)加工及制品制造	49573		49573		1500	9518	38555
羽毛(绒)加工	20340		20340			120	20220
羽毛(绒)制品加工	29233		29233		1500	9398	18335
木材加工及木竹藤棕草制品制造	1155092	4441	1150651	37106	138479	396310	578756
锯材、木片加工	142371	607	141764	5133	34856	29106	72669
锯材加工	83560	607	82953	1124	16732	23306	41791
木片加工	58811		58811	4009	18124	5800	30878
人造板制造	738246	2834	735412	30179	76238	316749	312246
胶合板制造	176236		176236	8091	12196	54234	101715
纤维板制造	351436		351436	21813	50894	197444	81285
刨花板制造	34066		34066		11788	5450	16828
其他人造板、材制造	176508	2834	173674	275	1360	59621	112418
木制品制造	205059	1000	204059	316	26385	32875	144483
建筑用木料及木材组件加工	108480	1000	107480	316	23333	22957	60874
木容器制造	14990		14990		3052	1459	10479
软木制品及其他木制品制造	81589		81589			8459	73130
竹、藤、棕、草制品制造	69416		69416	1478	1000	17580	49358
家具制造业	737477	38	737439	1086	51877	178546	505930
木质家具制造	562005	38	561967	1086	24902	128785	407194
竹、藤家具制造	9472		9472		300	3290	5882
金属家具制造	84703		84703		11744	25926	47033
塑料家具制造	23628		23628		10086	3510	10032
其他家具制造	57669		57669		4845	17035	35789
造纸及纸制品业	3137372	10881	3126491	192806	348610	1007157	1577918
纸浆制造	614320		614320	38355	23004	244396	308565
造纸	1927992	10616	1917376	152177	250413	615867	898919
机制纸及纸板制造	1779169	10616	1768553	139913	243611	596727	788302
手工纸制造	12080		12080			940	11140

国民经济行业小类按隶属关系分的城镇投资（七）

单位：万元

行业	合计	中央项目	地方项目				
				省属	地市属	县属	其他
加工纸制造	136743		136743	12264	6802	18200	99477
纸制品制造	595060	265	594795	2274	75193	146894	370434
纸和纸板容器的制造	321429		321429	2144	39680	69389	210216
其他纸制品制造	273631	265	273366	130	35513	77505	160218
印刷业和记录媒介的复制	1247142	82689	1164453	101765	205684	242793	614211
印刷	1118345	82689	1035656	90354	185773	207908	551621
书、报、刊印刷	259302	2749	256553	44921	42632	45689	123311
本册印制	122602	141	122461	4116	13346	33516	71483
包装装潢及其他印刷	736441	79799	656642	41317	129795	128703	356827
装订及其他印刷服务活动	72646		72646	10	15639	7115	49882
记录媒介的复制	56151		56151	11401	4272	27770	12708
文教体育用品制造业	432660		432660	10717	11676	107313	302954
文化用品制造	92917		92917	2765	2135	22770	65247
文具制造	53878		53878	2000	1527	13515	36836
笔的制造	20393		20393	20	150	4879	15344
教学用模型及教具制造	4729		4729			2000	2729
墨水、墨汁制造	2396		2396			246	2150
其他文化用品制造	11521		11521	745	458	2130	8188
体育用品制造	126023		126023	583	2914	37358	85168
球类制造	12534		12534			3510	9024
体育器材及配件制造	32723		32723		1730	4450	26543
训练健身器材制造	41485		41485			21608	19877
运动防护用具制造	3345		3345		149	2336	860
其他体育用品制造	35936		35936	583	1035	5454	28864
乐器制造	38625		38625	7369	1868	20357	9031
中乐器制造	6587		6587			4780	1807
西乐器制造	16037		16037		582	12711	2744
电子乐器制造	14176		14176	7369	1000	1327	4480
其他乐器及零件制造	1825		1825		286	1539	
玩具制造	166347		166347		4759	24856	136732
游艺器材及娱乐用品制造	8748		8748			1972	6776
露天游乐场所游乐设备制造	2753		2753			900	1853
游艺用品及室内游艺器材制造	5995		5995			1072	4923
石油加工、炼焦及核燃料加工业	3220402	1205602	2014800	123257	236453	469487	1185603
精炼石油产品的制造	1352278	783584	568694	72366	115334	139265	241729
原油加工及石油制品制造	1340346	776854	563492	72366	110982	138555	241589
人造原油生产	11932	6730	5202		4352	710	140
炼焦及其他	1868124	422018	1446106	50891	121119	330222	943874
化学原料及化学制品制造业	11014170	2925811	8088359	1007009	2023049	2344740	2713561

国民经济行业小类按隶属关系分的城镇投资（八）

单位：万元

行　　业	合　计	中央项目	地方项目				
				省属	地市属	县属	其他
基础化学原料制造	3363850	1007822	2356028	355560	746008	450084	804376
无机酸制造	223217	3100	220117	31192	42956	68789	77180
无机碱制造	446564	4874	441690	76225	229226	53746	82493
无机盐制造	259455	1299	258156	9401	66691	87002	95062
有机化学原料制造	1741493	997094	744399	54196	319720	136114	234369
其他基础化学原料制造	693121	1455	691666	184546	87415	104433	315272
肥料制造	1995444	215165	1780279	359194	408887	715445	296753
氮肥制造	1227591	188922	1038669	180266	366388	447332	44683
磷肥制造	173412		173412	35507	21135	40661	76109
钾肥制造	107402		107402	64000	3031	29501	10870
复混肥料制造	328344	25243	303101	45492	13768	151806	92035
有机肥料及微生物肥料制造	84327	1000	83327	2380	3000	29710	48237
其他肥料制造	74368		74368	31549	1565	16435	24819
农药制造	327752	5041	322711	13369	80310	135104	93928
化学农药制造	247358	4181	243177	7792	54172	119292	61921
生物化学农药及微生物农药制造	80394	860	79534	5577	26138	15812	32007
涂料、油墨、颜料及类似产品制造	674061	1487	672574	31768	93544	161686	385576
涂料制造	352301	1487	350814	18082	25555	69542	237635
油墨及类似产品制造	51491		51491	8893	16122	9526	16950
颜料制造	71091		71091	1500	20415	16634	32542
染料制造	130890		130890	773	20371	54335	55411
密封用填料及类似品制造	68288		68288	2520	11081	11649	43038
合成材料制造	2653441	1545569	1107872	153300	375635	278947	299990
初级形态的塑料及合成树脂制造	1963194	1427266	535928	86890	100199	195317	153522
合成橡胶制造	59368	7579	51789	452	11698	10118	29521
合成纤维单(聚合)体的制造	258860	101677	157183	57424	557	43666	55536
其他合成材料制造	372019	9047	362972	8534	263181	29846	61411
专用化学产品制造	1484896	150063	1334833	71813	193073	484337	585610
化学试剂和助剂制造	357509	13661	343848	17318	51823	118880	155827
专项化学用品制造	284084	20160	263924	21603	26330	55054	160937
林产化学产品制造	45190		45190	100		13585	31505
环境污染处理专用药剂材料制造	17107	754	16353	200	1400	3678	11075
动物胶制造	37237	24975	12262		4211	1925	6126
其他专用化学产品制造	743769	90513	653256	32592	109309	291215	220140
日用化学产品制造	514726	664	514062	22005	125592	119137	247328
肥皂及合成洗涤剂制造	240972	664	240308	12754	76549	74035	76970
化妆品制造	97151		97151	5934	17601	10166	63450
口腔清洁用品制造	31576		31576	231	15612	4340	11393

国民经济行业小类按隶属关系分的城镇投资（九）

单位：万元

行　　业	合　计	中央项目	地方项目	省属	地市属	县属	其他
香料、香精制造	38597		38597	2286	1882	13207	21222
其他日用化学产品制造	106430		106430	800	13948	17389	74293
医药制造业	5014481	47624	4966857	587605	1248717	1263750	1866785
化学药品原药制造	903266	9823	893443	127159	240623	269120	256541
化学药品制剂制造	1377916	10492	1367424	210692	323648	355263	477821
中药饮片加工	755378	6978	748400	102419	156043	210892	279046
中成药制造	1068152	8192	1059960	98123	256027	275190	430620
兽用药品制造	215563	10545	205018	19295	33680	58227	93816
生物、生化制品的制造	509697	1594	508103	26375	200373	73106	208249
卫生材料及医药用品制造	184509		184509	3542	38323	21952	120692
化学纤维制造业	1209836	129181	1080655	88977	243329	256002	492347
纤维素纤维原料及纤维制造	341417		341417	31583	84836	49927	175071
化纤浆粕制造	22164		22164		3986	16420	1758
人造纤维（纤维素纤维）制造	319253		319253	31583	80850	33507	173313
合成纤维制造	868419	129181	739238	57394	158493	206075	317276
锦纶纤维制造	49373	1871	47502	598	6655	29114	11135
涤纶纤维制造	546932	89363	457569	33582	46963	170130	206894
腈纶纤维制造	7987	3523	4464	1974	600		1890
维纶纤维制造	61308	34424	26884	18400	3224	1260	4000
其他合成纤维制造	202819		202819	2840	101051	5571	93357
橡胶制品业	1414933	3112	1411821	59351	462689	469581	420200
轮胎制造	896827		896827	49114	360857	361621	125235
车辆、飞机及工程机械轮胎制造	870606		870606	48914	357724	351285	112683
力车胎制造	18663		18663		3133	8056	7474
轮胎翻新加工	7558		7558	200		2280	5078
橡胶板、管、带的制造	91354		91354		2993	38147	50214
橡胶零件制造	100404		100404	895	9046	21326	69137
再生橡胶制造	36511		36511	1900	1940	6657	26014
日用及医用橡胶制品制造	63694		63694	7105	21383	13262	21944
橡胶靴鞋制造	68354	719	67635	131	29673	12687	25144
其他橡胶制品制造	157789	2393	155396	206	36797	15881	102512
塑料制品业	2579012	25406	2553606	79421	434641	604504	1435040
塑料薄膜制造	549104	9515	539589	11685	160646	146087	221171
塑料板、管、型材的制造	640663	5693	634970	22775	105198	160030	346967
塑料丝、绳及编织品的制造	221147	10163	210984		19901	42865	148218
泡沫塑料制造	170384		170384	300	42924	16974	110186
塑料人造革、合成革制造	94478		94478		4796	15839	73843
塑料包装箱及容器制造	238125		238125	3357	41679	69049	124040
塑料零件制造	154399	35	154364	410	14373	72765	66816
日用塑料制造	112843		112843		10909	16348	85586

国民经济行业小类按隶属关系分的城镇投资（十）

单位：万元

行业	合计	中央项目	地方项目	省属	地市属	县属	其他
塑料鞋制造	23995		23995		937	4688	18370
日用塑料杂品制造	88848		88848		9972	11660	67216
其他塑料制品制造	397869		397869	40894	34215	64547	258213
非金属矿物制品业	7772502	103980	7668522	764811	1157667	2052041	3694003
水泥、石灰和石膏的制造	3249469	41854	3207615	538158	464992	960794	1243671
水泥制造	3210681	41854	3168827	537808	461592	948136	1221291
石灰和石膏制造	38788		38788	350	3400	12658	22380
水泥及石膏制品制造	815502	19508	795994	31720	128177	219675	416422
水泥制品制造	549939	4845	545094	24215	101161	160179	259539
砼结构构件制造	95476	6500	88976	2775	6854	23888	55459
石棉水泥制品制造	10322		10322		940	2804	6578
轻质建筑材料制造	102598		102598	4730	9092	24034	64742
其他水泥制品制造	57167	8163	49004		10130	8770	30104
砖瓦、石材及其他建筑材料制造	1314192	1736	1312456	7931	74535	331220	898770
黏土砖瓦及建筑砌块制造	281698	1416	280282	7331	12506	53170	207275
建筑陶瓷制品制造	430574		430574		17541	83573	329460
建筑用石加工	300609		300609		4962	127126	168521
防水建筑材料制造	87868	100	87768		6687	27951	53130
隔热和隔音材料制造	53490	90	53400		6893	8049	38458
其他建筑材料制造	159953	130	159823	600	25946	31351	101926
玻璃及玻璃制品制造	1228719	5910	1222809	101705	338285	279920	502899
平板玻璃制造	274320		274320	14636	127056	65178	67450
技术玻璃制品制造	254358		254358	69989	35611	39842	108916
光学玻璃制造	44156	5910	38246		19786	2893	15567
玻璃仪器制造	25517		25517	208	500	9530	15279
日用玻璃制品及玻璃包装容制造	196076		196076	3001	38113	48868	106094
玻璃保温容器制造	35792		35792		1980	17430	16382
玻璃纤维及制品制造	210745		210745	1281	101002	64424	44038
玻璃纤维增强塑料制品制造	74046		74046	11210	3517	9110	50209
其他玻璃制品制造	113709		113709	1380	10720	22645	78964
陶瓷制品制造	417677	800	416877	26434	88152	67054	235237
卫生陶瓷制品制造	120002		120002	22400	23861	19123	54618
特种陶瓷制品制造	57185	800	56385	3804	27770	2570	22241
日用陶瓷制品制造	220933		220933	230	34577	42871	143255
园林、陈设艺术及其他陶瓷制造	19557		19557		1944	2490	15123
耐火材料制品制造	240956	3000	237956	4833	18534	46182	168407
石棉制品制造	17445	3000	14445	2940	152	3437	7916
云母制品制造	3470		3470			1500	1970
耐火陶瓷制品及其他耐火材料	220041		220041	1893	18382	41245	158521
石墨及其他非金属矿物制品制造	505987	31172	474815	54030	44992	147196	228597

国民经济行业小类按隶属关系分的城镇投资（十一）

单位：万元

行业	合计	中央项目	地方项目	省属	地市属	县属	其他
石墨及碳素制品制造	301480	25876	275604	36743	30129	103681	105051
其他非金属矿物制品制造	204507	5296	199211	17287	14863	43515	123546
黑色金属冶炼及压延加工业	14030291	1951257	12079034	3893052	2768662	2376889	3040431
炼铁	1920026	18357	1901669	530508	143529	451723	775909
炼钢	5774772	1117754	4657018	1642682	1398922	801312	814102
钢压延加工	4762063	292319	4469744	1519187	1071002	824953	1054602
铁合金冶炼	1573430	522827	1050603	200675	155209	298901	395818
有色金属冶炼及压延加工业	4550530	575850	3974680	979228	606247	1003837	1385368
常用有色金属冶炼	3387295	508655	2878640	856041	386426	704977	931196
铜冶炼	224611	16224	208387	61378	91295	8713	47001
铅锌冶炼	180770	56	180714	38535	44502	50178	47499
镍钴冶炼	124988	11037	113951	108161	620	3980	1190
锡冶炼	22206	155	22051	13320		3521	5210
锑冶炼	13022		13022	1202	400	8540	2880
铝冶炼	2720418	480137	2240281	624139	249089	606422	760631
镁冶炼	45477		45477	430		7005	38042
其他常用有色金属冶炼	55803	1046	54757	8876	520	16618	28743
贵金属冶炼	218821	30768	188053	3774	97137	52973	34169
金冶炼	179051	30768	148283	3774	93777	35792	14940
银冶炼	27596		27596			13128	14468
其他贵金属冶炼	12174		12174		3360	4053	4761
稀有稀土金属冶炼	181823	18945	162878	36414	6310	36766	83388
钨钼冶炼	44232	154	44078	14312	5663	7373	16730
稀土金属冶炼	45742	4711	41031	15825		4563	20643
其他稀有金属冶炼	91849	14080	77769	6277	647	24830	46015
有色金属合金制造	152846	11192	141654	31274	12846	53979	43555
有色金属压延加工	609745	6290	603455	51725	103528	155142	293060
常用有色金属压延加工	544822	6290	538532	36763	97396	137456	266917
贵金属压延加工	18008		18008		2408	15500	100
稀有稀土金属压延加工	46915		46915	14962	3724	2186	26043
金属制品业	2802784	27538	2775246	92147	246618	714562	1721919
结构性金属制品制造	961606	7884	953722	33156	77982	239834	602750
金属结构制造	777588	7884	769704	31127	66206	197263	475108
金属门窗制造	184018		184018	2029	11776	42571	127642
金属工具制造	273983	604	273379	9294	23849	55599	184637
切削工具制造	62805	233	62572	9294	2743	10785	39750
手工具制造	51450		51450		1974	14831	34645
农用及园林用金属工具制造	13046		13046		1800	2281	8965
刀剪及类似日用金属工具制造	45210		45210		4756	890	39564
其他金属工具制造	101472	371	101101		12576	26812	61713

国民经济行业小类按隶属关系分的城镇投资（十二）

单位：万元

行业	合计	中央项目	地方项目	省属	地市属	县属	其他
集装箱及金属包装容器制造	195515	360	195155	8454	33271	44337	109093
集装箱制造	73338		73338	88	22091	16769	34390
金属压力容器制造	32279		32279	6368	880	10500	14531
金属包装容器制造	89898	360	89538	1998	10300	17068	60172
金属丝绳及其制品的制造	227590	5000	222590	16453	22475	94312	89350
建筑、安全用金属制品制造	380121		380121	1200	27424	113429	238068
建筑、家具用金属配件制造	152708		152708		15209	49232	88267
建筑装饰及水暖管道零件制造	134641		134641	1038	3327	46202	84074
安全、消防用金属制品制造	22221		22221		354	8662	13205
其他建筑、安全用金属制品制造	70551		70551	162	8534	9333	52522
金属表面处理及热处理加工	164005	192	163813	1758	28933	25102	108020
搪瓷制品制造	22396		22396		130	4880	17386
工业生产配套用搪瓷制品制造	6950		6950		130	180	6640
搪瓷卫生洁具制造	1763		1763				1763
搪瓷日用品及其他搪瓷制品制造	13683		13683			4700	8983
不锈钢及类似日用金属制品制造	339855		339855	6442	17577	92273	223563
金属制厨房调理及卫生器具制造	64334		64334			27473	36861
金属制厨用器皿及餐具制造	130149		130149	5432	11769	35793	77155
其他日用金属制品制造	145372		145372	1010	5808	29007	109547
其他金属制品制造	237713	13498	224215	15390	14977	44796	149052
铸币及贵金属制实验室用品制造	14806	11888	2918		80		2838
其他未列明的金属制品制造	222907	1610	221297	15390	14897	44796	146214
通用设备制造业	3636648	172126	3464522	193562	748058	926667	1596235
锅炉及原动机制造	517223	120625	396598	47458	145174	112995	90971
锅炉及辅助设备制造	112329	5101	107228	7056	26651	32646	40875
内燃机及配件制造	331117	100049	231068	35235	99548	69829	26456
汽轮机及辅机制造	55172	15475	39697	5167	18975	150	15405
水轮机及辅机制造	9820		9820			4263	5557
其他原动机制造	8785		8785			6107	2678
金属加工机械制造	694959	13070	681889	32147	189556	129797	330389
金属切削机床制造	199542		199542	24251	84049	33941	57301
金属成形机床制造	51623		51623	3928	20863	6695	20137
铸造机械制造	113066		113066	1000	3722	18734	89610
金属切割及焊接设备制造	25329		25329	800	1440	3655	19434
机床附件制造	105649		105649	153	8993	45073	51430
其他金属加工机械制造	199750	13070	186680	2015	70489	21699	92477
起重运输设备制造	230722	193	230529	22257	19127	88000	101145
泵、阀门、压缩机及类似机械的制造	444053	7629	436424	22022	51170	126494	236738
泵及真空设备制造	140708	1399	139309	3093	18000	58442	59774
气体压缩机械制造	77083		77083	4390	17455	23236	32002

国民经济行业小类按隶属关系分的城镇投资（十三）

单位：万元

行业	合计	中央项目	地方项目				
				省属	地市属	县属	其他
阀门和旋塞的制造	109642	3650	105992	2636	5770	14473	83113
液压和气压动力机械及元件制	116620	2580	114040	11903	9945	30343	61849
轴承、齿轮、传动和驱动部件制造	308124	1080	307044	32150	74944	74867	125083
轴承制造	198141	807	197334	24030	66148	22293	84863
齿轮、传动和驱动部件制造	109983	273	109710	8120	8796	52574	40220
烘炉、熔炉及电炉制造	8853		8853	1742		1816	5295
风机、衡器、包装设备等通用设备制造	598314	9505	588809	26750	127348	169507	265204
风机、风扇制造	100269	442	99827	5009	36391	26487	31940
气体、液体分离及纯净设备制造	29206	2610	26596	142	8265	8701	9488
制冷、空调设备制造	172391	6200	166191	19472	41812	45638	59269
风动和电动工具制造	59043		59043		11697	9638	37708
喷枪及类似器具制造	1150		1150				1150
包装专用设备制造	71651		71651		693	25302	45656
衡器制造	13295		13295		6686	3720	2889
其他通用设备制造	151309	253	151056	2127	21804	50021	77104
通用零部件制造及机械修理	352834	14324	338510	2619	65870	92195	177826
金属密封件制造	37063		37063		9856	2988	24219
紧固件、弹簧制造	63461	2773	60688	924	5882	27965	25917
机械零部件加工及设备修理	117587	11551	106036	990	10481	26757	67808
其他通用零部件制造	134723		134723	705	39651	34485	59882
金属铸、锻加工	481566	5700	475866	6417	74869	130996	263584
钢铁铸件制造	366504	1624	364880	560	47690	96003	220627
锻件及粉末冶金制品制造	115062	4076	110986	5857	27179	34993	42957
专用设备制造业	3404328	437722	2966606	190652	594405	647514	1534035
矿山、冶金、建筑专用设备制造	720749	53984	666765	66604	246236	108243	245682
采矿、采石设备制造	177675	14171	163504	25346	45443	40300	52415
石油钻采专用设备制造	41586	2227	39359	1630	5233	6150	26346
建筑工程用机械制造	259873	16898	242975	18649	101223	35004	88099
建筑材料生产专用机械制造	157338		157338	9804	67256	18311	61967
冶金专用设备制造	84277	20688	63589	11175	27081	8478	16855
化工、木材、非金属加工专用设	478786	29569	449217	8538	81167	129239	230273
炼油、化工生产专用设备制造	81237	22760	58477	6854	8005	12421	31197
橡胶加工专用设备制造	50837		50837	1084	13046	19707	17000
塑料加工专用设备制造	66112	4751	61361		6526	11666	43169
木材加工机械制造	31822	1758	30064		870	5260	23934
模具制造	216366	300	216066	600	51373	63240	100853
其他非金属加工专用设备制造	32412		32412		1347	16945	14120
食品、饮料、烟草及饲料专用设备制造	105183	9507	95676	1242	9809	20400	64225
食品、饮料、烟草工业专用设备制造	65466	9507	55959	1242	3125	9356	42236
农副食品加工专用设备制造	36475		36475		6564	8573	21338

国民经济行业小类按隶属关系分的城镇投资（十四）

单位：万元

行　　业	合　计	中央项目	地方项目				
				省属	地市属	县属	其他
饲料生产专用设备制造	3242		3242		120	2471	651
印刷、制药、日化生产专用设备制造	313751	3300	310451	25344	32493	75932	176682
制浆和造纸专用设备制造	46490		46490	2289	8224	6781	29196
印刷专用设备制造	125324	1800	123524	22699	13501	23985	63339
日用化工专用设备制造	19986	1500	18486		6698	8334	3454
制药专用设备制造	12263		12263	166	70	4513	7514
照明器具生产专用设备制造	22168		22168		1808	2784	17576
玻璃、陶瓷和搪瓷制品专用设备制造	46288		46288	190		2572	43526
其他日用品生产专用设备制造	41232		41232		2192	26963	12077
纺织、服装和皮革工业专用设备制造	274734	10939	263795	5530	34328	83706	140231
纺织专用设备制造	206948	10939	196009	4318	15364	72564	103763
皮革、毛皮及其制品加工设备制造	17197		17197		6700	6261	4236
缝纫机械制造	45219		45219	1212	12160	3557	28290
其他服装加工专用设备制造	5370		5370		104	1324	3942
电子和电工机械专用设备制造	666265	293226	373039	37877	48692	41108	245362
农、林、牧、渔专用机械制造	385681	16245	369436	14494	72911	94789	187242
拖拉机制造	159478	11760	147718	4226	62783	20718	59991
机械化农业及园艺机具制造	97885		97885	3772	4899	21660	67554
营林及木竹采伐机械制造							
畜牧机械制造	3163		3163		50	2045	1068
渔业机械制造	3297		3297	63		200	3034
农林牧渔机械配件制造	46353		46353		667	19987	25699
其他农林牧渔业机械制造	75505	4485	71020	6433	4512	30179	29896
医疗仪器设备及器械制造	164142	3790	160352	7986	20829	29303	102234
医疗诊断、监护及治疗设备制造	61399		61399	4063	10166	11146	36024
口腔科用设备及器具制造	5153		5153	2818	2285		50
实验室及医用消毒设备和器具制造	2473		2473		33	925	1515
医疗、外科及兽医用器械制造	40538		40538	674	1256	6577	32031
机械治疗及病房护理设备制造	14116		14116		128	7491	6497
假肢、人工器官及植（介）入	5099		5099	300	916		3883
其他医疗设备及器械制造	35364	3790	31574	131	6045	3164	22234
环保、社会公共安全及其他专用制造	295037	17162	277875	23037	47940	64794	142104
环境污染防治专用设备制造	105634	3251	102383	5178	14281	26892	56032
地质勘察专用设备制造	2108		2108	908		350	850
邮政专用机械及器材制造	50		50				50
商业、饮食、服务业专用设备制造	34083		34083	10000	10880	8500	4703

国民经济行业小类按隶属关系分的城镇投资（十五）

单位：万元

行业	合计	中央项目	地方项目				
				省属	地市属	县属	其他
社会公共安全设备及器材制造	37775	66	37709	1730	15724	4730	15525
交通安全及管制专用设备制造	2440		2440	600		590	1250
水资源专用机械制造	17686		17686	2052	438	6052	9144
其他专用设备制造	95261	13845	81416	2569	6617	17680	54550
交通运输设备制造业	7171004	1775848	5395156	1164297	1318400	1044550	1867909
铁路运输设备制造	297482	163514	133968	1645	14023	75074	43226
铁路机车车辆及动车组制造	118219	93623	24596		1103		23493
工矿有轨专用车辆制造	25837	6780	19057	460	12170	2730	3697
铁路机车车辆配件制造	24966	15272	9694			389	9305
铁路专用设备及器材、配件制造	90803	14871	75932	265	750	70850	4067
其他铁路设备制造及设备修理	37657	32968	4689	920		1105	2664
汽车制造	5549889	865846	4684043	1114564	1222571	852412	1494496
汽车整车制造	2602634	741751	1860883	794065	584876	162954	318988
改装汽车制造	379344	37395	341949	14471	184278	48644	94556
电车制造	17711	460	17251	3077	1018		13156
汽车车身、挂车的制造	98211	2344	95867	1911	7188	13620	73148
汽车零部件及配件制造	2324390	83421	2240969	293864	425692	599373	922040
汽车修理	127599	475	127124	7176	19519	27821	72608
摩托车制造	251836	8295	243541	9962	27549	45142	160888
摩托车整车制造	122015	8295	113720	9962	13460	24271	66027
摩托车零部件及配件制造	129821		129821		14089	20871	94861
自行车制造	102772	800	101972	9641	8793	12363	71175
脚踏自行车及残疾人座车制造	41435		41435	2861	8302	7601	22671
助动自行车制造	61337	800	60537	6780	491	4762	48504
船舶及浮动装置制造	333396	179076	154320	20816	22586	47949	62969
金属船舶制造	199332	111445	87887	7655	14727	36994	28511
非金属船舶制造	14060		14060			3660	10400
娱乐船和运动船的建造和修理	4675		4675			4199	476
船用配套设备制造	74183	36203	37980	13161	5947	60	18812
船舶修理及拆船	40399	31428	8971		1165	3036	4770
航标器材及其他浮动装置的制造	747		747		747		
交通器材及其他交通运输设备制造	635629	558317	77312	7669	22878	11610	35155
交通管理用金属标志及设施制造	6162		6162				6162
其他交通运输设备制造	629467	558317	71150	7669	22878	11610	28993
电气机械及器材制造业	3155559	61826	3093733	198619	648242	636911	1609961

国民经济行业小类按隶属关系分的城镇投资（十六）

单位：万元

行业	合计	中央项目	地方项目				
				省属	地市属	县属	其他
电机制造	342804	16230	326574	28634	37420	120024	140496
发电机及发电机组制造	70321	13696	56625	1254	7280	23685	24406
电动机制造	117775	2534	115241	13359	19626	40466	41790
微电机及其他电机制造	154708		154708	14021	10514	55873	74300
输配电及控制设备制造	740484	26502	713982	73773	148227	168771	323211
变压器、整流器和电感器制造	186256	17111	169145	14256	37622	36254	81013
电容器及其配套设备制造	35473	249	35224	220	16220	1090	17694
配电开关控制设备制造	230625	1052	229573	55727	37604	44876	91366
电力电子元器件制造	194850		194850	3352	29076	73662	88760
其他输配电及控制设备制造	93280	8090	85190	218	27705	12889	44378
电线、电缆、光缆及电工器材制造	609724	1830	607894	20222	82911	145394	359367
电线电缆制造	426388	1830	424558	12703	44407	111885	255563
光纤、光缆制造	65974		65974	4930	8783	15487	36774
绝缘制品制造	40826		40826	2589	9696	12105	16436
其他电工器材制造	76536		76536		20025	5917	50594
电池制造	294813	10816	283997	13560	71368	69974	129095
家用电力器具制造	755096		755096	53845	252688	58444	390119
家用制冷电器具制造	173828		173828	51655	35962	10383	75828
家用空气调节器制造	176111		176111	1767	100875	11496	61973
家用通风电器具制造	48742		48742		5986	1500	41256
家用厨房电器具制造	141748		141748		59628	11279	70841
家用清洁卫生电器具制造	47706		47706		25803	6512	15391
家用美容、保健电器具制造	15973		15973		5779	3661	6533
家用电力器具专用配件制造	32491		32491		1498	8769	22224
其他家用电力器具制造	118497		118497	423	17157	4844	96073
非电力家用器具制造	98665	143	98522	4600	6935	30406	56581
燃气、太阳能及类似能源器具制造	76911	143	76768	4600	5751	26741	39676
其他非电力家用器具制造	21754		21754		1184	3665	16905
照明器具制造	233185		233185	3896	18467	31530	179292
电光源制造	78824		78824	1020	11749	9395	56660
照明灯具制造	118346		118346		2765	15425	100156
灯用电器附件及其他照明器具制造	36015		36015	2876	3953	6710	22476
其他电气机械及器材制造	80788	6305	74483	89	30226	12368	31800
车辆专用照明及电气信号设备制造	15816		15816	10	3370	3472	8964
其他未列明的电气机械制造	64972	6305	58667	79	26856	8896	22836
通信设备、计算机及其他电子设备制造	7692930	170144	7522786	572189	2785134	1290573	2874890
通信设备制造	839410	90861	748549	49332	270710	94618	333889
通信传输设备制造	164056	55326	108730	17007	40479	17787	33457
通信交换设备制造	171695	990	170705	11814	84039	18277	56575
通信终端设备制造	84814	1382	83432	6123	16362	8463	52484

国民经济行业小类按隶属关系分的城镇投资（十七）

单位：万元

行业	合计	中央项目	地方项目				
				省属	地市属	县属	其他
移动通信及终端设备制造	280355	29438	250917	9856	67146	14552	159363
其他通信设备制造	138490	3725	134765	4532	62684	35539	32010
广播电视设备制造	32945		32945	986	2411	1867	27681
广播电视节目制作及发射设备制造	16786		16786	216	2200	663	13707
广播电视接收设备及器材制造	6262		6262	770	211	750	4531
应用电视设备及其他广播设备制造	9897		9897			454	9443
电子计算机制造	971082	13164	957918	33272	378063	176133	370450
电子计算机整机制造	282948	1566	281382	3822	86635	43951	146974
计算机网络设备制造	110617	384	110233	7945	66635	9673	25980
电子计算机外部设备制造	577517	11214	566303	21505	224793	122509	197496
电子器件制造	2585905	22939	2562966	264980	1395919	293031	609036
电子真空器件制造	451738	13214	438524	78003	255317	4260	100944
半导体分立器件制造	310088	30	310058	13202	153942	66612	76302
集成电路制造	1420598	8363	1412235	153377	897083	84764	277011
光电子器件及其他电子器件制造	403481	1332	402149	20398	89577	137395	154779
电子元件制造	2251777	14076	2237701	114794	300892	650863	1171152
电子元件及组件制造	1990833	14076	1976757	114203	285359	567774	1009421
印制电路板制造	260944		260944	591	15533	83089	161731
家用视听设备制造	524997	20204	504793	87268	247227	24150	146148
家用影视设备制造	465601	20204	445397	84717	243514	10027	107139
家用音响设备制造	59396		59396	2551	3713	14123	39009
其他电子设备制造	486814	8900	477914	21557	189912	49911	216534
仪器仪表及文化、办公用机械制造	1026554	64625	961929	90253	242918	189125	439633
通用仪器仪表制造	248002	22823	225179	26216	53882	26999	118082
工业自动控制系统装置制造	101044	13277	87767	23678	5030	5303	53756
电工仪器仪表制造	59592	3302	56290	2039	9659	17550	27042
绘图、计算及测量仪器制造	20076		20076	154	14568	988	4366
实验分析仪器制造	13043		13043	250	7720	370	4703
试验机制造	2941	1500	1441	95	1346		
供应用仪表及其他通用仪器制造	51306	4744	46562		15559	2788	28215
专用仪器仪表制造	115326	23669	91657	7086	10886	19645	54040
环境监测专用仪器仪表制造	8400		8400	67	3086	1100	4147
汽车及其他用计数仪表制造	15335	2954	12381		2084	1960	8337
农林牧渔专用仪器仪表制造	3680		3680			880	2800
地质勘探和地震专用仪器制造	3711	1314	2397	230			2167
教学专用仪器制造	3055		3055		120	1500	1435
电子测量仪器制造	40297		40297	6789	1095	2960	29453

国民经济行业小类按隶属关系分的城镇投资（十八）

单位：万元

行业	合计	中央项目	地方项目				
				省属	地市属	县属	其他
其他专用仪器制造	40848	19401	21447		4501	11245	5701
钟表与计时仪器制造	58038		58038	4904	30166	5556	17412
光学仪器及眼镜制造	217165	12768	204397	15517	38693	23545	126642
光学仪器制造	179616	12768	166848	15419	38503	19172	93754
眼镜制造	37549		37549	98	190	4373	32888
文化、办公用机械制造	304170	60	304110	36530	83420	97146	87014
电影机械制造	28831		28831	21113	3625	1016	3077
幻灯及投影设备制造	1001		1001		951		50
照相机及器材制造	141556		141556	8765	59369	37485	35937
复印和胶印设备制造	35810		35810	1737	17441	218	16414
计算器及货币专用设备制造	89207	60	89147	4915	2034	57002	25196
其他文化、办公用机械制造	7765		7765			1425	6340
其他仪器仪表的制造及修理	83853	5305	78548		25871	16234	36443
工艺品及其他制造业	2009972	4191	2005781	124822	779604	441374	659981
工艺美术品制造	504681	3651	501030	5428	28326	157420	309856
雕塑工艺品制造	53038		53038		1147	24557	27334
金属工艺品制造	49562		49562	209	1620	5441	42292
漆器工艺品制造	27403	3651	23752	30	480	6364	16878
花画工艺品制造	16073		16073		53	400	15620
天然植物纤维编织工艺品制造	26128		26128	960	520	6206	18442
抽纱刺绣工艺品制造	67266		67266		772	21759	44735
地毯、挂毯制造	73789		73789		17046	34845	21898
珠宝首饰及有关物品的制造	67724		67724	4024	5811	17801	40088
其他工艺美术品制造	123698		123698	205	877	40047	82569
日用杂品制造	94418		94418		17009	16752	60657
制镜及类似品加工	18856		18856			1800	17056
鬃毛加工、制刷及清扫工具的制造	20726		20726			3250	17476
其他日用杂品制造	54836		54836		17009	11702	26125
煤制品制造	42290		42290		5402	10876	26012
其他未列明的制造业	1368583	540	1368043	119394	728867	256326	263456
废弃资源和废旧材料回收加工业	60823	1121	59702	8252	7338	20055	24057
金属废料和碎屑的加工处理	27352		27352		4343	9923	13086
非金属废料和碎屑的加工处理	33471	1121	32350	8252	2995	10132	10971
（四）电力燃气及水的生产和供应业	**38039029**	**14137375**	**23901654**	**8479828**	**5413830**	**6575214**	**3432782**
电力、热力的生产和供应业	33048240	14020796	19027444	7729862	3315799	4980491	3001292
电力生产	18969533	8133026	10836507	3976769	1456660	2679545	2723533
火力发电	11539519	4449619	7089900	3045412	1059591	1461064	1523833
水力发电	6150904	2746318	3404586	871483	278472	1143019	1111612
核力发电	909223	896710	12513		12513		

国民经济行业小类按隶属关系分的城镇投资（十九）

单位：万元

行业	合计	中央项目	地方项目				
				省属	地市属	县属	其他
其他能源发电	369887	40379	329508	59874	106084	75462	88088
电力供应	12842596	5853744	6988852	3568060	1391896	1898328	130568
热力生产和供应	1236111	34026	1202085	185033	467243	402618	147191
燃气生产和供应业	1516416	99564	1416852	362940	519140	260727	274045
燃气生产和供应业	1516416	99564	1416852	362940	519140	260727	274045
水的生产和供应业	3474373	17015	3457358	387026	1578891	1333996	157445
自来水的生产和供应	1980861	11468	1969393	145016	955143	782115	87119
污水处理及其再生利用	1454207	4438	1449769	242010	617166	521542	69051
其他水的处理、利用与分配	39305	1109	38196		6582	30339	1275
（五）建筑业	**5279945**	**361167**	**4918778**	**373559**	**1204267**	**2222487**	**1118465**
房屋和土木工程建筑业	4802051	319092	4482959	352965	1155223	2012256	962515
房屋工程建筑	1772462	80318	1692144	85084	189952	753067	664041
土木工程建筑	3029589	238774	2790815	267881	965271	1259189	298474
铁路、道路、隧道和桥梁工程	2387094	100781	2286313	227227	879971	916163	262952
水利和港口工程建筑	299824	82019	217805	29196	22286	156313	10010
工矿工程建筑	31398	3042	28356	7430	10859	8778	1289
架线和管道工程建筑	160651	49549	111102	2722	21016	79991	7373
其他土木工程建筑	150622	3383	147239	1306	31139	97944	16850
建筑安装业	186567	38983	147584	8547	26372	72504	40161
建筑安装业	186567	38983	147584	8547	26372	72504	40161
建筑装饰业	105498		105498	7360	8188	36842	53108
建筑装饰业	105498		105498	7360	8188	36842	53108
其他建筑业	185829	3092	182737	4687	14484	100885	62681
工程准备	96101	3092	93009	738	1363	82899	8009
提供施工设备服务	32207		32207	2240	5916	3885	20166
其他未列明的建筑活动	57521		57521	1709	7205	14101	34506
（六）交通运输、仓储和邮政业	**56690243**	**11901937**	**44788306**	**18509449**	**14252032**	**10370289**	**1656536**
铁路运输业	7059968	6494182	565786	373540	122687	51398	18161
铁路旅客运输	1165665	984104	181561	145535	24216	5808	6002
铁路货物运输	5394720	5190249	204471	142955	37580	17134	6802
铁路运输辅助活动	499583	319829	179754	85050	60891	28456	5357
客运火车站	70256	43456	26800	1103	21780	3542	375
货运火车站	2187		2187	660		1267	260
其他铁路运输辅助活动	427140	276373	150767	83287	39111	23647	4722
道路运输业	36077849	1440112	34637737	14546386	10665330	8945602	480419
公路旅客运输	14887120	792116	14095004	8505679	2791567	2657999	139759
道路货物运输	2865903	104987	2760916	1290979	513253	779367	177317
道路运输辅助活动	18324826	543009	17781817	4749728	7360510	5508236	163343
客运汽车站	367188	2045	365143	43601	189797	99823	31922
公路管理与养护	16112947	183265	15929682	4411475	6497589	4934542	86076

国民经济行业小类按隶属关系分的城镇投资（二十）

单位：万元

行　　业	合　计	中央项目	地方项目				
				省属	地市属	县属	其他
其他道路运输辅助活动	1844691	357699	1486992	294652	673124	473871	45345
城市公共交通业	4379787	7146	4372641	1697997	1663930	672611	338103
公共电汽车客运	1475649	7146	1468503	198318	721915	499848	48422
轨道交通	2451388		2451388	1414771	785810	22368	228439
出租车客运	184251		184251	77648	39363	11958	55282
城市轮渡	7473		7473	1009	438	4026	2000
其他城市公共交通	261026		261026	6251	116404	134411	3960
水上运输业	3640944	899967	2740977	1192296	915366	175166	458149
水上旅客运输	164125	3471	160654	74246	53214	27391	5803
远洋旅客运输	10527		10527	322	10165		40
沿海旅客运输	57363		57363	16	35205	22142	
内河旅客运输	96235	3471	92764	73908	7844	5249	5763
水上货物运输	315528	29486	286042	143441	100072	15502	27027
远洋货物运输	40101	8622	31479		28448	1970	1061
沿海货物运输	197477	6907	190570	121805	47127	9187	12451
内河货物运输	77950	13957	63993	21636	24497	4345	13515
水上运输辅助活动	3161291	867010	2294281	974609	762080	132273	425319
客运港口	152248	44930	107318	1870	76804	23159	5485
货运港口	2704210	710524	1993686	890884	594972	95537	412293
其他水上运输辅助活动	304833	111556	193277	81855	90304	13577	7541
航空运输业	2198513	1339260	859253	448251	386077	23113	1812
航空客货运输	1155290	631845	523445	297997	223475	560	1413
航空旅客运输	1123239	631845	491394	295620	194101	560	1113
航空货物运输	32051		32051	2377	29374		300
通用航空服务	162441	152049	10392	315	4348	5705	24
航空运输辅助活动	880782	555366	325416	149939	158254	16848	375
机场	716064	402291	313773	147944	153974	11480	375
空中交通管理	140054	140054					
其他航空运输辅助活动	24664	13021	11643	1995	4280	5368	
管道运输业	1440559	1349335	91224	46951	14244	20583	9446
装卸搬运和其他运输服务业	463993	816	463177	18689	190983	222779	30726
装卸搬运	401037	349	400688	11954	165873	212240	10621
运输代理服务	62956	467	62489	6735	25110	10539	20105
仓储业	1154052	175500	978552	139964	277402	242292	318894
谷物、棉花等农产品仓储	309444	60791	248653	44475	60609	114681	28888
其他仓储	844608	114709	729899	95489	216793	127611	290006
邮政业	274578	195619	78959	45375	16013	16745	826
国家邮政	264321	191489	72832	39248	16013	16745	826
其他寄递服务	10257	4130	6127	6127			
（七）信息传输、计算机服务和软件业	**16457420**	**8585463**	**7871957**	**5416935**	**1018902**	**332274**	**1103846**

国民经济行业小类按隶属关系分的城镇投资（二十一）

单位：万元

行业	合计	中央项目	地方项目	省属	地市属	县属	其他
电信和其他信息传输服务业	16020513	8517338	7503175	5375747	897139	314344	915945
电信	13885615	7257474	6628141	5017963	580429	182033	847716
固定电信服务	6430493	4079458	2351035	1883361	300440	118374	48860
移动电信服务	7258705	3129752	4128953	3041185	256969	61229	769570
其他电信服务	196417	48264	148153	93417	23020	2430	29286
互联网信息服务	1876796	1219682	657114	309512	256998	25515	65089
广播电视传输服务	251178	36891	214287	48272	56662	106213	3140
有线广播电视传输服务	204894	1580	203314	45776	52043	102355	3140
无线广播电视传输服务	46284	35311	10973	2496	4619	3858	
卫星传输服务	6924	3291	3633		3050	583	
计算机服务业	106606	10803	95803	4745	7371	4731	78956
计算机系统服务	51126	5187	45939	616	3370	2495	39458
数据处理	25065	5616	19449	1624	2827	60	14938
计算机维修	1000		1000				1000
其他计算机服务	29415		29415	2505	1174	2176	23560
软件业	330301	57322	272979	36443	114392	13199	108945
公共软件服务	242595	57322	185273	28580	62269	13051	81373
基础软件服务	87362	17673	69689	3836	43896	9926	12031
应用软件服务	155233	39649	115584	24744	18373	3125	69342
其他软件服务	87706		87706	7863	52123	148	27572
（八）批发和零售业	**7913719**	**210957**	**7702762**	**434197**	**1069125**	**2245057**	**3954383**
批发业	3154182	146195	3007987	276084	395064	861687	1475152
农畜产品批发	207637	2002	205635	14485	29693	90996	70461
谷物、豆及薯类批发	69127		69127	2858	7183	26947	32139
种子、饲料批发	32075	520	31555	4925	6481	10095	10054
棉、麻批发	23643	1092	22551	80	5420	8783	8268
牲畜批发	9728		9728		5461	1625	2642
其他农畜产品批发	73064	390	72674	6622	5148	43546	17358
食品、饮料及烟草制品批发	634612	43749	590863	97749	116537	167964	208613
米、面制品及食用油批发	64507		64507	2670	6502	32718	22617
糕点、糖果及糖批发	33890		33890	1351	8638	11272	12629
果品、蔬菜批发	213498	510	212988	15371	64813	52475	80329
肉、禽、蛋及水产品批发	92106		92106	2034	10391	27356	52325
盐及调味品批发	23074		23074	10867	1139	4580	6488
饮料及茶叶批发	18689		18689	355	250	6718	11366
烟草制品批发	151400	42560	108840	64631	19221	17815	7173
其他食品批发	37448	679	36769	470	5583	15030	15686
纺织、服装及日用品批发	515229		515229	15160	37716	164900	297453
纺织品、针织品及原料批发	103817		103817	9553	16402	36921	40941
服装批发	213233		213233	1691	12199	52358	146985

国民经济行业小类按隶属关系分的城镇投资（二十二）

单位：万元

行　　业	合　计	中央项目	地方项目	省属	地市属	县属	其他
鞋帽批发	8139		8139		2000	712	5427
厨房、卫生间用具及日用杂货批发	13187		13187	3467	938	2159	6623
化妆品及卫生用品批发	6242		6242		1940	230	4072
其他日用品批发	170611		170611	449	4237	72520	93405
文化、体育用品及器材批发	96359	6432	89927	36228	26890	12571	14238
文具用品批发	19536	2709	16827		16080		747
体育用品批发	630		630				630
图书批发	57998	3723	54275	36044	9760	8421	50
报刊批发							
音像制品及电子出版物批发							
首饰、工艺品及收藏品批发	10196		10196		1050	3212	5934
其他文化用品批发	7999		7999	184		938	6877
医药及医疗器材批发	104549	1819	102730	19608	18583	24906	39633
西药批发	62687	1707	60980	13618	13096	13954	20312
中药材及中成药批发	31340		31340	1785	4927	9302	15326
医疗用品及器材批发	10522	112	10410	4205	560	1650	3995
矿产品、建材及化工产品批发	866459	71917	794542	66168	72560	199898	455916
煤炭及制品批发	58061	500	57561	10681	6122	18463	22295
石油及制品批发	194094	66318	127776	43593	23389	32304	28490
非金属矿及制品批发	3227		3227	1194		1943	90
金属及金属矿批发	47872	876	46996	6246	5848	10426	24476
建材批发	490655	193	490462	3830	30978	104356	351298
化肥批发	25075	986	24089	543	3960	14652	4934
农药批发	3998		3998			1650	2348
农用薄膜批发	5200		5200				5200
其他化工产品批发	38277	3044	35233	81	2263	16104	16785
机械设备、五金交电及电子产品批发	542813	11458	531355	14312	78198	145811	293034
农业机械批发	37996		37996	1618	2691	14449	19238
汽车、摩托车及零配件批发	329547	1205	328342	663	41841	110832	175006
五金、交电批发	71627		71627		11446	13907	46274
家用电器批发	41730	3250	38480		2300	3470	32710
计算机、软件及辅助设备批发	3323	1903	1420			140	1280
通讯及广播电视设备批发	8268	5100	3168		920	157	2091
其他机械设备及电子产品批发	50322		50322	12031	19000	2856	16435
贸易经纪与代理	41553	7442	34111	1420	2690	3722	26279
其他批发	144971	1376	143595	10954	12197	50919	69525
再生物资回收与批发	29193		29193	810	5593	6768	16022
其他未列明的批发	115778	1376	114402	10144	6604	44151	53503
零售业	4759537	64762	4694775	158113	674061	1383370	2479231
综合零售	2881663	9765	2871898	76337	506643	864883	1424035

国民经济行业小类按隶属关系分的城镇投资（二十三）

单位：万元

行业	合计	中央项目	地方项目	省属	地市属	县属	其他
百货零售	1564952	3782	1561170	33833	280485	512299	734553
超级市场零售	944372	2150	942222	34676	181421	195974	530151
其他综合零售	372339	3833	368506	7828	44737	156610	159331
食品、饮料及烟草制品专门零售	206544	4869	201675	3777	26045	104136	67717
粮油零售	21982		21982	124	4115	11255	6488
糕点、面包零售	5440		5440		100	2600	2740
果品、蔬菜零售	30854		30854	50	2265	17983	10556
肉、禽、蛋及水产品零售	47267		47267	1160	12798	25370	7939
饮料及茶叶零售	3720		3720		40	2436	1244
烟草制品零售	18326	4282	14044	2347	1338	10239	120
其他食品零售	78955	587	78368	96	5389	34253	38630
纺织、服装及日用品专门零售	230111	3727	226384	880	31437	55597	138470
纺织品及针织品零售	27301	3727	23574		2325	14803	6446
服装零售	125448		125448	220	13866	25809	85553
鞋帽零售	620		620				620
钟表、眼镜零售	3787		3787		1014	1422	1351
化妆品及卫生用品零售	1178		1178		504	100	574
其他日用品零售	71777		71777	660	13728	13463	43926
文化、体育用品及器材专门零售	115769	141	115628	43701	25282	31375	15270
文具用品零售	4956		4956		10	1050	3896
体育用品零售	1930		1930				1930
图书零售	90251	141	90110	43501	23612	21635	1362
报刊零售	2242		2242	200		1962	80
音像制品及电子出版物零售	1135		1135			635	500
珠宝首饰零售	3500		3500			165	3335
工艺美术品及收藏品零售	9502		9502		1000	5878	2624
照相器材零售	51		51				51
其他文化用品零售	2202		2202		660	50	1492
医药及医疗器材专门零售	48781		48781	4177	5159	13137	26308
药品零售	46037		46037	4177	3659	13137	25064
医疗用品及器材零售	2744		2744		1500		1244
汽车、摩托车、燃料及零配件专门零售	702121	45580	656541	27446	45242	106133	477720
汽车零售	477597	2020	475577	18199	30942	46882	379554
汽车零配件零售	66104		66104		1033	29947	35124
摩托车及零配件零售	14641		14641	68		5907	8666
机动车燃料零售	143779	43560	100219	9179	13267	23397	54376
家用电器及电子产品专门零售	138985		138985		14073	74780	50132
家用电器零售	93292		93292		2960	56631	33701
计算机、软件及辅助设备零售	35786		35786		10203	10309	15274
通信设备零售	8365		8365		10	7390	965

国民经济行业小类按隶属关系分的城镇投资（二十四）

单位：万元

行业	合计	中央项目	地方项目				
				省属	地市属	县属	其他
其他电子产品零售	1542		1542		900	450	192
五金、家具及室内装修材料专门零售	353506		353506	936	17685	115252	219633
五金零售	35602		35602		1000	24231	10371
家具零售	203831		203831		9672	60632	133527
涂料零售	300		300				300
其他室内装修材料零售	113773		113773	936	7013	30389	75435
无店铺及其他零售	82057	680	81377	859	2495	18077	59946
流动货摊零售							
邮购及电子销售							
生活用燃料零售	19646	680	18966	659	1100	5065	12142
花卉零售	15222		15222	200			15022
旧货零售	7375		7375			5050	2325
其他未列明的零售	39814		39814		1395	7962	30457
（九）住宿和餐饮业	**3212642**	**169056**	**3043586**	**193655**	**499094**	**670288**	**1680549**
住宿业	2214426	167270	2047156	182538	431271	453386	979961
旅游饭店	1781743	146037	1635706	158379	391447	321080	764800
一般旅馆	353672	18887	334785	23264	39321	98844	173356
其他住宿服务	79011	2346	76665	895	503	33462	41805
餐饮业	998216	1786	996430	11117	67823	216902	700588
正餐服务	843178	287	842891	5615	41675	178153	617448
快餐服务	29383		29383	5502	1050	3000	19831
饮料及冷饮服务	36288		36288		15010	1410	19868
其他餐饮服务	89367	1499	87868		10088	34339	43441
（十）金融业	**861586**	**535143**	**326443**	**67509**	**124587**	**79992**	**54355**
银行业	746104	497027	249077	45553	103808	70665	29051
中央银行	88812	71255	17557	4781	5466	4410	2900
商业银行	608296	400088	208208	36534	92227	55365	24082
其他银行	48996	25684	23312	4238	6115	10890	2069
证券业	16631	3599	13032	3557	680	824	7971
证券市场管理	5453	3352	2101				2101
证券经纪与交易	8327	192	8135	3011	680	549	3895
证券投资	2627	55	2572	546		275	1751
证券分析与咨询	224		224				224
保险业	59498	33293	26205	11399	3746	3115	7945
人寿保险	36420	19271	17149	8316	3157	882	4794
非人寿保险	21974	14002	7972	2683	589	1673	3027
保险辅助服务	1104	20	1084	400		560	124
其他金融活动	39353	1224	38129	7000	16353	5388	9388
金融信托与管理	20372		20372	7000	9405	1100	2867
金融租赁	4044	200	3844			3811	33

国民经济行业小类按隶属关系分的城镇投资（二十五）

单位：万元

行业	合计	中央项目	地方项目				
				省属	地市属	县属	其他
财务公司	158		158				158
邮政储蓄	4559	209	4350			200	4150
典当	1750		1750		90		1660
其他未列明的金融活动	8470	815	7655		6858	277	520
（十一）房地产业	**111052837**	**1490627**	**109562210**	**7576523**	**29913414**	**17362464**	**54709809**
房地产业	111052837	1490627	109562210	7576523	29913414	17362464	54709809
房地产开发经营	104369203	1475097	102894106	7536731	29672315	16813902	48871158
物业管理	310203	2979	307224	28320	32552	113563	132789
房地产中介服务	32631		32631		13961	6304	12366
其他房地产活动	6340800	12551	6328249	11472	194586	428695	5693496
（十二）租赁和商务服务业	**3097691**	**76566**	**3021125**	**245391**	**820907**	**1260578**	**694249**
租赁业	26859		26859	1290	891	4823	19855
机械设备租赁	26859		26859	1290	891	4823	19855
汽车租赁	11769		11769	940	200	3183	7446
农业机械租赁	1050		1050		100	500	450
建筑工程机械与设备租赁	10976		10976		180	1140	9656
计算机及通讯设备租赁							
其他机械与设备租赁	3064		3064	350	411		2303
文化及日用品出租							
图书及音像制品出租							
其他文化及日用品出租							
商务服务业	3070832	76566	2994266	244101	820016	1255755	674394
企业管理服务	1986115	74457	1911658	183802	537121	887657	303078
企业管理机构	970389	52918	917471	172803	152466	400126	192076
投资与资产管理	802642	324	802318	9380	334069	408900	49969
其他企业管理服务	213084	21215	191869	1619	50586	78631	61033
法律服务	2261		2261		58	1368	835
律师及相关的法律服务	2183		2183		58	1290	835
公证服务	78		78			78	
其他法律服务							
咨询与调查	65639	671	64968	37278	15320	1608	10762
会计、审计及税务服务	4080	671	3409			888	2521
市场调查							
社会经济咨询	8410		8410	162	77	90	8081
其他专业咨询	53149		53149	37116	15243	630	160
广告业	12739		12739		1607	3537	7595
知识产权服务	887		887			887	
职业中介服务	14929		14929		2768	11619	542
市场管理	378361	500	377861	6813	44435	204643	121970
旅行社	52605		52605	454	3630	33168	15353

国民经济行业小类按隶属关系分的城镇投资（二十六）

单位：万元

行业	合计	中央项目	地方项目				
				省属	地市属	县属	其他
其他商务服务	557296	938	556358	15754	215077	111268	214259
会议及展览服务	427430	727	426703	1300	202624	68107	154672
包装服务	22007		22007		142	16350	5515
保安服务	2200		2200		1500		700
办公服务	62657		62657	8480	10291	16733	27153
其他未列明的商务服务	43002	211	42791	5974	520	10078	26219
（十三）科研技术服务和地质勘察业	**2817115**	**902141**	**1914974**	**342889**	**695679**	**695905**	**180501**
研究与试验发展	1333366	517147	816219	121656	306829	300213	87521
自然科学研究与试验发展	204736	143342	61394	21865	14899	9977	14653
工程和技术研究与试验发展	503689	352408	151281	46926	49142	33905	21308
农业科学研究与试验发展	91594	12830	78764	28763	14614	26210	9177
医学研究与试验发展	63882	1951	61931	17117	5841	33226	5747
社会人文科学研究与试验发展	469465	6616	462849	6985	222333	196895	36636
专业技术服务业	894289	186402	707887	102709	289968	276331	38879
气象服务	101404	73990	27414	11608	8195	7611	
地震服务	15884	5259	10625	3285	566	4124	2650
海洋服务	1975	1782	193		193		
测绘服务	23668	9128	14540	12868	1057	450	165
技术检测	59354	10869	48485	11393	17649	7514	11929
环境监测	13858		13858	1975	7444	3539	900
工程技术与规划管理	646635	84343	562292	54620	245751	244681	17240
工程管理服务	384749	31454	353295	24800	187964	134149	6382
工程勘察设计	107201	51521	55680	29265	19156	3519	3740
规划管理	154685	1368	153317	555	38631	107013	7118
其他专业技术服务	31511	1031	30480	6960	9113	8412	5995
科技交流和推广服务业	327761	41692	286069	55885	96139	84103	49942
技术推广服务	95938	9736	86202	4916	44524	25078	11684
科技中介服务	142365	120	142245	19848	46015	54335	22047
其他科技服务	89458	31836	57622	31121	5600	4690	16211
地质勘察业	261699	156900	104799	62639	2743	35258	4159
矿产地质勘察	222976	147772	75204	42441	1547	30966	250
能源矿产地质勘察	197043	146062	50981	30323	220	20188	250
固体矿产地质勘察	23566	1174	22392	10593	1327	10472	
其他矿产地质勘察	2367	536	1831	1525		306	
基础地质勘察	18771	4521	14250	12806	715	320	409
地质勘察技术服务	19952	4607	15345	7392	481	3972	3500
（十四）水利环境公共设施管理业	**42201547**	**1072018**	**41129529**	**3491856**	**19511234**	**16203495**	**1922944**
水利管理业	7218550	913933	6304617	1332600	1656086	3209792	106139
防洪管理	2729470	439387	2290083	288984	805529	1164490	31080
水资源管理	3397051	396959	3000092	809438	603378	1522236	65040

国民经济行业小类按隶属关系分的城镇投资（二十七）

单位：万元

行　　业	合　计	中央项目	地方项目				
				省属	地市属	县属	其他
水库管理	1787845	295783	1492062	327957	253012	886738	24355
调水、引水管理	1221868	92802	1129066	401424	286016	414728	26898
其他水资源管理	387338	8374	378964	80057	64350	220770	13787
其他水利管理	1092029	77587	1014442	234178	247179	523066	10019
环境管理业	2637696	20105	2617591	128583	1610999	749640	128369
自然保护	243614	3313	240301	12931	103563	85431	38376
自然保护区管理	92689	2334	90355	7893	30728	37292	14442
野生动植物保护	97213	204	97009	2328	69434	18581	6666
其他自然保护	53712	775	52937	2710	3401	29558	17268
环境治理	2394082	16792	2377290	115652	1507436	664209	89993
城市市容管理	230292		230292	643	138773	84651	6225
城市环境卫生管理	487251	4201	483050	29857	210212	204872	38109
水污染治理	999287	6532	992755	4254	728831	227606	32064
危险废物治理	32609	788	31821	5655	14542	9940	1684
其他环境治理	644643	5271	639372	75243	415078	137140	11911
公共设施管理业	32345301	137980	32207321	2030673	16244149	12244063	1688436
市政公共设施管理	28219811	120141	28099670	1720186	14565023	10762918	1051543
城市绿化管理	1329667	619	1329048	262375	582912	451401	32360
游览景区管理	2795823	17220	2778603	48112	1096214	1029744	604533
风景名胜区管理	987482	12320	975162	17760	315855	413264	228283
公园管理	1123889	4365	1119524	18391	645109	326754	129270
其他游览景区管理	684452	535	683917	11961	135250	289726	246980
（十五）居民服务和其他服务业	**655500**	**6342**	**649158**	**24570**	**100019**	**255086**	**269483**
居民服务业	517689	4365	513324	10891	77053	237055	188325
家庭服务	10716		10716		280	6924	3512
托儿所	1973		1973			163	1810
洗染服务	935		935		130		805
理发及美容保健服务	8471		8471			3403	5068
洗浴服务	89932		89932		1521	12010	76401
婚姻服务	1224		1224			124	1100
殡葬服务	168429		168429	4276	45836	62388	55929
摄影扩印服务	3720		3720			5	3715
其他居民服务	232289	4365	227924	6615	29286	152038	39985
其他服务业	137811	1977	135834	13679	22966	18031	81158
修理与维护	30933	580	30353	100	4658	5647	19948
汽车、摩托车维护与保养	27442	580	26862	100	3257	4145	19360
办公设备维修	180		180				180
家用电器修理	418		418		10		408
其他日用品修理	2893		2893		1391	1502	
清洁服务	10564		10564		5935	760	3869

国民经济行业小类按隶属关系分的城镇投资（二十八）

单位：万元

行业	合计	中央项目	地方项目				
				省属	地市属	县属	其他
建筑物清洁服务	1680		1680			180	1500
其他清洁服务	8884		8884		5935	580	2369
其他未列明的服务	96314	1397	94917	13579	12373	11624	57341
（十六）教育	**14741223**	**1860181**	**12881042**	**4099076**	**3420184**	**4129485**	**1232297**
教育	14741223	1860181	12881042	4099076	3420184	4129485	1232297
学前教育	140273	2919	137354	1260	29259	62315	44520
初等教育	1083292	11071	1072221	22894	162597	758279	128451
中等教育	5180104	47583	5132521	306538	1266502	2981285	578196
初中教育	1626273	25701	1600572	15768	268357	1028495	287952
高中教育	2848346	14930	2833416	132603	737737	1718241	244835
中等专业教育	385992	1823	384169	142972	158509	63064	19624
职业中学教育	176939	90	176849	1899	39290	124299	11361
技工学校教育	54668	1169	53499	11435	25867	12747	3450
其他中等教育	87886	3870	84016	1861	36742	34439	10974
高等教育	7791682	1782634	6009048	3627323	1745060	229231	407434
普通高等教育	7489726	1764882	5724844	3560458	1641670	209489	313227
成人高等教育	301956	17752	284204	66865	103390	19742	94207
其他教育	545872	15974	529898	141061	216766	98375	73696
职业技能培训	243901	10110	233791	85748	56769	43343	47931
特殊教育	53214		53214	2048	46575	2689	1902
其他未列明的教育	248757	5864	242893	53265	113422	52343	23863
（十七）卫生社会保障和社会福利业	**3577193**	**196643**	**3380550**	**926676**	**1128195**	**1118506**	**207173**
卫生	3329139	186429	3142710	888281	1064894	1013679	175856
医院	2759371	177626	2581745	691089	926378	831408	132870
综合医院	2163005	161675	2001330	545176	681088	691046	84020
中医医院	188164	1332	186832	53702	60314	65820	6996
中西医结合医院	68733	1825	66908	1926	20756	41876	2350
民族医院	9127		9127		6888	2179	60
专科医院	310652	12794	297858	86385	152450	26858	32165
疗养院	19690		19690	3900	4882	3629	7279
卫生院及社区医疗活动	64380	4930	59450	1820	5894	38433	13303
门诊部医疗活动	52374	450	51924	11596	5846	9749	24733
计划生育技术服务活动	13011	200	12811		2164	10263	384
妇幼保健活动	72402		72402	7250	28748	35853	551
专科疾病防治活动	18613		18613	838	8728	8957	90
疾病预防控制及防疫活动	273169	947	272222	168605	32795	70702	120
其他卫生活动	75819	2276	73543	7083	54341	8314	3805
社会保障业	64268		64268	21580	9451	31475	1762
社会保障业	64268		64268	21580	9451	31475	1762
社会福利业	183786	10214	173572	16815	53850	73352	29555

国民经济行业小类按隶属关系分的城镇投资（二十九）

单位：万元

行　　业	合　计	中央项目	地方项目	省属	地市属	县属	其他
提供住宿的社会福利	127806	7925	119881	12047	36625	45087	26122
干部休养所	29204	7925	21279	7815	1623	9618	2223
收养收容服务	98602		98602	4232	35002	35469	23899
不提供住宿的社会福利	55980	2289	53691	4768	17225	28265	3433
（十八）文化、体育和娱乐业	**4796123**	**274005**	**4522118**	**857644**	**1700970**	**1116019**	**847485**
新闻出版业	234766	31863	202903	97727	92162	11214	1800
新闻业	80902	5950	74952	19700	50388	4864	
出版业	153864	25913	127951	78027	41774	6350	1800
图书出版	51506	14516	36990	33190	800	3000	
报纸出版	95014	11397	83617	44837	37860	920	
期刊出版	2414		2414		2414		
音像制品出版	3870		3870			2400	1470
电子出版物出版	130		130				130
其他出版	930		930		700	30	200
广播、电视、电影和音像业	813040	107963	705077	208631	217799	259671	18976
广播	131745	28153	103592	28556	45506	28758	772
电视	494334	79773	414561	120940	146119	146602	900
电影	180975	37	180938	58926	24840	80611	16561
电影制作与发行	101713	37	101676	58537	2437	33146	7556
电影放映	79262		79262	389	22403	47465	9005
音像制作	5986		5986	209	1334	3700	743
文化艺术业	1247856	67075	1180781	195613	611614	285005	88549
文艺创作与表演	71999	48604	23395	5265	5363	11117	1650
艺术表演场馆	233480	5567	227913	35077	154545	35311	2980
图书馆与档案馆	131099	470	130629	23437	50278	25344	31570
图书馆	109938		109938	18090	37298	23460	31090
档案馆	21161	470	20691	5347	12980	1884	480
文物及文化保护	186295	360	185935	19967	105955	52401	7612
博物馆	211139	7969	203170	85699	57732	30527	29212
烈士陵园、纪念馆	36189		36189	2923	14871	14960	3435
群众文化活动	313511	4105	309406	9292	190282	101363	8469
文化艺术经纪代理	404		404	50		200	154
其他文化艺术	63740		63740	13903	32588	13782	3467
体育	1067293	43742	1023551	334281	387247	202795	99228
体育组织	120910	33326	87584	26613	44650	15831	490
体育场馆	918579	10416	908163	306576	329648	182948	88991
其他体育	27804		27804	1092	12949	4016	9747
娱乐业	1433168	23362	1409806	21392	392148	357334	638932
室内娱乐活动	326919	22343	304576	4719	28838	51832	219187
游乐园	446202		446202		215547	117938	112717

国民经济行业小类按隶属关系分的城镇投资(三十)

单位：万元

行业	合计	中央项目	地方项目				
				省属	地市属	县属	其他
休闲健身娱乐活动	508527	521	508006	16673	100290	162681	228362
其他娱乐活动	151520	498	151022		47473	24883	78666
（十九）公共管理和社会组织	**18412456**	**806189**	**17606267**	**1526639**	**4961705**	**9619088**	**1498835**
中国共产党机关	302993	81625	221368	27637	63988	125261	4482
中国共产党机关	302993	81625	221368	27637	63988	125261	4482
国家机构	16531539	705947	15825592	1399552	4808035	9038202	579803
国家权力机构	1881148	96923	1784225	184482	507048	1033571	59124
国家行政机构	13444270	554113	12890157	1051778	3943618	7405404	489357
综合事务管理机构	5390855	190036	5200819	225533	1636257	3015112	323917
对外事务管理机构	22431	3156	19275	3055	2270	12450	1500
公共安全管理机构	1214135	61103	1153032	346157	433348	361170	12357
社会事务管理机构	1157493	83291	1074202	101542	224393	732509	15758
经济事务管理机构	3024168	114288	2909880	168194	735656	1915151	90879
政府事务管理机构	2102036	40886	2061150	143925	749898	1130283	37044
行政监督检查机构	533152	61353	471799	63372	161796	238729	7902
人民法院和人民检察院	704203	13749	690454	72737	255301	361051	1365
人民法院	417656	4008	413648	30182	165321	217312	833
人民检察院	286547	9741	276806	42555	89980	143739	532
其他国家机构	501918	41162	460756	90555	102068	238176	29957
人民政协和民主党派	63900	1991	61909	17753	10295	32875	986
人民政协	54784	10	54774	12974	10145	30669	986
民主党派	9116	1981	7135	4779	150	2206	
群众团体、社会团体和宗教组织	287261	12465	274796	77043	44752	110933	42068
群众团体	57305	11015	46290	3704	12477	24711	5398
工会	31459	9235	22224	1179	7074	11303	2668
妇联	5511	1200	4311	1196	2182	933	
共青团	3520	580	2940	600	1394	946	
其他群众团体	16815		16815	729	1827	11529	2730
社会团体	161672	494	161178	70716	15668	59294	15500
专业性团体	7445	494	6951	1378	4493	1080	
行业性团体	44036		44036	4399	1204	24220	14213
其他社会团体	110191		110191	64939	9971	33994	1287
宗教组织	68284	956	67328	2623	16607	26928	21170
基层群众自治组织	1226763	4161	1222602	4654	34635	311817	871496
社区自治组织	665928		665928	4654	23209	170617	467448
村民自治组织	560835	4161	556674		11426	141200	404048
（二十）国际组织	**2880**		**2880**				**2880**
国际组织	2880		2880				2880

国民经济行业小类按建设性质分的城镇投资（一）

单位：万元

行业	新建	扩建	改建	单纯建造生活设施	迁建	恢复	单纯购置
全国总计	**180924102**	**102498657**	**49320003**	**4390583**	**4145898**	**350853**	**9649054**
（一）农、林、牧、渔业	**3158201**	**1406796**	**604227**	**107618**	**9786**	**28209**	**34957**
农业	904280	244663	161679	79269	360	3428	8286
谷物及其他作物的种植	363478	107883	119905	77017	360	1276	7606
谷物的种植	225173	55814	51300	37498		776	1228
薯类的种植	3344	182			360		
油料的种植	3522	1694	1964	6329			281
豆类的种植	30750	2684					1133
棉花的种植	19125	7969	39637	32137			4864
麻类的种植	625	301	860				
糖料的种植	5989	2158	1231	843			
烟草的种植	1206	302	209				
其他作物的种植	73744	36779	24704	210		500	100
蔬菜、园艺作物的种植	377939	71773	16432	601			497
蔬菜的种植	208283	37771	12286	601			
花卉的种植	93930	22458	2756				497
其他园艺作物的种植	75726	11544	1390				
水果、坚果、饮料和香料作物的种植	124530	52997	22583	1651		72	183
水果、坚果的种植	109157	42441	20715	1651			183
茶及其他饮料作物的种植	12324	10043	439			72	
香料作物的种植	3049	513	1429				
中药材的种植	38333	12010	2759			2080	
林业	789930	574774	123510	6823	15	6651	714
林木的培育和种植	679009	394812	100484	5275	15	6351	596
育种和育苗	93880	70780	9878	1354		22	370
造林	511951	285483	82299	2432		5987	113
林木的抚育和管理	73178	38549	8307	1489	15	342	113
木材和竹材的采运	106062	98913	21526	1302		300	118
木材的采运	106062	98743	21526	1302		300	118
竹材的采运		170					
林产品的采集	4859	81049	1500	246			
畜牧业	618654	252788	75243	5230	1631	4178	3353
牲畜的饲养	406985	189714	58808	5230	872	4178	2998
猪的饲养	94753	21479	8904				
家禽的饲养	41196	31973	3939		1		355
狩猎和捕捉动物	300	178					
其他畜牧业	75420	9444	3592		758		
渔业	127574	58766	15305	268			1258
海洋渔业	73672	40697	1740				1150
海水养殖	71901	38346	1423				950

注:本表不含房地产开发投资、城镇工矿区私人建房投资。

国民经济行业小类按建设性质分的城镇投资（二）

单位：万元

行业	新建	扩建	改建	单纯建造生活设施	迁建	恢复	单纯购置
海洋捕捞	1771	2351	317				200
内陆渔业	53902	18069	13565	268			108
内陆养殖	53752	18069	13565	268			108
内陆捕捞	150						
农、林、牧、渔服务业	717763	275805	228490	16028	7780	13952	21346
农业服务业	563349	230276	191857	11445	6215	9720	20746
灌溉服务	221341	129559	136205	992	71	4494	76
农产品初加工服务	110232	34006	13822	807	4558		296
其他农业服务	231776	66711	41830	9646	1586	5226	20374
林业服务业	47594	22888	14214	607	15	798	227
畜牧服务业	65577	20581	20391	2854	1550	3434	213
兽医服务	17437	3231	859	2029	50		73
其他畜牧服务	48140	17350	19532	825	1500	3434	140
渔业服务业	41243	2060	2028	1122			160
（二）采矿业	**4800426**	**7799632**	**2708228**	**94769**	**8054**	**2975**	**104424**
煤炭开采和洗选业	1879771	1121164	1286028	51435	5226	756	19917
烟煤和无烟煤的开采洗选	1855340	996073	1254606	51435	4125	756	19141
褐煤的开采洗选	18419	119727	23874		1101		556
其他煤炭采选	6012	5364	7548				220
石油和天然气开采业	2236782	6029421	1120658	9468			63570
天然原油和天然气开采	2083360	5954554	1113898	9468			62650
与石油和天然气开采有关的服务	153422	74867	6760				920
黑色金属矿采选业	219239	169768	85094	18541	120	1865	6208
铁矿采选	206319	165035	83600	18541	120	1865	5238
其他黑色金属矿采选	12920	4733	1494				970
有色金属矿采选业	218736	336267	135398	8982	1665	354	7316
常用有色金属矿采选	154100	98111	92397	3628	1165	354	5500
铜矿采选	86253	39143	16590			354	1227
铅锌矿采选	34669	47287	43679	3628	1165		2503
镍钴矿采选	13532	1004	9387				
锡矿采选	5615	8199	21971				
锑矿采选	770	1020					
铝矿采选	3990	400					1650
镁矿采选	1850	100					
其他常用有色金属矿采选	7421	958	770				120
贵金属矿采选	46453	214402	27737	3421	500		1446
金矿采选	39842	213106	25737	2921	500		1380
银矿采选	6536	1296	2000	500			66
其他贵金属矿采选	75						
稀有稀土金属矿采选	18183	23754	15264	1933			370

国民经济行业小类按建设性质分的城镇投资（三）

单位：万元

行　　业	新建	扩建	改建	单纯建造生活设施	迁建	恢复	单纯购置
钨钼矿采选	5017	15895	12204	1873			320
稀土金属矿采选	9457	3000	690				
放射性金属矿采选		59	180				
其他稀有金属矿采选	3709	4800	2190	60			50
非金属矿采选业	230640	141152	80700	6163	1043		7350
土砂石开采	130125	78941	25737	1941	410		5563
石灰石、石膏开采	34370	19590	12744	500			2851
建筑装饰用石开采	46215	19209	3223	234	50		100
耐火土石开采	7942	10107	2833		360		
黏土及其他土砂石开采	41598	30035	6937	1207			2612
化学矿采选	17363	10548	11501				1101
采盐	22308	36313	30710	4130			
石棉及其他非金属矿采选	60844	15350	12752	92	633		686
石棉、云母矿采选	2086	2569	1474				
石墨、滑石采选	11352	2406	2997	92	633		686
宝石、玉石开采	2351						
其他非金属矿采选	45055	10375	8281				
其他采矿业	15258	1860	350	180			63
其他采矿业	15258	1860	350	180			63
（三）制造业	**48280902**	**38087999**	**15390958**	**594503**	**2210853**	**44751**	**2829542**
农副食品加工业	1993594	1506802	325847	34133	67244	15400	45737
谷物磨制	174046	111695	29266	1426	9409		2701
饲料加工	192899	121122	30211	572	1640		2158
植物油加工	434055	266411	54716	22742	30350	14300	8122
食用植物油加工	427304	264461	53692	22742	30270	2300	8072
非食用植物油加工	6751	1950	1024		80	12000	50
制糖	17853	79932	48993	3091	500	1100	9832
屠宰及肉类加工	448461	373820	76798	4652	14386		2568
畜禽屠宰	227147	153270	38887	3220	4077		1632
肉制品及副产品加工	221314	220550	37911	1432	10309		936
水产品加工	199721	136438	18799		450		10702
水产品冷冻加工	138199	96973	14332		450		2721
鱼糜制品及水产品干腌制加工	25530	25964	2320				6147
水产饲料制造	18976	3981	455				
鱼油提取及制品的制造	1200						
其他水产品加工	15816	9520	1692				1834
蔬菜、水果和坚果加工	251907	146265	22649	360	6552		6723
其他农副食品加工	274652	271119	44415	1290	3957		2931
淀粉及淀粉制品的制造	126631	181965	23206	1290	1800		1832
豆制品制造	27427	8401	4655		173		860

国民经济行业小类按建设性质分的城镇投资（四）

单位：万元

行　　业	新建	扩建	改建	单纯建造生活设施	迁建	恢复	单纯购置
蛋品加工	9778	4800	6663		700		
其他未列明的农副食品加工	110816	75953	9891		1284		239
食品制造业	1461962	1097074	245747	32034	49889	85	42407
焙烤食品制造	125566	97163	18541	1367	6944		3258
糕点、面包制造	51832	27288	10277	570	4744		1508
饼干及其他焙烤食品制造	73734	69875	8264	797	2200		1750
糖果、巧克力及蜜饯制造	88590	33801	10813	1040			1349
糖果、巧克力制造	47163	26251	6928	1040			1349
蜜饯制作	41427	7550	3885				
方便食品制造	214776	122943	30706		731		6944
米、面制品制造	59791	38639	12639		731		2581
速冻食品制造	29094	28233	10249				60
方便面及其他方便食品制造	125891	56071	7818				4303
液体乳及乳制品制造	438841	326103	71135	21045	4641		20065
罐头制造	82236	138863	22932	1934	8042	85	873
肉、禽类罐头制造	11512	11818	2720		5624		713
水产品罐头制造	6550	2358	6216		118		
蔬菜、水果罐头制造	59626	116743	13666	1934	2300	85	160
其他罐头食品制造	4548	7944	330				
调味品、发酵制品制造	155945	154664	29031	6418	23360		4573
味精制造	49189	75767	9877		2650		486
酱油、食醋及类似制品的制造	38306	15173	12700	5534	18661		1834
其他调味品、发酵制品制造	68450	63724	6454	884	2049		2253
其他食品制造	356008	223537	62589	230	6171		5345
营养、保健食品制造	52615	32237	8850		1920		304
冷冻饮品及食用冰制造	46821	17989	21258	180	3376		1855
盐加工	25831	19599	10700	50			1468
食品及饲料添加剂制造	124144	111315	15499		650		876
其他未列明的食品制造	106597	42397	6282		225		842
饮料制造业	865451	897295	264928	11334	21341	5303	45241
酒精制造	171782	14887	8040		395	5000	578
酒的制造	284133	540486	196676	6716	12544		17022
白酒制造	78539	180300	99970	4188	2694		4217
啤酒制造	91904	238975	77252	735	8550		5187
黄酒制造	32706	18374	470				2268
葡萄酒制造	60773	71337	7920		550		3250
其他酒制造	20211	31500	11064	1793	750		2100
软饮料制造	389853	325612	57249	3006	7796	303	26981
碳酸饮料制造	54826	18227	1214	686	4365		16405
瓶（罐）装饮用水制造	70628	44414	7061	1274	35		1188

国民经济行业小类按建设性质分的城镇投资（五）

单位：万元

行业	新建	扩建	改建	单纯建造生活设施	迁建	恢复	单纯购置
果菜汁及果菜汁饮料制造	169257	161418	32622		340		5405
含乳饮料和植物蛋白饮料制造	46061	36500	10741				3182
固体饮料制造	6741	9954	874				498
茶饮料及其他软饮料制造	42340	55099	4737	1046	3056	303	303
精制茶加工	19683	16310	2963	1612	606		660
烟草制品业	63745	379042	235273	8097	122454		52175
烟叶复烤	11583	49977	11059	18	1137		476
卷烟制造	39376	323741	222161	8079	104369		49679
其他烟草制品加工	12786	5324	2053		16948		2020
纺织业	2626465	2311431	830387	34922	105938	441	231893
棉、化纤纺织及印染精加工	1414479	1314605	516678	22313	56393		101937
棉、化纤纺织加工	1188124	1041855	445143	20228	36925		89910
棉、化纤印染精加工	226355	272750	71535	2085	19468		12027
毛纺织和染整精加工	232861	247839	151389	5450	16400		58091
毛条加工	89430	125105	102017	1716	3000		21992
毛纺织	91610	101483	41909	800	3900		29969
毛染整精加工	51821	21251	7463	2934	9500		6130
麻纺织	32518	97591	13687	50	2220		1660
丝绢纺织及精加工	155142	112056	65853	1708	4929	441	11565
缫丝加工	9762	41347	9360	1708	1710	441	1260
绢纺和丝织加工	73398	39907	21082		205		8072
丝印染精加工	71982	30802	35411		3014		2233
纺织制成品制造	465365	291981	50708	2060	15769		13877
棉及化纤制品制造	189400	104049	20365	1175	9556		5180
毛制品制造	19178	9278	1846				210
麻制品制造	12309	2308	2820				130
丝制品制造	4412	11163	3664				1000
绳、索、缆的制造	5291	3202	3516		50		83
纺织带和帘子布制造	36310	30455	2544		5500		630
无纺布制造	105890	36937	7867	100			1791
其他纺织制成品制造	92575	94589	8086	785	663		4853
针织品、编织品及其制品制造	326100	247359	32072	3341	10227		44763
棉、化纤针织品及编织品制造	145881	109274	18910	1750	7787		17637
毛针织品及编织品制造	120409	82257	7928	1391	1270		8837
丝针织品及编织品制造	32745	30134	3208	200			2621
其他针织品及编织品制造	27065	25694	2026		1170		15668
纺织服装、鞋、帽制造业	1131826	652967	85279	6302	24573	250	93957
纺织服装制造	1067044	591836	79681	4112	22217	250	84880
纺织面料鞋的制造	38340	54203	798	2190	2356		9077
制帽	26442	6928	4800				

国民经济行业小类按建设性质分的城镇投资（六）

单位：万元

行业	新建	扩建	改建	单纯建造生活设施	迁建	恢复	单纯购置
皮革、毛皮、羽毛(绒)及其制品业	585937	231017	60879	2510	4570	100	51728
皮革鞣制加工	70508	41669	9562	652	100		5435
皮革制品制造	458716	151126	47953	1858	4470	100	45573
皮鞋制造	308869	85330	24838	1078	1470	100	40649
皮革服装制造	52812	34646	4820		3000		535
皮箱、包(袋)制造	58970	15036	13699	380			3129
皮手套及皮装饰制品制造	13825	3456	1233	400			
其他皮革制品制造	24240	12658	3363				1260
毛皮鞣制及制品加工	33043	13023	3080				300
毛皮鞣制加工	4070	6250	2230				50
毛皮服装加工	18605	1150	550				200
其他毛皮制品加工	10368	5623	300				50
羽毛(绒)加工及制品制造	23670	25199	284				420
羽毛(绒)加工	12875	7061	204				200
羽毛(绒)制品加工	10795	18138	80				220
木材加工及木竹藤棕草制品制造	682847	256492	179018	3498	8895	660	23682
锯材、木片加工	77054	22405	34163	2599	1000	60	5090
锯材加工	49278	12276	14596	1420	1000		4990
木片加工	27776	10129	19567	1179		60	100
人造板制造	439604	179907	104193	479	4495	600	8968
胶合板制造	111176	43581	17779	230	995	600	1875
纤维板制造	196678	83299	65931	249	1900		3379
刨花板制造	21343	9804	2119				800
其他人造板、材制造	110407	43223	18364		1600		2914
木制品制造	125067	29751	37611	420	3400		8810
建筑用木料及木材组件加工	53026	15602	29606	300	3400		6546
木容器制造	10238	2974	1460				318
软木制品及其他木制品制造	61803	11175	6545	120			1946
竹、藤、棕、草制品制造	41122	24429	3051				814
家具制造业	490977	174498	41570	4114	7316		19002
木质家具制造	358509	150314	32565	1614	4516		14487
竹、藤家具制造	3952	3420	2050				50
金属家具制造	65197	10141	5267		2800		1298
塑料家具制造	17865	4434					1329
其他家具制造	45454	6189	1688	2500			1838
造纸及纸制品业	1373314	1422667	249639	5968	31537	756	53491
纸浆制造	511525	85342	15503				1950
造纸	535019	1149019	200398	1574	17749	756	23477
机制纸及纸板制造	478568	1085738	185185	1574	4985	756	22363
手工纸制造	9910	800	1240				130

国民经济行业小类按建设性质分的城镇投资（七）

单位：万元

行　　业	新建	扩建	改建	单纯建造生活设施	迁建	恢复	单纯购置
加工纸制造	46541	62481	13973		12764		984
纸制品制造	326770	188306	33738	4394	13788		28064
纸和纸板容器的制造	183582	96036	15377	558	10895		14981
其他纸制品制造	143188	92270	18361	3836	2893		13083
印刷业和记录媒介的复制	541430	367613	109376	4850	78489	194	145190
印刷	464798	339188	104804	4850	77539	194	126972
书、报、刊印刷	101826	74401	26145	4338	15555	194	36843
本册印制	67796	26515	11619	227	657		15788
包装装潢及其他印刷	295176	238272	67040	285	61327		74341
装订及其他印刷服务活动	41419	14635	4396		950		11246
记录媒介的复制	35213	13790	176				6972
文教体育用品制造业	246832	147173	18865	337	3566		15887
文化用品制造	57958	25036	3662	137	2666		3458
文具制造	38755	13737	600				786
笔的制造	8575	6653	2862	137	2041		125
教学用模型及教具制造	3179	1350	200				
墨水、墨汁制造	750	146					1500
其他文化用品制造	6699	3150			625		1047
体育用品制造	63423	48576	5421		900		7703
球类制造	8781	2376	310		900		167
体育器材及配件制造	19787	8589	2240				2107
训练健身器材制造	13854	20755	1688				5188
运动防护用具制造	3045	300					
其他体育用品制造	17956	16556	1183				241
乐器制造	16486	20535	1279				325
中乐器制造	4880	1086	621				
西乐器制造	7416	7963	658				
电子乐器制造	2690	11486					
其他乐器及零件制造	1500						325
玩具制造	104267	49626	7903	200			4351
游艺器材及娱乐用品制造	4698	3400	600				50
露天游乐场所游乐设备制造	1203	900	600				50
游艺用品及室内游艺器材制造	3495	2500					
石油加工、炼焦及核燃料加工业	1260381	1328387	582618	30906	12280	260	5570
精炼石油产品的制造	351301	573649	393944	27794	3790		1800
原油加工及石油制品制造	350771	566919	389592	27794	3690		1580
人造原油生产	530	6730	4352		100		220
炼焦及其他	909080	754738	188674	3112	8490	260	3770
化学原料及化学制品制造业	5571504	3815209	1368290	38275	109326	8388	103178

国民经济行业小类按建设性质分的城镇投资（八）

单位：万元

行业	新建	扩建	改建	单纯建造生活设施	迁建	恢复	单纯购置
基础化学原料制造	1927732	974303	402451	17515	25145		16704
无机酸制造	75735	111199	30725	3955	800		803
无机碱制造	108750	176662	142184	13063	4850		1055
无机盐制造	78798	125262	42626	9	7810		4950
有机化学原料制造	1195484	404293	128459	128	8915		4214
其他基础化学原料制造	468965	156887	58457	360	2770		5682
肥料制造	679218	909885	370079	15268	2510	3560	14924
氮肥制造	293035	657604	259524	10680		2760	3988
磷肥制造	52913	84844	32908	259	730	800	958
钾肥制造	77694	22962	6746				
复混肥料制造	146724	117103	50307	4320	1780		8110
有机肥料及微生物肥料制造	50690	17695	15134				808
其他肥料制造	58162	9677	5460	9			1060
农药制造	104227	162450	44767	50	9352		6906
化学农药制造	70623	122974	37663	50	9352		6696
生物化学农药及微生物农药制造	33604	39476	7104				210
涂料、油墨、颜料及类似产品制造	309011	265958	46483	200	31312	2104	18993
涂料制造	168482	156785	15713		6012		5309
油墨及类似产品制造	30076	10225	300		2300	2104	6486
颜料制造	27598	37887	5160				446
染料制造	32798	43990	25310	200	22500		6092
密封用填料及类似品制造	50057	17071			500		660
合成材料制造	1517770	825746	293679	1528	4528		10190
初级形态的塑料及合成树脂制造	1366458	386621	205935	519	2226		1435
合成橡胶制造	14421	26706	12700	1009	1502		3030
合成纤维单(聚合)体的制造	64799	116675	72650				4736
其他合成材料制造	72092	295744	2394		800		989
专用化学产品制造	723194	536886	162916	3408	35840	2724	19928
化学试剂和助剂制造	159474	127330	41586	390	24277		4452
专项化学用品制造	175117	75910	23519	864	1350		7324
林产化学产品制造	22487	16909	3224	220	400	320	1630
环境污染处理专用药剂材料制造	10391	6654					62
动物胶制造	7223	20794	9120				100
其他专用化学产品制造	348502	289289	85467	1934	9813	2404	6360
日用化学产品制造	310352	139981	47915	306	639		15533
肥皂及合成洗涤剂制造	143117	77605	12224	155	300		7571
化妆品制造	61402	23751	8841				3157
口腔清洁用品制造	13888	6995	9693				1000

国民经济行业小类按建设性质分的城镇投资（九）

单位：万元

行业	新建	扩建	改建	单纯建造生活设施	迁建	恢复	单纯购置
香料、香精制造	20405	5548	11673	151			820
其他日用化学产品制造	71540	26082	5484		339		2985
医药制造业	2169049	1628363	867593	11085	279828		58563
化学药品原药制造	298099	364371	189413	1145	40705		9533
化学药品制剂制造	566842	466091	210472	5861	108843		19807
中药饮片加工	339768	235056	136930	2869	30926		9829
中成药制造	413548	304018	266625		79355		4606
兽用药品制造	121912	44869	29431		17227		2124
生物、生化制品的制造	354103	121275	23424	1210	2472		7213
卫生材料及医药用品制造	74777	92683	11298		300		5451
化学纤维制造业	436259	635419	97492	5001	2460		33205
纤维素纤维原料及纤维制造	234259	72907	32804	480	460		507
化纤浆粕制造	4848	15388	1368		460		100
人造纤维（纤维素纤维）制造	229411	57519	31436	480			407
合成纤维制造	202000	562512	64688	4521	2000		32698
锦纶纤维制造	12645	26432	8296		2000		
涤纶纤维制造	53637	428945	33906	3841			26603
腈纶纤维制造	2434	3369	2184				
维纶纤维制造	10842	47341	2445	680			
其他合成纤维制造	122442	56425	17857				6095
橡胶制品业	396852	822750	154227	1929	5217		33958
轮胎制造	118860	695473	79283		1417		1794
车辆、飞机及工程机械轮胎制造	106576	683343	78133		1100		1454
力车胎制造	10006	7900	100		317		340
轮胎翻新加工	2278	4230	1050				
橡胶板、管、带的制造	43709	27853	17680	197	1800		115
橡胶零件制造	56940	30312	10375	540			2237
再生橡胶制造	6840	14292	5650	910	900		7919
日用及医用橡胶制品制造	33861	20545	8817	151			320
橡胶靴鞋制造	23961	16645	26779	131			838
其他橡胶制品制造	112681	17630	5643		1100		20735
塑料制品业	1529288	725608	173984	5431	26318		118383
塑料薄膜制造	320225	195370	16554	1074	4410		11471
塑料板、管、型材的制造	388121	163448	63435	12	13043		12604
塑料丝、绳及编织品的制造	97650	84716	32054	80	40		6607
泡沫塑料制造	101411	55547	7447		3711		2268
塑料人造革、合成革制造	43002	37381	8006	2500			3589
塑料包装箱及容器制造	168098	45828	10235	1375	183		12406
塑料零件制造	75524	31161	12672		3000		32042
日用塑料制造	71834	24003	2464	320	761		13461

国民经济行业小类按建设性质分的城镇投资（十）

单位：万元

行业	新建	扩建	改建	单纯建造生活设施	迁建	恢复	单纯购置
塑料鞋制造	15667	6253	898	320	761		96
日用塑料杂品制造	56167	17750	1566				13365
其他塑料制品制造	263423	88154	21117	70	1170		23935
非金属矿物制品业	3673530	2856063	972278	32611	138520	4230	95270
水泥、石灰和石膏的制造	1324500	1277649	553429	14153	63963	3801	11974
水泥制造	1298955	1267434	551729	14153	63880	3801	10729
石灰和石膏制造	25545	10215	1700		83		1245
水泥及石膏制品制造	422884	289410	59331	5538	9719		28620
水泥制品制造	257592	214440	48248	2966	3099		23594
砼结构构件制造	57510	25099	4734	262	6500		1371
石棉水泥制品制造	4720	2843	235	680			1844
轻质建筑材料制造	63609	33544	3714		120		1611
其他水泥制品制造	39453	13484	2400	1630			200
砖瓦、石材及其他建筑材料制造	760710	419708	94143	5547	9424	259	24401
黏土砖瓦及建筑砌块制造	185096	56812	21293	2077	1181	159	15080
建筑陶瓷制品制造	170525	226900	28652	300	3280		917
建筑用石加工	211154	67690	17073	150	1650		2892
防水建筑材料制造	59674	20706	3350	20	2910		1208
隔热和隔音材料制造	29989	17250	5758		53		440
其他建筑材料制造	104272	30350	18017	3000	350	100	3864
玻璃及玻璃制品制造	552209	475497	155887	3653	27798		13675
平板玻璃制造	133535	69742	52711	963	12359		5010
技术玻璃制品制造	163495	72260	14856	300	2400		1047
光学玻璃制造	20006	20990	1200				1960
玻璃仪器制造	9875	10104	5538				
日用玻璃制品及玻璃包装容制造	69392	89480	25692	1580	7196		2736
玻璃保温容器制造	12660	21552	930	650			
玻璃纤维及制品制造	40798	117654	47276	160	3055		1802
玻璃纤维增强塑料制品制造	30133	40819	2799				295
其他玻璃制品制造	72315	32896	4885		2788		825
陶瓷制品制造	244596	116683	31469	2055	16460		6414
卫生陶瓷制品制造	84344	27424	5957		1500		777
特种陶瓷制品制造	30324	10266	2895		12100		1600
日用陶瓷制品制造	117759	73333	21614	1679	2860		3688
园林、陈设艺术及其他陶瓷制造	12169	5660	1003	376			349
耐火材料制品制造	119834	74590	37773	765	1987		6007
石棉制品制造	7714	7773	1835				123
云母制品制造	1180	1970	320				
耐火陶瓷制品及其他耐火材料	110940	64847	35618	765	1987		5884
石墨及其他非金属矿物制品制造	248797	202526	40246	900	9169	170	4179

国民经济行业小类按建设性质分的城镇投资（十一）

单位：万元

行业	新建	扩建	改建	单纯建造生活设施	迁建	恢复	单纯购置
石墨及碳素制品制造	137668	136872	17623	354	7000	170	1793
其他非金属矿物制品制造	111129	65654	22623	546	2169		2386
黑色金属冶炼及压延加工业	3758453	5575973	4565193	40937	38285	6087	45363
炼铁	609186	903762	398447	1226	2750	3280	1375
炼钢	858649	2097865	2759994	22423	3000	2000	30841
钢压延加工	1712923	2165901	843796	1396	30141		7906
铁合金冶炼	577695	408445	562956	15892	2394	807	5241
有色金属冶炼及压延加工业	2038678	1849930	587682	11651	22160	1176	39253
常用有色金属冶炼	1447970	1502592	416597	2510	8562	776	8288
铜冶炼	58735	76414	78054	1632	6436		3340
铅锌冶炼	71412	71938	34967	350	626	630	847
镍钴冶炼	16621	102678	5444	155		90	
锡冶炼	2196	16789	3165			56	
锑冶炼	1913	3492	7617				
铝冶炼	1251219	1188059	277878	373			2889
镁冶炼	21536	16822	4846		1500		773
其他常用有色金属冶炼	24338	26400	4626				439
贵金属冶炼	127351	54732	31016		5000		722
金冶炼	114812	35661	27856				722
银冶炼	5778	16818			5000		
其他贵金属冶炼	6761	2253	3160				
稀有稀土金属冶炼	73814	66179	33331	1692	458	400	5949
钨钼冶炼	1369	23122	13467	1454			4820
稀土金属冶炼	15043	23265	6594			400	440
其他稀有金属冶炼	57402	19792	13270	238	458		689
有色金属合金制造	98761	16376	31783		1999		3927
有色金属压延加工	290782	210051	74955	7449	6141		20367
常用有色金属压延加工	259290	184493	68317	7449	6141		19132
贵金属压延加工	15978	100	1930				
稀有稀土金属压延加工	15514	25458	4708				1235
金属制品业	1670940	746522	218385	12940	51611		102386
结构性金属制品制造	627831	253637	44577	7265	11077		17219
金属结构制造	522302	200856	26798	7113	9088		11431
金属门窗制造	105529	52781	17779	152	1989		5788
金属工具制造	140157	87538	21047	1316	6293		17632
切削工具制造	16279	32757	5316		2090		6363
手工具制造	17575	16412	7800	480	1203		7980
农用及园林用金属工具制造	4595	1651	3090	600	3000		110
刀剪及类似日用金属工具制造	42515	2565					130
其他金属工具制造	59193	34153	4841	236			3049

国民经济行业小类按建设性质分的城镇投资（十二）

单位：万元

行　　业	新建	扩建	改建	单纯建造生活设施	迁建	恢复	单纯购置
集装箱及金属包装容器制造	109389	40486	25700	1332	5241		13367
集装箱制造	40437	15801	14266				2834
金属压力容器制造	19172	9335	2195	1332			245
金属包装容器制造	49780	15350	9239		5241		10288
金属丝绳及其制品的制造	74076	89068	55389	205	5090		3762
建筑、安全用金属制品制造	211811	101457	43016	2000	7588		14249
建筑、家具用金属配件制造	75331	45480	21651	1334	5490		3422
建筑装饰及水暖管道零件制造	88171	26032	13962	666	2098		3712
安全、消防用金属制品制造	11335	2955	2928				5003
其他建筑、安全用金属制品制造	36974	26990	4475				2112
金属表面处理及热处理加工	112124	30714	6332		11982		2853
搪瓷制品制造	7818	8593	440		3400		2145
工业生产配套用搪瓷制品制造	3375	2865	80				630
搪瓷卫生洁具制造	52	1711					
搪瓷日用品及其他搪瓷制品制造	4391	4017	360		3400		1515
不锈钢及类似日用金属制品制造	220065	88444	13442	822	940		16142
金属制厨房调理及卫生器具制造	41713	15278	6305				1038
金属制厨用器皿及餐具制造	79993	37111	6149		880		6016
其他日用金属制品制造	98359	36055	988	822	60		9088
其他金属制品制造	167669	46585	8442				15017
铸币及贵金属制实验室用品制造	1106	745	6352				6603
其他未列明的金属制品制造	166563	45840	2090				8414
通用设备制造业	1495883	1270129	502189	39641	158964	1200	168642
锅炉及原动机制造	145911	154463	158858	6205	14644		37142
锅炉及辅助设备制造	45358	35699	18487	315	5503		6967
内燃机及配件制造	88400	87451	117286	5170	7429		25381
汽轮机及辅机制造	2757	24358	20895	720	1712		4730
水轮机及辅机制造	3307	6213	300				
其他原动机制造	6089	742	1890				64
金属加工机械制造	266540	230975	100348	4904	66514	1200	24478
金属切削机床制造	61384	57206	20540	1742	55606	1200	1864
金属成形机床制造	23717	10505	11281	1500	3495		1125
铸造机械制造	45050	26643	37825	840	2148		560
金属切割及焊接设备制造	17358	5470	2078	163	200		60
机床附件制造	20261	69010	6960	530			8888
其他金属加工机械制造	98770	62141	21664	129	5065		11981
起重运输设备制造	81866	72794	34064	7233	6333		28432
泵、阀门、压缩机及类似机械的制造	166127	163884	45287	8878	47680		12197
泵及真空设备制造	44150	51847	25519	670	10773		7749
气体压缩机械制造	39195	24798	8046	1390	3211		443

国民经济行业小类按建设性质分的城镇投资（十三）

单位：万元

行　　业	新建	扩建	改建	单纯建造生活设施	迁建	恢复	单纯购置
阀门和旋塞的制造	44657	50831	5944	318	6629		1263
液压和气压动力机械及元件制	38125	36408	5778	6500	27067		2742
轴承、齿轮、传动和驱动部件制造	150018	99076	39178	3358	7448		9046
轴承制造	95293	72459	23930	3198	200		3061
齿轮、传动和驱动部件制造	54725	26617	15248	160	7248		5985
烘炉、熔炉及电炉制造	4681	2386	194	1592			
风机、衡器、包装设备等通用设备制造	275706	233781	44956	4438	7414		32019
风机、风扇制造	32787	40612	20547	739	50		5534
气体、液体分离及纯净设备制造	20197	7076	473	350			1110
制冷、空调设备制造	89492	62125	11805	90			8879
风动和电动工具制造	30133	21323	2933		432		4222
喷枪及类似器具制造	850		300				
包装专用设备制造	28983	36406	2200		3643		419
衡器制造	3382	9230	88		445		150
其他通用设备制造	69882	57009	6610	3259	2844		11705
通用零部件制造及机械修理	215125	87179	38327	2472	2468		7263
金属密封件制造	26431	8217	1285	210	685		235
紧固件、弹簧制造	32229	26408	3174	361	500		789
机械零部件加工及设备修理	81999	23424	8936	1196	433		1599
其他通用零部件制造	74466	29130	24932	705	850		4640
金属铸、锻加工	189909	225591	40977	561	6463		18065
钢铁铸件制造	151386	168750	24709	561	4703		16395
锻件及粉末冶金制品制造	38523	56841	16268		1760		1670
专用设备制造业	1619897	951763	479712	68564	178769		105623
矿山、冶金、建筑专用设备制造	301326	136584	166980	7227	90140		18492
采矿、采石设备制造	64506	27918	37576	2277	35609		9789
石油钻采专用设备制造	22687	12187	3156	1506	1220		830
建筑工程用机械制造	78937	41501	81599	212	51914		5710
建筑材料生产专用机械制造	107752	33422	11532	2444	1317		871
冶金专用设备制造	27444	21556	33117	788	80		1292
化工、木材、非金属加工专用设	275554	139352	33298	2815	9009		18758
炼油、化工生产专用设备制造	25954	24519	21060	2172	5546		1986
橡胶加工专用设备制造	28243	18902		68	2629		995
塑料加工专用设备制造	32035	29649	2769				1659
木材加工机械制造	17696	11865	740		834		687
模具制造	144219	50937	7329	450			13431
其他非金属加工专用设备制造	27407	3480	1400	125			
食品、饮料、烟草及饲料专用设备制造	59882	36142	5345	300	622		2892
食品、饮料、烟草工业专用设备制造	35224	25345	2148	300			2449
农副食品加工专用设备制造	21842	10414	3197		622		400

国民经济行业小类按建设性质分的城镇投资（十四）

单位：万元

行　　业	新建	扩建	改建	单纯建造生活设施	迁建	恢复	单纯购置
饲料生产专用设备制造	2816	383					43
印刷、制药、日化生产专用设备制造	127179	119993	25150	3954	25130		12345
制浆和造纸专用设备制造	15739	17227	6217	3624	2684		999
印刷专用设备制造	41513	51050	3657		18299		10805
日用化工专用设备制造	8292	6218	5376				100
制药专用设备制造	4048	6486	700		863		166
照明器具生产专用设备制造	10967	8686	2100	140			275
玻璃、陶瓷和搪瓷制品专用设备制造	34642	7082	1090	190	3284		
其他日用品生产专用设备制造	11978	23244	6010				
纺织、服装和皮革工业专用设备制造	132643	104509	19140	2442	7490		8510
纺织专用设备制造	105959	73688	15175	2442	3800		5884
皮革、毛皮及其制品加工设备制造	10962	4670	505				1060
缝纫机械制造	11746	25391	3100		3690		1292
其他服装加工专用设备制造	3976	760	360				274
电子和电工机械专用设备制造	329789	149508	99854	47834	21476		17804
农、林、牧、渔专用机械制造	152730	142025	66474	2407	11261		10784
拖拉机制造	37266	65834	39417	1351	9809		5801
机械化农业及园艺机具制造	64170	20956	10627		1452		680
营林及木竹采伐机械制造							
畜牧机械制造	255	1368	1540				
渔业机械制造	894	1563	840				
农林牧渔机械配件制造	25309	16499	3555	92			898
其他农林牧渔业机械制造	24836	35805	10495	964			3405
医疗仪器设备及器械制造	102633	40009	12112	40	5511		3837
医疗诊断、监护及治疗设备制造	39359	10622	8305		640		2473
口腔科用设备及器具制造	2295	40			2818		
实验室及医用消毒设备和器具制造	1709	526			33		205
医疗、外科及兽医用器械制造	18532	20329	1574				103
机械治疗及病房护理设备制造	8402	3586	2033				95
假肢、人工器官及植（介）入	1804	2465					830
其他医疗设备及器械制造	30532	2441	200	40	2020		131
环保、社会公共安全及其他专用制造	138161	83641	51359	1545	8130		12201
环境污染防治专用设备制造	57937	29680	15937	83	30		1967
地质勘察专用设备制造	729	1029	50				300
邮政专用机械及器材制造							50
商业、饮食、服务业专用设备制造	8500	3790	20000		150		1643

国民经济行业小类按建设性质分的城镇投资（十五）

单位：万元

行　　业	新建	扩建	改建	单纯建造生活设施	迁建	恢复	单纯购置
社会公共安全设备及器材制造	13011	22944	1654				166
交通安全及管制专用设备制造	1750	90	600				
水资源专用机械制造	8241	7983		1462			
其他专用设备制造	47993	18125	13118		7950		8075
交通运输设备制造业	2315019	2926587	1362849	97144	283447	76	185882
铁路运输设备制造	25794	115826	127312	4676	40		23834
铁路机车车辆及动车组制造	6955	16488	84081	1310			9385
工矿有轨专用车辆制造	2461	14990	8386				
铁路机车车辆配件制造	10830	4095	7152	290			2599
铁路专用设备及器材、配件制造	3281	76511	5645	2971	40		2355
其他铁路设备制造及设备修理	2267	3742	22048	105			9495
汽车制造	1845830	2296331	997127	47846	240204	76	122475
汽车整车制造	502564	1298163	624220	5583	166361		5743
改装汽车制造	156864	96957	110969	500	9129		4925
电车制造	14178	3077	456				
汽车车身、挂车的制造	48241	31770	15400				2800
汽车零部件及配件制造	1056740	833386	230191	36183	62585		105305
汽车修理	67243	32978	15891	5580	2129	76	3702
摩托车制造	89356	124086	17730	1	9818		10845
摩托车整车制造	52266	45772	16401		2900		4676
摩托车零部件及配件制造	37090	78314	1329	1	6918		6169
自行车制造	63725	25858	7675	1048	769		3697
脚踏自行车及残疾人座车制造	20429	14435	2175		769		3627
助动自行车制造	43296	11423	5500	1048			70
船舶及浮动装置制造	87684	95952	120444	3082	15220		11014
金属船舶制造	43451	49212	87361	618	11384		7306
非金属船舶制造	10590	3000	470				
娱乐船和运动船的建造和修理	4675						
船用配套设备制造	25662	21406	20037	2464	2574		2040
船舶修理及拆船	2559	22334	12576		1262		1668
航标器材及其他浮动装置的制造	747						
交通器材及其他交通运输设备制造	202630	268534	92561	40491	17396		14017
交通管理用金属标志及设施制造	2248	2800	1114				
其他交通运输设备制造	200382	265734	91447	40491	17396		14017
电气机械及器材制造业	1449959	1043867	273479	10825	122950	145	254334

国民经济行业小类按建设性质分的城镇投资（十六）

单位：万元

行业	新建	扩建	改建	单纯建造生活设施	迁建	恢复	单纯购置
电机制造	122968	147382	36489	1104	6637		28224
发电机及发电机组制造	36100	28229	5083	388			521
电动机制造	38576	48806	18841	696	6637		4219
微电机及其他电机制造	48292	70347	12565	20			23484
输配电及控制设备制造	318265	250940	71005	5443	62960	145	31726
变压器、整流器和电感器制造	62366	78598	28719	916	9851		5806
电容器及其配套设备制造	8701	24003	831		1290		648
配电开关控制设备制造	83642	64485	21529	801	50211		9957
电力电子元器件制造	130458	47802	6537	521	687		8845
其他输配电及控制设备制造	33098	36052	13389	3205	921	145	6470
电线、电缆、光缆及电工器材制造	297488	172121	88262	2042	33506		16305
电线电缆制造	201304	120285	59271	2042	30286		13200
光纤、光缆制造	27713	17585	18156		2520		
绝缘制品制造	11388	24094	5153				191
其他电工器材制造	57083	10157	5682		700		2914
电池制造	149540	101030	22844	698	10497		10204
家用电力器具制造	312865	267347	39064	473	2195		133152
家用制冷电器具制造	72044	73328	19770				8686
家用空气调节器制造	60259	99024	4090		207		12531
家用通风电器具制造	25235	7412	3583				12512
家用厨房电器具制造	32434	12201	8516		628		87969
家用清洁卫生电器具制造	33878	5568	1534	50	500		6176
家用美容、保健电器具制造	8923	2490	300				4260
家用电力器具专用配件制造	9941	20899	1153				498
其他家用电力器具制造	70151	46425	118	423	860		520
非电力家用器具制造	66531	19874	2083	65	2821		7291
燃气、太阳能及类似能源器具制造	50106	19334	583	65	2571		4252
其他非电力家用器具制造	16425	540	1500		250		3039
照明器具制造	139558	68817	12523	1000	4034		7253
电光源制造	40348	28777	4239		3000		2460
照明灯具制造	74742	36937	1633	1000	958		3076
灯用电器附件及其他照明器具制造	24468	3103	6651		76		1717
其他电气机械及器材制造	42744	16356	1209		300		20179
车辆专用照明及电气信号设备制造	8873	5798	515				630
其他未列明的电气机械制造	33871	10558	694		300		19549
通信设备、计算机及其他电子设备制造	4791773	1708249	406876	16281	217333		552418
通信设备制造	479294	179239	72728	3715	4682		99752
通信传输设备制造	76028	37234	30428	3005	60		17301
通信交换设备制造	136683	24958	5200		2300		2554
通信终端设备制造	24480	32023	15777	690	522		11322

国民经济行业小类按建设性质分的城镇投资（十七）

单位：万元

行业	新建	扩建	改建	单纯建造生活设施	迁建	恢复	单纯购置
移动通信及终端设备制造	175634	35623	4552				64546
其他通信设备制造	66469	49401	16771	20	1800		4029
广播电视设备制造	24641	5761	266				2277
广播电视节目制作及发射设备制造	11907	2613	266				2000
广播电视接收设备及器材制造	3880	2105					277
应用电视设备及其他广播设备制造	8854	1043					
电子计算机制造	636003	255291	14056	6371	8006		51355
电子计算机整机制造	138645	118719	6490	1508			17586
计算机网络设备制造	85111	10000	1000				14506
电子计算机外部设备制造	412247	126572	6566	4863	8006		19263
电子器件制造	1799547	399396	147180	1500	178370		59912
电子真空器件制造	129532	80613	63319		173820		4454
半导体分立器件制造	241739	34837	8357				25155
集成电路制造	1132053	231070	29009				28466
光电子器件及其他电子器件制造	296223	52876	46495	1500	4550		1837
电子元件制造	1323797	572223	87940	1954	10326		255537
电子元件及组件制造	1221111	473220	82850	1954	10326		201372
印制电路板制造	102686	99003	5090				54165
家用视听设备制造	231246	226679	22480	1294	15758		27540
家用影视设备制造	195983	218521	22394	1294	7286		20123
家用音响设备制造	35263	8158	86		8472		7417
其他电子设备制造	297245	69660	62226	1447	191		56045
仪器仪表及文化、办公用机械制造	581617	268723	73304	12104	8412		82394
通用仪器仪表制造	122431	72383	24174	6536	3747		18731
工业自动控制系统装置制造	43974	29770	20413		450		6437
电工仪器仪表制造	29699	23740	1081	585	3002		1485
绘图、计算及测量仪器制造	4347	1782	710	5711	200		7326
实验分析仪器制造	9779	2114	1150				
试验机制造	1835	896			95		115
供应用仪表及其他通用仪器制造	32797	14081	820	240			3368
专用仪器仪表制造	64011	32678	13299	1760	695		2883
环境监测专用仪器仪表制造	3873	667	2532	500	224		604
汽车及其他用计数仪表制造	10704	1214	2870		200		347
农林牧渔专用仪器仪表制造	880	2800					
地质勘探和地震专用仪器制造	1834		453	710			714
教学专用仪器制造	1905	850	300				
电子测量仪器制造	23201	13331	2800		91		874

国民经济行业小类按建设性质分的城镇投资(十八)

单位：万元

行业	新建	扩建	改建	单纯建造生活设施	迁建	恢复	单纯购置
其他专用仪器制造	21614	13816	4344	550	180		344
钟表与计时仪器制造	34232	5203	3518	332	3970		10783
光学仪器及眼镜制造	153712	42328	6630	2476			12019
光学仪器制造	130288	33223	6060	2476			7569
眼镜制造	23424	9105	570				4450
文化、办公用机械制造	155611	87094	24512	1000			35953
电影机械制造	10257	16763		400			1411
幻灯及投影设备制造		951					50
照相机及器材制造	70853	40293	14107				16303
复印和胶印设备制造	18364	518	859				16069
计算器及货币专用设备制造	50072	27019	9396	600			2120
其他文化、办公用机械制造	6065	1550	150				
其他仪器仪表的制造及修理	51620	29037	1171				2025
工艺品及其他制造业	1422333	475282	50915	9958	29161		22323
工艺美术品制造	272909	179324	13757	7938	15678		15075
雕塑工艺品制造	28847	20491	1910		120		1670
金属工艺品制造	37703	8271	96		1335		2157
漆器工艺品制造	22132	2234			2797		240
花画工艺品制造	7581	5922	553		476		1541
天然植物纤维编织工艺品制造	17961	7143		960	64		
抽纱刺绣工艺品制造	26736	30538	1916		7643		433
地毯、挂毯制造	20844	42632	4461	370	1150		4332
珠宝首饰及有关物品的制造	41805	20198	1124	60	1175		3362
其他工艺美术品制造	69300	41895	3697	6548	918		1340
日用杂品制造	62050	23215	4068	1000	1783		2302
制镜及类似品加工	13643	5213					
鬃毛加工、制刷及清扫工具的制造	9146	5577	3998	1000	583		422
其他日用杂品制造	39261	12425	70		1200		1880
煤制品制造	30585	5942	4146	600			1017
其他未列明的制造业	1056789	266801	28944	420	11700		3929
废弃资源和废旧材料回收加工业	35107	15104	7084	1121			2407
金属废料和碎屑的加工处理	16428	10372	445				107
非金属废料和碎屑的加工处理	18679	4732	6639	1121			2300
(四)电力燃气及水的生产和供应业	**22329375**	**10043417**	**5295007**	**137168**	**47579**	**20715**	**165768**
电力、热力的生产和供应业	19138006	8785095	4806793	124114	25690	20064	148478
电力生产	12386094	4916784	1466191	58038	19627	18344	104455
火力发电	5633237	4513964	1235118	47418	13928	345	95509
水力发电	5586865	335181	188263	9677	5699	17999	7220
核力发电	876923		31730				570

国民经济行业小类按建设性质分的城镇投资（十九）

单位：万元

行　　业	新建	扩建	改建	单纯建造生活设施	迁建	恢复	单纯购置
其他能源发电	289069	67639	11080	943			1156
电力供应	6117353	3416437	3205077	62284	5963	1720	33762
热力生产和供应	634559	451874	135525	3792	100		10261
燃气生产和供应业	1101499	281581	114530	6863	1986		9957
燃气生产和供应业	1101499	281581	114530	6863	1986		9957
水的生产和供应业	2089870	976741	373684	6191	19903	651	7333
自来水的生产和供应	944421	709490	308968	5920	4578	151	7333
污水处理及其再生利用	1113178	263003	62046	155	15325	500	
其他水的处理、利用与分配	32271	4248	2670	116			
（五）建筑业	**2834800**	**1055864**	**786338**	**222497**	**103669**	**16411**	**260366**
房屋和土木工程建筑业	2554632	956001	749920	206823	81169	16361	237145
房屋工程建筑	1100640	308575	88034	165600	59277	680	49656
土木工程建筑	1453992	647426	661886	41223	21892	15681	187489
铁路、道路、隧道和桥梁工程	1164254	542134	542191	20655	5361	12231	100268
水利和港口工程建筑	113153	63162	48196	7134	2500	3450	62229
工矿工程建筑	19243	4774	1040	3366			2975
架线和管道工程建筑	83760	13332	37531	9688	850		15490
其他土木工程建筑	73582	24024	32928	380	13181		6527
建筑安装业	107393	40993	11401	12836	3714	50	10180
建筑安装业	107393	40993	11401	12836	3714	50	10180
建筑装饰业	49056	34260	17928	206	87		3961
建筑装饰业	49056	34260	17928	206	87		3961
其他建筑业	123719	24610	7089	2632	18699		9080
工程准备	80385	11768		2054			1894
提供施工设备服务	20821	3696	3825		951		2914
其他未列明的建筑活动	22513	9146	3264	578	17748		4272
（六）交通运输、仓储和邮政业	**31542435**	**9052839**	**11400562**	**151270**	**253512**	**45091**	**4244534**
铁路运输业	3105869	1112063	1029429	55654	653	400	1755900
铁路旅客运输	399357	216797	485351	32508		400	31252
铁路货物运输	2554659	729528	406112	11260	405		1692756
铁路运输辅助活动	151853	165738	137966	11886	248		31892
客运火车站	8309	32241	28959	300	248		199
货运火车站	997	930		260			
其他铁路运输辅助活动	142547	132567	109007	11326			31693
道路运输业	21848194	3956975	9302069	47322	32621	41706	848962
公路旅客运输	9869045	1403795	2997025	12028	5709	6077	593441
道路货物运输	1642967	283920	788142	5464	2000	2873	140537
道路运输辅助活动	10336182	2269260	5516902	29830	24912	32756	114984
客运汽车站	235099	67315	24991	1354	15723		22706
公路管理与养护	9213593	2077935	4685530	26946	8619	32736	67588

国民经济行业小类按建设性质分的城镇投资（二十）

单位：万元

行业	新建	扩建	改建	单纯建造生活设施	迁建	恢复	单纯购置
其他道路运输辅助活动	887490	124010	806381	1530	570	20	24690
城市公共交通业	3104382	283293	292505	5024	4429	350	689804
公共电汽车客运	572906	199124	209006	4909	3829		485875
轨道交通	2422810	4081	24497				
出租车客运	9439	4169	2123	115	600		167805
城市轮渡	6026	359	1009				79
其他城市公共交通	93201	75560	55870			350	36045
水上运输业	1654508	1454972	327334	3230	22024	2532	176344
水上旅客运输	83722	42718	4091		9126		24468
远洋旅客运输	40		97				10390
沿海旅客运输	26620	23800	700		460		5783
内河旅客运输	57062	18918	3294		8666		8295
水上货物运输	80894	87025	84956	2402	240		60011
远洋货物运输	16751	4306	5118	860			13066
沿海货物运输	37113	69667	65829				24868
内河货物运输	27030	13052	14009	1542	240		22077
水上运输辅助活动	1489892	1325229	238287	828	12658	2532	91865
客运港口	36493	103836	6380		2657	2062	820
货运港口	1320236	1143098	150073	676	9456	470	80201
其他水上运输辅助活动	133163	78295	81834	152	545		10844
航空运输业	631676	637060	48524	3708	163299		714246
航空客货运输	96758	244095	21801	744	86055		705837
航空旅客运输	67585	241718	21300	744	86055		705837
航空货物运输	29173	2377	501				
通用航空服务	8750	152821					870
航空运输辅助活动	526168	240144	26723	2964	77244		7539
机场	472777	145924	25309	2964	65866		3224
空中交通管理	41785	84427	890		11378		1574
其他航空运输辅助活动	11606	9793	524				2741
管道运输业	200168	1187997	29994	5711	16082		607
装卸搬运和其他运输服务业	155386	53358	246592	1021	852	103	6681
装卸搬运	115907	33439	245675	184	792	103	4937
运输代理服务	39479	19919	917	837	60		1744
仓储业	733397	255548	95234	14917	12752		42204
谷物、棉花等农产品仓储	138922	120052	34802	12644	2903		121
其他仓储	594475	135496	60432	2273	9849		42083
邮政业	108855	111573	28881	14683	800		9786
国家邮政	100598	109573	28881	14683	800		9786
其他寄递服务	8257	2000					
（七）信息传输、计算机服务和软件业	**5191400**	**9848585**	**1183516**	**55130**	**5748**	**901**	**172140**

国民经济行业小类按建设性质分的城镇投资（二十一）

单位：万元

行　　　业	新建	扩建	改建	单纯建造生活设施	迁建	恢复	单纯购置
电信和其他信息传输服务业	4895866	9733039	1169923	50715	5748	901	164321
电信	4266812	8406984	1041196	48404	1629	901	119689
固定电信服务	1834746	3784260	720315	16203	1089	841	73039
移动电信服务	2313504	4582245	288427	32111	540	60	41818
其他电信服务	118562	40479	32454	90			4832
互联网信息服务	520613	1228298	86391	1862	1244		38388
广播电视传输服务	105847	96177	42186	449	2875		3644
有线广播电视传输服务	70579	87558	41223	238	2212		3084
无线广播电视传输服务	35268	8619	963	211	663		560
卫星传输服务	2594	1580	150				2600
计算机服务业	82657	14584	7281				2084
计算机系统服务	42991	5217	2595				323
数据处理	16265	4724	3756				320
计算机维修	1000						
其他计算机服务	22401	4643	930				1441
软件业	212877	100962	6312	4415			5735
公共软件服务	157466	70005	5614	4015			5495
基础软件服务	51374	30840	5098				50
应用软件服务	106092	39165	516	4015			5445
其他软件服务	55411	30957	698	400			240
（八）批发和零售业	**4968434**	**1804242**	**833720**	**110335**	**86187**	**2851**	**107950**
批发业	1945468	758120	271559	74856	50257	2551	51371
农畜产品批发	126123	53623	16774	8443	1414		1260
谷物、豆及薯类批发	47630	15144	2456	2660	1060		177
种子、饲料批发	16603	12140	2076	855			401
棉、麻批发	8826	9836	1663	2443	193		682
牲畜批发	8553	766	280	129			
其他农畜产品批发	44511	15737	10299	2356	161		
食品、饮料及烟草制品批发	349888	177703	52748	20160	22655	2400	9058
米、面制品及食用油批发	39972	9872	9378	891	1592		2802
糕点、糖果及糖批发	17179	8540	2261	3380	80	2400	50
果品、蔬菜批发	132392	55650	9598	2283	13175		400
肉、禽、蛋及水产品批发	49601	32204	5009	2255	1205		1832
盐及调味品批发	11968	7994	724	687	1701		
饮料及茶叶批发	11889	3813	1840	355	87		705
烟草制品批发	66833	50234	16879	9370	4815		3269
其他食品批发	20054	9396	7059	939			
纺织、服装及日用品批发	267342	152792	85868	1672	935		6620
纺织品、针织品及原料批发	38326	18219	40532	645			6095
服装批发	119417	61025	32689	51			51

国民经济行业小类按建设性质分的城镇投资（二十二）

单位：万元

行　　业	新建	扩建	改建	单纯建造生活设施	迁建	恢复	单纯购置
鞋帽批发	5079	3060					
厨房、卫生间用具及日用杂货批发	7726	3947	120	149	935		310
化妆品及卫生用品批发	6012		230				
其他日用品批发	90782	66541	12297	827			164
文化、体育用品及器材批发	61718	27672	3170	2559	463	99	678
文具用品批发	16260	3139					137
体育用品批发	630						
图书批发	36230	18263	545	2257	463	99	141
报刊批发							
音像制品及电子出版物批发							
首饰、工艺品及收藏品批发	7571		2625				
其他文化用品批发	1027	6270		302			400
医药及医疗器材批发	58153	20115	19731	3014	832		2704
西药批发	29847	14513	14285	2736	402		904
中药材及中成药批发	21796	4095	4846	173	430		
医疗用品及器材批发	6510	1507	600	105			1800
矿产品、建材及化工产品批发	569885	219644	40705	21887	1851		12487
煤炭及制品批发	41838	6833	449	8650			291
石油及制品批发	113510	64632	11662	2582	250		1458
非金属矿及制品批发		1860		173			1194
金属及金属矿批发	34223	6082	4436	537	1229		1365
建材批发	333729	124623	22178	3373	372		6380
化肥批发	13975	5634	1761	2832			873
农药批发	1684	2314					
农用薄膜批发	5200						
其他化工产品批发	25726	7666	219	3740			926
机械设备、五金交电及电子产品批发	390100	67829	40961	7721	21704		14498
农业机械批发	24246	8866	761	3911			212
汽车、摩托车及零配件批发	254200	29063	17188	1766	20809		6521
五金、交电批发	37101	14657	15445	1934	540		1950
家用电器批发	26500	8400	6580	100	150		
计算机、软件及辅助设备批发	1420						1903
通讯及广播电视设备批发	6191	1564	387				126
其他机械设备及电子产品批发	40442	5279	600	10	205		3786
贸易经纪与代理	24650	15085	1439				379
其他批发	97609	23657	10163	9400	403	52	3687
再生物资回收与批发	15719	7479	3705	1420	293		577
其他未列明的批发	81890	16178	6458	7980	110	52	3110
零售业	3022966	1046122	562161	35479	35930	300	56579
综合零售	1782094	608816	422099	17570	19522	300	31262

国民经济行业小类按建设性质分的城镇投资（二十三）

单位：万元

行业	新建	扩建	改建	单纯建造生活设施	迁建	恢复	单纯购置
百货零售	910080	371431	252909	13364	5666	300	11202
超级市场零售	634380	168670	113774	540	9031		17977
其他综合零售	237634	68715	55416	3666	4825		2083
食品、饮料及烟草制品专门零售	122279	48851	20993	4557	8561		1303
粮油零售	13351	5349	1366	1456	460		
糕点、面包零售	2363	2120	640	317			
果品、蔬菜零售	19212	5917	3640	117	1968		
肉、禽、蛋及水产品零售	23242	20995	1510	437	1083		
饮料及茶叶零售	2241	736	383	360			
烟草制品零售	16121	1134	528	240			303
其他食品零售	45749	12600	12926	1630	5050		1000
纺织、服装及日用品专门零售	118750	91204	17493	2140	248		276
纺织品及针织品零售	8401	16819	923	1040	118		
服装零售	80206	32312	11706	1000			224
鞋帽零售	150		470				
钟表、眼镜零售	1600	1010	1177				
化妆品及卫生用品零售	360	504	314				
其他日用品零售	28033	40559	2903	100	130		52
文化、体育用品及器材专门零售	75086	28124	5408	3561	1804		1786
文具用品零售	2850	1050			500		556
体育用品零售	130	1520	280				
图书零售	64748	19056	2582	2561	1304		
报刊零售		1962	200				80
音像制品及电子出版物零售	635		500				
珠宝首饰零售	1695	100	455	1000			250
工艺美术品及收藏品零售	3918	3584	1100				900
照相器材零售			51				
其他文化用品零售	1110	852	240				
医药及医疗器材专门零售	23767	11407	9031	1596	1650		1330
药品零售	21517	11171	8973	1596	1650		1130
医疗用品及器材零售	2250	236	58				200
汽车、摩托车、燃料及零配件专门零售	543611	104122	41162	2831	3555		6840
汽车零售	409906	48009	13616	2220			3846
汽车零配件零售	57535	7086	93				1390
摩托车及零配件零售	8938	4682	821	200			
机动车燃料零售	67232	44345	26632	411	3555		1604
家用电器及电子产品专门零售	58380	53159	17374	1700	150		8222
家用电器零售	28997	45770	14427	1650	150		2298
计算机、软件及辅助设备零售	21752	6570	1600				5864
通信设备零售	6731	277	1347				10

国民经济行业小类按建设性质分的城镇投资（二十四）

单位：万元

行　　业	新建	扩建	改建	单纯建造生活设施	迁建	恢复	单纯购置
其他电子产品零售	900	542		50			50
五金、家具及室内装修材料专门零售	242177	85370	21754	1195			3010
五金零售	20220	11943	1800	1016			623
家具零售	151482	33454	16610				2285
涂料零售		300					
其他室内装修材料零售	70475	39673	3344	179			102
无店铺及其他零售	56822	15069	6847	329	440		2550
流动货摊零售							
邮购及电子销售							
生活用燃料零售	14929	3158	990	329	240		
花卉零售	7312	6070	1640		200		
旧货零售	6550	305	370				150
其他未列明的零售	28031	5536	3847				2400
（九）住宿和餐饮业	**1872746**	**796804**	**452585**	**32270**	**10898**	**15715**	**31624**
住宿业	1387161	536827	245107	21450	6398	10652	6831
旅游饭店	1110492	445865	197809	9764	3157	10292	4364
一般旅馆	217148	80584	42378	9305	1570	300	2387
其他住宿服务	59521	10378	4920	2381	1671	60	80
餐饮业	485585	259977	207478	10820	4500	5063	24793
正餐服务	410123	225208	171675	6434	4500	4873	20365
快餐服务	11336	9845	6683				1519
饮料及冷饮服务	13826	4043	16979	600		90	750
其他餐饮服务	50300	20881	12141	3786		100	2159
（十）金融业	**362895**	**166475**	**73636**	**61550**	**12060**	**253**	**184717**
银行业	298170	147233	67521	58668	11940	143	162429
中央银行	45877	25574	2459	8243	4556		2103
商业银行	222798	108493	64245	45428	7384	143	159805
其他银行	29495	13166	817	4997			521
证券业	5279	1050	981				9321
证券市场管理	3352	100	430				1571
证券经纪与交易	1072		330				6925
证券投资	855	950	221				601
证券分析与咨询							224
保险业	26767	16046	4966	2362	120	110	9127
人寿保险	18888	13564	1369	1912	120	110	457
非人寿保险	7479	2338	3597	450			8110
保险辅助服务	400	144					560
其他金融活动	32679	2146	168	520			3840
金融信托与管理	16405	1100					2867
金融租赁	3674			370			

国民经济行业小类按建设性质分的城镇投资（二十五）

单位：万元

行　　　业	新建	扩建	改建	单纯建造生活设施	迁建	恢复	单纯购置
财务公司							158
邮政储蓄	4000	409		150			
典当	1390	360					
其他未列明的金融活动	7210	277	168				815
（十一）房地产业	**3044152**	**397147**	**278716**	**409424**	**38861**	**1406**	**45322**
房地产业	3044152	397147	278716	409424	38861	1406	45322
房地产开发经营	2219447	221958	166548	155626	22896		44719
物业管理	184745	55157	52379	17241	135		546
房地产中介服务	10990	20456	290	345		550	
其他房地产活动	628970	99576	59499	236212	15830	856	57
（十二）租赁和商务服务业	**2091102**	**654332**	**106319**	**173455**	**19586**		**52897**
租赁业	12957	1933	1220	150			10599
机械设备租赁	12957	1933	1220	150			10599
汽车租赁	4315	800	470				6184
农业机械租赁	450	500					100
建筑工程机械与设备租赁	6528	433	750				3265
计算机及通讯设备租赁							
其他机械与设备租赁	1664	200		150			1050
文化及日用品出租							
图书及音像制品出租							
其他文化及日用品出租							
商务服务业	2078145	652399	105099	173305	19586		42298
企业管理服务	1225678	485344	57028	167312	15594		35159
企业管理机构	503877	293341	20643	143969	3455		5104
投资与资产管理	588566	149137	28750	850	12139		23200
其他企业管理服务	133235	42866	7635	22493			6855
法律服务	2168	58					35
律师及相关的法律服务	2090	58					35
公证服务	78						
其他法律服务							
咨询与调查	52359	2010	10095	192			983
会计、审计及税务服务	1468	750	1525	192			145
市场调查							
社会经济咨询	6102	900	570				838
其他专业咨询	44789	360	8000				
广告业	4977	2345	732				4685
知识产权服务	887						
职业中介服务	9496	3464	280	1339	270		80
市场管理	240662	100290	31257	4362	1722		68
旅行社	24576	27285	445	40			259

国民经济行业小类按建设性质分的城镇投资（二十六）

单位：万元

行　业	新建	扩建	改建	单纯建造生活设施	迁建	恢复	单纯购置
其他商务服务	517342	31603	5262	60	2000		1029
会议及展览服务	404639	18386	3745				660
包装服务	17035	2650	322		2000		
保安服务	2200						
办公服务	60388	1270	864	60			75
其他未列明的商务服务	33080	9297	331				294
（十三）科研技术服务和地质勘察业	**1568719**	**823039**	**188971**	**140683**	**36389**	**505**	**58809**
研究与试验发展	632245	496560	86281	76058	23918	505	17799
自然科学研究与试验发展	62407	86794	23266	19321	5004	505	7439
工程和技术研究与试验发展	198168	224356	28198	45050	43		7874
农业科学研究与试验发展	49246	32769	726	3946	3561		1346
医学研究与试验发展	32661	27868	3253	100			
社会人文科学研究与试验发展	289763	124773	30838	7641	15310		1140
专业技术服务业	583267	185342	62804	30649	4721		27506
气象服务	64395	29389	2430	2696	392		2102
地震服务	8562	6035	199	888			200
海洋服务	1782						193
测绘服务	10768	1308	1165	9154			1273
技术检测	25402	14416	2096	3116	2939		11385
环境监测	8650	3807					1401
工程技术与规划管理	446768	120015	55775	14545	1390		8142
工程管理服务	267190	76137	39913	535			974
工程勘察设计	37079	40533	8733	12360	1390		7106
规划管理	142499	3345	7129	1650			62
其他专业技术服务	16940	10372	1139	250			2810
科技交流和推广服务业	157912	102608	35364	19972	6472		5433
技术推广服务	35526	31460	5729	16588	6085		550
科技中介服务	98453	36670	2972	170			4100
其他科技服务	23933	34478	26663	3214	387		783
地质勘察业	195295	38529	4522	14004	1278	0	8071
矿产地质勘察	182723	29106	3043	6373	1		1730
能源矿产地质勘察	172457	18780	1471	2661			1674
固体矿产地质勘察	9946	8785	1572	3262	1		
其他矿产地质勘察	320	1541		450			56
基础地质勘察	2729	8775	491	2670	136		3970
地质勘察技术服务	9843	648	988	4961	1141		2371
（十四）水利环境和公共设施管理业	**25495982**	**8722845**	**7457954**	**225455**	**148164**	**110601**	**40546**
水利管理业	3958557	1317785	1839113	10621	21912	67403	3159
防洪管理	1476048	483753	742371	1515	7595	17088	1100
水资源管理	2043474	579219	734000	7542	6711	25544	561

国民经济行业小类按建设性质分的城镇投资（二十七）

单位：万元

行　　业	新建	扩建	改建	单纯建造生活设施	迁建	恢复	单纯购置
水库管理	1026615	317570	422795	1587	565	18553	160
调水、引水管理	784762	197051	221670	5327	6146	6691	221
其他水资源管理	232097	64598	89535	628		300	180
其他水利管理	439035	254813	362742	1564	7606	24771	1498
环境管理业	1478843	627109	456540	9417	43614	4766	17407
自然保护	148505	68826	9474	3225	9962	3263	359
自然保护区管理	56821	26302	7184	620	120	1642	
野生动植物保护	54118	30910	304	2455	9067		359
其他自然保护	37566	11614	1986	150	775	1621	
环境治理	1330338	558283	447066	6192	33652	1503	17048
城市市容管理	105522	29620	57457	1528	31700	459	4006
城市环境卫生管理	374453	70885	25264	4519	585		11545
水污染治理	455257	392135	149540		1188	273	894
危险废物治理	25694	6473	404			38	
其他环境治理	369412	59170	214401	145	179	733	603
公共设施管理业	20058582	6777951	5162301	205417	82638	38432	19980
市政公共设施管理	17497264	6050089	4383944	200502	68969	4267	14776
城市绿化管理	665622	314473	345530	1775	500	525	1242
游览景区管理	1895696	413389	432827	3140	13169	33640	3962
风景名胜区管理	583850	162074	210354	862	8000	21551	791
公园管理	843547	161982	99893	810	5169	11626	862
其他游览景区管理	468299	89333	122580	1468		463	2309
（十五）居民服务和其他服务业	**474288**	**79979**	**54681**	**18944**	**18639**	**5000**	**3969**
居民服务业	368908	65060	43646	14439	18489	5000	2147
家庭服务	4431	190	4385	1710			
托儿所	1313	300	60	300			
洗染服务	650	155	130				
理发及美容保健服务	4986	1292	1993		100		100
洗浴服务	47970	20102	19353	1727			780
婚姻服务	1100	124					
殡葬服务	102644	31918	7667	2750	18274	5000	176
摄影扩印服务	565	1880	570				705
其他居民服务	205249	9099	9488	7952	115		386
其他服务业	105380	14919	11035	4505	150		1822
修理与维护	24368	4018	670	1167	150		560
汽车、摩托车维护与保养	21217	3988	660	1167	150		260
办公设备维修	150	30					
家用电器修理	108		10				300
其他日用品修理	2893						
清洁服务	3512	5935	700	180			237

国民经济行业小类按建设性质分的城镇投资（二十八）

单位：万元

行业	新建	扩建	改建	单纯建造生活设施	迁建	恢复	单纯购置
建筑物清洁服务	1500			180			
其他清洁服务	2012	5935	700				237
其他未列明的服务	77500	4966	9665	3158			1025
（十六）教育	**7328612**	**5584421**	**558345**	**483423**	**509488**	**2831**	**274103**
教育	7328612	5584421	558345	483423	509488	2831	274103
学前教育	96306	25446	11363	2621	3712		825
初等教育	567194	302593	151932	20224	31190	1506	8653
中等教育	2690945	1663143	264948	192351	338817	125	29775
初中教育	904739	489552	137320	47627	38783	125	8127
高中教育	1455934	903501	99307	107345	265525		16734
中等专业教育	157504	163289	16827	21822	23467		3083
职业中学教育	91666	59624	8083	9156	8075		335
技工学校教育	26538	21342	1540	4012	398		838
其他中等教育	54564	25835	1871	2389	2569		658
高等教育	3629018	3464977	101466	248733	116810	1200	229478
普通高等教育	3460717	3366813	97911	244832	92421		227032
成人高等教育	168301	98164	3555	3901	24389	1200	2446
其他教育	345149	128262	28636	19494	18959		5372
职业技能培训	159512	56217	17046	5681	3361		2084
特殊教育	44186	5377	176	317	3158		
其他未列明的教育	141451	66668	11414	13496	12440		3288
（十七）卫生社会保障和社会福利业	**1346961**	**1406988**	**243180**	**102277**	**114391**	**1168**	**362228**
卫生	1177368	1369487	225031	87246	111180	1168	357659
医院	918503	1137111	195368	80346	89484	997	337562
综合医院	649545	935592	145805	67302	77369	997	286395
中医医院	72639	73079	10666	4902	5341		21537
中西医结合医院	25509	25844	1944	2449	4312		8675
民族医院	997	7253	50	748			79
专科医院	158538	89836	34663	4297	2462		20856
疗养院	11275	5507	2240	648			20
卫生院及社区医疗活动	32982	17188	6591	1634	3455	171	2359
门诊部医疗活动	43729	5019	2491	150			985
计划生育技术服务活动	8401	3125	240	130	628		487
妇幼保健活动	39789	10907	6172	1522	8593		5419
专科疾病防治活动	12118	2481	928	71	905		2110
疾病预防控制及防疫活动	78902	174693	8812	2588	4218		3956
其他卫生活动	42944	18963	4429	805	3897		4781
社会保障业	38823	3682	11608	8245	1841		69
社会保障业	38823	3682	11608	8245	1841		69
社会福利业	130770	33819	6541	6786	1370		4500

国民经济行业小类按建设性质分的城镇投资（二十九）

单位：万元

行业	新建	扩建	改建	单纯建造生活设施	迁建	恢复	单纯购置
提供住宿的社会福利	86523	24094	5601	6158	1370		4060
干部休养所	22694	2654	750	3106			
收养收容服务	63829	21440	4851	3052	1370		4060
不提供住宿的社会福利	44247	9725	940	628			440
（十八）文化、体育和娱乐业	**3577300**	**649175**	**302658**	**59879**	**73803**	**24415**	**108893**
新闻出版业	128235	58246	6584	19806	6714		15181
新闻业	44853	19638	4128	8428	2200		1655
出版业	83382	38608	2456	11378	4514		13526
图书出版	31664	17823	84	1295			640
报纸出版	47798	20655	2372	9933	4484		9772
期刊出版							2414
音像制品出版	3720			150			
电子出版物出版		130					
其他出版	200				30		700
广播、电视、电影和音像业	465308	194883	81979	11829	7589	215	51237
广播	83043	33024	5547	3233	2594		4304
电视	268900	120219	48684	7135	4175		45221
电影	113065	37677	26473	1461	820	215	1264
电影制作与发行	70866	23800	5499	334			1214
电影放映	42199	13877	20974	1127	820	215	50
音像制作	300	3963	1275				448
文化艺术业	941334	164787	86051	11823	11511	24000	8350
文艺创作与表演	57193	10655	2166	1352	140		493
艺术表演场馆	188324	19196	22009	277	618		3056
图书馆与档案馆	100291	21447	3918	440	2933		2070
图书馆	81577	19818	3458	320	2895		1870
档案馆	18714	1629	460	120	38		200
文物及文化保护	104111	37692	16884	49	4065	23077	417
博物馆	177310	22359	5274	1685	1939	623	1949
烈士陵园、纪念馆	9832	8793	16432		1080		52
群众文化活动	261408	26017	16871	8020	736	300	159
文化艺术经纪代理	200	50					154
其他文化艺术	42665	18578	2497				
体育	852811	109481	32608	2496	47859	200	21838
体育组织	60724	34266	1658	2424			21838
体育场馆	767713	72246	30489	72	47859	200	
其他体育	24374	2969	461				
娱乐业	1189612	121778	95436	13925	130		12287
室内娱乐活动	242920	31100	41430	2405	20		9044
游乐园	395043	40371	6498	4200			90

国民经济行业小类按建设性质分的城镇投资（三十）

单位：万元

行业	新建	扩建	改建	单纯建造生活设施	迁建	恢复	单纯购置
休闲健身娱乐活动	427252	26853	44815	7320	40		2247
其他娱乐活动	124397	23454	2693		70		906
（十九）公共管理和社会组织	**10652492**	**4118078**	**1400402**	**1209933**	**438231**	**27055**	**566265**
中国共产党机关	136052	111241	21338	23359	4516		6487
中国共产党机关	136052	111241	21338	23359	4516		6487
国家机构	9793786	3556125	1235780	953902	421595	18512	551839
国家权力机构	1081651	533234	122400	84430	29428	1072	28933
国家行政机构	7987988	2717349	1054792	836436	328673	15020	504012
综合事务管理机构	3625358	861900	232830	330266	108680	3310	228511
对外事务管理机构	10522	4276	1617	6016			
公共安全管理机构	547238	450188	40800	65044	96364	300	14201
社会事务管理机构	480214	246127	250336	132667	26473	1773	19903
经济事务管理机构	1920868	561864	297585	158920	49860	7294	27777
政府事务管理机构	1111507	477636	178332	122139	31259	1860	179303
行政监督检查机构	292281	115358	53292	21384	16037	483	34317
人民法院和人民检察院	394717	218313	26684	18853	41028		4608
人民法院	220089	140076	20300	7612	27065		2514
人民检察院	174628	78237	6384	11241	13963		2094
其他国家机构	329430	87229	31904	14183	22466	2420	14286
人民政协和民主党派	40486	14552	1883	5761			1218
人民政协	35197	10953	1655	5761			1218
民主党派	5289	3599	228				
群众团体、社会团体和宗教组织	128960	112577	19566	10752	3614	8443	3349
群众团体	30491	17680	1853	3559	800		2922
工会	10665	13850	1240	2444	338		2922
妇联	5218	191			102		
共青团	2391	600	159	370			
其他群众团体	12217	3039	454	745	360		
社会团体	75299	65287	11325	7095	1539	700	427
专业性团体	6099	702	200	317			127
行业性团体	29381	3356	9295	1373	331		300
其他社会团体	39819	61229	1830	5405	1208	700	
宗教组织	23170	29610	6388	98	1275	7743	
基层群众自治组织	553208	323583	121835	216159	8506	100	3372
社区自治组织	222116	219068	71429	148607	1910		2798
村民自治组织	331092	104515	50406	67552	6596	100	574
（二十）国际组织	**2880**						
国际组织	2880						

各地区按隶属关系分的城镇新增固定资产

单位：万元

地区	合计	中央项目	地方项目				
				省属	地市属	县属	其他
全国总计	**286639357**	**43448877**	**243190480**	**39172808**	**66269753**	**63641916**	**74106003**
北京	11658611	1328802	10329809	3228349	2317834	139798	4643828
天津	5465841	1134105	4331736	2042535	673312	193266	1422623
河北	11088845	764451	10324394	1484069	1765726	4297817	2776782
山西	6077713	613263	5464450	1760290	849037	1246546	1608577
内蒙古	7510715	1078622	6432093	995898	1652021	2072581	1711593
辽宁	12301709	2137124	10164585	851358	3230551	2350274	3732402
吉林	5945951	1068024	4877927	360548	1433534	1393451	1690394
黑龙江	8037470	2742240	5295230	1329282	1538249	1241845	1185854
上海	14879275	1062349	13816926	4704773	5393339	13786	3705028
江苏	22902783	1537213	21365570	1242466	6746691	7851900	5524513
浙江	17783296	1100207	16683089	1014070	4897815	6082274	4688930
安徽	5952109	414392	5537717	614071	1681677	1512134	1729835
福建	6914113	468852	6445261	848063	2115544	1642136	1839518
江西	6760689	578139	6182550	1314737	1597571	1373112	1897130
山东	26509217	2134775	24374442	2809107	5347015	7626829	8591491
河南	10207382	1284406	8922976	1050694	2503258	3056767	2312257
湖北	11948746	3165103	8783643	1149232	2813953	2008625	2811833
湖南	8267842	938697	7329145	1617835	1531088	2261429	1918793
广东	24880560	1496835	23383725	2243180	8033727	4835168	8271650
广西	4905057	1095109	3809948	671417	1377407	770544	990580
海南	1631790	205981	1425809	558786	191526	187256	488241
重庆	5913478	810291	5103187	647783	822618	1747092	1885694
四川	10623109	1046546	9576563	916566	2966548	2920789	2772660
贵州	3960322	882921	3077401	873046	442779	796577	964999
云南	5983938	1114082	4869856	1370331	850560	1578651	1070314
西藏	900921	625852	275069	40787	100545	78096	55641
陕西	6548365	822285	5726080	946091	1713058	1795908	1271023
甘肃	3853453	741690	3111763	1356827	474614	822487	457835
青海	917173	64927	852246	135301	287603	352213	77129
宁夏	1808348	329187	1479161	321706	413427	338056	405972
新疆	6855765	3017636	3838129	673610	507126	1054509	1602884
不分地区	7644771	7644771					

各地区按建设性质分的城镇新增固定资产

单位：万元

地区	新建	扩建	改建	单纯建造生活设施	迁建	恢复	单纯购置
全国总计	**98356751**	**67974920**	**34962641**	**3458021**	**2526158**	**246897**	**8866005**
北京	1752493	2182993	597154	150737	44612	12283	118288
天津	2099823	1191395	365355	2819	24214	13831	213210
河北	4421003	2420192	1710847	147703	97860	8307	286690
山西	2910828	1499255	776525	191299	31399	1730	21009
内蒙古	3484044	2049653	992272	207774	28565	3953	43857
辽宁	3100386	3051572	2074769	168839	140767	6112	305514
吉林	1863240	1358100	1317108	90958	74802	2400	108215
黑龙江	3635607	1954703	826436	173571	8492	7910	227137
上海	3550370	1015270	1603475	5338	101950	600	476648
江苏	8343003	6967245	2520296	42099	209132	5003	402548
浙江	6494137	3443593	1246232	95983	438403	3046	221280
安徽	2110790	1314393	954256	46275	27391	9304	115070
福建	2137503	1484031	403362	15486	111486	1156	458878
江西	2905323	1547206	918534	38847	21896	66	114119
山东	10046447	8910903	3107002	347359	181027	4719	338567
河南	3747591	2748033	1594570	160112	56806	4769	202938
湖北	4855803	2838908	1836886	95659	123804	8172	306216
湖南	3092328	1731864	1421076	82596	40877	12453	97997
广东	7854663	4065030	1745218	37359	116637	9223	1396191
广西	1725091	1540807	575493	83846	18737	6712	120490
海南	601784	410466	61337	49814	3465	3910	209837
重庆	1427026	1133258	755424	66587	341976	16780	152152
四川	3226694	2086844	2045105	78573	97149	59708	214893
贵州	1323103	1054095	613647	40075	25974	2477	112967
云南	2728467	1391501	587605	80667	68975	18336	104213
西藏	401957	205506	213048	26065	1846	2550	13050
陕西	2038807	1912974	910667	453353	8147	9951	84736
甘肃	1632781	1199943	448697	123786	43905	6840	76605
青海	460765	157273	93556	15144		4103	10838
宁夏	633061	378733	285213	94436	23577		1811
新疆	1251060	2339443	1757988	244862	12287	493	159269
不分地区	2500773	2389738	603488				2150772

各地区按行业门类分的城镇新增固定资产（一）

单位：万元

地　　区	合　　计	农、林、牧、渔业	采矿业	制造业	电力、燃气及水的生产和供应业
全国总计	**286639357**	**3750424**	**11829326**	**66468619**	**22283723**
北　　京	11658611	28485	42673	646917	686240
天　　津	5465841	18881	703304	846786	230958
河　　北	11088845	232875	151276	3628649	657779
山　　西	6077713	67984	584208	1900977	473484
内 蒙 古	7510715	294947	350630	1722007	1458738
辽　　宁	12301709	180064	753716	3327137	510661
吉　　林	5945951	112153	376197	1746762	284848
黑 龙 江	8037470	245361	1255764	1426462	552758
上　　海	14879275	8560		3070165	607557
江　　苏	22902783	93034	152599	7658853	1667375
浙　　江	17783296	37560	10746	3386954	741506
安　　徽	5952109	69092	182836	1696247	279519
福　　建	6914113	43138	4416	1929354	390829
江　　西	6760689	61343	175975	1543871	597096
山　　东	26509217	200150	1992074	10039927	1760228
河　　南	10207382	171175	806631	2479462	964687
湖　　北	11948746	180627	180234	2948967	2594531
湖　　南	8267842	78330	70165	1691556	913462
广　　东	24880560	101186	151954	5443661	1752550
广　　西	4905057	62581	45694	1166863	562102
海　　南	1631790	151063	11314	205864	108036
重　　庆	5913478	91648	39756	733296	312057
四　　川	10623109	112427	133817	2642840	757793
贵　　州	3960322	20914	78024	526261	516879
云　　南	5983938	118239	107306	666867	696059
西　　藏	900921	42889	2656	15783	72227
陕　　西	6548365	221437	667927	1131958	510629
甘　　肃	3853453	87164	133986	1140931	496577
青　　海	917173	85852	31117	112810	68579
宁　　夏	1808348	51590	39129	327981	318003
新　　疆	6855765	479675	1190796	662451	537621
不分地区	7644771		1402406		202355

各地区按行业门类分的城镇新增固定资产（二）

单位：万元

地区	建筑业	交通运输、仓储和邮政业	信息传输、计算机服务和软件业	批发和零售业	住宿和餐饮业
全国总计	**3443011**	**35313708**	**10530456**	**5355390**	**2044908**
北京	53379	287160	388295	52189	51457
天津	60706	766013	192325	85211	6870
河北	268177	814566	558131	372865	68489
山西	28117	1321984	147047	137687	40048
内蒙古	18570	1014060	171775	153424	42201
辽宁	89468	641079	506887	351624	276528
吉林	165955	502695	130004	162396	49733
黑龙江	181220	689337	673097	157241	23454
上海	43722	755216	21915	44929	94520
江苏	73049	1568791	815490	351087	130465
浙江	122857	2178324	491304	183866	95464
安徽	226210	414175	273325	121032	41895
福建	31726	472703	574254	62887	24310
江西	4272	1314655	84184	147777	79915
山东	747703	2330351	541821	794687	175642
河南	51218	1623689	440961	156132	42475
湖北	106478	1023425	367942	373405	140601
湖南	21300	1572730	296222	198027	72507
广东	561222	2620781	748166	307352	126136
广西	15625	972158	292989	66049	33524
海南	33797	318797	44037	7983	115831
重庆	205213	460670	454612	77006	28188
四川	18518	1316972	508839	126946	63185
贵州	12254	782683	317937	46849	16401
云南	6964	1546032	467910	111387	59160
西藏	8510	337344	33867	11634	7157
陕西	52771	508698	232074	206997	56334
甘肃	77909	637464	108576	132937	9748
青海	64581	34672	43752	27635	6506
宁夏	23739	9197	38487	51947	5481
新疆	67781	661263	564231	274202	60683
不分地区		5816024			

各地区按行业门类分的城镇新增固定资产（三）

单位：万元

地　区	金融业	房地产业	租赁和商务服务业	科学研究、技术服务和地质勘察业	水利、环境和公共设施管理业
全国总计	**714144**	**72420116**	**1717249**	**1467060**	**22222428**
北　京	2500	6816581	242271	129508	1237748
天　津	6357	1623180	15111	7522	501326
河　北	20141	2245278	104955	181367	595833
山　西	19422	666602	850	12533	329496
内蒙古	24749	775817	11101	22279	794805
辽　宁	53741	3516479	83005	67001	502312
吉　林	17762	1151225	23357	36318	409732
黑龙江	28813	1250956	129500	55071	361332
上　海		8306788	7369	54293	1488816
江　苏	11694	4492475	87987	139029	3703637
浙　江	15170	5966480	168065	40639	2258936
安　徽	8556	1449323	19437	15079	273469
福　建	15751	2322716	36166	21985	309045
江　西	25406	1240724	12134	9832	591192
山　东	60325	3900936	129801	94016	1004749
河　南	27078	1718705	25111	46209	672692
湖　北	39564	1934295	106075	44755	774086
湖　南	14675	1807811	58575	13866	554084
广　东	114792	9799978	147954	205373	982260
广　西	8061	842469	89050	8309	370490
海　南	1318	312368	35245	4940	104391
重　庆	22762	2140866	12707	7001	559879
四　川	51252	2911573	25104	95725	1006574
贵　州	23398	815949	5054	9412	422573
云　南	23528	1046096	18261	18245	412788
西　藏	3998	37149	250	16086	108071
陕　西	20930	1182506	80390	60148	472104
甘　肃	6336	339729	24645	5592	194953
青　海	1985	177402	788	3059	144254
宁　夏	5181	489329	3115	5371	316578
新　疆	38899	1138331	13816	36497	540237
不分地区					223986

各地区按行业门类分的城镇新增固定资产（四）

单位：万元

地　　区	居民服务和其他服务业	教　　育	卫生、社会保障和社会福利业	文件、体育和娱乐业	公共管理和社会组织	国际组织
全国总计	**431936**	**9944794**	**2633103**	**2198849**	**11867233**	**2880**
北　　京	1754	396153	58154	20142	517005	
天　　津	2987	231904	35919	20874	109607	
河　　北	41685	365976	93690	78267	608846	
山　　西	570	180282	36621	30749	99052	
内 蒙 古	19358	154020	54611	54189	373434	
辽　　宁	20312	346454	62880	144208	868153	
吉　　林	8473	262493	53515	23936	428397	
黑 龙 江	6537	352890	46488	51492	549697	
上　　海	183	206070	77407	28890	62875	
江　　苏	29254	951226	197664	206403	572671	
浙　　江	87869	1087700	236405	155317	518134	
安　　徽	7519	295837	46569	21446	510543	
福　　建	7619	219316	92121	30731	325046	
江　　西	11387	263299	222151	60335	315141	
山　　东	47606	713431	181730	211998	1582042	
河　　南	14931	355868	89403	86872	434083	
湖　　北	12614	475672	151012	80239	414224	
湖　　南	15184	293421	91850	110855	390622	2600
广　　东	28498	715481	220699	209505	643012	
广　　西	16983	167510	58697	23027	102876	
海　　南	50	40235	11759	62764	61998	
重　　庆	7121	256492	94542	56745	352917	
四　　川	11389	437916	94604	101751	205884	
贵　　州	3714	129185	64557	58866	109412	
云　　南	6509	179878	59372	98826	340511	
西　　藏	900	41081	18999	14624	127696	
陕　　西	6505	445524	51892	47975	591286	280
甘　　肃	7248	108022	17235	23585	300816	
青　　海	689	17702	12083	4985	78722	
宁　　夏	3067	38191	12659	29920	39383	
新　　疆	3421	215565	87815	49333	233148	
不分地区						

各地区按工业行业大类分的城镇新增固定资产（一）

单位：万元

地　区	工业合计	煤炭开采和洗选业	石油和天然气开采业	黑色金属矿采选业	有色金属矿采选业	非金属矿采选业	其他矿采选业
全国总计	**1.01E+08**	**2982110**	**7593970**	**376517**	**526525**	**345012**	**5192**
北　京	1375830	734		40474		1465	
天　津	1781048		694040			9264	
河　北	4437704	98075	15135	20220	11546	6300	
山　西	2958669	564527		14951	1350	3380	
内蒙古	3531375	142551	40035	71394	51194	45456	
辽　宁	4591514	77455	629519	31955	2434	10743	1610
吉　林	2407807	9812	346975	2306	4514	12590	
黑龙江	3234984	112644	1127547	10381	2229	2963	
上　海	3677722						
江　苏	9478827	43720	83202	10402	5861	9014	400
浙　江	4139206	2110		6166	559	1911	
安　徽	2158602	116588	200	26549	15073	24376	50
福　建	2324599	700		761	780	1093	1082
江　西	2316942	107203		14162	28092	26518	
山　东	13792229	919882	845734	24556	142826	58876	200
河　南	4250780	155409	612420	141	37591	1070	
湖　北	5723732	13122	84810	45454	6769	30079	
湖　南	2675183	31313		3591	25766	9495	
广　东	7348165	6093	125870	3055	8151	8785	
广　西	1774659	4518		8163	8505	24078	430
海　南	325214		8873	2441			
重　庆	1085109	26785	4764	2013	110	5192	892
四　川	3534450	38069	38188	11786	25820	19954	
贵　州	1121164	59120	3927	80	9194	5703	
云　南	1470232	24718		12839	62734	6667	348
西　藏	90666				2656		
陕　西	2310514	158218	467931	6882	31221	3495	180
甘　肃	1771494	20991	88468	3290	16725	4512	
青　海	212506	8983	10089	75	10820	1150	
宁　夏	685113	37899	950			280	
新　疆	2390868	50512	1113246	2430	14005	10603	
不分地区	1604761	150359	1252047				

各地区按工业行业大类分的城镇新增固定资产（二）

单位：万元

地区	农副食品加工业	食品制造业	饮料制造业	烟草制品业	纺织业	纺织服装鞋帽制造业	皮革、毛皮、羽绒及其制品业
全国总计	**2561720**	**1914020**	**1465217**	**618190**	**4102091**	**1194314**	**625670**
北京	8859	50058	18128	8741	12558	1361	
天津	33325	29062	8868	2000	12607	5872	1699
河北	118226	67108	40850	8603	194867	63127	25309
山西	66002	46326	15119	1213	25275	807	
内蒙古	199237	146207	31955		45683	6653	2870
辽宁	146000	54592	37429	1315	59684	37223	14803
吉林	62321	48774	199395	6917	8918	10430	3300
黑龙江	104613	98611	46565	3843	22679	1411	50
上海	1360	22574	13637	3900	64986	13425	10570
江苏	96406	137459	37836		851736	247915	18966
浙江	29628	52737	97805	34086	267884	121932	111934
安徽	60261	125032	53774	19736	88498	16597	9692
福建	57767	23744	56792	72117	210171	74613	71377
江西	44677	37685	54401	1080	56897	42657	27369
山东	617467	298013	167856	27065	1203758	285225	122191
河南	108126	72894	67324	41074	184284	14030	19147
湖北	136945	97055	55532	62507	235384	33270	10639
湖南	76218	55162	12673	108850	58866	5500	18178
广东	152911	49844	25825	25465	218989	182650	108496
广西	139398	14056	20772	17983	15110	7783	5782
海南	13727	1306	4575		1187	450	
重庆	28940	23995	7419	10166	39199	3300	7406
四川	77735	81810	194932	28063	77061	6255	6779
贵州	6235	7147	30480	17809	2414	2370	
云南	20082	31053	16984	95425	4705	1160	
西藏	3538	60	3800				
陕西	31210	50140	72441	14756	40465	4205	550
甘肃	46138	49786	23603	812	14166	821	5120
青海	19032	2593	380				
宁夏	11295	4926	16774		3499	3212	5460
新疆	44041	134211	31293	4664	80561	60	17983
不分地区							

各地区按工业行业大类分的城镇新增固定资产（三）

单位：万元

地　　区	木材加工木竹藤棕、草制品业	家　具制造业	造纸及纸制品业	印刷业、记录媒介的复制	文教体育用品制造业	石油加工炼焦及核燃料加工业	化学原料及化学制品制造业
全国总计	**786016**	**422701**	**1992069**	**897424**	**273228**	**2135049**	**5289353**
北　　京			6310	20239	3100	13645	39692
天　　津	188	15988	5910	8302	7769	4430	77453
河　　北	38454	26085	131075	67021	15680	31185	230606
山　　西			7184	400	835	292527	246574
内 蒙 古	25760	1351	12782	2579		71735	124104
辽　　宁	54688	25799	41891	22917	2250	188078	258824
吉　　林	46539	20094	9940	15939	2200	10856	274522
黑 龙 江	53342	12538	37404	393	765	231205	83073
上　　海	9000	143	10941	74308	1348	99779	113470
江　　苏	44770	40269	246063	103099	22753	46735	897550
浙　　江	61253	20373	63862	50962	23590	200325	234470
安　　徽	34899	4653	24347	13750	6345	16151	110044
福　　建	39887	14061	50053	23602	20040	7118	95832
江　　西	35757	20553	53769	29231	11528	9419	89197
山　　东	99230	105427	787259	80720	49245	197167	806299
河　　南	13008	6564	103705	14245	400	1430	238020
湖　　北	53541	13521	61466	23300	3820	23170	190074
湖　　南	24597	8301	79122	16294	2774	80070	101817
广　　东	24059	48298	72889	156008	93705	31520	286144
广　　西	65146	3413	54994	12236	2306	15642	42665
海　　南	3083	903	100	2741	125		112021
重　　庆	1106	153	15695	8815	100	6422	47651
四　　川	32083	9900	51383	89319	350	36571	169615
贵　　州	1794	338	2226	1579	780	4051	75732
云　　南	6891	768	16208	23430		5046	89733
西　　藏	590			384			
陕　　西	2374	16985	13759	17784		57161	106956
甘　　肃	3128	2157	5357	4025	1420	288119	29648
青　　海			500	938		50	45921
宁　　夏	1680	3916	8791	7436		32196	35973
新　　疆	9169	150	17084	5428		133246	35673
不分地区							

各地区按工业行业大类分的城镇新增固定资产（四）

单位：万元

地　区	医药制造业	化学纤维制造业	橡胶制品业	塑料制品业	非金属矿物制品业	黑色金属冶炼及压延加工业	有色金属冶炼及压延加工业
全国总计	**3059419**	**745873**	**870914**	**1802668**	**4856632**	**8264998**	**3043188**
北　京	34717		1358	3652	35944	86815	3080
天　津	50232	1507	11764	45294	34777	109549	3280
河　北	113665	14166	49891	81881	380373	1261820	18695
山　西	65989	2000	1300	5596	163058	661598	153549
内蒙古	59478	200	858	16721	117672	212804	483407
辽　宁	106154	17975	58107	51827	233310	955083	109120
吉　林	203973	5546	22970	23380	170484	78586	33735
黑龙江	167665	30000	2748	39169	77253	39994	2205
上　海	176207	16970	46874	81702	51663	641182	7855
江　苏	181004	153997	58270	163781	211188	409455	87400
浙　江	218611	174158	66136	101238	214982	139271	56080
安　徽	104229	17495	22782	63504	272162	182325	72365
福　建	47911	31041	42605	60470	81765	108755	82069
江　西	111451	17966	17131	41733	199594	167381	130886
山　东	295687	87852	320048	256487	1190006	330334	323632
河　南	106168	101439	55989	82738	201730	303337	266636
湖　北	210052	6333	13487	98956	155389	652774	95380
湖　南	51525	11128	3400	35991	99314	289276	149177
广　东	158771	11864	43659	320422	153344	338061	41322
广　西	92442	351	891	10297	87081	239225	160513
海　南	15211		1101	3348	4520	6088	234
重　庆	29912	27061	6628	3684	103009	69175	65561
四　川	160493	15238	8074	135893	191552	525535	242375
贵　州	55366		2224	4961	68981	52711	46034
云　南	51696			3420	68864	93045	74204
西　藏	2992				3919		
陕　西	113845		6421	9334	123354	67618	20537
甘　肃	28060		690	34249	62415	185626	247464
青　海	7460			1036	6285	7282	16961
宁　夏	25546	150	4860	4180	44313	18565	33865
新　疆	12907	1436	648	17724	48331	31728	15567
不分地区							

各地区按工业行业大类分的城镇新增固定资产（五）

单位：万元

地　区	金属制品业	通用设备制造业	专用设备制造业	交通运输设备制造业	电气机械及器材制造业	通信设备计算机及电子设备
全国总计	**1786765**	**2474243**	**2201410**	**4193901**	**2062457**	**5184299**
北　京	10716	14530	23493	172872	11316	64077
天　津	23707	25575	18150	52013	47819	192969
河　北	184822	152375	83550	112940	60542	39145
山　西	14388	68110	29962	20769	2600	1738
内蒙古	16757	3983	102430	20949	4305	10153
辽　宁	107347	171410	59327	240131	123459	77610
吉　林	9310	28716	33122	338373	29831	15700
黑龙江	12020	53567	22476	258076	10396	973
上　海	31064	109264	60447	315728	29991	896245
江　苏	223261	541244	317277	546620	254150	1330628
浙　江	81146	155781	69940	182921	208652	250892
安　徽	31069	73907	45612	97391	67307	39909
福　建	48808	36182	35182	58023	69518	373090
江　西	62561	22969	39597	62437	62063	36525
山　东	386577	425995	398451	464759	236247	288133
河　南	26160	61523	247787	52498	29328	25301
湖　北	55808	127099	64504	268032	73399	70665
湖　南	30206	54635	120542	84710	85198	8305
广　东	289409	101101	98872	397413	507389	1213845
广　西	35964	38834	16717	36145	1724	18845
海　南	75	607	6654	2636	2293	19415
重　庆	5726	36220	12192	144175	13665	2208
四　川	31581	89377	104432	107899	40952	102697
贵　州	4781	9093	3351	50954	20122	54478
云　南	3893	16776	25632	10602	6960	200
西　藏	500					
陕　西	25471	36960	101657	85852	38392	40061
甘　肃	8913	11421	48518	5473	9504	9702
青　海	2275	423	860	117	250	90
宁　夏	13985	2480	10417	860	10098	700
新　疆	8465	4086	259	2533	4987	
不分地区						

各地区按工业行业大类分的城镇新增固定资产（六）

单位：万元

地　区	仪器仪表及文化办公用机械制造业	工艺品及其他制造业	废弃资源废旧材料回收加工业	电力、热力的生产与供应业	燃气的生产与供应业	水的生产与供应业
全国总计	**708189**	**912971**	**23630**	**19364188**	**1029852**	**1889683**
北　京	717	939		471172	176067	39001
天　津	6601	10076		169977	12099	48882
河　北	11168	5020	400	545644	56921	55214
山　西	5500	2558		452464	3378	17642
内蒙古	60	1314		1352346	51270	55122
辽　宁	53626	15841	1317	465579	11037	34045
吉　林	21591	11300		265163		19685
黑龙江	11580	1848		469735	28444	54579
上　海	32513	133019		483545	62545	61467
江　苏	142692	244329	2000	1347203	55179	264993
浙　江	39447	56788	70	609905	31043	100558
安　徽	9175	12734	502	228916	5031	45572
福　建	16894	18053	1814	288262	9140	93427
江　西	15106	38931	3320	573888	7070	16138
山　东	63707	123299	1791	1530421	132255	97552
河　南	10286	20690	3601	670356	216478	77853
湖　北	25344	30221	1300	2494903	14292	85336
湖　南	4937	13810	980	849888	6516	57058
广　东	146296	144350	740	1616743	39447	96360
广　西	3577	6911	60	486330	1307	74465
海　南	184	280	3000	75770	18268	13998
重　庆	13419	294		229753	2445	79859
四　川	20245	4556	85	618149	35585	104059
贵　州		250		460277	7252	49350
云　南	70	20		621566	2583	71910
西　藏				68204		4023
陕　西	24654	9016		471253	12962	26414
甘　肃	6796	5150	2650	455899	14014	26664
青　海		357		62790		5789
宁　夏	22004	800		266163	1500	50340
新　疆		217		459569	15724	62328
不分地区				202355		

国民经济行业大类按隶属关系分的城镇新增固定资产（一）

单位：万元

行业	合计	中央项目	地方项目				
				省属	地市属	县属	其他
全国总计	**286639357**	**43448877**	**243190480**	**39172808**	**66269753**	**63641916**	**74106003**
（一）农、林、牧、渔业	**3750424**	**329376**	**3421048**	**342989**	**369122**	**2026908**	**682029**
农业	990473	170331	820142	131135	88530	428111	172366
林业	1025469	23166	1002303	161014	163974	622046	55269
畜牧业	655997	30668	625329	10949	32768	349739	231873
渔业	148408	55	148353	10835	4366	50575	82577
农、林、牧、渔服务业	930077	105156	824921	29056	79484	576437	139944
（二）采矿业	**11829326**	**7272410**	**4556916**	**2284223**	**533364**	**1011426**	**727903**
煤炭开采和洗选业	2982110	269270	2712840	2009940	145372	331498	226030
石油和天然气开采业	7593970	6943332	650638	50979	261841	264212	73606
黑色金属矿采选业	376517	42492	334025	73776	42988	69916	147345
有色金属矿采选业	526525	16315	510210	118246	46340	246555	99069
非金属矿采选业	345012	1001	344011	31282	36823	96290	179616
其他采矿业	5192		5192			2955	2237
（三）制造业	**66468619**	**6679652**	**59788967**	**6470364**	**12691650**	**14416088**	**26210865**
农副食品加工业	2561720	8358	2553362	67690	341534	844640	1299498
食品制造业	1914020	82259	1831761	48548	306363	624709	852141
饮料制造业	1465217	190133	1275084	38465	414073	351877	470669
烟草制品业	618190	449619	168571	90997	56310	18937	2327
纺织业	4102091	61204	4040887	81137	540433	1374667	2044650
纺织服装、鞋、帽制造业	1194314	120	1194194	6049	55178	264817	868150
皮革、毛皮、羽毛(绒)及其制品业	625670	495	625175	2300	36493	127007	459375
木材加工及木、竹、藤、棕、草制品	786016	4441	781575	23005	107055	218747	432768
家具制造业	422701	38	422663	1526	29795	74808	316534
造纸及纸制品业	1992069	9873	1982196	77953	442541	635261	826441
印刷业和记录媒介的复制	897424	26462	870962	79530	192778	186412	412242
文教体育用品制造业	273228		273228	8717	8428	44623	211460
石油加工、炼焦及核燃料加工业	2135049	1156344	978705	77869	116259	196954	587623
化学原料及化学制品制造业	5289353	624069	4665284	424375	1129517	1332190	1779202
医药制造业	3059419	27998	3031421	344776	782331	817927	1086387
化学纤维制造业	745873	80593	665280	59773	246301	91142	268064
橡胶制品业	870914	3112	867802	39875	385836	200836	241255
塑料制品业	1802668	19837	1782831	53494	358931	372648	997758
非金属矿物制品业	4856632	73336	4783296	529976	757170	1229928	2266222
黑色金属冶炼及压延加工业	8264998	1701369	6563629	2307561	1618807	1052020	1585241
有色金属冶炼及压延加工业	3043188	365496	2677692	823987	266257	597538	989910
金属制品业	1786765	24106	1762659	55353	135919	462797	1108590
通用设备制造业	2474243	81364	2392879	120492	615171	542075	1115141
专用设备制造业	2201410	305192	1896218	121721	278325	397371	1098801

国民经济行业大类按隶属关系分的城镇新增固定资产（二）

单位：万元

行　业	合　计	中央项目	地方项目				
				省属	地市属	县属	其他
交通运输设备制造业	4193901	1191849	3002052	420749	913744	566011	1101548
电气机械及器材制造业	2062457	26210	2036247	60044	488303	372914	1114986
通信设备、计算机及其他电子设备制造业	5184299	99874	5084425	408251	1673058	1014205	1988911
仪器仪表文化办公用机械制造业	708189	58129	650060	81426	144666	132194	291774
工艺品及其他制造业	912971	6651	906320	14725	249358	259248	382989
废弃资源和废旧材料回收加工业	23630	1121	22509		716	11585	10208
（四）电力燃气水的生产供应业	**22283723**	**8846294**	**13437429**	**4967163**	**3198657**	**4261573**	**1010036**
电力、热力的生产和供应业	19364188	8826785	10537403	4402071	2027168	3331030	777134
燃气生产和供应业	1029852	6558	1023294	429392	319726	121154	153022
水的生产和供应业	1889683	12951	1876732	135700	851763	809389	79880
（五）建筑业	**3443011**	**268320**	**3174691**	**203644**	**838820**	**1401288**	**730939**
房屋和土木工程建筑业	3172333	229977	2942356	194059	809069	1319510	619718
建筑安装业	106447	35801	70646	5496	12534	25340	27276
建筑装饰业	64062		64062	160	5691	18077	40134
其他建筑业	100169	2542	97627	3929	11526	38361	43811
（六）交通运输、仓储和邮政业	**35313708**	**8607573**	**26706135**	**9403295**	**9355157**	**6754557**	**1193126**
铁路运输业	5640606	5293083	347523	210871	103175	26675	6802
道路运输业	21796780	877011	20919769	7735206	6970433	5798644	415486
城市公共交通业	2243403	6347	2237056	275316	1441148	424538	96054
水上运输业	1806040	217582	1588458	584935	490607	91792	421124
航空运输业	1351429	701433	649996	476358	152994	17251	3393
管道运输业	1217262	1196689	20573	4611	1524	6412	8026
装卸搬运和其他运输服务业	218250	904	217346	3297	34710	161146	18193
仓储业	814010	145017	668993	82862	145348	217156	223627
邮政业	225928	169507	56421	29839	15218	10943	421
（七）信息传输、计算机服务和软件业	**10530456**	**6308375**	**4222081**	**2639531**	**856127**	**280371**	**446052**
电信和其他信息传输服务业	10300649	6280500	4020149	2633945	759151	250914	376139
计算机服务业	53033	7087	45946	3482	3664	2312	36488
软件业	176774	20788	155986	2104	93312	27145	33425
（八）批发和零售业	**5355390**	**156648**	**5198742**	**342999**	**791736**	**1452973**	**2611034**
批发业	2227581	92948	2134633	248939	250992	617288	1017414
零售业	3127809	63700	3064109	94060	540744	835685	1593620
（九）住宿和餐饮业	**2044908**	**51210**	**1993698**	**66785**	**360137**	**442427**	**1124349**
住宿业	1326919	50283	1276636	56698	324979	310548	584411
餐饮业	717989	927	717062	10087	35158	131879	539938
（十）金融业	**714144**	**462209**	**251935**	**52077**	**93063**	**58657**	**48138**
银行业	593819	397093	196726	34256	89505	49710	23255
证券业	13781	379	13402	3557	1000	1304	7541
保险业	95845	63194	32651	14264	1604	4138	12645

国民经济行业大类按隶属关系分的城镇新增固定资产（三）

单位：万元

行　　业	合　计	中央项目	地方项目				
				省属	地市属	县属	其他
其他金融活动	10699	1543	9156		954	3505	4697
（十一）房地产业	**72420116**	**880374**	**71539742**	**5234592**	**20025098**	**10840107**	**35439945**
房地产业	72420116	880374	71539742	5234592	20025098	10840107	35439945
（十二）租赁和商务服务业	**1717249**	**120706**	**1596543**	**87436**	**448049**	**561333**	**499725**
租赁业	26958		26958	168	4210	4233	18347
商务服务业	1690291	120706	1569585	87268	443839	557100	481378
（十三）科研技术服务和地质勘查业	**1467060**	**435557**	**1031503**	**207943**	**453233**	**302428**	**67899**
研究与试验发展	678394	201731	476663	71258	206283	164753	34369
专业技术服务业	465414	85426	379988	69499	199266	89451	21772
科技交流和推广服务业	137777	22714	115063	21495	45858	36202	11508
地质勘察业	185475	125686	59789	45691	1826	12022	250
（十四）水利、环境和公共设施管理业	**22222428**	**619340**	**21603088**	**2406805**	**9646012**	**8760608**	**789663**
水利管理业	4328861	531076	3797785	535498	993300	2213409	55578
环境管理业	1067199	13300	1053899	18029	576182	388663	71025
公共设施管理业	16826368	74964	16751404	1853278	8076530	6158536	663060
（十五）居民服务和其他服务业	**431936**	**2701**	**429235**	**3134**	**87218**	**161782**	**177101**
居民服务业	357201	1601	355600	2951	68792	146922	136935
其他服务业	74735	1100	73635	183	18426	14860	40166
（十六）教育	**9944794**	**1616369**	**8328425**	**2545218**	**1703760**	**3242287**	**837160**
教育	9944794	1616369	8328425	2545218	1703760	3242287	837160
（十七）卫生、社会保障和社会福利业	**2633103**	**132271**	**2500832**	**624541**	**884993**	**858316**	**132982**
卫生	2429347	124991	2304356	586448	851349	760275	106284
社会保障业	68389		68389	21834	8995	36018	1542
社会福利业	135367	7280	128087	16259	24649	62023	25156
（十八）文化、体育和娱乐业	**2198849**	**89888**	**2108961**	**284125**	**702743**	**735778**	**386315**
新闻出版业	131250	14982	116268	35701	69552	10235	780
广播、电视、电影和音像业	431918	12895	419023	80618	124188	205605	8612
文化艺术业	478619	7895	470724	87928	194058	171536	17202
体育	410587	34234	376353	60518	171638	103283	40914
娱乐业	746475	19882	726593	19360	143307	245119	318807
（十九）公共管理和社会组织	**11867233**	**569604**	**11297629**	**1005944**	**3230814**	**6073009**	**987862**
中国共产党机关	218499	44782	173717	11232	50880	108243	3362
国家机构	10491108	473589	10017519	846654	3121653	5699148	350064
人民政协和民主党派	54025	3739	50286	28715	6867	14704	
群众团体、社会团体和宗教组织	266027	44157	221870	114789	26116	57374	23591
基层群众自治组织	837574	3337	834237	4554	25298	193540	610845
（二十）国际组织	**2880**		**2880**				**2880**
国际组织	2880		2880				2880

国民经济行业大类按建设性质分的城镇新增固定资产（一）

单位：万元

行　　业	新建	扩建	改建	单纯建造生活设施	迁　建	恢　复	单纯购置
全　国　总　计	**98356751**	**67974920**	**34962641**	**3458021**	**2526158**	**246897**	**8866005**
（一）农、林、牧、渔业	**2087222**	**1003190**	**494053**	**101536**	**8241**	**22020**	**34162**
农业	591444	169106	142618	76338		3428	7539
林业	507578	393998	111361	6817	261	4740	714
畜牧业	419672	172569	51540	4080	605	4178	3353
渔业	92532	44765	7575	2278			1258
农、林、牧、渔服务业	475996	222752	180959	12023	7375	9674	21298
（二）采矿业	**3400098**	**5974512**	**2228079**	**66370**	**5092**	**500**	**154675**
煤炭开采和洗选业	1137737	857851	938419	28880	2897	500	15826
石油和天然气开采业	1843646	4582418	1044439	5080			118387
黑色金属矿采选业	146449	136262	77581	9907	120		6198
有色金属矿采选业	108237	285856	102932	20434	1665		7401
非金属矿采选业	161040	110265	64608	1889	410		6800
其他采矿业	2989	1860	100	180			63
（三）制造业	**26884376**	**24498083**	**11008488**	**418438**	**1185695**	**25253**	**2448286**
农副食品加工业	1244441	954940	257923	11664	46016	3400	43336
食品制造业	853879	777478	182538	33439	30321	111	36254
饮料制造业	586264	639373	184861	8565	6528	5303	34323
烟草制品业	72933	189107	242051	3505	67629		42965
纺织业	1547100	1668592	607695	29402	44248		205054
纺织服装、鞋、帽制造业	639054	400866	68337	1347	12836	250	71624
皮革、毛皮、羽毛(绒)及其制品业	389453	127772	54250	1634	4000	100	48461
木材加工及木、竹、藤、棕、草制品业	472003	156748	121346	4087	7742	600	23490
家具制造业	276998	87920	34506	1524	3680		18073
造纸及纸制品业	957135	794467	165720	5295	23655	746	45051
印刷业和记录媒介的复制	349332	283373	71775	8535	50695	302	133412
文教体育用品制造业	158559	83243	15152	467	516		15291
石油加工、炼焦及核燃料加工业	659768	1035401	407356	19728	8700	260	3836
化学原料及化学制品制造业	1977949	2218952	893620	33477	71789	5164	88402
医药制造业	1143055	1113900	549850	4580	198445		49589
化学纤维制造业	166924	440372	107332	780	2460		28005
橡胶制品业	251073	378728	200975	2250	4000		33888
塑料制品业	942321	557779	155532	2532	39808		104696
非金属矿物制品业	2246921	1733978	697696	20242	69846	609	87340
黑色金属冶炼及压延加工业	1729498	3161882	3296642	9700	16176	5887	45213
有色金属冶炼及压延加工业	1166073	1371461	451016	6115	14365	1176	32982
金属制品业	1037705	456073	167820	11085	19779		94303
通用设备制造业	917903	902575	353006	36014	111744	1200	151801
专用设备制造业	1000745	671710	326606	62476	53522		86351

注:本表不含房地产开发投资、城镇工矿区私人建房投资。

国民经济行业大类按建设性质分的城镇新增固定资产（二）

单位：万元

行　　业	新建	扩建	改建	单纯建造生活设施	迁建	恢复	单纯购置
交通运输设备制造业	1301668	1775759	746980	56575	170676		142243
电气机械及器材制造业	879302	726596	228987	8949	27394	145	191084
通信设备、计算机及其他电子设备制造业	2911816	1384549	316979	12548	48116		510291
仪器仪表文化办公用机械制造业	385287	157985	78895	14550	12713		58759
工艺品及其他制造业	609865	239884	18912	6252	18296		19762
废弃资源和废旧材料回收加工业	9352	6620	4130	1121			2407
（四）电力燃气水的生产供应业	**11023004**	**6549275**	**4361735**	**118768**	**27189**	**52998**	**150754**
电力、热力的生产和供应业	9301610	5722710	4022020	108113	24936	50749	134050
燃气生产和供应业	733073	156037	128071	1113	1817		9741
水的生产和供应业	988321	670528	211644	9542	436	2249	6963
（五）建筑业	**1661261**	**757212**	**561778**	**161742**	**34329**	**14767**	**251922**
房屋和土木工程建筑业	1532879	686702	536073	150202	17530	14717	234230
建筑安装业	40931	35558	10572	10312	1614	50	7410
建筑装饰业	41586	13077	5930		308		3161
其他建筑业	45865	21875	9203	1228	14877		7121
（六）交通运输、仓储和邮政业	**17282018**	**5773238**	**7848093**	**109177**	**57106**	**34641**	**4209435**
铁路运输业	2454086	512646	873681	46929	8315	400	1744549
道路运输业	12321793	2224337	6258180	31044	12089	31733	917604
城市公共交通业	1205756	202322	159088	2702	4969		668566
水上运输业	474593	860601	331805	2051	22675	2405	111910
航空运输业	216293	405227	16755	859	1500		710795
管道运输业	9645	1173913	28486	4611			607
装卸搬运和其他运输服务业	104481	30334	75534	872	320	103	6606
仓储业	425684	246754	85349	10289	4530		41404
邮政业	69687	117104	19215	9820	2708		7394
（七）信息传输、计算机服务和软件业	**2818138**	**6777348**	**764921**	**48543**	**1209**	**1230**	**119067**
电信和其他信息传输服务业	2677714	6703564	757891	47793	1209	1230	111248
计算机服务业	41274	5881	3794				2084
软件业	99150	67903	3236	750			5735
（八）批发和零售业	**3325483**	**1257135**	**553422**	**84697**	**35323**	**651**	**98679**
批发业	1385389	542508	179572	54213	19791	151	45957
零售业	1940094	714627	373850	30484	15532	500	52722
（九）住宿和餐饮业	**1077474**	**559905**	**334523**	**28150**	**11320**	**5721**	**27815**
住宿业	782145	346137	165825	17214	6070	3371	6157
餐饮业	295329	213768	168698	10936	5250	2350	21658
（十）金融业	**243562**	**150674**	**61050**	**73305**	**17964**	**253**	**167336**
银行业	205865	97627	55909	71328	17844	143	145103
证券业	2914	1050	551				9266
保险业	30104	49967	4590	1827	120	110	9127

国民经济行业大类按建设性质分的城镇新增固定资产（三）

单位：万元

行　　业	新　　建	扩　　建	改　　建	单纯建造生活设施	迁　　建	恢　　复	单纯购置
其他金融活动	4679	2030		150			3840
（十一）房地产业	**1415402**	**242985**	**152321**	**288702**	**33766**	**1206**	**37770**
房地产业	1415402	242985	152321	288702	33766	1206	37770
（十二）租赁和商务服务业	**1014420**	**519586**	**60170**	**85734**	**7872**		**29467**
租赁业	14898	1333	1220	150			9357
商务服务业	999522	518253	58950	85584	7872		20110
（十三）科研技术服务和地质勘察业	**759159**	**431855**	**115467**	**100466**	**4025**	**505**	**55583**
研究与试验发展	317693	245128	47250	49928	950	505	16940
专业技术服务业	231768	117935	59804	28683	1915		25309
科技交流和推广服务业	75766	44824	6450	4838	506		5393
地质勘察业	133932	23968	1963	17017	654		7941
（十四）水利、环境和公共设施管理业	**12401270**	**4882078**	**4614180**	**114043**	**121434**	**52469**	**36954**
水利管理业	2150806	813737	1305207	8469	15108	33191	2343
环境管理业	563259	172508	279791	11665	18517	4978	16481
公共设施管理业	9687205	3895833	3029182	93909	87809	14300	18130
（十五）居民服务和其他服务业	**295191**	**69551**	**32009**	**10131**	**16198**	**5000**	**3856**
居民服务业	242087	62224	21374	8284	16198	5000	2034
其他服务业	53104	7327	10635	1847			1822
（十六）教育	**4156199**	**4127241**	**472232**	**463793**	**500189**	**1231**	**223909**
教育	4156199	4127241	472232	463793	500189	1231	223909
（十七）卫生、社会保障和社会福利业	**847792**	**1033581**	**251510**	**97822**	**79385**	**171**	**322842**
卫生	723221	1001204	230176	81893	74409	171	318273
社会保障业	35265	3192	16806	8311	4746		69
社会福利业	89306	29185	4528	7618	230		4500
（十八）文化、体育和娱乐业	**1416762**	**447277**	**167882**	**35179**	**36470**	**9892**	**85387**
新闻出版业	57890	42405	2827	10401	3466		14261
广播、电视、电影和音像业	170958	130866	66253	7646	5678	290	50227
文化艺术业	302806	103526	40281	3077	11031	9602	8296
体育	255172	110120	20162	7285	16010		1838
娱乐业	629936	60360	38359	6770	285		10765
（十九）公共管理和社会组织	**6245040**	**2920194**	**880728**	**1051425**	**343351**	**18389**	**408106**
中国共产党机关	78104	81927	18767	29640	3574		6487
国家机构	5654800	2472139	767268	862685	326574	13962	393680
人民政协和民主党派	33791	11541	1999	5476			1218
群众团体、社会团体和宗教组织	69112	166949	7353	12665	2272	4327	3349
基层群众自治组织	409233	187638	85341	140959	10931	100	3372
（二十）国际组织	**2880**						
国际组织	2880						

各地区城镇投资项目个数

单位：个

地区	施工项目个数	新开工项目个数	全部建成投产项目个数	项目建成投产率（%）
全国总计	**203215**	**148042**	**109155**	**53.7**
北京	1672	938	749	44.8
天津	1615	1195	882	54.6
河北	9541	7809	5146	53.9
山西	5406	4072	2944	54.5
内蒙古	7087	6043	4801	67.7
辽宁	8197	6806	5417	66.1
吉林	4366	3758	3051	69.9
黑龙江	4918	4130	3584	72.9
上海	3268	786	544	16.6
江苏	11447	8934	6913	60.4
浙江	10427	6052	4388	42.1
安徽	6328	4796	2924	46.2
福建	5569	3771	2438	43.8
江西	5793	3747	3074	53.1
山东	18962	15510	9851	52.0
河南	7687	5789	4192	54.5
湖北	9048	6890	6134	67.8
湖南	8298	5855	4635	55.9
广东	14130	8651	5061	35.8
广西	9259	6645	5082	54.9
海南	1346	986	773	57.4
重庆	4311	2718	2530	58.7
四川	9070	6440	4145	45.7
贵州	4934	3481	2568	52.0
云南	6947	4490	3695	53.2
西藏	2084	1665	1478	70.9
陕西	5639	3942	2979	52.8
甘肃	6004	4271	2851	47.5
青海	2287	1803	1261	55.1
宁夏	1676	1297	1040	62.1
新疆	5824	4759	4015	68.9
不分地区	75	13	10	13.3

注:本表不含房地产开发投资、城镇工矿区私人建房投资。

国民经济行业小类城镇投资项目个数（一）

单位：个

行业	施工项目个数	新开工项目个数	全部建成投产项目个数	项目建成投产率（%）
全国总计	**203215**	**148042**	**109155**	**53.7**
(一) 农、林、牧、渔业	**7803**	**6330**	**4990**	**63.9**
农业	2065	1671	1292	62.6
谷物及其他作物的种植	1162	968	827	71.2
谷物的种植	613	511	434	70.8
薯类的种植	15	12	9	60.0
油料的种植	40	34	32	80.0
豆类的种植	44	39	18	40.9
棉花的种植	177	172	169	95.5
麻类的种植	6	4	4	66.7
糖料的种植	32	27	28	87.5
烟草的种植	6	4	3	50.0
其他作物的种植	229	165	130	56.8
蔬菜、园艺作物的种植	513	401	273	53.2
蔬菜的种植	271	215	157	57.9
花卉的种植	153	115	70	45.8
其他园艺作物的种植	89	71	46	51.7
水果、坚果、饮料和香料作物的种植	286	217	152	53.1
水果、坚果的种植	218	167	121	55.5
茶及其他饮料作物的种植	48	38	23	47.9
香料作物的种植	20	12	8	40.0
中药材的种植	104	85	40	38.5
林业	1850	1474	1228	66.4
林木的培育和种植	1585	1247	1005	63.4
育种和育苗	275	202	148	53.8
造林	1072	875	716	66.8
林木的抚育和管理	238	170	141	59.2
木材和竹材的采运	111	82	77	69.4
木材的采运	110	81	76	69.1
竹材的采运	1	1	1	100.0
林产品的采集	154	145	146	94.8
畜牧业	1410	1180	838	59.4
牲畜的饲养	898	758	537	59.8
猪的饲养	183	152	109	59.6
家禽的饲养	150	119	96	64.0
狩猎和捕捉动物	2	1	1	50.0
其他畜牧业	177	150	95	53.7
渔业	286	234	173	60.5
海洋渔业	116	90	61	52.6
海水养殖	105	82	52	49.5

注:本表不含房地产开发投资、城镇工矿区私人建房投资。

国民经济行业小类城镇投资项目个数（二）

单位：个

行　　　　　　业	施工项目个数	新开工项目个数	全部建成投产项目个数	项目建成投产率（%）
海洋捕捞	11	8	9	81.8
内陆渔业	170	144	112	65.9
内陆养殖	169	143	112	66.3
内陆捕捞	1	1		
农、林、牧、渔服务业	2192	1771	1459	66.6
农业服务业	1766	1432	1214	68.7
灌溉服务	832	681	615	73.9
农产品初加工服务	277	247	211	76.2
其他农业服务	657	504	388	59.1
林业服务业	138	98	83	60.1
畜牧服务业	233	200	135	57.9
兽医服务	81	71	48	59.3
其他畜牧服务	152	129	87	57.2
渔业服务业	55	41	27	49.1
（二）采矿业	**5318**	**4378**	**3104**	**58.4**
煤炭开采和洗选业	2989	2466	1715	57.4
烟煤和无烟煤的开采洗选	2839	2338	1621	57.1
褐煤的开采洗选	99	81	55	55.6
其他煤炭采选	51	47	39	76.5
石油和天然气开采业	270	198	142	52.6
天然原油和天然气开采	247	176	129	52.2
与石油和天然气开采有关的服务	23	22	13	56.5
黑色金属矿采选业	443	367	254	57.3
铁矿采选	391	322	222	56.8
其他黑色金属矿采选	52	45	32	61.5
有色金属矿采选业	736	573	416	56.5
常用有色金属矿采选	419	320	219	52.3
铜矿采选	117	84	52	44.4
铅锌矿采选	141	106	69	48.9
镍钴矿采选	39	21	13	33.3
锡矿采选	85	79	65	76.5
锑矿采选	7	5	6	85.7
铝矿采选	4	3		
镁矿采选	6	6	3	50.0
其他常用有色金属矿采选	20	16	11	55.0
贵金属矿采选	249	205	161	64.7
金矿采选	239	197	158	66.1
银矿采选	9	7	3	33.3
其他贵金属矿采选	1	1		
稀有稀土金属矿采选	68	48	36	52.9

国民经济行业小类城镇投资项目个数（三）

单位：个

行业	施工项目个数	新开工项目个数	全部建成投产项目个数	项目建成投产率（%）
钨钼矿采选	40	27	20	50.0
稀土金属矿采选	13	10	6	46.2
放射性金属矿采选	2	2	2	100.0
其他稀有金属矿采选	13	9	8	61.5
非金属矿采选业	859	755	568	66.1
土砂石开采	536	490	368	68.7
石灰石、石膏开采	140	125	106	75.7
建筑装饰用石开采	173	159	97	56.1
耐火土石开采	23	22	17	73.9
黏土及其他土砂石开采	200	184	148	74.0
化学矿采选	59	46	36	61.0
采盐	90	70	55	61.1
石棉及其他非金属矿采选	174	149	109	62.6
石棉、云母矿采选	22	19	14	63.6
石墨、滑石采选	46	40	27	58.7
宝石、玉石开采	2	2	2	100.0
其他非金属矿采选	104	88	66	63.5
其他采矿业	21	19	9	42.9
其他采矿业	21	19	9	42.9
（三）制造业	**66598**	**50398**	**33701**	**50.6**
农副食品加工业	3681	3106	2165	58.8
谷物磨制	519	467	376	72.4
饲料加工	394	322	222	56.3
植物油加工	506	432	304	60.1
食用植物油加工	473	401	288	60.9
非食用植物油加工	33	31	16	48.5
制糖	176	147	121	68.8
屠宰及肉类加工	738	597	398	53.9
畜禽屠宰	370	313	222	60.0
肉制品及副产品加工	368	284	176	47.8
水产品加工	331	285	196	59.2
水产品冷冻加工	235	204	146	62.1
鱼糜制品及水产品干腌制加工	45	40	28	62.2
水产饲料制造	25	19	9	36.0
鱼油提取及制品的制造	1	1		
其他水产品加工	25	21	13	52.0
蔬菜、水果和坚果加工	479	408	252	52.6
其他农副食品加工	538	448	296	55.0
淀粉及淀粉制品的制造	241	192	121	50.2
豆制品制造	67	57	38	56.7

国民经济行业小类城镇投资项目个数（四）

单位：个

行业	施工项目个数	新开工项目个数	全部建成投产项目个数	项目建成投产率（%）
蛋品加工	19	16	11	57.9
其他未列明的农副食品加工	211	183	126	59.7
食品制造业	2296	1825	1225	53.4
焙烤食品制造	310	257	170	54.8
糕点、面包制造	128	109	69	53.9
饼干及其他焙烤食品制造	182	148	101	55.5
糖果、巧克力及蜜饯制造	120	96	61	50.8
糖果、巧克力制造	79	67	39	49.4
蜜饯制作	41	29	22	53.7
方便食品制造	344	285	177	51.5
米、面制品制造	148	127	89	60.1
速冻食品制造	79	68	32	40.5
方便面及其他方便食品制造	117	90	56	47.9
液体乳及乳制品制造	414	331	212	51.2
罐头制造	237	190	135	57.0
肉、禽类罐头制造	46	38	20	43.5
水产品罐头制造	15	10	9	60.0
蔬菜、水果罐头制造	154	124	96	62.3
其他罐头食品制造	22	18	10	45.5
调味品、发酵制品制造	291	220	150	51.5
味精制造	62	45	26	41.9
酱油、食醋及类似制品的制造	115	95	63	54.8
其他调味品、发酵制品制造	114	80	61	53.5
其他食品制造	580	446	320	55.2
营养、保健食品制造	110	95	57	51.8
冷冻饮品及食用冰制造	83	58	43	51.8
盐加工	46	33	27	58.7
食品及饲料添加剂制造	148	118	75	50.7
其他未列明的食品制造	193	142	118	61.1
饮料制造业	1593	1215	885	55.6
酒精制造	43	34	29	67.4
酒的制造	903	689	538	59.6
白酒制造	408	327	266	65.2
啤酒制造	292	209	177	60.6
黄酒制造	45	36	19	42.2
葡萄酒制造	82	59	40	48.8
其他酒制造	76	58	36	47.4
软饮料制造	536	399	257	47.9
碳酸饮料制造	63	41	27	42.9
瓶（罐）装饮用水制造	157	128	91	58.0

国民经济行业小类城镇投资项目个数（五）

单位：个

行业	施工项目个数	新开工项目个数	全部建成投产项目个数	项目建成投产率（%）
果菜汁及果菜汁饮料制造	143	109	64	44.8
含乳饮料和植物蛋白饮料制造	68	54	33	48.5
固体饮料制造	28	17	15	53.6
茶饮料及其他软饮料制造	77	50	27	35.1
精制茶加工	111	93	61	55.0
烟草制品业	456	211	227	49.8
烟叶复烤	53	37	35	66.0
卷烟制造	385	161	180	46.8
其他烟草制品加工	18	13	12	66.7
纺织业	4355	3507	2445	56.1
棉、化纤纺织及印染精加工	1987	1636	1194	60.1
棉、化纤纺织加工	1729	1431	1057	61.1
棉、化纤印染精加工	258	205	137	53.1
毛纺织和染整精加工	502	374	265	52.8
毛条加工	203	149	101	49.8
毛纺织	213	162	110	51.6
毛染整精加工	86	63	54	62.8
麻纺织	112	90	64	57.1
丝绢纺织及精加工	262	196	143	54.6
缫丝加工	118	93	76	64.4
绢纺和丝织加工	102	74	53	52.0
丝印染精加工	42	29	14	33.3
纺织制成品制造	719	586	382	53.1
棉及化纤制品制造	258	200	121	46.9
毛制品制造	35	29	17	48.6
麻制品制造	26	21	16	61.5
丝制品制造	36	29	24	66.7
绳、索、缆的制造	25	20	17	68.0
纺织带和帘子布制造	52	44	25	48.1
无纺布制造	141	124	84	59.6
其他纺织制成品制造	146	119	78	53.4
针织品、编织品及其制品制造	773	625	397	51.4
棉、化纤针织品及编织品制造	307	244	152	49.5
毛针织品及编织品制造	328	268	185	56.4
丝针织品及编织品制造	53	45	24	45.3
其他针织品及编织品制造	85	68	36	42.4
纺织服装、鞋、帽制造业	1996	1483	996	49.9
纺织服装制造	1866	1388	938	50.3
纺织面料鞋的制造	86	64	41	47.7
制帽	44	31	17	38.6

国民经济行业小类城镇投资项目个数（六）

单位：个

行业	施工项目个数	新开工项目个数	全部建成投产项目个数	项目建成投产率（%）
皮革、毛皮、羽毛(绒)及其制品业	859	655	349	40.6
皮革鞣制加工	94	73	39	41.5
皮革制品制造	633	469	243	38.4
皮鞋制造	352	246	131	37.2
皮革服装制造	65	55	22	33.8
皮箱、包(袋)制造	101	79	36	35.6
皮手套及皮装饰制品制造	52	39	28	53.8
其他皮革制品制造	63	50	26	41.3
毛皮鞣制及制品加工	57	54	25	43.9
毛皮鞣制加工	23	21	11	47.8
毛皮服装加工	12	12	6	50.0
其他毛皮制品加工	22	21	8	36.4
羽毛(绒)加工及制品制造	75	59	42	56.0
羽毛(绒)加工	43	32	28	65.1
羽毛(绒)制品加工	32	27	14	43.8
木材加工及木、竹、藤、棕、草制造	1520	1326	949	62.4
锯材、木片加工	303	272	199	65.7
锯材加工	150	132	97	64.7
木片加工	153	140	102	66.7
人造板制造	682	586	433	63.5
胶合板制造	340	299	225	66.2
纤维板制造	143	119	84	58.7
刨花板制造	45	40	32	71.1
其他人造板、材制造	154	128	92	59.7
木制品制造	352	303	214	60.8
建筑用木料及木材组件加工制造	175	152	108	61.7
木容器制造	40	32	23	57.5
软木制品及其他木制品制造	137	119	83	60.6
竹、藤、棕、草制品制造	183	165	103	56.3
家具制造业	833	667	402	48.3
木质家具制造	615	488	315	51.2
竹、藤家具制造	24	19	13	54.2
金属家具制造	85	69	37	43.5
塑料家具制造	20	17	12	60.0
其他家具制造	89	74	25	28.1
造纸及纸制品业	1744	1398	950	54.5
纸浆制造	125	100	52	41.6
造纸	903	703	483	53.5
机制纸及纸板制造	768	583	387	50.4
手工纸制造	13	12	10	76.9

国民经济行业小类城镇投资项目个数（七）

单位：个

行业	施工项目个数	新开工项目个数	全部建成投产项目个数	项目建成投产率（%）
加工纸制造	122	108	86	70.5
纸制品制造	716	595	415	58.0
纸和纸板容器的制造	358	293	201	56.1
其他纸制品制造	358	302	214	59.8
印刷业和记录媒介的复制	1043	800	565	54.2
印刷	966	745	526	54.5
书、报、刊印刷	233	180	137	58.8
本册印制	98	66	55	56.1
包装装潢及其他印刷	635	499	334	52.6
装订及其他印刷服务活动	63	44	32	50.8
记录媒介的复制	14	11	7	50.0
文教体育用品制造业	597	448	250	41.9
文化用品制造	172	131	77	44.8
文具制造	74	52	45	60.8
笔的制造	67	56	21	31.3
教学用模型及教具制造	11	9	5	45.5
墨水、墨汁制造	4	4	1	25.0
其他文化用品制造	16	10	5	31.3
体育用品制造	143	112	67	46.9
球类制造	16	13	9	56.3
体育器材及配件制造	45	36	17	37.8
训练健身器材制造	36	25	14	38.9
运动防护用具制造	6	5	2	33.3
其他体育用品制造	40	33	25	62.5
乐器制造	28	20	15	53.6
中乐器制造	6	4	5	83.3
西乐器制造	13	10	6	46.2
电子乐器制造	8	5	4	50.0
其他乐器及零件制造	1	1		
玩具制造	240	172	87	36.3
游艺器材及娱乐用品制造	14	13	4	28.6
露天游乐场所游乐设备制造	5	5		
游艺用品及室内游艺器材制造	9	8	4	44.4
石油加工、炼焦及核燃料加工业	1538	1116	819	53.3
精炼石油产品的制造	741	447	412	55.6
原油加工及石油制品制造	735	443	410	55.8
人造原油生产	6	4	2	33.3
炼焦及其他	797	669	407	51.1
化学原料及化学制品制造业	6446	5014	3549	55.1

国民经济行业小类城镇投资项目个数（八）

单位：个

行　　业	施工项目个数	新开工项目个数	全部建成投产项目个数	项目建成投产率（%）
基础化学原料制造	1704	1268	795	46.7
无机酸制造	163	134	86	52.8
无机碱制造	386	233	117	30.3
无机盐制造	250	187	128	51.2
有机化学原料制造	463	369	224	48.4
其他基础化学原料制造	442	345	240	54.3
肥料制造	1177	930	691	58.7
氮肥制造	597	474	350	58.6
磷肥制造	135	100	88	65.2
钾肥制造	37	34	11	29.7
复混肥料制造	249	195	156	62.7
有机肥料及微生物肥料制造	102	88	51	50.0
其他肥料制造	57	39	35	61.4
农药制造	304	206	143	47.0
化学农药制造	223	148	116	52.0
生物化学农药及微生物农药制造	81	58	27	33.3
涂料、油墨、颜料及类似产品制造	568	425	292	51.4
涂料制造	303	238	144	47.5
油墨及类似产品制造	44	33	23	52.3
颜料制造	73	53	46	63.0
染料制造	85	57	40	47.1
密封用填料及类似品制造	63	44	39	61.9
合成材料制造	1049	887	742	70.7
初级形态的塑料及合成树脂制造	758	666	591	78.0
合成橡胶制造	91	75	38	41.8
合成纤维单(聚合)体的制造	108	85	72	66.7
其他合成材料制造	92	61	41	44.6
专用化学产品制造	1193	951	652	54.7
化学试剂和助剂制造	346	266	209	60.4
专项化学用品制造	261	216	144	55.2
林产化学产品制造	109	92	71	65.1
环境污染处理专用药剂材料制造	24	21	14	58.3
动物胶制造	27	20	12	44.4
其他专用化学产品制造	426	336	202	47.4
日用化学产品制造	451	347	234	51.9
肥皂及合成洗涤剂制造	129	99	62	48.1
化妆品制造	84	61	36	42.9
口腔清洁用品制造	14	10	8	57.1

国民经济行业小类城镇投资项目个数（九）

单位：个

行业	施工项目个数	新开工项目个数	全部建成投产项目个数	项目建成投产率（%）
香料、香精制造	94	73	57	60.6
其他日用化学产品制造	130	104	71	54.6
医药制造业	3171	2019	1217	38.4
化学药品原药制造	559	352	229	41.0
化学药品制剂制造	788	492	310	39.3
中药饮片加工	494	293	169	34.2
中成药制造	709	454	263	37.1
兽用药品制造	153	105	58	37.9
生物、生化制品的制造	305	185	97	31.8
卫生材料及医药用品制造	163	138	91	55.8
化学纤维制造业	317	220	155	48.9
纤维素纤维原料及纤维制造	69	51	38	55.1
化纤浆粕制造	15	14	11	73.3
人造纤维（纤维素纤维）制造	54	37	27	50.0
合成纤维制造	248	169	117	47.2
锦纶纤维制造	40	31	17	42.5
涤纶纤维制造	113	73	61	54.0
腈纶纤维制造	20	13	5	25.0
维纶纤维制造	10	5	4	40.0
其他合成纤维制造	65	47	30	46.2
橡胶制品业	634	496	319	50.3
轮胎制造	179	123	65	36.3
车辆、飞机及工程机械轮胎制造	148	100	49	33.1
力车胎制造	15	10	7	46.7
轮胎翻新加工	16	13	9	56.3
橡胶板、管、带的制造	126	112	79	62.7
橡胶零件制造	101	77	54	53.5
再生橡胶制造	34	28	16	47.1
日用及医用橡胶制品制造	46	37	26	56.5
橡胶靴鞋制造	40	33	21	52.5
其他橡胶制品制造	108	86	58	53.7
塑料制品业	2354	1826	1242	52.8
塑料薄膜制造	322	243	184	57.1
塑料板、管、型材的制造	472	374	233	49.4
塑料丝、绳及编织品的制造	308	266	209	67.9
泡沫塑料制造	130	101	68	52.3
塑料人造革、合成革制造	87	61	43	49.4
塑料包装箱及容器制造	211	165	113	53.6
塑料零件制造	137	103	60	43.8
日用塑料制造	181	140	109	60.2

国民经济行业小类城镇投资项目个数（十）

单位：个

行　　　业	施工项目个数	新开工项目个数	全部建成投产项目个　数	项目建成投产率（%）
塑料鞋制造	55	40	26	47.3
日用塑料杂品制造	126	100	83	65.9
其他塑料制品制造	506	373	223	44.1
非金属矿物制品业	5886	4875	3423	58.2
水泥、石灰和石膏的制造	1335	1040	686	51.4
水泥制造	1264	975	640	50.6
石灰和石膏制造	71	65	46	64.8
水泥及石膏制品制造	654	549	377	57.6
水泥制品制造	384	317	219	57.0
砼结构构件制造	89	81	63	70.8
石棉水泥制品制造	20	17	15	75.0
轻质建筑材料制造	114	96	53	46.5
其他水泥制品制造	47	38	27	57.4
砖瓦、石材及其他建筑材料制造	1744	1556	1128	64.7
黏土砖瓦及建筑砌块制造	633	583	443	70.0
建筑陶瓷制品制造	366	330	249	68.0
建筑用石加工	342	301	214	62.6
防水建筑材料制造	109	86	65	59.6
隔热和隔音材料制造	71	62	41	57.7
其他建筑材料制造	223	194	116	52.0
玻璃及玻璃制品制造	832	673	472	56.7
平板玻璃制造	127	104	70	55.1
技术玻璃制品制造	108	91	52	48.1
光学玻璃制造	25	16	9	36.0
玻璃仪器制造	22	22	18	81.8
日用玻璃制品及玻璃包装容器制造	196	149	124	63.3
玻璃保温容器制造	31	28	18	58.1
玻璃纤维及制品制造	166	139	100	60.2
玻璃纤维增强塑料制品制造	55	43	30	54.5
其他玻璃制品制造	102	81	51	50.0
陶瓷制品制造	495	366	246	49.7
卫生陶瓷制品制造	89	69	55	61.8
特种陶瓷制品制造	67	51	33	49.3
日用陶瓷制品制造	307	218	142	46.3
园林、陈设艺术及其他陶瓷制造	32	28	16	50.0
耐火材料制品制造	320	289	209	65.3
石棉制品制造	25	24	13	52.0
云母制品制造	8	7	4	50.0
耐火陶瓷制品及其他耐火材料制造	287	258	192	66.9
石墨及其他非金属矿物制品制造	506	402	305	60.3

国民经济行业小类城镇投资项目个数（十一）

单位：个

行业	施工项目个数	新开工项目个数	全部建成投产项目个数	项目建成投产率（%）
石墨及碳素制品制造	215	173	127	59.1
其他非金属矿物制品制造	291	229	178	61.2
黑色金属冶炼及压延加工业	4103	3095	2036	49.6
炼铁	748	615	466	62.3
炼钢	1198	845	654	54.6
钢压延加工	1303	953	532	40.8
铁合金冶炼	854	682	384	45.0
有色金属冶炼及压延加工业	1731	1221	891	51.5
常用有色金属冶炼	984	693	530	53.9
铜冶炼	153	95	79	51.6
铅锌冶炼	213	150	108	50.7
镍钴冶炼	108	74	52	48.1
锡冶炼	12	9	6	50.0
锑冶炼	14	10	10	71.4
铝冶炼	379	263	217	57.3
镁冶炼	32	29	17	53.1
其他常用有色金属冶炼	73	63	41	56.2
贵金属冶炼	76	52	32	42.1
金冶炼	49	34	15	30.6
银冶炼	14	10	10	71.4
其他贵金属冶炼	13	8	7	53.8
稀有稀土金属冶炼	169	117	94	55.6
钨钼冶炼	65	31	42	64.6
稀土金属冶炼	46	38	26	56.5
其他稀有金属冶炼	58	48	26	44.8
有色金属合金制造	100	68	46	46.0
有色金属压延加工	402	291	189	47.0
常用有色金属压延加工	352	258	173	49.1
贵金属压延加工	4	3	3	75.0
稀有稀土金属压延加工	46	30	13	28.3
金属制品业	2894	2312	1406	48.6
结构性金属制品制造	951	789	480	50.5
金属结构制造	674	544	320	47.5
金属门窗制造	277	245	160	57.8
金属工具制造	415	345	230	55.4
切削工具制造	80	56	45	56.3
手工具制造	60	47	28	46.7
农用及园林用金属工具制造	25	23	13	52.0
刀剪及类似日用金属工具制造	112	107	74	66.1
其他金属工具制造	138	112	70	50.7

国民经济行业小类城镇投资项目个数（十二）

单位：个

行　　　　　业	施工项目个数	新开工项目个数	全部建成投产项目个　数	项目建成投产率（%）
集装箱及金属包装容器制造	156	127	76	48.7
集装箱制造	35	26	17	48.6
金属压力容器制造	31	27	17	54.8
金属包装容器制造	90	74	42	46.7
金属丝绳及其制品的制造	152	113	65	42.8
建筑、安全用金属制品制造	385	296	189	49.1
建筑、家具用金属配件制造	140	104	60	42.9
建筑装饰及水暖管道零件制造	146	121	76	52.1
安全、消防用金属制品制造	26	23	16	61.5
其他建筑、安全用金属制品制造	73	48	37	50.7
金属表面处理及热处理加工	128	100	55	43.0
搪瓷制品制造	34	30	17	50.0
工业生产配套用搪瓷制品制造	12	12	4	33.3
搪瓷卫生洁具制造	2	1	1	50.0
搪瓷日用品及其他搪瓷制品制造	20	17	12	60.0
不锈钢及类似日用金属制品制造	371	273	146	39.4
金属制厨房调理及卫生器具制造	54	39	21	38.9
金属制厨用器皿及餐具制造	120	85	49	40.8
其他日用金属制品制造	197	149	76	38.6
其他金属制品制造	302	239	148	49.0
铸币及贵金属制实验室用品制造	11	10	7	63.6
其他未列明的金属制品制造	291	229	141	48.5
通用设备制造业	3373	2599	1727	51.2
锅炉及原动机制造	377	252	179	47.5
锅炉及辅助设备制造	120	95	60	50.0
内燃机及配件制造	207	122	94	45.4
汽轮机及辅机制造	28	16	13	46.4
水轮机及辅机制造	15	13	8	53.3
其他原动机制造	7	6	4	57.1
金属加工机械制造	607	463	319	52.6
金属切削机床制造	160	98	76	47.5
金属成形机床制造	49	42	19	38.8
铸造机械制造	133	112	81	60.9
金属切割及焊接设备制造	39	33	18	46.2
机床附件制造	66	48	32	48.5
其他金属加工机械制造	160	130	93	58.1
起重运输设备制造	135	95	55	40.7
泵、阀门、压缩机及类似机械的制造	465	366	235	50.5
泵及真空设备制造	167	132	73	43.7
气体压缩机械制造	52	36	28	53.8

国民经济行业小类城镇投资项目个数（十三）

单位：个

行　　　业	施工项目个数	新开工项目个数	全部建成投产项目个数	项目建成投产率（%）
阀门和旋塞的制造	122	100	68	55.7
液压和气压动力机械及元件制造	124	98	66	53.2
轴承、齿轮、传动和驱动部件的制造	327	238	128	39.1
轴承制造	210	149	77	36.7
齿轮、传动和驱动部件制造	117	89	51	43.6
烘炉、熔炉及电炉制造	21	18	11	52.4
风机、衡器、包装设备等通用设备制造	555	420	270	48.6
风机、风扇制造	103	76	60	58.3
气体、液体分离及纯净设备制造	35	29	14	40.0
制冷、空调设备制造	120	83	39	32.5
风动和电动工具制造	62	45	27	43.5
喷枪及类似器具制造	4	4	4	100.0
包装专用设备制造	36	31	19	52.8
衡器制造	18	14	9	50.0
其他通用设备制造	177	138	98	55.4
通用零部件制造及机械修理	386	321	219	56.7
金属密封件制造	47	42	24	51.1
紧固件、弹簧制造	77	58	45	58.4
机械零部件加工及设备修理	156	137	90	57.7
其他通用零部件制造	106	84	60	56.6
金属铸、锻加工	500	426	311	62.2
钢铁铸件制造	379	325	229	60.4
锻件及粉末冶金制品制造	121	101	82	67.8
专用设备制造业	2896	2200	1361	47.0
矿山、冶金、建筑专用设备制造	534	412	249	46.6
采矿、采石设备制造	178	142	82	46.1
石油钻采专用设备制造	51	33	25	49.0
建筑工程用机械制造	144	111	60	41.7
建筑材料生产专用机械制造	94	81	50	53.2
冶金专用设备制造	67	45	32	47.8
化工、木材、非金属加工专用设备制造	418	330	199	47.6
炼油、化工生产专用设备制造	64	51	41	64.1
橡胶加工专用设备制造	33	26	17	51.5
塑料加工专用设备制造	51	40	20	39.2
木材加工机械制造	41	34	18	43.9
模具制造	202	157	90	44.6
其他非金属加工专用设备制造	27	22	13	48.1
食品、饮料、烟草及饲料生产设备制造	116	95	57	49.1
食品、饮料、烟草工业专用设备制造	58	50	30	51.7
农副食品加工专用设备制造	51	39	25	49.0

国民经济行业小类城镇投资项目个数（十四）

单位：个

行　　业	施工项目个数	新开工项目个数	全部建成投产项目个数	项目建成投产率（%）
饲料生产专用设备制造	7	6	2	28.6
印刷、制药、日化生产专用设备制造	266	206	124	46.6
制浆和造纸专用设备制造	54	45	27	50.0
印刷专用设备制造	68	49	28	41.2
日用化工专用设备制造	29	20	19	65.5
制药专用设备制造	21	18	8	38.1
照明器具生产专用设备制造	29	24	13	44.8
玻璃、陶瓷和搪瓷制品生产设备制造	31	28	13	41.9
其他日用品生产专用设备制造	34	22	16	47.1
纺织、服装和皮革工业专用设备制造	281	219	127	45.2
纺织专用设备制造	215	172	99	46.0
皮革、毛皮及其制品加工设备制造	18	11	11	61.1
缝纫机械制造	39	29	15	38.5
其他服装加工专用设备制造	9	7	2	22.2
电子和电工机械专用设备制造	479	336	231	48.2
农、林、牧、渔专用机械制造	331	249	154	46.5
拖拉机制造	95	61	29	30.5
机械化农业及园艺机具制造	81	69	42	51.9
营林及木竹采伐机械制造				
畜牧机械制造	7	5	4	57.1
渔业机械制造	8	5	3	37.5
农林牧渔机械配件制造	74	61	46	62.2
其他农林牧渔业机械制造	66	48	30	45.5
医疗仪器设备及器械制造	163	117	63	38.7
医疗诊断、监护及治疗设备制造	49	31	14	28.6
口腔科用设备及器具制造	4	3		
实验室及医用消毒设备和器具制造	8	7	5	62.5
医疗、外科及兽医用器械制造	50	37	21	42.0
机械治疗及病房护理设备制造	13	12	5	38.5
假肢、人工器官及植入设备制造	5	3	2	40.0
其他医疗设备及器械制造	34	24	16	47.1
环保、社会公共安全及其他设备制造	308	236	157	51.0
环境污染防治专用设备制造	102	77	52	51.0
地质勘察专用设备制造	5	1	3	60.0
邮政专用机械及器材制造				
商业、饮食、服务业专用设备	15	15	14	93.3

国民经济行业小类城镇投资项目个数（十五）

单位：个

行业	施工项目个数	新开工项目个数	全部建成投产项目个数	项目建成投产率（%）
社会公共安全设备及器材制造	42	29	22	52.4
交通安全及管制专用设备制造	7	6	2	28.6
水资源专用机械制造	26	23	10	38.5
其他专用设备制造	111	85	54	48.6
交通运输设备制造业	3278	2154	1397	42.6
铁路运输设备制造	197	109	105	53.3
铁路机车车辆及动车组制造	85	27	50	58.8
工矿有轨专用车辆制造	24	20	3	12.5
铁路机车车辆配件制造	34	33	27	79.4
铁路专用设备及器材、配件制造	34	19	16	47.1
其他铁路设备制造及设备修理	20	10	9	45.0
汽车制造	2166	1555	927	42.8
汽车整车制造	386	245	158	40.9
改装汽车制造	131	84	42	32.1
电车制造	11	7	5	45.5
汽车车身、挂车的制造	55	40	29	52.7
汽车零部件及配件制造	1304	955	529	40.6
汽车修理	279	224	164	58.8
摩托车制造	160	109	72	45.0
摩托车整车制造	52	37	28	53.8
摩托车零部件及配件制造	108	72	44	40.7
自行车制造	95	80	50	52.6
脚踏自行车及残疾人座车制造	47	41	30	63.8
助动自行车制造	48	39	20	41.7
船舶及浮动装置制造	328	186	151	46.0
金属船舶制造	166	72	66	39.8
非金属船舶制造	9	8	3	33.3
娱乐船和运动船的建造和修理	8	6	3	37.5
船用配套设备制造	84	55	50	59.5
船舶修理及拆船	60	44	28	46.7
航标器材及其他浮动装置的制造	1	1	1	100.0
交通器材及其他交通运输设备制造	332	115	92	70.3
交通管理用金属标志及设施制造	8	5	5	62.5
其他交通运输设备制造	324	110	87	26.9
电气机械及器材制造业	2616	1833	1113	42.5

国民经济行业小类城镇投资项目个数（十六）

单位：个

行业	施工项目个数	新开工项目个数	全部建成投产项目个数	项目建成投产率（%）
电机制造	284	200	115	40.5
发电机及发电机组制造	46	27	20	43.5
电动机制造	119	93	57	47.9
微电机及其他电机制造	119	80	38	31.9
输配电及控制设备制造	712	498	294	41.3
变压器、整流器和电感器制造	217	146	91	41.9
电容器及其配套设备制造	48	36	16	33.3
配电开关控制设备制造	180	139	83	46.1
电力电子元器件制造	190	127	64	33.7
其他输配电及控制设备制造	77	50	40	51.9
电线、电缆、光缆及电工器材制造	534	404	247	46.3
电线电缆制造	391	291	179	45.8
光纤、光缆制造	33	20	12	36.4
绝缘制品制造	36	27	21	58.3
其他电工器材制造	74	66	35	47.3
电池制造	195	132	71	36.4
家用电力器具制造	391	222	131	33.5
家用制冷电器具制造	42	27	17	40.5
家用空气调节器制造	81	27	27	33.3
家用通风电器具制造	22	13	6	27.3
家用厨房电器具制造	51	39	13	25.5
家用清洁卫生电器具制造	27	14	15	55.6
家用美容、保健电器具制造	18	12	5	27.8
家用电力器具专用配件制造	28	23	11	39.3
其他家用电力器具制造	122	67	37	30.3
非电力家用器具制造	113	83	61	54.0
燃气、太阳能及类似能源的器具制造	92	67	55	59.8
其他非电力家用器具制造	21	16	6	28.6
照明器具制造	298	225	151	50.7
电光源制造	79	58	43	54.4
照明灯具制造	175	136	87	49.7
灯用电器附件及其他照明器具	44	31	21	47.7
其他电气机械及器材制造	89	69	43	48.3
车辆专用照明及电气信号设备制造	22	18	8	36.4
其他未列明的电气机械制造	67	51	35	52.2
通信设备、计算机及其他电子设备制造	2281	1388	836	36.7
通信设备制造	358	227	153	42.7
通信传输设备制造	100	75	68	68.0
通信交换设备制造	40	21	16	40.0
通信终端设备制造	45	22	15	33.3

国民经济行业小类城镇投资项目个数（十七）

单位：个

行业	施工项目个数	新开工项目个数	全部建成投产项目个数	项目建成投产率（%）
移动通信及终端设备制造	52	32	14	26.9
其他通信设备制造	121	77	40	33.1
广播电视设备制造	28	20	15	53.6
广播电视节目制作及发射设备制造	11	8	8	72.7
广播电视接收设备及器材制造	11	9	5	45.5
应用电视设备及其他广播设备制造	6	3	2	33.3
电子计算机制造	263	152	92	35.0
电子计算机整机制造	105	66	40	38.1
计算机网络设备制造	22	14	8	36.4
电子计算机外部设备制造	136	72	44	32.4
电子器件制造	348	208	117	33.6
电子真空器件制造	78	48	24	30.8
半导体分立器件制造	59	30	19	32.2
集成电路制造	93	47	27	29.0
光电子器件及其他电子器件制造	118	83	47	39.8
电子元件制造	882	558	368	41.7
电子元件及组件制造	823	518	341	41.4
印制电路板制造	59	40	27	45.8
家用视听设备制造	143	85	34	23.8
家用影视设备制造	93	49	29	31.2
家用音响设备制造	50	36	5	10.0
其他电子设备制造	259	138	57	22.0
仪器仪表及文化、办公用机械制造	685	412	265	38.7
通用仪器仪表制造	251	159	110	43.8
工业自动控制系统装置制造	81	50	34	42.0
电工仪器仪表制造	72	45	31	43.1
绘图、计算及测量仪器制造	15	9	11	73.3
实验分析仪器制造	15	11	7	46.7
试验机制造	5	2	1	20.0
供应用仪表及其他通用仪器制造	63	42	26	41.3
专用仪器仪表制造	124	78	59	47.6
环境监测专用仪器仪表制造	13	7	7	53.8
汽车及其他用计数仪表制造	19	14	6	31.6
农林牧渔专用仪器仪表制造	3	3	2	66.7
地质勘探和地震专用仪器制造	5	3	1	20.0
教学专用仪器制造	6	6	3	50.0
电子测量仪器制造	24	18	13	54.2

国民经济行业小类城镇投资项目个数（十八）

单位：个

行业	施工项目个数	新开工项目个数	全部建成投产项目个数	项目建成投产率（%）
其他专用仪器制造	54	27	27	50.0
钟表与计时仪器制造	48	35	11	22.9
光学仪器及眼镜制造	112	72	38	33.9
光学仪器制造	66	37	27	40.9
眼镜制造	46	35	11	23.9
文化、办公用机械制造	106	47	28	26.4
电影机械制造	10	3	1	10.0
幻灯及投影设备制造	1			
照相机及器材制造	38	18	8	21.1
复印和胶印设备制造	13	8	4	30.8
计算器及货币专用设备制造	31	8	11	35.5
其他文化、办公用机械制造	13	10	4	30.8
其他仪器仪表的制造及修理	44	21	19	43.2
工艺品及其他制造业	1359	927	514	37.8
工艺美术品制造	734	528	329	44.8
雕塑工艺品制造	71	56	29	40.8
金属工艺品制造	76	50	34	44.7
漆器工艺品制造	23	17	12	52.2
花画工艺品制造	35	27	12	34.3
天然植物纤维编织工艺品制造	86	70	58	67.4
抽纱刺绣工艺品制造	86	73	47	54.7
地毯、挂毯制造	60	55	28	46.7
珠宝首饰及有关物品的制造	67	52	26	38.8
其他工艺美术品制造	230	128	83	36.1
日用杂品制造	99	78	35	35.4
制镜及类似品加工	11	7	3	27.3
鬃毛加工、制刷及清扫工具制造	26	24	6	23.1
其他日用杂品制造	62	47	26	41.9
煤制品制造	36	29	17	47.2
其他未列明的制造业	490	292	133	27.1
废弃资源和废旧材料回收加工业	63	50	23	36.5
金属废料和碎屑的加工处理	22	19	6	27.3
非金属废料和碎屑的加工处理	41	31	17	41.5
（四）电力燃气及水的生产和供应业	**13570**	**8671**	**6477**	**47.7**
电力、热力的生产和供应业	10239	6668	5113	49.9
电力生产	4510	3119	1982	43.9
火力发电	1892	1295	887	46.9
水力发电	2501	1743	1035	41.4
核力发电	9	1		

国民经济行业小类城镇投资项目个数（十九）

单位：个

行　　业	施工项目个数	新开工项目个数	全部建成投产项目个数	项目建成投产率（%）
其他能源发电	108	80	60	55.6
电力供应	5172	3112	2795	54.0
热力生产和供应	557	437	336	60.3
燃气生产和供应业	686	411	235	34.3
燃气生产和供应业	686	411	235	34.3
水的生产和供应业	2645	1592	1129	42.7
自来水的生产和供应	1964	1272	928	47.3
污水处理及其再生利用	564	242	128	22.7
其他水的处理、利用与分配	117	78	73	62.4
（五）建筑业	**4384**	**3407**	**2371**	**54.1**
房屋和土木工程建筑业	3955	3069	2168	54.8
房屋工程建筑	2254	1740	1226	54.4
土木工程建筑	1701	1329	942	55.4
铁路、道路、隧道和桥梁工程	1263	1014	707	56.0
水利和港口工程建筑	221	141	109	49.3
工矿工程建筑	29	21	20	69.0
架线和管道工程建筑	107	86	68	63.6
其他土木工程建筑	81	67	38	46.9
建筑安装业	145	107	79	54.5
建筑安装业	145	107	79	54.5
建筑装饰业	131	101	66	50.4
建筑装饰业	131	101	66	50.4
其他建筑业	153	130	58	37.9
工程准备	48	39	16	33.3
提供施工设备服务	27	22	14	51.9
其他未列明的建筑活动	78	69	28	35.9
（六）交通运输、仓储和邮政业	**16154**	**11299**	**8684**	**53.8**
铁路运输业	1361	979	913	67.1
铁路旅客运输	381	274	265	69.6
铁路货物运输	621	434	412	66.3
铁路运输辅助活动	359	271	236	65.7
客运火车站	75	57	35	46.7
货运火车站	6	4	6	100.0
其他铁路运输辅助活动	278	210	195	70.1
道路运输业	11143	8095	6053	54.3
公路旅客运输	3289	2213	1528	46.5
道路货物运输	1509	1079	798	52.9
道路运输辅助活动	6345	4803	3727	58.7
客运汽车站	369	213	164	44.4
公路管理与养护	5382	4168	3267	60.7

国民经济行业小类城镇投资项目个数（二十）

单位：个

行业	施工项目个数	新开工项目个数	全部建成投产项目个数	项目建成投产率（%）
其他道路运输辅助活动	594	422	296	49.8
城市公共交通业	823	508	364	44.2
公共电汽车客运	610	389	267	43.8
轨道交通	51	19	7	13.7
出租车客运	39	29	23	59.0
城市轮渡	5	2	3	60.0
其他城市公共交通	118	69	64	54.2
水上运输业	873	496	346	39.6
水上旅客运输	41	20	17	41.5
远洋旅客运输	2	2	1	50.0
沿海旅客运输	15	7	7	46.7
内河旅客运输	24	11	9	37.5
水上货物运输	200	131	82	41.0
远洋货物运输	44	33	15	34.1
沿海货物运输	115	76	49	42.6
内河货物运输	41	22	18	43.9
水上运输辅助活动	632	345	247	39.1
客运港口	66	35	27	40.9
货运港口	470	264	195	41.5
其他水上运输辅助活动	96	46	25	26.0
航空运输业	182	84	62	34.1
航空客货运输	76	33	24	31.6
航空旅客运输	71	32	22	31.0
航空货物运输	5	1	2	40.0
通用航空服务	9	6	2	22.2
航空运输辅助活动	97	45	36	37.1
机场	56	22	18	32.1
空中交通管理	31	20	15	48.4
其他航空运输辅助活动	10	3	3	30.0
管道运输业	33	18	7	21.2
装卸搬运和其他运输服务业	240	184	135	56.3
装卸搬运	192	151	113	58.9
运输代理服务	48	33	22	45.8
仓储业	935	632	523	55.9
谷物、棉花等农产品仓储	452	287	297	65.7
其他仓储	483	345	226	46.8
邮政业	564	303	281	49.8
国家邮政	560	301	279	49.8
其他寄递服务	4	2	2	50.0
（七）信息传输、计算机服务和软件业	**10245**	**7975**	**7135**	**69.6**

国民经济行业小类城镇投资项目个数（二十一）

单位：个

行业	施工项目个数	新开工项目个数	全部建成投产项目个数	项目建成投产率（%）
电信和其他信息传输服务业	10015	7835	7046	70.4
电信	8578	6803	6158	71.8
固定电信服务	5992	4952	4481	74.8
移动电信服务	2457	1777	1594	64.9
其他电信服务	129	74	83	64.3
互联网信息服务	965	808	710	73.6
广播电视传输服务	461	215	170	36.9
有线广播电视传输服务	422	183	144	34.1
无线广播电视传输服务	39	32	26	66.7
卫星传输服务	11	9	8	72.7
计算机服务业	84	50	30	35.7
计算机系统服务	42	26	14	33.3
数据处理	12	5	2	16.7
计算机维修	1	1	1	100.0
其他计算机服务	29	18	13	44.8
软件业	146	90	59	40.4
公共软件服务	118	75	53	44.9
基础软件服务	33	23	17	51.5
应用软件服务	85	52	36	42.4
其他软件服务	28	15	6	21.4
（八）批发和零售业	**7973**	**6128**	**4757**	**59.7**
批发业	3605	2739	2101	58.3
农畜产品批发	367	291	226	61.6
谷物、豆及薯类批发	122	96	68	55.7
种子、饲料批发	76	62	47	61.8
棉、麻批发	52	43	44	84.6
牲畜批发	22	20	16	72.7
其他农畜产品批发	95	70	51	53.7
食品、饮料及烟草制品批发	913	637	495	54.2
米、面制品及食用油批发	146	120	89	61.0
糕点、糖果及糖批发	46	33	31	67.4
果品、蔬菜批发	200	139	105	52.5
肉、禽、蛋及水产品批发	95	69	41	43.2
盐及调味品批发	75	52	40	53.3
饮料及茶叶批发	38	27	20	52.6
烟草制品批发	264	162	145	54.9
其他食品批发	49	35	24	49.0
纺织、服装及日用品批发	291	221	164	56.4
纺织品、针织品及原料批发	76	63	40	52.6
服装批发	75	63	43	57.3

国民经济行业小类城镇投资项目个数（二十二）

单位：个

行　　业	施工项目个数	新开工项目个数	全部建成投产项目个数	项目建成投产率（%）
鞋帽批发	11	7	9	81.8
厨房、卫生间用具及日用杂货批发	23	10	12	52.2
化妆品及卫生用品批发	8	8	1	12.5
其他日用品批发	98	70	59	60.2
文化、体育用品及器材批发	102	65	52	51.0
文具用品批发	5	5	3	60.0
体育用品批发	2	2	1	50.0
图书批发	75	44	38	50.7
报刊批发				
音像制品及电子出版物批发				
首饰、工艺品及收藏品批发	13	8	4	30.8
其他文化用品批发	7	6	6	85.7
医药及医疗器材批发	171	120	94	55.0
西药批发	116	78	67	57.8
中药材及中成药批发	43	31	24	55.8
医疗用品及器材批发	12	11	3	25.0
矿产品、建材及化工产品批发	1101	920	721	65.5
煤炭及制品批发	95	79	57	60.0
石油及制品批发	496	449	382	77.0
非金属矿及制品批发	5	4	4	80.0
金属及金属矿批发	70	61	30	42.9
建材批发	327	240	183	56.0
化肥批发	50	38	33	66.0
农药批发	9	7	3	33.3
农用薄膜批发	1	1	1	100.0
其他化工产品批发	48	41	28	58.3
机械设备、五金交电及电子产品	492	356	265	53.9
农业机械批发	84	59	54	64.3
汽车、摩托车及零配件批发	205	164	109	53.2
五金、交电批发	108	71	52	48.1
家用电器批发	29	23	16	55.2
计算机、软件及辅助设备批发	3	1	3	100.0
通讯及广播电视设备批发	9	5	5	55.6
其他机械设备及电子产品批发	54	33	26	48.1
贸易经纪与代理	36	27	14	38.9
其他批发	132	102	70	53.0
再生物资回收与批发	63	56	39	61.9
其他未列明的批发	69	46	31	44.9
零售业	4368	3389	2656	60.8
综合零售	2094	1592	1264	60.4

国民经济行业小类城镇投资项目个数（二十三）

单位：个

行　　　业	施工项目个数	新开工项目个数	全部建成投产项目个数	项目建成投产率（%）
百货零售	1048	753	618	59.0
超级市场零售	531	431	319	60.1
其他综合零售	515	408	327	63.5
食品、饮料及烟草制品专门零售	413	312	251	60.8
粮油零售	77	58	50	64.9
糕点、面包零售	15	9	11	73.3
果品、蔬菜零售	79	57	54	68.4
肉、禽、蛋及水产品零售	79	61	38	48.1
饮料及茶叶零售	12	9	9	75.0
烟草制品零售	31	16	13	41.9
其他食品零售	120	102	76	63.3
纺织、服装及日用品专门零售	257	194	155	60.3
纺织品及针织品零售	36	22	24	66.7
服装零售	126	93	77	61.1
鞋帽零售	4	2	1	25.0
钟表、眼镜零售	9	6	7	77.8
化妆品及卫生用品零售	7	5	7	100.0
其他日用品零售	75	66	39	52.0
文化、体育用品及器材专门零售	183	109	97	53.0
文具用品零售	4	3	1	25.0
体育用品零售	7	3	5	71.4
图书零售	148	88	78	52.7
报刊零售	2			
音像制品及电子出版物零售	2	1	2	100.0
珠宝首饰零售	9	5	6	66.7
工艺美术品及收藏品零售	7	5	3	42.9
照相器材零售				
其他文化用品零售	4	4	2	50.0
医药及医疗器材专门零售	87	66	59	67.8
药品零售	82	63	57	69.5
医疗用品及器材零售	5	3	2	40.0
汽车、摩托车、燃料及零配件专门零售	874	740	539	61.7
汽车零售	384	322	188	49.0
汽车零配件零售	51	44	25	49.0
摩托车及零配件零售	30	23	20	66.7
机动车燃料零售	409	351	306	74.8
家用电器及电子产品专门零售	94	74	58	61.7
家用电器零售	62	50	40	64.5
计算机、软件及辅助设备零售	15	10	7	46.7
通信设备零售	13	11	9	69.2

国民经济行业小类城镇投资项目个数（二十四）

单位：个

行　　业	施工项目个数	新开工项目个数	全部建成投产项目个数	项目建成投产率（%）
其他电子产品零售	4	3	2	50.0
五金、家具及室内装修材料专门零售	213	172	126	59.2
五金零售	53	43	38	71.7
家具零售	99	80	53	53.5
涂料零售	1	1		
其他室内装修材料零售	60	48	35	58.3
无店铺及其他零售	153	130	107	69.9
流动货摊零售				
邮购及电子销售				
生活用燃料零售	73	65	58	79.5
花卉零售	14	10	10	71.4
旧货零售	13	12	9	69.2
其他未列明的零售	53	43	30	56.6
（九）住宿和餐饮业	**3047**	**2294**	**1780**	**58.4**
住宿业	1756	1231	889	50.6
旅游饭店	1012	678	457	45.2
一般旅馆	639	466	370	57.9
其他住宿服务	105	87	62	59.0
餐饮业	1291	1063	891	69.0
正餐服务	1080	882	733	67.9
快餐服务	39	34	35	89.7
饮料及冷饮服务	57	52	45	78.9
其他餐饮服务	115	95	78	67.8
（十）金融业	**1189**	**801**	**705**	**59.3**
银行业	1025	695	604	58.9
中央银行	136	87	77	56.6
商业银行	765	509	446	58.3
其他银行	124	99	81	65.3
证券业	11	6	6	54.5
证券市场管理	4	4	2	50.0
证券经纪与交易	3		1	33.3
证券投资	4	2	3	75.0
证券分析与咨询				
保险业	114	64	76	66.7
人寿保险	72	39	44	61.1
非人寿保险	40	25	30	75.0
保险辅助服务	2		2	100.0
其他金融活动	39	36	19	48.7
金融信托与管理	4	4	2	50.0
金融租赁	17	17	10	58.8

国民经济行业小类城镇投资项目个数（二十五）

单位：个

行　　业	施工项目个数	新开工项目个数	全部建成投产项目个数	项目建成投产率（%）
财务公司				
邮政储蓄	4	2	2	50.0
典当	5	5	2	40.0
其他未列明的金融活动	9	8	3	33.3
（十一）房地产业	**2420**	**1734**	1095	45.2
房地产业	2420	1734	1095	45.2
房地产开发经营	1382	960	538	38.9
物业管理	323	247	203	62.8
房地产中介服务	30	20	13	43.3
其他房地产活动	685	507	341	49.8
（十二）租赁和商务服务业	**1431**	**983**	**641**	**44.8**
租赁业	41	35	24	58.5
机械设备租赁	41	35	24	58.5
汽车租赁	15	13	8	53.3
农业机械租赁	2	1	2	100.0
建筑工程机械与设备租赁				
计算机及通讯设备租赁				
其他机械与设备租赁	8	7	5	62.5
文化及日用品出租				
图书及音像制品出租				
其他文化及日用品出租				
商务服务业	1390	948	617	44.4
企业管理服务	758	523	313	41.3
企业管理机构	432	300	189	43.8
投资与资产管理	211	141	68	32.2
其他企业管理服务	115	82	56	48.7
法律服务	6	6	5	83.3
律师及相关的法律服务	5	5	4	80.0
公证服务	1	1	1	100.0
其他法律服务				
咨询与调查	33	19	9	27.3
会计、审计及税务服务	12	10	3	25.0
市场调查				
社会经济咨询	11	5	3	27.3
其他专业咨询	10	4	3	30.0
广告业	24	20	10	41.7
知识产权服务	2	2	2	100.0
职业中介服务	41	27	20	48.8
市场管理	310	193	167	53.9
旅行社	66	49	24	36.4

国民经济行业小类城镇投资项目个数（二十六）

单位：个

行　　　　　　业	施工项目个数	新开工项目个数	全部建成投产项目个数	项目建成投产率（%）
其他商务服务	150	109	67	44.7
会议及展览服务	63	37	24	38.1
包装服务	19	17	11	57.9
保安服务	2	2	1	50.0
办公服务	30	23	9	30.0
其他未列明的商务服务	36	30	22	61.1
（十三）科研技术服务和地质勘察业	**1877**	**1134**	**754**	**40.2**
研究与试验发展	859	460	315	36.7
自然科学研究与试验发展	197	82	66	33.5
工程和技术研究与试验发展	235	106	69	29.4
农业科学研究与试验发展	138	94	63	45.7
医学研究与试验发展	37	14	15	40.5
社会人文科学研究与试验发展	252	164	102	40.5
专业技术服务业	615	386	260	42.3
气象服务	158	100	69	43.7
地震服务	29	17	16	55.2
海洋服务	1	1		
测绘服务	13	6	6	46.2
技术检测	91	70	50	54.9
环境监测	33	15	8	24.2
工程技术与规划管理	255	153	92	36.1
工程管理服务	114	61	39	34.2
工程勘察设计	96	59	35	36.5
规划管理	45	33	18	40.0
其他专业技术服务	35	24	19	54.3
科技交流和推广服务业	240	176	91	37.9
技术推广服务	136	101	65	47.8
科技中介服务	54	37	12	22.2
其他科技服务	50	38	14	28.0
地质勘察业	163	112	88	54.0
矿产地质勘察	100	70	54	54.0
能源矿产地质勘察	39	26	19	48.7
固体矿产地质勘察	51	37	27	52.9
其他矿产地质勘察	10	7	8	80.0
基础地质勘察	46	31	28	60.9
地质勘察技术服务	17	11	6	35.3
（十四）水利环境和公共设施管理业	**18564**	**12676**	**8918**	**48.0**
水利管理业	5377	3419	2669	49.6
防洪管理	1470	854	639	43.5
水资源管理	2706	1794	1401	51.8

国民经济行业小类城镇投资项目个数（二十七）

单位：个

行业	施工项目个数	新开工项目个数	全部建成投产项目个数	项目建成投产率（%）
水库管理	1299	742	541	41.6
调水、引水管理	892	628	521	58.4
其他水资源管理	515	424	339	65.8
其他水利管理	1201	771	629	52.4
环境管理业	1359	829	574	42.2
自然保护	233	153	95	40.8
自然保护区管理	102	69	37	36.3
野生动植物保护	46	22	16	34.8
其他自然保护	85	62	42	49.4
环境治理	1126	676	479	42.5
城市市容管理	127	106	82	64.6
城市环境卫生管理	457	247	183	40.0
水污染治理	292	161	77	26.4
危险废物治理	36	19	21	58.3
其他环境治理	214	143	116	54.2
公共设施管理业	11828	8428	5675	48.0
市政公共设施管理	9441	6748	4588	48.6
城市绿化管理	763	588	458	60.0
游览景区管理	1624	1092	629	38.7
风景名胜区管理	630	415	245	38.9
公园管理	513	327	210	40.9
其他游览景区管理	481	350	174	36.2
（十五）居民服务和其他服务业	**814**	**606**	**471**	**57.9**
居民服务业	617	445	366	59.3
家庭服务	20	13	8	40.0
托儿所	8	5	5	62.5
洗染服务	5	5	4	80.0
理发及美容保健服务	28	24	23	82.1
洗浴服务	156	139	118	75.6
婚姻服务	2	1	1	50.0
殡葬服务	262	146	128	48.9
摄影扩印服务	11	9	7	63.6
其他居民服务	125	103	72	57.6
其他服务业	197	161	105	53.3
修理与维护	109	97	62	56.9
汽车、摩托车维护与保养	101	91	61	60.4
办公设备维修	1	1		
家用电器修理	2	1	1	50.0
其他日用品修理	5	4		
清洁服务	12	10	5	41.7

国民经济行业小类城镇投资项目个数（二十八）

单位：个

行业	施工项目个数	新开工项目个数	全部建成投产项目个数	项目建成投产率（%）
建筑物清洁服务	3	3	1	33.3
其他清洁服务	9	7	4	44.4
其他未列明的服务	76	54	38	50.0
（十六）教育	**14416**	**10163**	**8954**	**62.1**
教育	14416	10163	8954	62.1
学前教育	390	296	254	65.1
初等教育	2919	2227	1979	67.8
中等教育	8348	6045	5420	64.9
初中教育	3428	2582	2351	68.6
高中教育	3733	2664	2345	62.8
中等专业教育	496	315	275	55.4
职业中学教育	446	308	308	69.1
技工学校教育	125	87	65	52.0
其他中等教育	120	89	76	63.3
高等教育	2046	1092	874	42.7
普通高等教育	1875	1007	802	42.8
成人高等教育	171	85	72	42.1
其他教育	713	503	427	59.9
职业技能培训	259	184	146	56.4
特殊教育	56	37	31	55.4
其他未列明的教育	398	282	250	62.8
（十七）卫生社会保障和社会福利业	**4458**	**3014**	**2364**	**53.0**
卫生	3892	2615	2029	52.1
医院	2479	1530	1269	51.2
综合医院	1815	1124	914	50.4
中医医院	253	153	130	51.4
中西医结合医院	97	41	60	61.9
民族医院	23	16	19	82.6
专科医院	247	167	128	51.8
疗养院	44	29	18	40.9
卫生院及社区医疗活动	333	261	217	65.2
门诊部医疗活动	72	48	54	75.0
计划生育技术服务活动	86	66	42	48.8
妇幼保健活动	159	108	92	57.9
专科疾病防治活动	64	55	33	51.6
疾病预防控制及防疫活动	526	481	208	39.5
其他卫生活动	173	66	114	65.9
社会保障业	96	51	69	71.9
社会保障业	96	51	69	71.9
社会福利业	470	348	266	56.6

国民经济行业小类城镇投资项目个数（二十九）

单位：个

行　　业	施工项目个数	新开工项目个数	全部建成投产项目个数	项目建成投产率（%）
提供住宿的社会福利	319	235	183	57.4
干部休养所	63	48	43	68.3
收养收容服务	256	187	140	54.7
不提供住宿的社会福利	151	113	83	55.0
（十八）文化、体育和娱乐业	**3131**	**2007**	**1441**	**46.0**
新闻出版业	114	70	55	48.2
新闻业	35	26	22	62.9
出版业	79	44	33	41.8
图书出版	12	3	2	16.7
报纸出版	59	36	26	44.1
期刊出版				
音像制品出版	4	2	2	50.0
电子出版物出版	1	1	1	100.0
其他出版	3	2	2	66.7
广播、电视、电影和音像业	778	464	413	53.1
广播	147	81	73	49.7
电视	397	232	206	51.9
电影	228	146	132	57.9
电影制作与发行	97	64	55	56.7
电影放映	131	82	77	58.8
音像制作	6	5	2	33.3
文化艺术业	1085	694	472	43.5
文艺创作与表演	59	41	28	47.5
艺术表演场馆	92	53	32	34.8
图书馆与档案馆	147	102	67	45.6
图书馆	122	86	56	45.9
档案馆	25	16	11	44.0
文物及文化保护	179	104	66	36.9
博物馆	138	73	44	31.9
烈士陵园、纪念馆	57	35	28	49.1
群众文化活动	357	253	183	51.3
文化艺术经纪代理	3	2	1	33.3
其他文化艺术	53	31	23	43.4
体育	468	259	177	37.8
体育组织	68	36	31	45.6
体育场馆	367	198	127	34.6
其他体育	33	25	19	57.6
娱乐业	686	520	324	47.2
室内娱乐活动	230	171	130	56.5
游乐园	94	66	23	24.5

国民经济行业小类城镇投资项目个数（三十）

单位：个

行　　业	施工项目个数	新开工项目个数	全部建成投产项目个数	项目建成投产率（%）
休闲健身娱乐活动	238	178	111	46.6
其他娱乐活动	124	105	60	48.4
（十九）公共管理和社会组织	**19821**	**14043**	**10812**	**54.5**
中国共产党机关	365	218	172	47.1
中国共产党机关	365	218	172	47.1
国家机构	17565	12353	9545	54.3
国家权力机构	1664	1173	896	53.8
国家行政机构	14210	10173	7872	55.4
综合事务管理机构	4958	3703	2928	59.1
对外事务管理机构	30	24	11	36.7
公共安全管理机构	1897	1183	958	50.5
社会事务管理机构	1579	1144	865	54.8
经济事务管理机构	3444	2496	1849	53.7
政府事务管理机构	1558	1087	854	54.8
行政监督检查机构	744	536	407	54.7
人民法院和人民检察院	1240	713	537	43.3
人民法院	652	350	265	40.6
人民检察院	588	363	272	46.3
其他国家机构	451	294	240	53.2
人民政协和民主党派	90	58	53	58.9
人民政协	78	50	48	61.5
民主党派	12	8	5	41.7
群众团体、社会团体和宗教组织	401	260	222	55.4
群众团体	148	89	81	54.7
工会	83	50	53	63.9
妇联	16	9	6	37.5
共青团	9	8	3	33.3
其他群众团体	40	22	19	47.5
社会团体	113	67	62	54.9
专业性团体	19	13	10	52.6
行业性团体	43	28	20	46.5
其他社会团体	51	26	32	62.7
宗教组织	140	104	79	56.4
基层群众自治组织	1400	1154	820	58.6
社区自治组织	659	521	362	54.9
村民自治组织	741	633	458	61.8
（二十）国际组织	**2**	**1**	**1**	**50.0**
国际组织	2	1	1	50.0

各地区城镇投资财务拨款

单位：万元

地区	本年资金来源合计	上年末结余资金	本年资金来源小计	本年各项应付款合计
全国总计	**528240104**	**39626323**	**488613781**	**47980968**
北京	32166544	5426586	26739958	1659147
天津	11094057	826153	10267904	1227835
河北	18526584	653505	17873079	1430525
山西	10430675	421116	10009559	1341640
内蒙古	10499204	197337	10301867	1434798
辽宁	19776423	1480014	18296409	2201685
吉林	9122890	282077	8840813	674180
黑龙江	10787886	382201	10405685	789419
上海	30629901	4243628	26386273	3693147
江苏	43705065	3023140	40681925	3269561
浙江	39383482	3209039	36174443	3255656
安徽	13114092	680312	12433780	1394729
福建	15595106	1709305	13885801	1309134
江西	11608721	571539	11037182	1059493
山东	44321781	1628467	42693314	3729543
河南	18215740	1050830	17164910	1191790
湖北	19395548	1084204	18311344	1553745
湖南	13482149	909816	12572333	1113557
广东	51818180	4565663	47252517	5080066
广西	9188576	752364	8436212	657420
海南	2740995	158092	2582903	336818
重庆	12905556	1728315	11177241	1231370
四川	20690168	1367773	19322395	1816338
贵州	7475751	610960	6864791	919543
云南	9340428	809162	8531266	1404721
西藏	1532510	14086	1518424	76933
陕西	11341055	799850	10541205	1249045
甘肃	5788554	359078	5429476	529589
青海	2178050	51365	2126685	530147
宁夏	2578623	86605	2492018	372880
新疆	9077633	381085	8696548	969697
不分地区	9728177	162656	9565521	476817

各地区城镇投资本年资金来源构成（一）

单位：万元

地　　区	本年资金来源小计	国家预算内资金	国内贷款	债券
全国总计	**488613781**	**23601430**	**112238902**	**1376957**
北　京	26739958	784074	7552288	
天　津	10267904	144260	3111982	13671
河　北	17873079	458328	2637093	59425
山　西	10009559	389985	2339137	3544
内蒙古	10301867	1060565	2078658	35310
辽　宁	18296409	821984	3607909	19083
吉　林	8840813	408642	1124583	48666
黑龙江	10405685	697394	1413587	53216
上　海	26386273	331566	6346534	
江　苏	40681925	912228	10044688	106134
浙　江	36174443	771000	10306702	22918
安　徽	12433780	615426	2951004	71117
福　建	13885801	726059	2951102	22195
江　西	11037182	662845	2649789	31540
山　东	42693314	924228	6830971	68789
河　南	17164910	841054	4734661	
湖　北	18311344	1540612	3309535	300000
湖　南	12572333	685598	2742187	33021
广　东	47252517	741550	8943423	24318
广　西	8436212	689306	2362632	
海　南	2582903	174506	439786	12637
重　庆	11177241	1044825	2893872	82287
四　川	19322395	623381	4789669	15774
贵　州	6864791	404557	1992371	1170
云　南	8531266	561273	2791821	2000
西　藏	1518424	836667	65851	111302
陕　西	10541205	1001220	2622540	1780
甘　肃	5429476	689040	1320399	20796
青　海	2126685	381322	270255	2100
宁　夏	2492018	272914	823009	1214
新　疆	8696548	1389093	1818616	20500
不分地区	9565521	2015928	4372248	192450

各地区城镇投资本年资金来源构成（二）

单位：万元

地　　区	利用外资	外商直接投资	自筹资金	其他资金
全国总计	**22117477**	**16869003**	**236173483**	**93105532**
北　　京	526132	260458	8877921	8999543
天　　津	604760	430214	4802426	1590805
河　　北	326381	272039	11612622	2779230
山　　西	185359	95108	5811442	1280092
内 蒙 古	91294	60522	5872323	1163717
辽　　宁	495859	406604	10652298	2699276
吉　　林	108991	87144	5612140	1537791
黑 龙 江	151760	83872	6812250	1277478
上　　海	1930958	1366796	10726233	7050982
江　　苏	4180214	3509739	20110683	5327978
浙　　江	1215794	926417	14970400	8887629
安　　徽	223722	157902	6183707	2388804
福　　建	1095580	968375	5611616	3479249
江　　西	612316	527228	5154571	1926121
山　　东	2056075	1813978	26815360	5997891
河　　南	285526	224874	8636908	2666761
湖　　北	626092	529294	7995748	4539357
湖　　南	427673	253426	6481201	2202653
广　　东	4797832	3981868	22329960	10415434
广　　西	239800	181387	3429742	1714732
海　　南	425079	255804	929799	601096
重　　庆	149450	96438	4242244	2764563
四　　川	335255	133750	9674874	3883442
贵　　州	81940	33409	3393846	990907
云　　南	133255	54696	3590616	1452301
西　　藏	468	468	357716	146420
陕　　西	206921	71208	4488572	2220172
甘　　肃	55200	23910	2455460	888601
青　　海	30820	30820	973132	469056
宁　　夏	16781	12431	963123	414977
新　　疆	89954	18824	4072540	1305845
不分地区	410236		2532010	42649

各地区城镇投资本年资金来源中的自筹资金构成

单位：万元

地　　区	自筹资金合　计	中央各部门自筹	省自筹	地市自筹	县自筹	企事业单位自有资金	发行股票
全国总计	**236173483**	**4874284**	**9811433**	**15001538**	**15426394**	**173411679**	**1084727**
北　　京	8877921	231414	357819	408110	114906	5927272	55393
天　　津	4802426	130944	147424	524127	28661	3607270	12467
河　　北	11612622	173439	610277	370198	1189452	8726015	27968
山　　西	5811442	38289	258314	232056	229541	4840774	69850
内 蒙 古	5872323	73456	148760	258755	450743	4836686	32659
辽　　宁	10652298	46712	87243	404348	342654	8704086	26128
吉　　林	5612140	64291	239715	185964	263512	4459487	3156
黑 龙 江	6812250	127113	564649	430341	168330	5006528	44656
上　　海	10726233	320461	514331	979371		7300013	42043
江　　苏	20110683	85348	1837842	1760318	1965392	13183470	40046
浙　　江	14970400	100449	474934	1500264	2375084	9064538	47356
安　　徽	6183707	23592	88330	213286	265192	5138197	33553
福　　建	5611616	22471	355698	307691	278540	4101458	45353
江　　西	5154571	79035	142159	94476	242883	4311132	7280
山　　东	26815360	128883	339078	678361	1324579	23387504	138677
河　　南	8636908	235418	299732	633970	596297	6511076	40431
湖　　北	7995748	127657	162704	538294	245839	6362605	72296
湖　　南	6481201	143861	264646	342760	692114	4554368	15549
广　　东	22329960	207627	919208	3413025	2188370	13598909	35189
广　　西	3429742	150477	297733	300896	249073	2225078	9715
海　　南	929799	8334	63703	23525	24463	776704	6575
重　　庆	4242244	32588	74654	124476	224492	3211531	1310
四　　川	9674874	187189	374344	412826	753273	7304964	138624
贵　　州	3393846	224416	324342	112573	232871	2314801	28430
云　　南	3590616	185705	291275	450731	334637	2213680	26561
西　　藏	357716	193357	19666	6944	7482	128508	
陕　　西	4488572	90026	136405	128469	295819	3400277	29322
甘　　肃	2455460	63906	176054	79578	152119	1854320	1168
青　　海	973132	237478	33031	22604	36972	583145	42000
宁　　夏	963123	69250	61365	13968	42880	705134	955
新　　疆	4072540	99305	102850	49233	110224	3555080	10017
不分地区	2532010	971793	43148			1517069	

注:由于房地产开发自筹资金中只有自有资金，因此分项相加不等于总计。

城镇投资资金来源中利用外资国别情况

单位：万元

国　　别	总计		其中：房地产	
	利用外资	外商直接投资	利用外资	外商直接投资
总计	**22117477**	**16869003**	**1700040**	**1162667**
亚洲	14028513	11625647	1519638	1007518
其中:中国的香港	6082813	5137435	1225255	791366
印度尼西亚	192495	26795	5982	5982
日本	2421047	1709969	27218	15918
澳门	130057	124261	15299	13892
马来西亚	101234	97735	2550	1900
菲律宾	136764	131224	11495	11495
新加坡	618347	548137	126773	72597
韩国	1527209	1443320	24133	19713
泰国	114955	108142	7517	7517
中国的台湾	2310530	2206644	73003	66807
亚洲其他国家或地区	393062	91985	413	331
非洲	53354	51606	400	400
欧洲	3492608	2521297	53559	45972
其中:比利时	60496	60496		
丹麦	25621	21925		
英国	998909	706326	32218	27309
德国	620362	528157	1122	1122
法国	259910	158322	6752	6752
爱尔兰	2195	2195		
意大利	123674	101733	2695	2695
卢森堡	10494	4908		
荷兰	643546	585689	4966	4966
希腊	28937	28937		
葡萄牙	1078	500		
西班牙	32784	19896	180	180
芬兰	43055	36534		
瑞士	92442	74975	500	500
欧洲其他国家	549105	190704	5126	2448
拉丁美洲	694512	628448		
美洲	1977800	1491932	72405	65449
其中:加拿大	151069	123590	19537	19537
美国	1784228	1328814	45656	41675
美洲其他国家	42503	39528	7212	4237
大洋洲	209103	184719	26681	26681
其中:澳大利亚	131647	113565	26681	26681
新西兰	13373	13373		
大洋洲其他国家	64083	57781		
其他	1661587	365354	27357	16647

国民经济行业大类城镇投资财务拨款(一)

单位：万元

行业	本年资金来源合计	上年末结余资金	本年资金来源小计	本年各项应付款合计
全国总计	**528240104**	**39626323**	**488613781**	**47980968**
（一）农、林、牧、渔业	**5367929**	**87217**	**5280712**	**369924**
农业	1430456	25103	1405353	62353
林业	1455060	15022	1440038	142348
畜牧业	998470	8453	990017	47873
渔业	206799	2097	204702	28858
农、林、牧、渔服务业	1277144	36542	1240602	88492
（二）采矿业	**15968046**	**203130**	**15764916**	**513480**
煤炭开采和洗选业	4767923	159636	4608287	279735
石油和天然气开采业	9462080		9462080	153874
黑色金属矿采选业	500416	12269	488147	29350
有色金属矿采选业	757591	27266	730325	23368
非金属矿采选业	461599	3959	457640	26437
其他采矿业	18437		18437	716
（三）制造业	**116454509**	**5504919**	**110949590**	**6968844**
农副食品加工业	4167291	52556	4114735	232788
食品制造业	3093435	66296	3027139	148657
饮料制造业	2193487	86580	2106907	101554
烟草制品业	940106	90091	850015	52059
纺织业	6450921	113004	6337917	306651
纺织服装、鞋、帽制造业	2030276	35475	1994801	139532
皮革、毛皮、羽毛(绒)及其制品业	974814	16034	958780	47034
木材加工及木、竹、藤、棕、草制品业	1197358	21459	1175899	43743
家具制造业	835925	14980	820945	28754
造纸及纸制品业	3451047	79700	3371347	118434
印刷业和记录媒介的复制	1306951	28900	1278051	86403
文教体育用品制造业	493390	9197	484193	30616
石油加工、炼焦及核燃料加工业	3370665	47682	3322983	185949
化学原料及化学制品制造业	12112701	512939	11599762	913560
医药制造业	5595084	282428	5312656	309052
化学纤维制造业	1449157	148938	1300219	74093
橡胶制品业	1509937	149814	1360123	142382
塑料制品业	2733223	75495	2657728	124800
非金属矿物制品业	8392883	294511	8098372	511621
黑色金属冶炼及压延加工业	14358763	346438	14012325	1057723
有色金属冶炼及压延加工业	4859250	185928	4673322	311932
金属制品业	2920209	64417	2855792	173514
通用设备制造业	3976857	162290	3814567	197213
专用设备制造业	3802262	277004	3525258	208476

国民经济行业大类城镇投资财务拨款（二）

单位：万元

行业	本年资金来源合计	上年末结余资金	本年资金来源小计	本年各项应付款合计
交通运输设备制造业	8471423	947174	7524249	344598
电气机械及器材制造业	3465684	236446	3229238	242418
通信设备、计算机及其他电子设备制造业	8975836	1018179	7957657	611878
仪器仪表文化办公用机械制造业	1189067	89388	1099679	57742
工艺品及其他制造业	2071435	49254	2022181	159603
废弃资源和废旧材料回收加工业	65072	2322	62750	6065
（四）电力燃气水的生产供应业	**41509476**	**2193616**	**39315860**	**4146811**
电力、热力的生产和供应业	35965672	1409359	34556313	3357937
燃气生产和供应业	1886406	342751	1543655	182199
水的生产和供应业	3657398	441506	3215892	606675
（五）建筑业	**5517852**	**233621**	**5284231**	**420095**
房屋和土木工程建筑业	5028072	204408	4823664	395850
建筑安装业	197556	26551	171005	10280
建筑装饰业	107139	1945	105194	3106
其他建筑业	185085	717	184368	10859
（六）交通运输、仓储和邮政业	**56215578**	**2403582**	**53811996**	**6352952**
铁路运输业	7084868	69967	7014901	70598
道路运输业	34811655	1455728	33355927	5328832
城市公共交通业	4839822	458197	4381625	290387
水上运输业	3745051	215915	3529136	319072
航空运输业	2324479	97943	2226536	153940
管道运输业	1429667	12579	1417088	16877
装卸搬运和其他运输服务业	420977	5438	415539	77655
仓储业	1250436	77314	1173122	69343
邮政业	308623	10501	298122	26248
（七）信息传输、计算机服务和软件业	**16587050**	**594036**	**15993014**	**808217**
电信和其他信息传输服务业	16116600	554079	15562521	774088
计算机服务业	111449	4974	106475	8315
软件业	359001	34983	324018	25814
（八）批发和零售业	**8535269**	**332433**	**8202836**	**452683**
批发业	3434845	116604	3318241	147735
零售业	5100424	215829	4884595	304948
（九）住宿和餐饮业	**3546677**	**239287**	**3307390**	**252876**
住宿业	2487824	210836	2276988	211020
餐饮业	1058853	28451	1030402	41856
（十）金融业	**1071812**	**127151**	**944661**	**33607**
银行业	910489	120752	789737	26846
证券业	17021		17021	330
保险业	62733	4299	58434	2998

国民经济行业大类城镇投资财务拨款（三）

单位：万元

行业	本年资金来源合计	上年末结余资金	本年资金来源小计	本年各项应付款合计
其他金融活动	81569	2100	79469	3433
（十一）房地产业	**162294942**	**20763009**	**141531933**	**17336769**
房地产业	162294942	20763009	141531933	17336769
（十二）租赁和商务服务业	**3540731**	**363532**	**3177199**	**297208**
租赁业	27459		27459	
商务服务业	3513272	363532	3149740	297208
（十三）科研技术服务和地质勘察业	**3338227**	**479252**	**2858975**	**201535**
研究与试验发展	1663960	335350	1328610	120033
专业技术服务业	1002208	107823	894385	58299
科技交流和推广服务业	373973	31220	342753	19681
地质勘察业	298086	4859	293227	3522
（十四）水利环境和公共设施管理业	**43567325**	**3111279**	**40456046**	**5353987**
水利管理业	7857910	906393	6951517	1088346
环境管理业	2755650	238536	2517114	276613
公共设施管理业	32953765	1966350	30987415	3989028
（十五）居民服务和其他服务业	**720786**	**53712**	**667074**	**29488**
居民服务业	558916	37898	521018	24532
其他服务业	161870	15814	146056	4956
（十六）教育	**15867011**	**997821**	**14869190**	**1493856**
教育	15867011	997821	14869190	1493856
（十七）卫生、社会保障和社会福利业	**3830260**	**329471**	**3500789**	**359325**
卫生	3570834	314857	3255977	338863
社会保障业	66123	5601	60522	4063
社会福利业	193303	9013	184290	16399
（十八）文化、体育和娱乐业	**5254463**	**535709**	**4718754**	**563622**
新闻出版业	278864	29408	249456	10981
广播、电视、电影和音像业	945510	111844	833666	77566
文化艺术业	1392863	166040	1226823	144761
体育	1206499	172741	1033758	178814
娱乐业	1430727	55676	1375051	151500
（十九）公共管理和社会组织	**19049212**	**1073546**	**17975666**	**2025689**
中国共产党机关	343237	63374	279863	28356
国家机构	17050480	946913	16103567	1876289
人民政协和民主党派	63263	5915	57348	4245
群众团体、社会团体和宗教组织	359071	47817	311254	21488
基层群众自治组织	1233161	9527	1223634	95311
（二十）国际组织	**2949**		**2949**	
国际组织	2949		2949	

国民经济行业小类城镇投资资金来源构成(一)

（A）　　单位：万元

行　　业	本年资金来源小计	国家预算内资金	国内贷款	债券
全　国　总　计	**488613781**	**23601430**	**112238902**	**1376957**
(一）农、林、牧、渔业	**5280712**	**1391127**	**319526**	**28313**
农业	1405353	272058	83093	2150
谷物及其他作物的种植	676223	227148	14927	1982
谷物的种植	371680	141612	5651	
薯类的种植	3637	540		
油料的种植	14239	4846		
豆类的种植	33570	10487	225	500
棉花的种植	105586	17139	5130	602
麻类的种植	2056	400		
糖料的种植	9993	2316	300	
烟草的种植	1717	226		
其他作物的种植	133745	49582	3621	880
蔬菜、园艺作物的种植	472148	26340	42703	168
蔬菜的种植	253411	16681	28598	168
花卉的种植	127602	6706	7297	
其他园艺作物的种植	91135	2953	6808	
水果、坚果、饮料和香料作物的种植	200415	16308	18304	
水果、坚果的种植	172913	12752	15270	
茶及其他饮料作物的种植	22071	3012	2134	
香料作物的种植	5431	544	900	
中药材的种植	56567	2262	7159	
林业	1440038	663506	46661	14340
林木的培育和种植	1133736	508135	44949	14190
育种和育苗	174229	44756	8036	529
造林	837015	420955	31717	9018
林木的抚育和管理	122492	42424	5196	4643
木材和竹材的采运	219210	145890	1185	100
木材的采运	219040	145890	1185	100
竹材的采运	170			
林产品的采集	87092	9481	527	50
畜牧业	990017	84357	115162	2657
牲畜的饲养	695016	66763	78600	2657
猪的饲养	125979	3945	15620	
家禽的饲养	77637	168	9194	
狩猎和捕捉动物	478			
其他畜牧业	90907	13481	11748	
渔业	204702	3130	11645	
海洋渔业	120290	966	10145	
海水养殖	115841	671	10145	

国民经济行业小类城镇投资资金来源构成(二)

（A）　　单位：万元

行　　业	本年资金来源小计	国家预算内资金	国内贷款	债券
海洋捕捞	4449	295		
内陆渔业	84412	2164	1500	
内陆养殖	84212	1964	1500	
内陆捕捞	200	200		
农、林、牧、渔服务业	1240602	368076	62965	9166
农业服务业	1000313	287621	52658	8871
灌溉服务	470640	176619	20022	7771
农产品初加工服务	164270	8506	11716	
其他农业服务	365403	102496	20920	1100
林业服务业	81124	37907	1294	
畜牧服务业	114461	40837	6838	295
兽医服务	21889	9161	389	295
其他畜牧服务	92572	31676	6449	
渔业服务业	44704	1711	2175	
（二）采矿业	**15764916**	**176602**	**2392222**	**7919**
煤炭开采和洗选业	4608287	138136	813567	7759
烟煤和无烟煤的开采洗选	4412573	134411	806900	7759
褐煤的开采洗选	176669	3725	6522	
其他煤炭采选	19045		145	
石油和天然气开采业	9462080	20106	1396344	
天然原油和天然气开采	9222928	20106	1393549	
与石油和天然气开采有关的服务	239152		2795	
黑色金属矿采选业	488147	1654	21497	
铁矿采选	465910	1654	20597	
其他黑色金属矿采选	22237		900	
有色金属矿采选业	730325	16426	132688	160
常用有色金属矿采选	370208	12915	54746	
铜矿采选	152238	12900	20193	
铅锌矿采选	137688		29753	
镍钴矿采选	25544		2550	
锡矿采选	35341		1800	
锑矿采选	1670			
铝矿采选	6138			
镁矿采选	1950		300	
其他常用有色金属矿采选	9639	15	150	
贵金属矿采选	300071	500	76462	
金矿采选	291030	500	76162	
银矿采选	8966		300	
其他贵金属矿采选	75			
稀有稀土金属矿采选	60046	3011	1480	160

国民经济行业小类城镇投资资金来源构成(三)

（A）

单位：万元

行业	本年资金来源小计	国家预算内资金	国内贷款	债券
钨钼矿采选	33976		500	160
稀土金属矿采选	11709		980	
放射性金属矿采选	239			
其他稀有金属矿采选	14122	3011		
非金属矿采选业	457640	280	25726	
土砂石开采	236885	180	14137	
石灰石、石膏开采	68575	180	1777	
建筑装饰用石开采	67266		2980	
耐火土石开采	21578		6280	
黏土及其他土砂石开采	79466		3100	
化学矿采选	40179		1009	
采盐	91284		7077	
石棉及其他非金属矿采选	89292	100	3503	
石棉、云母矿采选	6129	100	180	
石墨、滑石采选	17850		2153	
宝石、玉石开采	2351			
其他非金属矿采选	62962		1170	
其他采矿业	18437		2400	
其他采矿业	18437		2400	
（三）制造业	**110949590**	**1230105**	**18923478**	**80393**
农副食品加工业	4114735	48792	621428	1250
谷物磨制	347752	4147	44744	
饲料加工	348114	178	39297	
植物油加工	870174	7232	135396	
食用植物油加工	849309	7232	134746	
非食用植物油加工	20865		650	
制糖	160359	500	52645	
屠宰及肉类加工	966792	11169	138625	750
畜禽屠宰	454226	6934	54215	
肉制品及副产品加工	512566	4235	84410	750
水产品加工	373988	29	38028	
水产品冷冻加工	260772	29	28105	
鱼糜制品及水产品干腌制加工	59620		8330	
水产饲料制造	24858		788	
鱼油提取及制品的制造	1200			
其他水产品加工	27538		805	
蔬菜、水果和坚果加工	446115	15368	59155	500
其他农副食品加工	601441	10169	113538	
淀粉及淀粉制品的制造	327534	2244	74619	
豆制品制造	44611	1200	6937	

国民经济行业小类城镇投资资金来源构成(四)

（A）　　　　　　　　　　　　　　　　　　单位：万元

行业	本年资金来源小计	国家预算内资金	国内贷款	债券
蛋品加工	22056		2140	
其他未列明的农副食品加工	207240	6725	29842	
食品制造业	3027139	26522	554421	300
焙烤食品制造	257907	300	20704	
糕点、面包制造	96208		13256	
饼干及其他焙烤食品制造	161699	300	7448	
糖果、巧克力及蜜饯制造	137476		14821	
糖果、巧克力制造	81013		3580	
蜜饯制作	56463		11241	
方便食品制造	400720	3871	46290	300
米、面制品制造	123456	250	15853	300
速冻食品制造	74681	1185	12201	
方便面及其他方便食品制造	202583	2436	18236	
液体乳及乳制品制造	947707	13670	182502	
罐头制造	259092	2500	94580	
肉、禽类罐头制造	38297	1030	11272	
水产品罐头制造	17962		2800	
蔬菜、水果罐头制造	189760	1470	79138	
其他罐头食品制造	13073		1370	
调味品、发酵制品制造	367137	1999	85209	
味精制造	139642		43458	
酱油、食醋及类似制品的制造	91522	1179	16600	
其他调味品、发酵制品制造	135973	820	25151	
其他食品制造	657100	4182	110315	
营养、保健食品制造	100084	1370	3077	
冷冻饮品及食用冰制造	89397	80	10287	
盐加工	54699		15910	
食品及饲料添加剂制造	252173	1370	51622	
其他未列明的食品制造	160747	1362	29419	
饮料制造业	2106907	5118	336209	
酒精制造	182741		109750	
酒的制造	1061362	650	128263	
白酒制造	371215	50	23310	
啤酒制造	423429		59261	
黄酒制造	50667		13646	
葡萄酒制造	148209	600	26246	
其他酒制造	67842		5800	
软饮料制造	816193	3861	91353	
碳酸饮料制造	92815		10152	
瓶（罐）装饮用水制造	127178		3701	

国民经济行业小类城镇投资资金来源构成(五)

（A）

单位：万元

行　　业	本年资金来源小计	国家预算内资金	国内贷款	债券
果菜汁及果菜汁饮料制造	368794	950	34566	
含乳饮料和植物蛋白饮料制造	100087	200	19240	
固体饮料制造	17891		3143	
茶饮料及其他软饮料制造	109428	2711	20551	
精制茶加工	46611	607	6843	
烟草制品业	850015		122140	
烟叶复烤	80321		9000	
卷烟制造	727609		108842	
其他烟草制品加工	42085		4298	
纺织业	6337917	58478	1129609	200
棉、化纤纺织及印染精加工	3553252	31364	637144	
棉、化纤纺织加工	2929459	29924	509478	
棉、化纤印染精加工	623793	1440	127666	
毛纺织和染整精加工	744197	22144	114951	
毛条加工	352367	4500	51579	
毛纺织	294264	17644	57106	
毛染整精加工	97566		6266	
麻纺织	151489	615	25593	
丝绢纺织及精加工	352270	3210	83342	
缫丝加工	66522	3210	21172	
绢纺和丝织加工	143252		28860	
丝印染精加工	142496		33310	
纺织制成品制造	864663	445	176243	
棉及化纤制品制造	349118		94865	
毛制品制造	32988		7030	
麻制品制造	16562	413	2900	
丝制品制造	21329		4534	
绳、索、缆的制造	15295		3216	
纺织带和帘子布制造	81838	32	23045	
无纺布制造	152003		20056	
其他纺织制成品制造	195530		20597	
针织品、编织品及其制品制造	672046	700	92336	200
棉、化纤针织品及编织品制造	298958	100	31284	
毛针织品及编织品制造	232254	600	43315	
丝针织品及编织品制造	69445		6243	
其他针织品及编织品制造	71389		11494	200
纺织服装、鞋、帽制造业	1994801	735	188519	
纺织服装制造	1849406	660	179661	
纺织面料鞋的制造	102654		3511	
制帽	42741	75	5347	

国民经济行业小类城镇投资资金来源构成(六)

（A）　　　　单位：万元

行　　业	本年资金来源小计	国家预算内资金	国内贷款	债券
皮革、毛皮、羽毛(绒)及其制品业	958780	860	89455	
皮革鞣制加工	133518		20270	
皮革制品制造	721801	360	55873	
皮鞋制造	463137	360	33914	
皮革服装制造	97187		12395	
皮箱、包(袋)制造	94914		7454	
皮手套及皮装饰制品制造	19383		595	
其他皮革制品制造	47180		1515	
毛皮鞣制及制品加工	50384	100	3250	
毛皮鞣制加工	12950		400	
毛皮服装加工	21445		2550	
其他毛皮制品加工	15989	100	300	
羽毛(绒)加工及制品制造	53077	400	10062	
羽毛(绒)加工	22540		5350	
羽毛(绒)制品加工	30537	400	4712	
木材加工及木、竹、藤、棕、草制造	1175899	21879	133302	
锯材、木片加工	143750	13286	2818	
锯材加工	83962	13286	2070	
木片加工	59788		748	
人造板制造	759450		115062	
胶合板制造	176663		16430	
纤维板制造	365324		83262	
刨花板制造	39047		2700	
其他人造板、材制造	178416		12670	
木制品制造	201827	8593	10812	
建筑用木料及木材组件加工	105046	8593	5090	
木容器制造	14562		160	
软木制品及其他木制品制造	82219		5562	
竹、藤、棕、草制品制造	70872		4610	
家具制造业	820945	100	87707	
木质家具制造	625293	100	78733	
竹、藤家具制造	9976		630	
金属家具制造	101727		3789	
塑料家具制造	24153		2450	
其他家具制造	59796		2105	
造纸及纸制品业	3371347	675	460294	180
纸浆制造	770450		122735	
造纸	1996243	480	301400	
机制纸及纸板制造	1827129	480	294943	
手工纸制造	12250		200	

国民经济行业小类城镇投资资金来源构成(七)

（A）

单位：万元

行业	本年资金来源小计	国家预算内资金	国内贷款	债券
加工纸制造	156864		6257	
纸制品制造	604654	195	36159	180
纸和纸板容器的制造	315826	20	11119	
其他纸制品制造	288828	175	25040	180
印刷业和记录媒介的复制	1278051	1889	129409	1852
印刷	1146775	389	114010	1852
书、报、刊印刷	256628	84	38413	1350
本册印制	128456		11150	
包装装潢及其他印刷	761691	305	64447	502
装订及其他印刷服务活动	80136		10364	
记录媒介的复制	51140	1500	5035	
文教体育用品制造业	484193		23325	
文化用品制造	94978		2417	
文具制造	53989		1192	
笔的制造	19793		1125	
教学用模型及教具制造	4796			
墨水、墨汁制造	2350			
其他文化用品制造	14050		100	
体育用品制造	127540		11822	
球类制造	12233		150	
体育器材及配件制造	33470		1710	
训练健身器材制造	41103		4432	
运动防护用具制造	3405		550	
其他体育用品制造	37329		4980	
乐器制造	41731		1700	
中乐器制造	6587			
西乐器制造	18623		1200	
电子乐器制造	14696		500	
其他乐器及零件制造	1825			
玩具制造	210476		7386	
游艺器材及娱乐用品制造	9468			
露天游乐场所游乐设备制造	2973			
游艺用品及室内游艺器材制造	6495			
石油加工、炼焦及核燃料加工业	3322983	2420	659135	
精炼石油产品的制造	1388189	1560	301210	
原油加工及石油制品制造	1375080	1560	301210	
人造原油生产	13109			
炼焦及其他	1934794	860	357925	0
化学原料及化学制品制造业	11599762	120728	2790525	19731

国民经济行业小类城镇投资资金来源构成(八)

（A）　　　　单位：万元

行　　业	本年资金来源小计	国家预算内资金	国内贷款	债券
基础化学原料制造	3596700	3195	1259790	5904
无机酸制造	231971	300	52872	
无机碱制造	451575		132375	104
无机盐制造	260855	1445	45609	200
有机化学原料制造	1917019	370	884931	2000
其他基础化学原料制造	735280	1080	144003	3600
肥料制造	2044409	92407	467521	3813
氮肥制造	1210610	35586	319519	313
磷肥制造	179306	6127	49391	3500
钾肥制造	139607	29450	30250	
复混肥料制造	346505	3712	55085	
有机肥料及微生物肥料制造	92336	392	8346	
其他肥料制造	76045	17140	4930	
农药制造	353088	3426	71615	9414
化学农药制造	263705	2566	65500	9414
生物化学农药及微生物农药制造	89383	860	6115	
涂料、油墨、颜料及类似产品制造	694847	2190	84714	
涂料制造	376610	690	62543	
油墨及类似产品制造	54819	900	5810	
颜料制造	68344	600	7527	
染料制造	135146		8834	
密封用填料及类似品制造	59928			
合成材料制造	2766852	200	569630	
初级形态的塑料及合成树脂制造	2019815		316640	
合成橡胶制造	71997	200	3454	
合成纤维单(聚合)体的制造	385283		176377	
其他合成材料制造	289757		73159	
专用化学产品制造	1622296	18701	294716	600
化学试剂和助剂制造	364417	1440	65139	
专项化学用品制造	350821	1000	23510	
林产化学产品制造	44626	500	380	
环境污染处理专用药剂材料制造	23926		350	
动物胶制造	37189		500	
其他专用化学产品制造	801317	15761	204837	600
日用化学产品制造	521570	609	42539	
肥皂及合成洗涤剂制造	246801	30	15449	
化妆品制造	100677		4580	
口腔清洁用品制造	29370	159	7740	

国民经济行业小类城镇投资资金来源构成(九)

（A） 单位：万元

行　　业	本年资金来源小计	国家预算内资金	国内贷款	债券
香料、香精制造	39706	20	5978	
其他日用化学产品制造	105016	400	8792	
医药制造业	5312656	41074	990775	4489
化学药品原药制造	966987	7397	185450	
化学药品制剂制造	1402523	9669	233844	
中药饮片加工	804723	4622	153041	489
中成药制造	1126600	6926	221795	
兽用药品制造	234220	11358	34755	4000
生物、生化制品的制造	593273	1102	135259	
卫生材料及医药用品制造	184330		26631	
化学纤维制造业	1300219	20	342240	12000
纤维素纤维原料及纤维制造	397292		141739	
化纤浆粕制造	22302			
人造纤维（纤维素纤维）制造	374990		141739	
合成纤维制造	902927	20	200501	12000
锦纶纤维制造	51960		17400	
涤纶纤维制造	538893	20	140607	12000
腈纶纤维制造	6032			
维纶纤维制造	60682		1100	
其他合成纤维制造	245360		41394	
橡胶制品业	1360123	4499	303599	
轮胎制造	827377	4449	231162	
车辆、飞机及工程机械轮胎制造	798889	4449	223602	
力车胎制造	20510		7060	
轮胎翻新加工	7978		500	
橡胶板、管、带的制造	106414		5550	
橡胶零件制造	96300		10263	
再生橡胶制造	33839		1200	
日用及医用橡胶制品制造	76887	50	27757	
橡胶靴鞋制造	61456		5020	
其他橡胶制品制造	157850		22647	
塑料制品业	2657728	1019	405685	836
塑料薄膜制造	554460	130	109382	
塑料板、管、型材的制造	691244	540	158267	350
塑料丝、绳及编织品的制造	227770		18498	300
泡沫塑料制造	165612		58300	
塑料人造革、合成革制造	93291		8308	
塑料包装箱及容器制造	234919		17939	
塑料零件制造	153184		5429	
日用塑料制造	113826	10	8107	

国民经济行业小类城镇投资资金来源构成(十)

（A）　　单位：万元

行　　业	本年资金来源小计	国家预算内资金	国内贷款	债券
塑料鞋制造	25067		795	
日用塑料杂品制造	88759	10	7312	
其他塑料制品制造	423422	339	21455	186
非金属矿物制品业	8098372	60657	1753294	2147
水泥、石灰和石膏的制造	3471484	42028	1065675	
水泥制造	3431965	41778	1063505	
石灰和石膏制造	39519	250	2170	
水泥及石膏制品制造	838438	8547	113367	
水泥制品制造	585162	8547	87334	
砼结构构件制造	86118		12169	
石棉水泥制品制造	10114		533	
轻质建筑材料制造	98150		6761	
其他水泥制品制造	58894		6570	
砖瓦、石材及其他建筑材料制造	1344002	5241	162009	
黏土砖瓦及建筑砌块制造	294149	1941	34851	
建筑陶瓷制品制造	448692		50975	
建筑用石加工	293684		33693	
防水建筑材料制造	87929	3300	20820	
隔热和隔音材料制造	51883		2460	
其他建筑材料制造	167665		19210	
玻璃及玻璃制品制造	1265148	780	244591	2000
平板玻璃制造	296583		90370	
技术玻璃制品制造	246638		39574	200
光学玻璃制造	41035		1256	
玻璃仪器制造	25517		2023	
日用玻璃制品及玻璃包装容器制造	203307	600	21487	200
玻璃保温容器制造	36257		10124	1600
玻璃纤维及制品制造	215640	180	55575	
玻璃纤维增强塑料制品制造	76159		2000	
其他玻璃制品制造	124012		22182	
陶瓷制品制造	423116	4061	48891	147
卫生陶瓷制品制造	121337	1500	5780	
特种陶瓷制品制造	57745	311	15786	
日用陶瓷制品制造	221792	2250	24345	147
园林、陈设艺术及其他陶瓷制造	22242		2980	
耐火材料制品制造	239713		28783	
石棉制品制造	16246		1115	
云母制品制造	3470		570	
耐火陶瓷制品及其他耐火材料制造	219997		27098	
石墨及其他非金属矿物制品制造	516471		89978	

国民经济行业小类城镇投资资金来源构成(十一)

（A） 单位：万元

行　　业	本年资金来源小计	国家预算内资金	国内贷款	债券
石墨及碳素制品制造	298600		63157	
其他非金属矿物制品制造	217871		26821	
黑色金属冶炼及压延加工业	14012325	75828	2417332	
炼铁	1732473	850	283550	
炼钢	5966847	59086	1098337	
钢压延加工	4712916	12692	919069	
铁合金冶炼	1600089	3200	116376	
有色金属冶炼及压延加工业	4673322	59596	1052955	418
常用有色金属冶炼	3455687	47179	843412	418
铜冶炼	223783	4930	45933	
铅锌冶炼	200688	10824	27018	
镍钴冶炼	126129		542	
锡冶炼	17006		7200	
锑冶炼	13022		200	
铝冶炼	2778867	30925	753567	418
镁冶炼	45670		3000	
其他常用有色金属冶炼	50522	500	5952	
贵金属冶炼	219748	2429	20586	
金冶炼	179778	2429	19886	
银冶炼	27596		300	
其他贵金属冶炼	12374		400	
稀有稀土金属冶炼	193095	2337	35283	
钨钼冶炼	47711	497	17440	
稀土金属冶炼	54485	1540	9000	
其他稀有金属冶炼	90899	300	8843	
有色金属合金制造	176947		24904	
有色金属压延加工	627845	7651	128770	
常用有色金属压延加工	558185	5780	109212	
贵金属压延加工	17938		10468	
稀有稀土金属压延加工	51722	1871	9090	
金属制品业	2855792	6474	247782	200
结构性金属制品制造	962657	20	90700	
金属结构制造	768679	20	78769	
金属门窗制造	193978		11931	
金属工具制造	289645		20798	
切削工具制造	66824		6908	
手工具制造	52677		8938	
农用及园林用金属工具制造	12446		665	
刀剪及类似日用金属工具制造	46110		40	
其他金属工具制造	111588		4247	

国民经济行业小类城镇投资资金来源构成(十二)

（A）　　　　单位：万元

行　　业	本年资金来源小计	国家预算内资金	国内贷款	债券
集装箱及金属包装容器制造	206878		19612	
集装箱制造	83618		11494	
金属压力容器制造	37822		2650	
金属包装容器制造	85438		5468	
金属丝绳及其制品的制造	227470	5180	22514	200
建筑、安全用金属制品制造	387495	100	33394	
建筑、家具用金属配件制造	151441		10695	
建筑装饰及水暖管道零件制造	139869	100	6421	
安全、消防用金属制品制造	23188		1870	
其他建筑、安全用金属制品制造	72997		14408	
金属表面处理及热处理加工	165364		14182	
搪瓷制品制造	22151		2926	
工业生产配套用搪瓷制品制造	7005		695	
搪瓷卫生洁具制造	1763		611	
搪瓷日用品及其他搪瓷制品制造	13383		1620	
不锈钢及类似日用金属制品制造	340308	1121	22451	
金属制厨房调理及卫生器具制造	59561		6300	
金属制厨用器皿及餐具制造	129056	1061	11420	
其他日用金属制品制造	151691	60	4731	
其他金属制品制造	253824	53	21205	
铸币及贵金属制实验室用品制造	14929	53	100	
其他未列明的金属制品制造	238895		21105	
通用设备制造业	3814567	46975	444500	12250
锅炉及原动机制造	539438	15920	60097	12000
锅炉及辅助设备制造	112375	1561	11348	2000
内燃机及配件制造	344215	8105	28681	10000
汽轮机及辅机制造	59128	6254	9453	
水轮机及辅机制造	14539		7800	
其他原动机制造	9181		2815	
金属加工机械制造	721584	7470	91830	
金属切削机床制造	211071	1430	19286	
金属成型机床制造	59702	50	14559	
铸造机械制造	113875		2560	
金属切割及焊接设备制造	25789		971	
机床附件制造	106333		32474	
其他金属加工机械制造	204814	5990	21980	
起重运输设备制造	239907	365	27021	
泵、阀门、压缩机及类似机械的制造	468597	3684	48523	
泵及真空设备制造	142146	1700	19257	
气体压缩机械制造	99802	384	5415	

国民经济行业小类城镇投资资金来源构成(十三)

（A）

单位：万元

行　　　业	本年资金来源小计	国家预算内资金	国内贷款	债券
阀门和旋塞的制造	102858	1575	15111	
液压和气压动力机械及元件制造	123791	25	8740	
轴承、齿轮、传动和驱动部件制造	340976	2735	62486	250
轴承制造	230956	2735	47925	
齿轮、传动和驱动部件制造	110020		14561	250
烘炉、熔炉及电炉制造	8740	300	1100	
风机衡器包装设备等通用设备制造	606121	4077	62507	
风机、风扇制造	112578	800	19550	
气体、液体分离及纯净设备制造	29423	410	5195	
制冷、空调设备制造	161748	2217	20457	
风动和电动工具制造	70730		4910	
喷枪及类似器具制造	1150		70	
包装专用设备制造	72594		2370	
衡器制造	13394		2495	
其他通用设备制造	144504	650	7460	
通用零部件制造及机械修理	366437	5649	30165	
金属密封件制造	38870		390	
紧固件、弹簧制造	68087	3613	18317	
机械零部件加工及设备修理	130699	2006	6111	
其他通用零部件制造	128781	30	5347	
金属铸、锻加工	522767	6775	60771	
钢铁铸件制造	406189	5975	48910	
锻件及粉末冶金制品制造	116578	800	11861	
专用设备制造业	3525258	207372	384081	
矿山、冶金、建筑专用设备制造	729099	14405	85460	
采矿、采石设备制造	183189	10215	17161	
石油钻采专用设备制造	41975	1100	1942	
建筑工程用机械制造	268004		26803	
建筑材料生产专用机械制造	143796	440	10665	
冶金专用设备制造	92135	2650	28889	
化工木材非金属加工专用设备制造	495173	5994	30623	
炼油、化工生产专用设备制造	79579		2034	
橡胶加工专用设备制造	49944		4600	
塑料加工专用设备制造	80934	43	7470	
木材加工机械制造	36726		1335	
模具制造	216427	5951	14684	
其他非金属加工专用设备制造	31563		500	
食品饮料烟草及饲料生产设备制造	120328	15750	11647	
食品饮料烟草工业专用设备制造	78217	15750	7987	
农副食品加工专用设备制造	38902		3660	

国民经济行业小类城镇投资资金来源构成(十四)

(A)　　　　单位：万元

行　　业	本年资金来源小计	国家预算内资金	国内贷款	债券
饲料生产专用设备制造	3209			
印刷、制药、日化生产专用设备制造	325951	1050	25513	
制浆和造纸专用设备制造	45309		4930	
印刷专用设备制造	134092		10964	
日用化工专用设备制造	20222		1550	
制药专用设备制造	12470	50	2833	
照明器具生产专用设备制造	22646		230	
玻璃、陶瓷和搪瓷制品生产设备制造	47262		3545	
其他日用品生产专用设备制造	43950	1000	1461	
纺织、服装和皮革工业专用设备制造	284972	485	40140	
纺织专用设备制造	214237	480	21748	
皮革毛皮及其制品加工专用设备制造	24760		6522	
缝纫机械制造	40492	5	11870	
其他服装加工专用设备制造	5483			
电子和电工机械专用设备制造	668245	156093	108418	
农、林、牧、渔专用机械制造	399578	669	35511	
拖拉机制造	166669	569	12811	
机械化农业及园艺机具制造	102826	100	9020	
营林及木竹采伐机械制造				
畜牧机械制造	2868			
渔业机械制造	3160		40	
农林牧渔机械配件制造	48184		4010	
其他农林牧渔业机械制造	75871		9630	
医疗仪器设备及器械制造	182078	5124	9858	
医疗诊断、监护及治疗设备制造	74893	250	3100	
口腔科用设备及器具制造	4006			
实验室及医用消毒设备和器具制造	2468			
医疗、外科及兽医用器械制造	47856		4800	
机械治疗及病房护理设备制造	11852			
假肢、人工器官及植入设备制造	5015			
其他医疗设备及器械制造	35988	4874	1958	
环保、社会公共安全及其他专用设备制造	319834	7802	36911	
环境污染防治专用设备制造	109287	540	16773	
地质勘察专用设备制造	1659			
邮政专用机械及器材制造	50		50	
商业、饮食、服务业专用设备制造	34433		9080	

国民经济行业小类城镇投资资金来源构成（十五）

（A）

单位：万元

行　　业	本年资金来源小计	国家预算内资金	国内贷款	债券
社会公共安全设备及器材制造	41090		1000	
交通安全及管制专用设备制造	2530			
水资源专用机械制造	17634	62		
其他专用设备制造	113151	7200	10008	
交通运输设备制造业	7524249	239078	1006107	6516
铁路运输设备制造	306367	12872	20906	2000
铁路机车车辆及动车组制造	126333	11746	15494	2000
工矿有轨专用车辆制造	23060			
铁路机车车辆配件制造	29514		1883	
铁路专用设备及器材、配件制造	93775	1126	2379	
其他铁路设备制造及设备修理	33685		1150	
汽车制造	5960062	39246	774390	3300
汽车整车制造	2815514	5500	374225	
改装汽车制造	449852	17647	41138	
电车制造	21711		3800	
汽车车身、挂车的制造	102862	250	7967	
汽车零部件及配件制造	2442618	15849	339480	3000
汽车修理	127505		7780	300
摩托车制造	245991		14039	
摩托车整车制造	120851		4780	
摩托车零部件及配件制造	125140		9259	
自行车制造	100539		8050	
脚踏自行车及残疾人座车制造	40989		4740	
助动自行车制造	59550		3310	
船舶及浮动装置制造	309111	23869	68483	
金属船舶制造	191200	11925	42024	
非金属船舶制造	14668		1500	
娱乐船和运动船的建造和修理	4675			
船用配套设备制造	60296	11276	19340	
船舶修理及拆船	37027	668	5619	
航标器材及其他浮动装置的制造	1245			
交通器材及其他交通运输设备制造	602179	163091	120239	1216
交通管理用金属标志及设施制造	5962			
其他交通运输设备制造	596217	163091	120239	1216
电气机械及器材制造业	3229238	47213	423428	4100

国民经济行业小类城镇投资资金来源构成(十六)

（A）　　单位：万元

行　　业	本年资金来源小计	国家预算内资金	国内贷款	债券
电机制造	328900	1527	45942	4000
发电机及发电机组制造	70909	1330	12430	
电动机制造	122606	197	11827	4000
微电机及其他电机制造	135385		21685	
输配电及控制设备制造	817076	31210	116391	
变压器、整流器和电感器制造	215189	2220	65200	
电容器及其配套设备制造	37036		2615	
配电开关控制设备制造	234989	3800	23535	
电力电子元器件制造	237001	21300	7272	
其他输配电及控制设备制造	92861	3890	17769	
电线、电缆、光缆及电工器材制造	613923	6402	105165	
电线电缆制造	427096	6402	83063	
光纤、光缆制造	75387		10700	
绝缘制品制造	36360		5829	
其他电工器材制造	75080		5573	
电池制造	312895	7584	35685	
家用电力器具制造	735948		63361	
家用制冷电器具制造	167322		19942	
家用空气调节器制造	161990		16424	
家用通风电器具制造	54563		220	
家用厨房电器具制造	134280		4298	
家用清洁卫生电器具制造	49985		6548	
家用美容、保健电器具制造	16550		200	
家用电力器具专用配件制造	32771		3391	
其他家用电力器具制造	118487		12338	
非电力家用器具制造	103354	450	6850	100
燃气、太阳能及类似能源器具制造	81835	450	6700	
其他非电力家用器具制造	21519		150	100
照明器具制造	233123	40	37419	
电光源制造	75347		21644	
照明灯具制造	118485	40	10410	
灯用电器附件及其他照明器具制造	39291		5365	
其他电气机械及器材制造	84019		12615	
车辆专用照明及电气信号设备制造	20496		2860	
其他未列明的电气机械制造	63523		9755	
通信设备、计算机及其他电子设备制造	7957657	71992	1286135	13774
通信设备制造	839600	11163	85522	1800
通信传输设备制造	146682	9343	31129	1800
通信交换设备制造	170120		18160	
通信终端设备制造	84513		16634	

国民经济行业小类城镇投资资金来源构成（十七）

（A）

单位：万元

行　　业	本年资金来源小计	国家预算内资金	国内贷款	债券
移动通信及终端设备制造	277225		6785	
其他通信设备制造	161060	1820	12814	
广播电视设备制造	46003		22614	
广播电视节目制作及发射设备制造	22762		15464	
广播电视接收设备及器材制造	10992		4300	
应用电视设备及其他广播电视制造	12249		2850	
电子计算机制造	1021079	500	144638	
电子计算机整机制造	255331	500	27293	
计算机网络设备制造	137022		41038	
电子计算机外部设备制造	628726		76307	
电子器件制造	2555225	30640	663132	
电子真空器件制造	472462	2804	207726	
半导体分立器件制造	323451	3300	146703	
集成电路制造	1277528	1451	290774	
光电子器件及其他电子器件制造	481784	23085	17929	
电子元件制造	2539489	14139	191411	140
电子元件及组件制造	2281648	13260	155701	140
印制电路板制造	257841	879	35710	
家用视听设备制造	521153	2050	99497	11834
家用影视设备制造	446024	2050	88651	
家用音响设备制造	75129		10846	11834
其他电子设备制造	435108	13500	79321	
仪器仪表及文化、办公用机械制造	1099679	19417	121667	
通用仪器仪表制造	262434	1895	24414	
工业自动控制系统装置制造	104484	495	9087	
电工仪器仪表制造	65376	800	4060	
绘图、计算及测量仪器制造	20489		935	
实验分析仪器制造	15073		200	
试验机制造	2660		500	
供应用仪表及其他通用仪器制造	54352	600	9632	
专用仪器仪表制造	125501	8517	7702	
环境监测专用仪器仪表制造	8837		500	
汽车及其他用计数仪表制造	17576		100	
农林牧渔专用仪器仪表制造	3680			
地质勘探和地震专用仪器制造	4092			
教学专用仪器制造	3055			
电子测量仪器制造	40518		2220	

国民经济行业小类城镇投资资金来源构成（十八）

（A）　　　　单位：万元

行　　　　业	本年资金来源小计	国家预算内资金	国内贷款	债券
其他专用仪器制造	47743	8517	4882	
钟表与计时仪器制造	58466	180	23798	
光学仪器及眼镜制造	250017	2325	31766	
光学仪器制造	209850	2325	26125	
眼镜制造	40167		5641	
文化、办公用机械制造	334913	6200	32487	
电影机械制造	26597			
幻灯及投影设备制造	4350		3800	
照相机及器材制造	164914	6200	19868	
复印和胶印设备制造	38939		1145	
计算器及货币专用设备制造	91728		6017	
其他文化、办公用机械制造	8385		1657	
其他仪器仪表的制造及修理	68348	300	1500	
工艺品及其他制造业	2022181	60395	407556	150
工艺美术品制造	525274	1668	36864	150
雕塑工艺品制造	59715		3315	
金属工艺品制造	47139		3260	150
漆器工艺品制造	26897		640	
花画工艺品制造	17057			
天然植物纤维编织工艺品制造	28085		955	
抽纱刺绣工艺品制造	67932		9755	
地毯、挂毯制造	73973	1050	7671	
珠宝首饰及有关物品的制造	72294	209	5566	
其他工艺美术品制造	132182	409	5702	
日用杂品制造	94901		6425	
制镜及类似品加工	16285			
鬃毛加工、制刷及清扫工具制造	20393		3000	
其他日用杂品制造	58223		3425	
煤制品制造	44148	394	3100	
其他未列明的制造业	1357858	58333	361167	
废弃资源和废旧材料回收加工业	62750	300	10864	
金属废料和碎屑的加工处理	27529		2634	
非金属废料和碎屑的加工处理	35221	300	8230	
（四）电力燃气及水的生产和供应业	**39315860**	**2550845**	**16745822**	**535357**
电力、热力的生产和供应业	34556313	1932549	15526724	506227
电力生产	21259797	991823	8860115	344177
火力发电	11192623	111259	5312375	
水力发电	8716081	815540	3111881	344177
核力发电	899426	10000	266673	

国民经济行业小类城镇投资资金来源构成(十九)

（A）　　单位：万元

行业	本年资金来源小计	国家预算内资金	国内贷款	债券
其他能源发电	451667	55024	169186	
电力供应	12117702	889206	6311321	160350
热力生产和供应	1178814	51520	355288	1700
燃气生产和供应业	1543655	61866	388069	786
燃气生产和供应业	1543655	61866	388069	786
水的生产和供应业	3215892	556430	831029	28344
自来水的生产和供应	1894453	242714	450293	11163
污水处理及其再生利用	1284134	301143	374634	16681
其他水的处理、利用与分配	37305	12573	6102	500
（五）建筑业	**5284231**	**433876**	**828103**	**27633**
房屋和土木工程建筑业	4823664	420294	772177	27633
房屋工程建筑	1806153	76362	131908	2590
土木工程建筑	3017511	343932	640269	25043
铁路、道路、隧道和桥梁工程	2385270	198326	573686	22220
水利和港口工程建筑	290401	99965	23417	760
工矿工程建筑	33988	60	3342	
架线和管道工程建筑	158387	8931	34259	1900
其他土木工程建筑	149465	36650	5565	163
建筑安装业	171005	7876	20374	
建筑安装业	171005	7876	20374	
建筑装饰业	105194	225	4164	
建筑装饰业	105194	225	4164	
其他建筑业	184368	5481	31388	
工程准备	91056	3626	28338	
提供施工设备服务	33117	180	2900	
其他未列明的建筑活动	60195	1675	150	
（六）交通运输、仓储和邮政业	**53811996**	**6048051**	**20292154**	**241265**
铁路运输业	7014901	2253331	2021604	110450
铁路旅客运输	1172444	302836	77727	
铁路货物运输	5351122	1823701	1873811	110450
铁路运输辅助活动	491335	126794	70066	
客运火车站	66564	20860	294	
货运火车站	2007			
其他铁路运输辅助活动	422764	105934	69772	
道路运输业	33355927	3171649	14188642	125631
公路旅客运输	13331929	1251468	6377494	43952
道路货物运输	2748602	307362	1063741	3785
道路运输辅助活动	17275396	1612819	6747407	77894
客运汽车站	450452	9848	195992	
公路管理与养护	15020585	1328000	5896792	64084

国民经济行业小类城镇投资资金来源构成(二十)

（A） 单位：万元

行　　业	本年资金来源小计	国家预算内资金	国内贷款	债券
其他道路运输辅助活动	1804359	274971	654623	13810
城市公共交通业	4381625	111330	1557852	
公共电汽车客运	1391823	60957	370322	
轨道交通	2562831	26652	1111389	
出租车客运	186800	500	**12673**	
城市轮渡	7473			
其他城市公共交通	232698	23221	63468	
水上运输业	3529136	77810	1059011	1000
水上旅客运输	124191	10683	30937	
远洋旅客运输	10570		150	
沿海旅客运输	30587	1418	**8487**	
内河旅客运输	83034	9265	22300	
水上货物运输	326224	6293	44838	
远洋货物运输	39974		5000	
沿海货物运输	206146	1630	18835	
内河货物运输	80104	4663	21003	
水上运输辅助活动	3078721	60834	983236	1000
客运港口	155282	13847	93971	1000
货运港口	2710131	26583	868954	
其他水上运输辅助活动	213308	20404	20311	
航空运输业	2226536	242204	279384	1604
航空客货运输	1143970	55827	194177	
航空旅客运输	1114367	53450	194177	
航空货物运输	29603	2377		
通用航空服务	167717	4998		
航空运输辅助活动	914849	181379	85207	1604
机场	735421	76486	66207	1604
空中交通管理	154781	104893	19000	
其他航空运输辅助活动	24647			
管道运输业	1417088	4489	863162	100
装卸搬运和其他运输服务业	415539	28958	87922	400
装卸搬运	358847	28944	82917	400
运输代理服务	56692	14	5005	
仓储业	1173122	129888	224919	2080
谷物、棉花等农产品仓储	304956	98196	19439	2030
其他仓储	868166	31692	205480	50
邮政业	298122	28392	9658	
国家邮政	278135	25365	9658	
其他寄递服务	19987	3027		
（七）信息传输、计算机服务和软件业	**15993014**	**190485**	**1434642**	**10442**

国民经济行业小类城镇投资资金来源构成(二十一)

（A）

单位：万元

行业	本年资金来源小计	国家预算内资金	国内贷款	债券
电信和其他信息传输服务业	15562521	174910	1339270	9942
电信	13494014	91209	1029384	7642
固定电信服务	6255606	40750	225898	7642
移动电信服务	7042608	49172	775212	
其他电信服务	195800	1287	28274	
互联网信息服务	1802966	40975	225098	
广播电视传输服务	254487	39946	84748	2300
有线广播电视传输服务	206042	4223	81936	
无线广播电视传输服务	48445	35723	2812	2300
卫星传输服务	11054	2780	40	
计算机服务业	106475	2432	14559	
计算机系统服务	52045	601	13284	
数据处理	22469	1681	145	
计算机维修	1000			
其他计算机服务	30961	150	1130	
软件业	324018	13143	80813	500
公共软件服务	234233	2523	46986	500
基础软件服务	82560	330	15588	
应用软件服务	151673	2193	31398	500
其他软件服务	89785	10620	33827	
（八）批发和零售业	**8202836**	**36740**	**877698**	**300**
批发业	3318241	15224	347798	100
农畜产品批发	204078	3673	14972	
谷物、豆及薯类批发	70708	1953	6784	
种子、饲料批发	32625	777	3720	
棉、麻批发	23735	193	112	
牲畜批发	8667	50		
其他农畜产品批发	68343	700	4356	
食品、饮料及烟草制品批发	668790	5186	82748	
米、面制品及食用油批发	65167	1941	6016	
糕点、糖果及糖批发	33381		5523	
果品、蔬菜批发	227138	510	49863	
肉、禽、蛋及水产品批发	98478	895	10686	
盐及调味品批发	23561	221	2871	
饮料及茶叶批发	18323		2469	
烟草制品批发	162150	490	1481	
其他食品批发	40592	1129	3839	
纺织、服装及日用品批发	523771	106	36323	
纺织品、针织品及原料批发	100600		1575	
服装批发	235386		15720	

国民经济行业小类城镇投资资金来源构成(二十二)

（A）　　单位：万元

行　　业	本年资金来源小计	国家预算内资金	国内贷款	债券
鞋帽批发	13159			
厨房、卫生间用具及日用杂货批发	16200	106	480	
化妆品及卫生用品批发	6232		700	
其他日用品批发	152194		17848	
文化、体育用品及器材批发	99549		16138	
文具用品批发	24056			
体育用品批发	700			
图书批发	56927		15238	
报刊批发				
音像制品及电子出版物批发				
首饰、工艺品及收藏品批发	9862		900	
其他文化用品批发	8004			
医药及医疗器材批发	122428	2300	8872	100
西药批发	69755	2300	5352	100
中药材及中成药批发	43931		3370	
医疗用品及器材批发	8742		150	
矿产品、建材及化工产品批发	909010	2165	117762	
煤炭及制品批发	63189		3250	
石油及制品批发	197602	1961	18675	
非金属矿及制品批发	3227			
金属及金属矿批发	50143		3430	
建材批发	523290	200	88207	
化肥批发	24778		850	
农药批发	3950		1300	
农用薄膜批发	5200			
其他化工产品批发	37631	4	2050	
机械设备、五金交电及电子产品批发	604144		58471	
农业机械批发	42970		7170	
汽车、摩托车及零配件批发	357283		22721	
五金、交电批发	75476		12770	
家用电器批发	41370		5150	
计算机、软件及辅助设备批发	3323			
通讯及广播电视设备批发	5863			
其他机械设备及电子产品批发	77859		10660	
贸易经纪与代理	40621		5601	
其他批发	145850	1794	6911	
再生物资回收与批发	30900		855	
其他未列明的批发	114950	1794	6056	
零售业	4884595	21516	529900	200
综合零售	2935137	11408	395414	200

国民经济行业小类城镇投资资金来源构成(二十三)

（A） 单位：万元

行 业	本年资金来源小计	国家预算内资金	国内贷款	债券
百货零售	1603062	5112	277122	
超级市场零售	957677	1185	96944	200
其他综合零售	374398	5111	21348	
食品、饮料及烟草制品专门零售	209822	2749	12684	
粮油零售	21659	140	712	
糕点、面包零售	5374			
果品、蔬菜零售	31336		790	
肉、禽、蛋及水产品零售	48928	2359	1532	
饮料及茶叶零售	3420		90	
烟草制品零售	20285		5000	
其他食品零售	78820	250	4560	
纺织、服装及日用品专门零售	236336	200	7067	
纺织品及针织品零售	26529		2100	
服装零售	142402	200	4030	
鞋帽零售	620			
钟表、眼镜零售	3787		507	
化妆品及卫生用品零售	1214			
其他日用品零售	61784		430	
文化、体育用品及器材专门零售	141659	1810	20689	
文具用品零售	6006	600	1100	
体育用品零售	1930			
图书零售	115222	1210	18449	
报刊零售	2412			
音像制品及电子出版物零售	1000		20	
珠宝首饰零售	3500		200	
工艺美术品及收藏品零售	9336		300	
照相器材零售	51			
其他文化用品零售	2202		620	
医药及医疗器材专门零售	46796	130	3730	
药品零售	44402	130	3650	
医疗用品及器材零售	2394		80	
汽车、摩托车、燃料及零配件专门零售	741369	4639	50927	
汽车零售	516243		33430	
汽车零配件零售	59983		10018	
摩托车及零配件零售	15485		150	
机动车燃料零售	149658	4639	7329	
家用电器及电子产品专门零售	144939	190	10125	
家用电器零售	93267	190	3125	
计算机、软件及辅助设备零售	41564		7000	
通信设备零售	8365			

国民经济行业小类城镇投资资金来源构成(二十四)

（A）

单位：万元

行　　　　业	本年资金来源小计	国家预算内资金	国内贷款	债券
其他电子产品零售	1743			
五金、家具及室内装修材料专门零售	347063		26819	
五金零售	35283		1780	
家具零售	198430		10750	
涂料零售	300			
其他室内装修材料零售	113050		14289	
无店铺及其他零售	81474	390	2445	
流动货摊零售				
邮购及电子销售				
生活用燃料零售	19932	90	495	
花卉零售	15047			
旧货零售	7450		1120	
其他未列明的零售	39045	300	830	
（九）住宿和餐饮业	**3307390**	**54061**	**466108**	**200**
住宿业	2276988	52231	354607	200
旅游饭店	1852908	44221	324739	200
一般旅馆	343531	5171	28858	
其他住宿服务	80549	2839	1010	
餐饮业	1030402	1830	111501	
正餐服务	884734	780	102236	
快餐服务	27521		5395	
饮料及冷饮服务	35978			
其他餐饮服务	82169	1050	3870	
（十）金融业	**944661**	**57211**	**19008**	
银行业	789737	40605	17367	
中央银行	98555	32314	192	
商业银行	643511	3993	16477	
其他银行	47671	4298	698	
证券业	17021			
证券市场管理	5473			
证券经纪与交易	8647			
证券投资	2677			
证券分析与咨询	224			
保险业	58434	606	1596	
人寿保险	35754	606	1300	
非人寿保险	21404			
保险辅助服务	1276		296	
其他金融活动	79469	16000	45	
金融信托与管理	28354	16000		
金融租赁	3097			

国民经济行业小类城镇投资资金来源构成(二十五)

（A）

单位：万元

行　　　业	本年资金来源小计	国家预算内资金	国内贷款	债券
财务公司	158			
邮政储蓄	33159			
典当	1750			
其他未列明的金融活动	12951		45	
（十一）房地产业	**141531933**	**233212**	**32043303**	**20820**
房地产业	141531933	233212	32043303	20820
房地产开发经营	134853796	155796	31847019	7820
物业管理	309896	1355	50845	
房地产中介服务	31111			
其他房地产活动	6337130	76061	145439	13000
（十二）租赁和商务服务业	**3177199**	**113650**	**575515**	**253**
租赁业	27459		2459	
机械设备租赁	27459		2459	
汽车租赁	12369		1866	
农业机械租赁	1050			
建筑工程机械与设备租赁	10976		200	
计算机及通讯设备租赁				
其他机械与设备租赁	3064		393	
文化及日用品出租				
图书及音像制品出租				
其他文化及日用品出租				
商务服务业	3149740	113650	573056	253
企业管理服务	2059250	36701	399250	253
企业管理机构	1060364	13612	119512	250
投资与资产管理	785352	22140	251332	3
其他企业管理服务	213534	949	28406	
法律服务	2431			
律师及相关的法律服务	2353			
公证服务	78			
其他法律服务				
咨询与调查	61375	34361	192	
会计、审计及税务服务	4614	1000	92	
市场调查				
社会经济咨询	8572	240	100	
其他专业咨询	48189	33121		
广告业	12991		200	
知识产权服务	887			
职业中介服务	15694	335	420	
市场管理	372637	1120	46026	
旅行社	59934	1226	4846	

国民经济行业小类城镇投资资金来源构成(二十六)

（A）　　单位：万元

行　　业	本年资金来源小计	国家预算内资金	国内贷款	债券
其他商务服务	564541	39907	122122	
会议及展览服务	420091	39518	99769	
包装服务	22297			
保安服务	2200			
办公服务	68123	389	4993	
其他未列明的商务服务	51830		17360	
（十三）科研技术服务和地质勘察业	**2858975**	**570368**	**266757**	**1220**
研究与试验发展	1328610	361442	104434	1220
自然科学研究与试验发展	232496	67567	16020	
工程和技术研究与试验发展	500136	207730	14010	
农业科学研究与试验发展	89988	28341	2562	350
医学研究与试验发展	69795	7456	9026	
社会人文科学研究与试验发展	436195	50348	62816	870
专业技术服务业	894385	140288	138548	
气象服务	102851	55246	725	
地震服务	15118	8226		
海洋服务	2120	1740		
测绘服务	21336	837	163	
技术检测	55486	5702	3794	
环境监测	15078	3647	948	
工程技术与规划管理	652303	64740	127879	
工程管理服务	388661	51507	120215	
工程勘察设计	113696	10663	1210	
规划管理	149946	2570	6454	
其他专业技术服务	30093	150	5039	
科技交流和推广服务业	342753	46490	20944	
技术推广服务	105484	15124	6181	
科技中介服务	152482	14035	13503	
其他科技服务	84787	17331	1260	
地质勘察业	293227	22148	2831	
矿产地质勘察	254586	12224	1431	
能源矿产地质勘察	228005	5292	100	
固体矿产地质勘察	24424	6882	1331	
其他矿产地质勘察	2157	50		
基础地质勘察	17556	5347	1400	
地质勘察技术服务	21085	4577		
（十四）水利环境和公共设施管理业	**40456046**	**5687666**	**10854799**	**325460**
水利管理业	6951517	2881681	798734	135099
防洪管理	2578768	1022916	212428	44182
水资源管理	3257222	1424523	528264	82879

国民经济行业小类城镇投资资金来源构成(二十七)

（A）　　单位：万元

行　　业	本年资金来源小计	国家预算内资金	国内贷款	债券
水库管理	1752069	802312	323995	61095
调水、引水管理	1126584	477645	161555	16300
其他水资源管理	378569	144566	42714	5484
其他水利管理	1115527	434242	58042	8038
环境管理业	2517114	554655	516220	21711
自然保护	228004	47440	32994	886
自然保护区管理	80369	19487	18933	886
野生动植物保护	92904	13474	10586	
其他自然保护	54731	14479	3475	
环境治理	2289110	507215	483226	20825
城市市容管理	229239	33231	51269	
城市环境卫生管理	450698	137999	64862	4614
水污染治理	950076	203027	277032	15670
危险废物治理	31836	14029	4500	
其他环境治理	627261	118929	85563	541
公共设施管理业	30987415	2251330	9539845	168650
市政公共设施管理	27021311	1954877	8578261	166462
城市绿化管理	1115660	72578	133196	
游览景区管理	2850444	223875	828388	2188
风景名胜区管理	968706	62244	197823	1779
公园管理	1182344	140092	493196	
其他游览景区管理	699394	21539	137369	409
（十五）居民服务和其他服务业	**667074**	**11777**	**58043**	
居民服务业	521018	9286	42193	
家庭服务	11836		210	
托儿所	1755		303	
洗染服务	935			
理发及美容保健服务	8291		1500	
洗浴服务	94257		1350	
婚姻服务	1224			
殡葬服务	169784	3918	25967	
摄影扩印服务	3720		315	
其他居民服务	229216	5368	12548	
其他服务业	146056	2491	15850	
修理与维护	33084	688	2580	
汽车、摩托车维护与保养	29501	200	2480	
办公设备维修	180			
家用电器修理	510	88		
其他日用品修理	2893	400	100	
清洁服务	14081	500	9142	

国民经济行业小类城镇投资资金来源构成(二十八)

（A） 单位：万元

行业	本年资金来源小计	国家预算内资金	国内贷款	债券
建筑物清洁服务	1680			
其他清洁服务	12401	500	9142	
其他未列明的服务	98891	1303	4128	
（十六）教育	**14869190**	**1333772**	**3551062**	**16096**
教育	14869190	1333772	3551062	16096
学前教育	142336	8777	9638	
初等教育	1037655	180597	59210	1350
中等教育	5110769	414527	846985	6574
初中教育	1621366	176650	140848	3343
高中教育	2804401	198843	595801	2591
中等专业教育	353151	28785	67312	500
职业中学教育	175308	5617	16832	100
技工学校教育	80830	1920	5627	
其他中等教育	75713	2712	20565	40
高等教育	8070626	653501	2587143	8172
普通高等教育	7751077	609353	2512259	8172
成人高等教育	319549	44148	74884	
其他教育	507804	76370	48086	
职业技能培训	232955	16113	29961	
特殊教育	53495	4974	1030	
其他未列明的教育	221354	55283	17095	
（十七）卫生社会保障和社会福利业	**3500789**	**367256**	**512456**	**10665**
卫生	3255977	335255	504869	10665
医院	2687020	171343	483856	3945
综合医院	2104624	113201	363208	1295
中医医院	171634	15377	22417	
中西医结合医院	64699	2958	11252	
民族医院	8453	621	660	
专科医院	319099	37284	85935	2650
疗养院	18511	1902	384	
卫生院及社区医疗活动	63705	10533	3029	328
门诊部医疗活动	47458	6602	1900	
计划生育技术服务活动	12487	2529	308	200
妇幼保健活动	70717	4270	4895	
专科疾病防治活动	19013	6382	216	197
疾病预防控制及防疫活动	283389	119313	5784	4388
其他卫生活动	72188	14283	4881	1607
社会保障业	60522	4033	4480	
社会保障业	60522	4033	4480	
社会福利业	184290	27968	3107	

国民经济行业小类城镇投资资金来源构成(二十九)

（A） 单位：万元

行业	本年资金来源小计	国家预算内资金	国内贷款	债券
提供住宿的社会福利	122542	21617	2743	
干部休养所	29675	1753	363	
收养收容服务	92867	19864	2380	
不提供住宿的社会福利	61748	6351	364	
（十八）文化、体育和娱乐业	**4718754**	**484002**	**557893**	**2977**
新闻出版业	249456	15023	38830	
新闻业	92247	2750	15815	
出版业	157209	12273	23015	
图书出版	50427	1	300	
报纸出版	99478	12172	22560	
期刊出版	2414			
音像制品出版	3825	100		
电子出版物出版	130			
其他出版	935		155	
广播、电视、电影和音像业	833666	44776	127867	200
广播	121023	20454	29448	
电视	524723	14180	66608	
电影	181675	9094	30111	200
电影制作与发行	96202	6465	14045	200
电影放映	85473	2629	16066	
音像制作	6245	1048	1700	
文化艺术业	1226823	284941	124456	920
文艺创作与表演	81602	63840	84	
艺术表演场馆	226945	29148	26362	
图书馆与档案馆	117404	15740	4580	
图书馆	97748	9775	4430	
档案馆	19656	5965	150	
文物及文化保护	179277	34577	48467	800
博物馆	210850	70634	29980	
烈士陵园、纪念馆	35997	12171	1200	
群众文化活动	304806	38049	11383	120
文化艺术经纪代理	454	100		
其他文化艺术	69488	20682	2400	
体育	1033758	120544	146216	1500
体育组织	108271	10387	8850	
体育场馆	896451	109403	137266	1500
其他体育	29036	754	100	
娱乐业	1375051	18718	120524	357
室内娱乐活动	310495	11550	11735	
游乐园	389927	1038	31605	

国民经济行业小类城镇投资资金来源构成(三十)

（A） 单位：万元

行　　业	本年资金来源小计	国家预算内资金	国内贷款	债券
休闲健身娱乐活动	529697	4215	58247	
其他娱乐活动	144932	1915	18937	357
（十九）公共管理和社会组织	**17975666**	**2630624**	**1520313**	**67644**
中国共产党机关	279863	96428	5191	
中国共产党机关	279863	96428	5191	
国家机构	16103567	2469544	1448834	67444
国家权力机构	1809573	375431	194675	3121
国家行政机构	13131155	1811892	1165047	55398
综合事务管理机构	5383244	575947	501774	16057
对外事务管理机构	14641	3945	800	
公共安全管理机构	1143459	358345	25386	7772
社会事务管理机构	1117090	152152	76677	1668
经济事务管理机构	2839667	359912	290073	22148
政府事务管理机构	2054487	274729	163885	6333
行政监督检查机构	578567	86862	106452	1420
人民法院和人民检察院	643242	165543	53758	7213
人民法院	382735	82910	40750	3808
人民检察院	260507	82633	13008	3405
其他国家机构	519597	116678	35354	1712
人民政协和民主党派	57348	13609	680	
人民政协	48315	9942	680	
民主党派	9033	3667		
群众团体、社会团体和宗教组织	311254	15494	20668	
群众团体	60674	8442	2141	
工会	30604	3176	611	
妇联	5638	395		
共青团	6090	2585	920	
其他群众团体	18342	2286	610	
社会团体	182324	5660	13227	
专业性团体	6492	3284		
行业性团体	90659	93	3384	
其他社会团体	85173	2283	9843	
宗教组织	68256	1392	5300	
基层群众自治组织	1223634	35549	44940	200
社区自治组织	666058	1387	29142	200
村民自治组织	557576	34162	15798	
（二十）国际组织	**2949**			
国际组织	2949			

国民经济行业小类城镇投资资金来源构成（一）

（B）

单位：万元

行　　业	利用外资	外商直接投资	自筹资金	其他资金
全　国　总　计	**22117477**	**16869003**	**236173483**	**93105532**
（一）农、林、牧、渔业	**180526**	**125021**	**2477504**	**883716**
农业	55946	40369	703578	288528
谷物及其他作物的种植	20327	8901	288208	123631
谷物的种植	4266	1116	149184	70967
薯类的种植	100	100	2417	580
油料的种植			4806	4587
豆类的种植	471		20437	1450
棉花的种植	1321		55385	26009
麻类的种植			1031	625
糖料的种植			5283	2094
烟草的种植			1491	
其他作物的种植	14169	7685	48174	17319
蔬菜、园艺作物的种植	19025	15030	277495	106417
蔬菜的种植	10798	7653	116514	80652
花卉的种植	5580	4730	95702	12317
其他园艺作物的种植	2647	2647	65279	13448
水果、坚果、饮料和香料作物的种植	14664	14508	101222	49917
水果、坚果的种植	12969	12813	86573	45349
茶及其他饮料作物的种植	1675	1675	10830	4420
香料作物的种植	20	20	3819	148
中药材的种植	1930	1930	36653	8563
林业	39030	21709	472012	204489
林木的培育和种植	39030	21709	372925	154507
育种和育苗	7366	7235	94642	18900
造林	26504	9374	220256	128565
林木的抚育和管理	5160	5100	58027	7042
木材和竹材的采运			56688	15347
木材的采运			56518	15347
竹材的采运			170	
林产品的采集			42399	34635
畜牧业	38729	36828	582423	166689
牲畜的饲养	26146	24245	391861	128989
猪的饲养	7428	7428	82450	16536
家禽的饲养	4420	4420	55959	7896
狩猎和捕捉动物			300	178
其他畜牧业	735	735	51853	13090
渔业	10097	6975	138202	41628
海洋渔业	7231	4109	75762	26186
海水养殖	7231	4109	72583	25211

国民经济行业小类城镇投资资金来源构成（二）

（B）　　单位：万元

行　　业	利用外资	外商直接投资	自筹资金	其他资金
海洋捕捞			3179	975
内陆渔业	2866	2866	62440	15442
内陆养殖	2866	2866	62440	15442
内陆捕捞				
农、林、牧、渔服务业	36724	19140	581289	182382
农业服务业	27031	10983	483564	140568
灌溉服务	11587	3351	213243	41398
农产品初加工服务	6890	6890	120785	16373
其他农业服务	8554	742	149536	82797
林业服务业	230	230	29565	12128
畜牧服务业	8616	7440	39475	18400
兽医服务			8804	3240
其他畜牧服务	8616	7440	30671	15160
渔业服务业	847	487	28685	11286
（二）采矿业	**170707**	**81796**	**11853771**	**1163695**
煤炭开采和洗选业	6614	6264	3397085	245126
烟煤和无烟煤的开采洗选	6314	6114	3220768	236421
褐煤的开采洗选	150	150	162347	3925
其他煤炭采选	150		13970	4780
石油和天然气开采业	126623	42442	7184379	734628
天然原油和天然气开采	117823	33642	6957662	733788
与石油和天然气开采有关的服务	8800	8800	226717	840
黑色金属矿采选业	14289	13989	401881	48826
铁矿采选	14229	13929	383915	45515
其他黑色金属矿采选	60	60	17966	3311
有色金属矿采选业	8645	4645	508584	63822
常用有色金属矿采选	4500	1500	267854	30193
铜矿采选	210	210	111115	7820
铅锌矿采选	1190	1190	89395	17350
镍钴矿采选			21372	1622
锡矿采选	3100	100	29801	640
锑矿采选			1440	230
铝矿采选			6138	
镁矿采选			1600	50
其他常用有色金属矿采选			6993	2481
贵金属矿采选	2695	1695	193904	26510
金矿采选	2695	1695	190099	21574
银矿采选			3730	4936
其他贵金属矿采选			75	
稀有稀土金属矿采选	1450	1450	46826	7119

国民经济行业小类城镇投资资金来源构成（三）

（B）　　单位：万元

行　　业	利用外资	外商直接投资	自筹资金	其他资金
钨钼矿采选	500	500	26426	6390
稀土金属矿采选	100	100	9950	679
放射性金属矿采选			239	
其他稀有金属矿采选	850	850	10211	50
非金属矿采选业	14536	14456	354342	62756
土砂石开采	6400	6400	168794	47374
石灰石、石膏开采	585	585	47931	18102
建筑装饰用石开采	1995	1995	46824	15467
耐火土石开采			12862	2436
黏土及其他土砂石开采	3820	3820	61177	11369
化学矿采选	80		37560	1530
采盐	713	713	77881	5613
石棉及其他非金属矿采选	7343	7343	70107	8239
石棉、云母矿采选			5420	429
石墨、滑石采选			12986	2711
宝石、玉石开采	2241	2241	110	
其他非金属矿采选	5102	5102	51591	5099
其他采矿业			7500	8537
其他采矿业			7500	8537
（三）制造业	**13958677**	**12596454**	**71208995**	**5547942**
农副食品加工业	328154	315381	2788575	326536
谷物磨制	1794	1480	255170	41897
饲料加工	20566	20299	264409	23664
植物油加工	81452	78752	561117	84977
食用植物油加工	81152	78652	543221	82958
非食用植物油加工	300	100	17896	2019
制糖	638	638	99045	7531
屠宰及肉类加工	48514	45169	693689	74045
畜禽屠宰	16760	16760	343031	33286
肉制品及副产品加工	31754	28409	350658	40759
水产品加工	62642	60701	261755	11534
水产品冷冻加工	44895	44195	181103	6640
鱼糜制品及水产品干腌制加工	9049	9049	41287	954
水产饲料制造	5780	4539	17470	820
鱼油提取及制品的制造			1200	
其他水产品加工	2918	2918	20695	3120
蔬菜、水果和坚果加工	53333	52987	282057	35702
其他农副食品加工	59215	55355	371333	47186
淀粉及淀粉制品的制造	12291	8431	205083	33297
豆制品制造	7439	7439	27525	1510

国民经济行业小类城镇投资资金来源构成（四）

（B） 单位：万元

行业	利用外资	外商直接投资	自筹资金	其他资金
蛋品加工	700	700	17090	2126
其他未列明的农副食品加工	38785	38785	121635	10253
食品制造业	247311	223599	2010487	188098
焙烤食品制造	32785	30885	180967	23151
糕点、面包制造	13059	13059	60711	9182
饼干及其他焙烤食品制造	19726	17826	120256	13969
糖果、巧克力及蜜饯制造	25638	25638	73435	23582
糖果、巧克力制造	24401	24401	47170	5862
蜜饯制作	1237	1237	26265	17720
方便食品制造	62681	51536	263521	24057
米、面制品制造	16512	6384	83707	6834
速冻食品制造	9220	8203	48265	3810
方便面及其他方便食品制造	36949	36949	131549	13413
液体乳及乳制品制造	15960	15960	686621	48954
罐头制造	29739	25849	116522	15751
肉、禽类罐头制造			24409	1586
水产品罐头制造	108	108	15054	
蔬菜、水果罐头制造	25270	21530	72012	11870
其他罐头食品制造	4361	4211	5047	2295
调味品、发酵制品制造	17150	10373	243692	19087
味精制造	863	863	88613	6708
酱油、食醋及类似制品的制造	3696	3696	64840	5207
其他调味品、发酵制品制造	12591	5814	90239	7172
其他食品制造	63358	63358	445729	33516
营养、保健食品制造	9842	9842	74637	11158
冷冻饮品及食用冰制造	10612	10612	64938	3480
盐加工	960	960	35739	2090
食品及饲料添加剂制造	22854	22854	167699	8628
其他未列明的食品制造	19090	19090	102716	8160
饮料制造业	121322	114614	1526559	117699
酒精制造	690	690	61981	10320
酒的制造	39820	37387	848355	44274
白酒制造	6004	3663	318125	23726
啤酒制造	23827	23827	326920	13421
黄酒制造	1417	1417	35385	219
葡萄酒制造	7995	7995	110786	2582
其他酒制造	577	485	57139	4326
软饮料制造	75959	71684	587090	57930
碳酸饮料制造	19353	19353	60334	2976
瓶（罐）装饮用水制造	21761	21361	95373	6343

国民经济行业小类城镇投资资金来源构成（五）

（B）　　单位：万元

行　　业	利用外资	外商直接投资	自筹资金	其他资金
果菜汁及果菜汁饮料制造	15553	13413	291523	26202
含乳饮料和植物蛋白饮料制造	8975	8975	61280	10392
固体饮料制造			13732	1016
茶饮料及其他软饮料制造	10317	8582	64848	11001
精制茶加工	4853	4853	29133	5175
烟草制品业	1480	1480	704899	21496
烟叶复烤	1400	1400	69921	
卷烟制造			598107	20660
其他烟草制品加工	80	80	36871	836
纺织业	706161	637435	3963685	479784
棉、化纤纺织及印染精加工	351986	321398	2233313	299445
棉、化纤纺织加工	173576	149161	1944377	272104
棉、化纤印染精加工	178410	172237	288936	27341
毛纺织和染整精加工	89568	83922	468590	48944
毛条加工	33265	32435	241016	22007
毛纺织	35290	35210	161963	22261
毛染整精加工	21013	16277	65611	4676
麻纺织	18897	13777	99101	7283
丝绢纺织及精加工	30309	30309	226567	8842
缫丝加工	248	248	34457	7435
绢纺和丝织加工	6618	6618	106692	1082
丝印染精加工	23443	23443	85418	325
纺织制成品制造	94378	87142	507479	86118
棉及化纤制品制造	25911	24901	216374	11968
毛制品制造	5417	5417	19691	850
麻制品制造	2000	2000	10450	799
丝制品制造	2482	2482	12523	1790
绳、索、缆的制造	4818	4818	7261	
纺织带和帘子布制造	9873	9873	48736	152
无纺布制造	5873	5738	80812	45262
其他纺织制成品制造	38004	31913	111632	25297
针织品、编织品及其制品制造	121023	100887	428635	29152
棉、化纤针织品及编织品制造	59150	46451	191984	16440
毛针织品及编织品制造	28970	26651	150745	8624
丝针织品及编织品制造	13997	10701	46580	2625
其他针织品及编织品制造	18906	17084	39326	1463
纺织服装、鞋、帽制造业	498059	469830	1205933	101555
纺织服装制造	420719	396911	1151677	96689
纺织面料鞋的制造	60897	58807	34186	4060
制帽	16443	14112	20070	806

国民经济行业小类城镇投资资金来源构成（六）

（B）　　单位：万元

行　　业	利用外资	外商直接投资	自筹资金	其他资金
皮革、毛皮、羽毛(绒)及其制品业	266947	266207	540710	60808
皮革鞣制加工	19717	19717	88432	5099
皮革制品制造	237333	236593	380271	47964
皮鞋制造	150181	149540	246382	32300
皮革服装制造	33826	33826	42897	8069
皮箱、包(袋)制造	32510	32411	51440	3510
皮手套及皮装饰制品制造	3178	3178	14532	1078
其他皮革制品制造	17638	17638	25020	3007
毛皮鞣制及制品加工	8157	8157	36217	2660
毛皮鞣制加工	60	60	11990	500
毛皮服装加工	5680	5680	12215	1000
其他毛皮制品加工	2417	2417	12012	1160
羽毛(绒)加工及制品制造	1740	1740	35790	5085
羽毛(绒)加工			13630	3560
羽毛(绒)制品加工	1740	1740	22160	1525
木材加工及木、竹、藤、棕、草制造	105102	100308	798565	117051
锯材、木片加工	12182	12182	95470	19994
锯材加工	12182	12182	46360	10064
木片加工			49110	9930
人造板制造	43620	40913	526977	73791
胶合板制造	11464	9214	129116	19653
纤维板制造	22747	22747	226522	32793
刨花板制造	1998	1998	30669	3680
其他人造板、材制造	7411	6954	140670	17665
木制品制造	39774	37807	126602	16046
建筑用木料及木材组件加工制造	19255	19135	65071	7037
木容器制造	1020	1020	10652	2730
软木制品及其他木制品制造	19499	17652	50879	6279
竹、藤、棕、草制品制造	9526	9406	49516	7220
家具制造业	157875	148348	520388	54875
木质家具制造	117160	114850	399925	29375
竹、藤家具制造	800	800	7487	1059
金属家具制造	25900	19942	64183	7855
塑料家具制造	483	483	17654	3566
其他家具制造	13532	12273	31139	13020
造纸及纸制品业	679621	348740	2008965	221612
纸浆制造	262670	79170	252081	132964
造纸	302991	155610	1344789	46583
机制纸及纸板制造	262588	115207	1234666	34452
手工纸制造	8650	8650	2650	750

国民经济行业小类城镇投资资金来源构成（七）

（B）　　单位：万元

行　　业	利用外资	外商直接投资	自筹资金	其他资金
加工纸制造	31753	31753	107473	11381
纸制品制造	113960	113960	412095	42065
纸和纸板容器的制造	74701	74701	221343	8643
其他纸制品制造	39259	39259	190752	33422
印刷业和记录媒介的复制	128205	117280	938183	78513
印刷	116139	105464	840592	73793
书、报、刊印刷	31557	25729	167278	17946
本册印制	14072	14072	93436	9798
包装装潢及其他印刷	70510	65663	579878	46049
装订及其他印刷服务活动	11320	11320	53732	4720
记录媒介的复制	746	496	43859	
文教体育用品制造业	134540	131052	299212	27116
文化用品制造	10635	10217	70791	11135
文具制造	6876	6558	37272	8649
笔的制造	2492	2392	13940	2236
教学用模型及教具制造			4796	
墨水、墨汁制造			2350	
其他文化用品制造	1267	1267	12433	250
体育用品制造	30542	30122	80333	4843
球类制造	2635	2635	8612	836
体育器材及配件制造	10513	10093	19307	1940
训练健身器材制造	5774	5774	28890	2007
运动防护用具制造	149	149	2706	
其他体育用品制造	11471	11471	20818	60
乐器制造	6322	6322	31309	2400
中乐器制造			6587	
西乐器制造	4686	4686	12737	
电子乐器制造	1597	1597	11699	900
其他乐器及零件制造	39	39	286	1500
玩具制造	82006	79356	112946	8138
游艺器材及娱乐用品制造	5035	5035	3833	600
露天游乐场所游乐设备制造	1200	1200	1673	100
游艺用品及室内游艺器材制造	3835	3835	2160	500
石油加工、炼焦及核燃料加工业	40045	35397	2392107	229276
精炼石油产品的制造	13445	8797	984473	87501
原油加工及石油制品制造	13445	8797	971364	87501
人造原油生产			13109	
炼焦及其他	26600	26600	1407634	141775
化学原料及化学制品制造业	1720758	1617692	6558522	389498

国民经济行业小类城镇投资资金来源构成（八）

(B)　　　　　　　　　　　　　　　　　　　　单位：万元

行　　业	利用外资	外商直接投资	自筹资金	其他资金
基础化学原料制造	436024	392540	1732647	159140
无机酸制造	670	400	160984	17145
无机碱制造	3723	475	307728	7645
无机盐制造	8895	8640	194861	9845
有机化学原料制造	263786	260111	742962	22970
其他基础化学原料制造	158950	122914	326112	101535
肥料制造	21786	19019	1384946	73936
氮肥制造	3320	640	815191	36681
磷肥制造	4230	4200	110197	5861
钾肥制造	6640	6640	69273	3994
复混肥料制造	1096	1039	274927	11685
有机肥料及微生物肥料制造	2264	2264	69374	11960
其他肥料制造	4236	4236	45984	3755
农药制造	9080	7575	244660	14893
化学农药制造	2320	1145	172134	11771
生物化学农药及微生物农药制造	6760	6430	72526	3122
涂料、油墨、颜料及类似产品制造	101392	84131	494745	11806
涂料制造	41322	36476	264652	7403
油墨及类似产品制造	15900	15700	32026	183
颜料制造	8864	8034	48703	2650
染料制造	16813	11928	108784	715
密封用填料及类似品制造	18493	11993	40580	855
合成材料制造	699468	687663	1457958	39596
初级形态的塑料及合成树脂制造	656444	644789	1039292	7439
合成橡胶制造	14362	14212	50076	3905
合成纤维单(聚合)体的制造	22321	22321	168576	18009
其他合成材料制造	6341	6341	200014	10243
专用化学产品制造	386565	361029	861283	60431
化学试剂和助剂制造	42965	36756	238340	16533
专项化学用品制造	142365	139545	173031	10915
林产化学产品制造	2993	2993	34433	6320
环境污染处理专用药剂材料制造	1884	1884	18662	3030
动物胶制造	2261	2261	21316	13112
其他专用化学产品制造	194097	177590	375501	10521
日用化学产品制造	66443	65735	382283	29696
肥皂及合成洗涤剂制造	20840	20840	200115	10367
化妆品制造	35252	34752	52562	8283
口腔清洁用品制造			21471	

国民经济行业小类城镇投资资金来源构成（九）

（B） 单位：万元

行　　业	利用外资	外商直接投资	自筹资金	其他资金
香料、香精制造	3958	3958	25304	4446
其他日用化学产品制造	6393	6185	82831	6600
医药制造业	210774	202240	3846589	218955
化学药品原药制造	59566	58495	680827	33747
化学药品制剂制造	74012	70698	1034938	50060
中药饮片加工	15055	14255	596625	34891
中成药制造	35222	33679	808405	54252
兽用药品制造	8119	6823	169939	6049
生物、生化制品的制造	13738	13228	409491	33683
卫生材料及医药用品制造	5062	5062	146364	6273
化学纤维制造业	280729	254956	645364	19866
纤维素纤维原料及纤维制造	104340	104340	150188	1025
化纤浆粕制造			22052	250
人造纤维（纤维素纤维）制造	104340	104340	128136	775
合成纤维制造	176389	150616	495176	18841
锦纶纤维制造	1180	1180	32730	650
涤纶纤维制造	78718	53028	300296	7252
腈纶纤维制造	350	350	5482	200
维纶纤维制造	4000	4000	45520	10062
其他合成纤维制造	92141	92058	111148	677
橡胶制品业	264077	259143	735446	52502
轮胎制造	164561	164501	400367	26838
车辆、飞机及工程机械轮胎制造	160045	160045	386775	24018
力车胎制造	4516	4456	7714	1220
轮胎翻新加工			5878	1600
橡胶板、管、带的制造	8610	5990	85474	6780
橡胶零件制造	10499	10499	70299	5239
再生橡胶制造	7059	6802	23612	1968
日用及医用橡胶制品制造	8504	8504	39600	976
橡胶靴鞋制造	5014	5014	48086	3336
其他橡胶制品制造	59830	57833	68008	7365
塑料制品业	591357	538900	1529461	129370
塑料薄膜制造	129082	113516	304119	11747
塑料板、管、型材的制造	84191	79794	400110	47786
塑料丝、绳及编织品的制造	14760	14560	179260	14952
泡沫塑料制造	6718	5758	94481	6113
塑料人造革、合成革制造	8086	8086	75897	1000
塑料包装箱及容器制造	65154	60464	141842	9984
塑料零件制造	76677	73922	68071	3007
日用塑料制造	29378	28286	69889	6442

国民经济行业小类城镇投资资金来源构成（十）

（B）

单位：万元

行业	利用外资	外商直接投资	自筹资金	其他资金
塑料鞋制造	6498	6412	15872	1902
日用塑料杂品制造	22880	21874	54017	4540
其他塑料制品制造	177311	154514	195792	28339
非金属矿物制品业	521980	468453	5268337	491957
水泥、石灰和石膏的制造	147484	130544	2005011	211286
水泥制造	143284	126344	1976797	206601
石灰和石膏制造	4200	4200	28214	4685
水泥及石膏制品制造	38866	35766	623544	54114
水泥制品制造	30456	30156	436047	22778
砼结构构件制造	2360	1260	64927	6662
石棉水泥制品制造	175	175	7524	1882
轻质建筑材料制造	5875	4175	69772	15742
其他水泥制品制造			45274	7050
砖瓦、石材及其他建筑材料制造	117095	95981	973553	86104
黏土砖瓦及建筑砌块制造	12724	12275	228487	16146
建筑陶瓷制品制造	55742	38237	330961	11014
建筑用石加工	27571	25811	194062	38358
防水建筑材料制造	4330	4330	55195	4284
隔热和隔音材料制造	2328	1728	40508	6587
其他建筑材料制造	14400	13600	124340	9715
玻璃及玻璃制品制造	133964	131587	824320	59493
平板玻璃制造	15417	15417	175813	14983
技术玻璃制品制造	5154	5154	197244	4466
光学玻璃制造	9399	9151	27596	2784
玻璃仪器制造	1276	1276	21818	400
日用玻璃制品及玻璃包装容器制造	16472	15622	148155	16393
玻璃保温容器制造			23833	700
玻璃纤维及制品制造	59256	58096	91823	8806
玻璃纤维增强塑料制品制造	2741	2622	71248	170
其他玻璃制品制造	24249	24249	66790	10791
陶瓷制品制造	48950	39471	302294	18773
卫生陶瓷制品制造	28750	19800	83760	1547
特种陶瓷制品制造	911	731	39143	1594
日用陶瓷制品制造	15311	15311	164607	15132
园林、陈设艺术及其他陶瓷制造	3978	3629	14784	500
耐火材料制品制造	17387	17387	177996	15547
石棉制品制造			14651	480
云母制品制造			2050	850
耐火陶瓷制品及其他耐火材料制造	17387	17387	161295	14217
石墨及其他非金属矿物制品制造	18234	17717	361619	46640

国民经济行业小类城镇投资资金来源构成（十一）

（B） 单位：万元

行业	利用外资	外商直接投资	自筹资金	其他资金
石墨及碳素制品制造	5370	5370	214326	15747
其他非金属矿物制品制造	12864	12347	147293	30893
黑色金属冶炼及压延加工业	373335	332943	10562425	583405
炼铁	36361	29683	1293208	118504
炼钢	74259	67123	4515956	219209
钢压延加工	219535	194778	3404246	157374
铁合金冶炼	43180	41359	1349015	88318
有色金属冶炼及压延加工业	203886	198256	3195630	160837
常用有色金属冶炼	78998	78998	2377144	108536
铜冶炼	1741	1741	165113	6066
铅锌冶炼	12006	12006	132163	18677
镍钴冶炼	1198	1198	120834	3555
锡冶炼	635	635	7366	1805
锑冶炼	1313	1313	4999	6510
铝冶炼	53105	53105	1890054	50798
镁冶炼	8000	8000	31504	3166
其他常用有色金属冶炼	1000	1000	25111	17959
贵金属冶炼	9655	9655	176125	10953
金冶炼	5400	5400	150909	1154
银冶炼	4255	4255	19238	3803
其他贵金属冶炼			5978	5996
稀有稀土金属冶炼	13535	13535	132056	9884
钨钼冶炼	470	470	24698	4606
稀土金属冶炼			42585	1360
其他稀有金属冶炼	13065	13065	64773	3918
有色金属合金制造	45457	45457	102277	4309
有色金属压延加工	56241	50611	408028	27155
常用有色金属压延加工	53641	48651	364097	25455
贵金属压延加工	1440	1440	6030	
稀有稀土金属压延加工	1160	520	37901	1700
金属制品业	458805	441932	1943348	199183
结构性金属制品制造	106508	100163	696916	68513
金属结构制造	93481	87136	533718	62691
金属门窗制造	13027	13027	163198	5822
金属工具制造	40819	39321	214208	13820
切削工具制造	12377	12027	46803	736
手工具制造	3024	3024	37824	2891
农用及园林用金属工具制造			10646	1135
刀剪及类似日用金属工具制造	800	800	42930	2340
其他金属工具制造	24618	23470	76005	6718

国民经济行业小类城镇投资资金来源构成（十二）

（B）　　单位：万元

行　　业	利用外资	外商直接投资	自筹资金	其他资金
集装箱及金属包装容器制造	32868	31187	134118	20280
集装箱制造	15697	14016	53268	3159
金属压力容器制造			22625	12547
金属包装容器制造	17171	17171	58225	4574
金属丝绳及其制品的制造	45237	45237	140239	14100
建筑、安全用金属制品制造	71954	69831	254788	27259
建筑、家具用金属配件制造	37068	37068	88256	15422
建筑装饰及水暖管道零件制造	28601	27276	97362	7385
安全、消防用金属制品制造	2700	2700	15788	2830
其他建筑、安全用金属制品制造	3585	2787	53382	1622
金属表面处理及热处理加工	27261	26401	108315	15606
搪瓷制品制造	1245	1245	17225	755
工业生产配套用搪瓷制品制造			6055	255
搪瓷卫生洁具制造			1152	
搪瓷日用品及其他搪瓷制品制造	1245	1245	10018	500
不锈钢及类似日用金属制品制造	73243	72139	224357	19136
金属制厨房调理及卫生器具制造	12936	12936	36835	3490
金属制厨用器皿及餐具制造	30263	30263	79006	7306
其他日用金属制品制造	30044	28940	108516	8340
其他金属制品制造	59670	56408	153182	19714
铸币及贵金属制实验室用品制造	1137	1137	13639	
其他未列明的金属制品制造	58533	55271	139543	19714
通用设备制造业	385949	344168	2739206	185687
锅炉及原动机制造	22118	15296	407478	21825
锅炉及辅助设备制造	10730	10080	81471	5265
内燃机及配件制造	8980	2808	275435	13014
汽轮机及辅机制造			40862	2559
水轮机及辅机制造			5752	987
其他原动机制造	2408	2408	3958	
金属加工机械制造	52637	50360	533668	35979
金属切削机床制造	8920	6850	175647	5788
金属成形机床制造	3282	3075	33450	8361
铸造机械制造	10284	10284	93507	7524
金属切割及焊接设备制造	1917	1917	21691	1210
机床附件制造	14551	14551	58096	1212
其他金属加工机械制造	13683	13683	151277	11884
起重运输设备制造	23385	19434	170833	18303
泵、阀门、压缩机及类似机械的制造	59150	42930	338531	18709
泵及真空设备制造	3355	2885	106229	11605
气体压缩机械制造	17427	17427	75156	1420

国民经济行业小类城镇投资资金来源构成（十三）

（B）

单位：万元

行　　业	利用外资	外商直接投资	自筹资金	其他资金
阀门和旋塞的制造	18475	14775	64129	3568
液压和气压动力机械及元件制造	19893	7843	93017	2116
轴承、齿轮、传动和驱动部件制造	52943	44506	207980	14582
轴承制造	37298	29111	135062	7936
齿轮、传动和驱动部件制造	15645	15395	72918	6646
烘炉、熔炉及电炉制造	100		6590	650
风机、衡器、包装设备等通用设备制造	78267	77314	432201	29069
风机、风扇制造	15384	15384	66027	10817
气体、液体分离及纯净设备制造	500	500	18017	5301
制冷、空调设备制造	17184	17184	115256	6634
风动和电动工具制造	23086	23086	42294	440
喷枪及类似器具制造	40	40	1040	
包装专用设备制造	374	374	68815	1035
衡器制造	6491	6491	4115	293
其他通用设备制造	15208	14255	116637	4549
通用零部件制造及机械修理	51102	48152	263322	16199
金属密封件制造	8469	8469	28281	1730
紧固件、弹簧制造	12241	11505	32439	1477
机械零部件加工及设备修理	15617	15335	99798	7167
其他通用零部件制造	14775	12843	102804	5825
金属铸、锻加工	46247	46176	378603	30371
钢铁铸件制造	44334	44263	282939	24031
锻件及粉末冶金制品制造	1913	1913	95664	6340
专用设备制造业	390425	362669	2283900	259480
矿山、冶金、建筑专用设备制造	42730	42658	493107	93397
采矿、采石设备制造	3219	3219	141092	11502
石油钻采专用设备制造	4000	4000	34053	880
建筑工程用机械制造	19336	19264	179806	42059
建筑材料生产专用机械制造	6245	6245	98274	28172
冶金专用设备制造	9930	9930	39882	10784
化工、木材、非金属加工专用设备制造	108262	93908	323427	26867
炼油、化工生产专用设备制造	1060	1060	69550	6935
橡胶加工专用设备制造	3880	3880	39544	1920
塑料加工专用设备制造	9782	7831	62195	1444
木材加工机械制造	5450	5450	29576	365
模具制造	76962	64615	105619	13211
其他非金属加工专用设备制造	11128	11072	16943	2992
食品、饮料、烟草及饲料生产设备制造	6532	6532	69170	17229
食品、饮料、烟草工业专用设备制造	6401	6401	45280	2799
农副食品加工专用设备制造			20932	14310

国民经济行业小类城镇投资资金来源构成（十四）

（B） 单位：万元

行　　业	利用外资	外商直接投资	自筹资金	其他资金
饲料生产专用设备制造	131	131	2958	120
印刷、制药、日化生产专用设备制造	59645	53221	228243	11500
制浆和造纸专用设备制造	83	83	38370	1926
印刷专用设备制造	13602	13302	104096	5430
日用化工专用设备制造	7099	1361	10723	850
制药专用设备制造	20	20	9037	530
照明器具生产专用设备制造	1170	1170	19547	1699
玻璃、陶瓷和搪瓷制品生产设备制造	31195	30809	12297	225
其他日用品生产专用设备制造	6476	6476	34173	840
纺织、服装和皮革工业专用设备制造	19876	19076	216273	8198
纺织专用设备制造	15233	14433	170500	6276
皮革毛皮及其制品加工专用设备制造	1343	1343	15498	1397
缝纫机械制造	3300	3300	25102	215
其他服装加工专用设备制造			5173	310
电子和电工机械专用设备制造	75837	75837	276141	51756
农、林、牧、渔专用机械制造	12109	7109	330639	20650
拖拉机制造	1593	1593	144176	7520
机械化农业及园艺机具制造	3602	3602	84521	5583
营林及木竹采伐机械制造				
畜牧机械制造	1500	1500	1368	
渔业机械制造			2840	280
农林牧渔机械配件制造			40853	3321
其他农林牧渔业机械制造	5414	414	56881	3946
医疗仪器设备及器械制造	34943	34737	113314	18839
医疗诊断、监护及治疗设备制造	8617	8547	52716	10210
口腔科用设备及器具制造	2590	2590	1416	
实验室及医用消毒设备和器具制造	170	170	819	1479
医疗、外科及兽医用器械制造	3131	2995	32925	7000
机械治疗及病房护理设备制造	8748	8748	2954	150
假肢、人工器官及植入设备制造	2248	2248	2767	
其他医疗设备及器械制造	9439	9439	19717	
环保、社会公共安全及其他专用设备制造	30491	29591	233586	11044
环境污染防治专用设备制造	8808	8808	80465	2701
地质勘察专用设备制造			1129	530
邮政专用机械及器材制造				
商业、饮食、服务业专用设备制造			24353	1000

国民经济行业小类城镇投资资金来源构成（十五）

（B）

单位：万元

行业	利用外资	外商直接投资	自筹资金	其他资金
社会公共安全设备及器材制造	1800	1800	38052	238
交通安全及管制专用设备制造			2170	360
水资源专用机械制造	2331	2331	14071	1170
其他专用设备制造	17552	16652	73346	5045
交通运输设备制造业	643230	623409	5177647	451671
铁路运输设备制造	8209	8115	254230	8150
铁路机车车辆及动车组制造			95386	1707
工矿有轨专用车辆制造	6865	6865	16169	26
铁路机车车辆配件制造			24544	3087
铁路专用设备及器材、配件制造	1344	1250	85741	3185
其他铁路设备制造及设备修理			32390	145
汽车制造	549809	537046	4203182	390135
汽车整车制造	129091	129091	2125204	181494
改装汽车制造	2752	2752	319548	68767
电车制造	766	766	12555	4590
汽车车身、挂车的制造			89305	5340
汽车零部件及配件制造	415810	403047	1555192	113287
汽车修理	1390	1390	101378	16657
摩托车制造	21330	21330	200853	9769
摩托车整车制造	1422	1422	114649	
摩托车零部件及配件制造	19908	19908	86204	9769
自行车制造	17341	12991	72928	2220
脚踏自行车及残疾人座车制造	13991	12991	21448	810
助动自行车制造	3350		51480	1410
船舶及浮动装置制造	30430	27816	182759	3570
金属船舶制造	17315	17315	119205	731
非金属船舶制造	1158	1158	11360	650
娱乐船和运动船的建造和修理	2699	1571	476	1500
船用配套设备制造	8013	6527	21118	549
船舶修理及拆船			30600	140
航标器材及其他浮动装置的制造	1245	1245		
交通器材及其他交通运输设备制造	16111	16111	263695	37827
交通管理用金属标志及设施制造			3962	2000
其他交通运输设备制造	16111	16111	259733	35827
电气机械及器材制造业	609631	554046	2015983	128883

国民经济行业小类城镇投资资金来源构成（十六）

（B）　　　　单位：万元

行　业	利用外资	外商直接投资	自筹资金	其他资金
电机制造	68672	60462	196179	12580
发电机及发电机组制造	4429	4429	51969	751
电动机制造	15631	15631	85411	5540
微电机及其他电机制造	48612	40402	58799	6289
输配电及控制设备制造	127851	125727	497738	43886
变压器、整流器和电感器制造	15055	15055	114702	18012
电容器及其配套设备制造	5490	5490	27641	1290
配电开关控制设备制造	8472	6748	195057	4125
电力电子元器件制造	93803	93403	99789	14837
其他输配电及控制设备制造	5031	5031	60549	5622
电线、电缆、光缆及电工器材制造	78857	77575	401467	22032
电线电缆制造	47322	46622	274177	16132
光纤、光缆制造	980	980	58730	4977
绝缘制品制造	6886	6886	23585	60
其他电工器材制造	23669	23087	44975	863
电池制造	74063	47933	186390	9173
家用电力器具制造	164073	162941	479744	28770
家用制冷电器具制造	8610	8444	138703	67
家用空气调节器制造	16742	16742	124113	4711
家用通风电器具制造	20407	20407	33936	
家用厨房电器具制造	78617	78617	46213	5152
家用清洁卫生电器具制造	3821	3821	36016	3600
家用美容、保健电器具制造	1684	1684	13217	1449
家用电力器具专用配件制造	6769	6769	22411	200
其他家用电力器具制造	27423	26457	65135	13591
非电力家用器具制造	13254	11697	78534	4166
燃气、太阳能及类似能源器具制造	7883	6382	62846	3956
其他非电力家用器具制造	5371	5315	15688	210
照明器具制造	57449	55299	132264	5951
电光源制造	22524	20844	29693	1486
照明灯具制造	28647	28347	75873	3515
灯用电器附件及其他照明器具制造	6278	6108	26698	950
其他电气机械及器材制造	25412	12412	43667	2325
车辆专用照明及电气信号设备制造	1433	1433	15098	1105
其他未列明的电气机械制造	23979	10979	28569	1220
通信设备、计算机及其他电子设备制造	3339595	2987443	3117288	128873
通信设备制造	237108	235608	491976	12031
通信传输设备制造	35254	34854	65254	3902
通信交换设备制造	33738	33738	117022	1200
通信终端设备制造	11926	11726	54878	1075

国民经济行业小类城镇投资资金来源构成（十七）

（B）

单位：万元

行业	利用外资	外商直接投资	自筹资金	其他资金
移动通信及终端设备制造	114118	114118	151298	5024
其他通信设备制造	42072	41172	103524	830
广播电视设备制造	2421	2421	16169	4799
广播电视节目制作及发射设备制造	2000	2000	3048	2250
广播电视接收设备及器材制造	421	421	4722	1549
应用电视设备及其他广播电视制造			8399	1000
电子计算机制造	494089	473931	364387	17465
电子计算机整机制造	95604	94104	122506	9428
计算机网络设备制造	30756	25294	62040	3188
电子计算机外部设备制造	367729	354533	179841	4849
电子器件制造	1116044	940347	724353	21056
电子真空器件制造	73469	61636	187993	470
半导体分立器件制造	141466	139264	30239	1743
集成电路制造	695291	533629	279493	10519
光电子器件及其他电子器件制造	205818	205818	226628	8324
电子元件制造	1320470	1170226	969099	44230
电子元件及组件制造	1156185	1022973	915075	41287
印制电路板制造	164285	147253	54024	2943
家用视听设备制造	44849	43401	351602	11321
家用影视设备制造	22823	22642	322062	10438
家用音响设备制造	22026	20759	29540	883
其他电子设备制造	124614	121509	199702	17971
仪器仪表及文化、办公用机械制造	345450	311841	580421	32724
通用仪器仪表制造	36679	32219	184742	14704
工业自动控制系统装置制造	9450	9390	82181	3271
电工仪器仪表制造	3571	3071	51117	5828
绘图、计算及测量仪器制造	6454	6454	11390	1710
实验分析仪器制造	6483	2583	7190	1200
试验机制造			2065	95
供应用仪表及其他通用仪器制造	10721	10721	30799	2600
专用仪器仪表制造	16750	16273	90132	2400
环境监测专用仪器仪表制造			7537	800
汽车及其他用计数仪表制造			17476	
农林牧渔专用仪器仪表制造			3680	
地质勘探和地震专用仪器制造			3677	415
教学专用仪器制造			3055	
电子测量仪器制造	7702	7523	30586	10

国民经济行业小类城镇投资资金来源构成（十八）

（B） 单位：万元

行　　业	利用外资	外商直接投资	自筹资金	其他资金
其他专用仪器制造	9048	8750	24121	1175
钟表与计时仪器制造	18258	12368	15680	550
光学仪器及眼镜制造	112095	110741	95390	8441
光学仪器制造	100585	100585	75168	5647
眼镜制造	11510	10156	20222	2794
文化、办公用机械制造	130086	108658	160293	5847
电影机械制造	77	77	23174	3346
幻灯及投影设备制造			550	
照相机及器材制造	55122	33694	82963	761
复印和胶印设备制造	20700	20700	17094	
计算器及货币专用设备制造	50977	50977	33044	1690
其他文化、办公用机械制造	3210	3210	3468	50
其他仪器仪表的制造及修理	31582	31582	34184	782
工艺品及其他制造业	190950	177218	1280181	82949
工艺美术品制造	132301	119006	331676	22615
雕塑工艺品制造	9885	9359	44788	1727
金属工艺品制造	12931	6260	28298	2500
漆器工艺品制造	10061	10061	15796	400
花画工艺品制造	10190	9053	6137	730
天然植物纤维编织工艺品制造	3104	3104	21708	2318
抽纱刺绣工艺品制造	13298	13298	43209	1670
地毯、挂毯制造	5499	2699	57297	2456
珠宝首饰及有关物品的制造	34086	33757	25677	6756
其他工艺美术品制造	33247	31415	88766	4058
日用杂品制造	18740	18703	63555	6181
制镜及类似品加工	1106	1106	15179	
鬃毛加工、制刷及清扫工具制造	5744	5744	11649	
其他日用杂品制造	11890	11853	36727	6181
煤制品制造	7758	7758	25541	7355
其他未列明的制造业	32151	31751	859409	46798
废弃资源和废旧材料回收加工业	12924	11474	30979	7683
金属废料和碎屑的加工处理	9674	9674	13309	1912
非金属废料和碎屑的加工处理	3250	1800	17670	5771
（四）电力燃气及水的生产和供应业	**2493620**	**968669**	**13456140**	**3534076**
电力、热力的生产和供应业	2123782	783158	11264935	3202096
电力生产	1717659	768706	6636633	2709390
火力发电	803683	501699	4654857	310449
水力发电	328972	252847	1742571	2372940
核力发电	566630	650	56123	

国民经济行业小类城镇投资资金来源构成（十九）

（B）

单位：万元

行业	利用外资	外商直接投资	自筹资金	其他资金
其他能源发电	18374	13510	183082	26001
电力供应	379635	50	3960467	416723
热力生产和供应	26488	14402	667835	75983
燃气生产和供应业	174717	101507	776340	141877
燃气生产和供应业	174717	101507	776340	141877
水的生产和供应业	195121	84004	1414865	190103
自来水的生产和供应	99579	36560	968744	121960
污水处理及其再生利用	95371	47444	430811	65494
其他水的处理、利用与分配	171		15310	2649
（五）建筑业	**74259**	**41474**	**3128657**	**791703**
房屋和土木工程建筑业	70149	38064	2803895	729516
房屋工程建筑	27620	27620	1150674	416999
土木工程建筑	42529	10444	1653221	312517
铁路、道路、隧道和桥梁工程	8511	3594	1316392	266135
水利和港口工程建筑	25943	130	120928	19388
工矿工程建筑	1355		20485	8746
架线和管道工程建筑			102135	11162
其他土木工程建筑	6720	6720	93281	7086
建筑安装业			99217	43538
建筑安装业			99217	43538
建筑装饰业	1051	1051	90290	9464
建筑装饰业	1051	1051	90290	9464
其他建筑业	3059	2359	135255	9185
工程准备	700		55909	2483
提供施工设备服务	839	839	28340	858
其他未列明的建筑活动	1520	1520	51006	5844
（六）交通运输、仓储和邮政业	**1800543**	**481529**	**22806868**	**2623115**
铁路运输业	185501	1600	2324408	119607
铁路旅客运输	3165		742140	46576
铁路货物运输	180736		1312156	50268
铁路运输辅助活动	1600	1600	270112	22763
客运火车站			32371	13039
货运火车站	400	400	1527	80
其他铁路运输辅助活动	1200	1200	236214	9644
道路运输业	593589	108814	13583138	1693278
公路旅客运输	430621	29234	4701822	526572
道路货物运输	49672	9664	1134251	189791
道路运输辅助活动	113296	69916	7747065	976915
客运汽车站	7249	6397	201837	35526
公路管理与养护	106047	63519	6746773	878889

国民经济行业小类城镇投资资金来源构成（二十）

（B） 单位：万元

行业	利用外资	外商直接投资	自筹资金	其他资金
其他道路运输辅助活动			798455	62500
城市公共交通业	67509	8390	2184534	460400
公共电汽车客运	18060	6490	785215	157269
轨道交通	47049		1168166	209575
出租车客运	1900	1900	99629	72098
城市轮渡			7473	
其他城市公共交通	500		124051	21458
水上运输业	163664	101312	2090109	137542
水上旅客运输	16500		61482	4589
远洋旅客运输			10420	
沿海旅客运输			19957	725
内河旅客运输	16500		31105	3864
水上货物运输	177	177	267005	7911
远洋货物运输	85	85	34010	879
沿海货物运输	92	92	182047	3542
内河货物运输			50948	3490
水上运输辅助活动	146987	101135	1761622	125042
客运港口	4950	4950	33181	8333
货运港口	134089	94944	1572143	108362
其他水上运输辅助活动	7948	1241	156298	8347
航空运输业	719582	205318	959227	24535
航空客货运输	659887	203047	221586	12493
航空旅客运输	654515	197675	199732	12493
航空货物运输	5372	5372	21854	
通用航空服务	2271	2271	159123	1325
航空运输辅助活动	57424		578518	10717
机场	57424		524257	9443
空中交通管理			29888	1000
其他航空运输辅助活动			24373	274
管道运输业			539064	10273
装卸搬运和其他运输服务业	6680	6680	239897	51682
装卸搬运			198395	48191
运输代理服务	6680	6680	41502	3491
仓储业	64018	49415	654219	97998
谷物、棉花等农产品仓储			155647	29644
其他仓储	64018	49415	498572	68354
邮政业			232272	27800
国家邮政			215712	27400
其他寄递服务			16560	400
（七）信息传输、计算机服务和软件业	**150507**	**148478**	**13903976**	**302962**

国民经济行业小类城镇投资资金来源构成（二十一）

（B）

单位：万元

行　　业	利用外资	外商直接投资	自筹资金	其他资金
电信和其他信息传输服务业	137006	134977	13636755	264638
电信	121507	119478	12041809	202463
固定电信服务	30000	30000	5864494	86822
移动电信服务	86661	84632	6025731	105832
其他电信服务	4846	4846	151584	9809
互联网信息服务	15499	15499	1471837	49557
广播电视传输服务			114953	12540
有线广播电视传输服务			107735	12148
无线广播电视传输服务			7218	392
卫星传输服务			8156	78
计算机服务业	3200	3200	78021	8263
计算机系统服务			31451	6709
数据处理			20527	116
计算机维修			1000	
其他计算机服务	3200	3200	25043	1438
软件业	10301	10301	189200	30061
公共软件服务	1836	1836	160652	21736
基础软件服务			52982	13660
应用软件服务	1836	1836	107670	8076
其他软件服务	8465	8465	28548	8325
（八）批发和零售业	**220781**	**204759**	**5795317**	**1272000**
批发业	81621	80125	2382954	490544
农畜产品批发	700	600	144004	40729
谷物、豆及薯类批发			51846	10125
种子、饲料批发			21684	6444
棉、麻批发	100		15890	7440
牲畜批发			4094	4523
其他农畜产品批发	600	600	50490	12197
食品、饮料及烟草制品批发	12622	12422	454419	113815
米、面制品及食用油批发			40733	16477
糕点、糖果及糖批发			19155	8703
果品、蔬菜批发	1800	1800	135939	39026
肉、禽、蛋及水产品批发	10822	10622	57255	18820
盐及调味品批发			16329	4140
饮料及茶叶批发			12671	3183
烟草制品批发			142146	18033
其他食品批发			30191	5433
纺织、服装及日用品批发	29303	29303	337072	120967
纺织品、针织品及原料批发	4640	4640	67842	26543
服装批发	3058	3058	140457	76151

国民经济行业小类城镇投资资金来源构成（二十二）

（B）　　单位：万元

行　　业	利用外资	外商直接投资	自筹资金	其他资金
鞋帽批发	387	387	11772	1000
厨房、卫生间用具及日用杂货批发	4770	4770	8015	2829
化妆品及卫生用品批发	1000	1000	3360	1172
其他日用品批发	15448	15448	105626	13272
文化、体育用品及器材批发			75607	7804
文具用品批发			22716	1340
体育用品批发				700
图书批发			37972	3717
报刊批发				
音像制品及电子出版物批发				
首饰、工艺品及收藏品批发			7112	1850
其他文化用品批发			7807	197
医药及医疗器材批发			93690	17466
西药批发			47357	14646
中药材及中成药批发			38726	1835
医疗用品及器材批发			7607	985
矿产品、建材及化工产品批发	16470	16470	652687	119926
煤炭及制品批发			37881	22058
石油及制品批发			165935	11031
非金属矿及制品批发			2985	242
金属及金属矿批发			41353	5360
建材批发	14142	14142	362964	57777
化肥批发			12704	11224
农药批发			2246	404
农用薄膜批发				5200
其他化工产品批发	2328	2328	26619	6630
机械设备、五金交电及电子产品批发	11606	10410	478003	56064
农业机械批发	1196		23749	10855
汽车、摩托车及零配件批发	9310	9310	301274	23978
五金、交电批发			53277	9429
家用电器批发			33440	2780
计算机、软件及辅助设备批发			2323	1000
通讯及广播电视设备批发			5863	
其他机械设备及电子产品批发	1100	1100	58077	8022
贸易经纪与代理	800	800	33187	1033
其他批发	10120	10120	114285	12740
再生物资回收与批发	520	520	26736	2789
其他未列明的批发	9600	9600	87549	9951
零售业	139160	124634	3412363	781456
综合零售	98906	91126	1944074	485135

国民经济行业小类城镇投资资金来源构成（二十三）

（B）　　单位：万元

行业	利用外资	外商直接投资	自筹资金	其他资金
百货零售	53240	51060	950914	316674
超级市场零售	42793	37193	715521	101034
其他综合零售	2873	2873	277639	67427
食品、饮料及烟草制品专门零售	5381	5381	136773	52235
粮油零售			14038	6769
糕点、面包零售			3261	2113
果品、蔬菜零售			22075	8471
肉、禽、蛋及水产品零售	3371	3371	27395	14271
饮料及茶叶零售			2170	1160
烟草制品零售			14636	649
其他食品零售	2010	2010	53198	18802
纺织、服装及日用品专门零售	14382	14080	147303	67384
纺织品及针织品零售	3000	3000	12505	8924
服装零售	11382	11080	79672	47118
鞋帽零售			470	150
钟表、眼镜零售			2768	512
化妆品及卫生用品零售			1134	80
其他日用品零售			50754	10600
文化、体育用品及器材专门零售			109600	9560
文具用品零售			4306	
体育用品零售			1930	
图书零售			88520	7043
报刊零售			2412	
音像制品及电子出版物零售			980	
珠宝首饰零售			3235	65
工艺美术品及收藏品零售			7436	1600
照相器材零售			51	
其他文化用品零售			730	852
医药及医疗器材专门零售			38858	4078
药品零售			36544	4078
医疗用品及器材零售			2314	
汽车、摩托车、燃料及零配件专门零售	2264	2019	579660	103879
汽车零售	1964	1719	410326	70523
汽车零配件零售			37043	12922
摩托车及零配件零售			11145	4190
机动车燃料零售	300	300	121146	16244
家用电器及电子产品专门零售	6199		121620	6805
家用电器零售			85143	4809
计算机、软件及辅助设备零售	6199		26815	1550
通信设备零售			8085	280

国民经济行业小类城镇投资资金来源构成（二十四）

（B）　　　　　　　　　　　　　　　　　　　　　　单位：万元

行　　　业	利用外资	外商直接投资	自筹资金	其他资金
其他电子产品零售			1577	166
五金、家具及室内装修材料专门零售	12028	12028	279889	28327
五金零售			28051	5452
家具零售	4119	4119	169718	13843
涂料零售			300	
其他室内装修材料零售	7909	7909	81820	9032
无店铺及其他零售			54586	24053
流动货摊零售				
邮购及电子销售				
生活用燃料零售			14532	4815
花卉零售			11797	3250
旧货零售			4850	1480
其他未列明的零售			23407	14508
（九）住宿和餐饮业	**260850**	**248762**	**2216827**	**309344**
住宿业	235547	225523	1415793	218610
旅游饭店	227400	217476	1108987	147361
一般旅馆	2967	2867	241768	64767
其他住宿服务	5180	5180	65038	6482
餐饮业	25303	23239	801034	90734
正餐服务	21477	19413	693238	67003
快餐服务	3826	3826	18105	195
饮料及冷饮服务			32758	3220
其他餐饮服务			56933	20316
（十）金融业	**2000**		**733605**	**132837**
银行业	2000		607108	122657
中央银行	2000		43105	20944
商业银行			530656	92385
其他银行			33347	9328
证券业			16521	500
证券市场管理			5473	
证券经纪与交易			8647	
证券投资			2177	500
证券分析与咨询			224	
保险业			47489	8743
人寿保险			28065	5783
非人寿保险			18444	2960
保险辅助服务			980	
其他金融活动			62487	937
金融信托与管理			12067	287
金融租赁			2727	370

国民经济行业小类城镇投资资金来源构成（二十五）

（B）

单位：万元

行业	利用外资	外商直接投资	自筹资金	其他资金
财务公司			158	
邮政储蓄			33009	150
典当			1750	
其他未列明的金融活动			12776	130
（十一）房地产业	**1744256**	**1202714**	**40305484**	**67184858**
房地产业	1744256	1202714	40305484	67184858
房地产开发经营	1734248	1192706	39482543	61626370
物业管理	3400	3400	212313	41983
房地产中介服务			14834	16277
其他房地产活动	6608	6608	595794	5500228
（十二）租赁和商务服务业	**79023**	**74613**	**1990173**	**418585**
租赁业	1050	1050	17655	6295
机械设备租赁	1050	1050	17655	6295
汽车租赁			7866	2637
农业机械租赁			145	905
建筑工程机械与设备租赁			8391	2385
计算机及通讯设备租赁				
其他机械与设备租赁	1050	1050	1253	368
文化及日用品出租				
图书及音像制品出租				
其他文化及日用品出租				
商务服务业	77973	73563	1972518	412290
企业管理服务	44551	44361	1245270	333225
企业管理机构	23840	23650	702754	200396
投资与资产管理	10595	10595	379965	121317
其他企业管理服务	10116	10116	162551	11512
法律服务			2371	60
律师及相关的法律服务			2353	
公证服务			18	60
其他法律服务				
咨询与调查	3905	3905	22741	176
会计、审计及税务服务			3346	176
市场调查				
社会经济咨询	3905	3905	4327	
其他专业咨询			15068	
广告业			12641	150
知识产权服务			887	
职业中介服务			13325	1614
市场管理	15501	14781	254112	55878
旅行社	7957	4457	40800	5105

国民经济行业小类城镇投资资金来源构成（二十六）

（B） 单位：万元

行业	利用外资	外商直接投资	自筹资金	其他资金
其他商务服务	6059	6059	380371	16082
会议及展览服务	6059	6059	261367	13378
包装服务			22247	50
保安服务			2200	
办公服务			61802	939
其他未列明的商务服务			32755	1715
（十三）科研技术服务和地质勘察业	**42459**	**35418**	**1634048**	**344123**
研究与试验发展	34175	27134	683938	143401
自然科学研究与试验发展			132903	16006
工程和技术研究与试验发展	20682	20682	217599	40115
农业科学研究与试验发展	600	600	38166	19969
医学研究与试验发展	507		43175	9631
社会人文科学研究与试验发展	12386	5852	252095	57680
专业技术服务业	3988	3988	494517	117044
气象服务			43079	3801
地震服务			6147	745
海洋服务			193	187
测绘服务			7715	12621
技术检测			41850	4140
环境监测			9831	652
工程技术与规划管理	2809	2809	363635	93240
工程管理服务	2809	2809	162276	51854
工程勘察设计			78967	22856
规划管理			122392	18530
其他专业技术服务	1179	1179	22067	1658
科技交流和推广服务业	4296	4296	239564	31459
技术推广服务	3400	3400	66736	14043
科技中介服务	216	216	112995	11733
其他科技服务	680	680	59833	5683
地质勘察业			216029	52219
矿产地质勘察			196762	44169
能源矿产地质勘察			187442	35171
固体矿产地质勘察			7894	8317
其他矿产地质勘察			1426	681
基础地质勘察			7398	3411
地质勘察技术服务			11869	4639
（十四）水利环境和公共设施管理业	**479436**	**275549**	**20033969**	**3074716**
水利管理业	98873	16449	2511688	525442
防洪管理	20212	2293	1097160	181870
水资源管理	68885	11496	924714	227957

国民经济行业小类城镇投资资金来源构成（二十七）

（B）

单位：万元

行业	利用外资	外商直接投资	自筹资金	其他资金
水库管理	19513	120	425769	119385
调水、引水管理	27486	10300	364815	78783
其他水资源管理	21886	1076	134130	29789
其他水利管理	9776	2660	489814	115615
环境管理业	86484	21499	1187494	150550
自然保护	2370	896	120022	24292
自然保护区管理	1111	119	34177	5775
野生动植物保护			55531	13313
其他自然保护	1259	777	30314	5204
环境治理	84114	20603	1067472	126258
城市市容管理	576		134658	9505
城市环境卫生管理	29962	16103	181575	31686
水污染治理	23100	2950	358796	72451
危险废物治理			10127	3180
其他环境治理	30476	1550	382316	9436
公共设施管理业	294079	237601	16334787	2398724
市政公共设施管理	189086	132993	14093332	2039293
城市绿化管理	1185	850	802369	106332
游览景区管理	103808	103758	1439086	253099
风景名胜区管理	11480	11430	603159	92221
公园管理	40684	40684	448797	59575
其他游览景区管理	51644	51644	387130	101303
（十五）居民服务和其他服务业	**7027**	**5458**	**424659**	**165568**
居民服务业	5912	4758	315444	148183
家庭服务			10534	1092
托儿所			1452	
洗染服务			785	150
理发及美容保健服务	2520	2520	4171	100
洗浴服务	435	435	81315	11157
婚姻服务	1100	1100	124	
殡葬服务	1537	383	108639	29723
摄影扩印服务			1665	1740
其他居民服务	320	320	106759	104221
其他服务业	1115	700	109215	17385
修理与维护	965	550	24655	4196
汽车、摩托车维护与保养	665	250	23351	2805
办公设备维修			180	
家用电器修理	300	300	122	
其他日用品修理			1002	1391
清洁服务			4439	

国民经济行业小类城镇投资资金来源构成（二十八）

（B）

单位：万元

行　　　业	利用外资	外商直接投资	自筹资金	其他资金
建筑物清洁服务			1680	
其他清洁服务			2759	
其他未列明的服务	150	150	80121	13189
（十六）教育	**92814**	**72299**	**8649660**	**1225786**
教育	92814	72299	8649660	1225786
学前教育	2611	2011	96616	24694
初等教育	5534	3899	643335	147629
中等教育	56033	53890	3204287	582363
初中教育	33615	32904	1079781	187129
高中教育	19849	18497	1673155	314162
中等专业教育	1500	1500	215540	39514
职业中学教育	1039	959	122313	29407
技工学校教育			67816	5467
其他中等教育	30	30	45682	6684
高等教育	25035	9848	4368768	428007
普通高等教育	25035	9848	4184831	411427
成人高等教育			183937	16580
其他教育	3601	2651	336654	43093
职业技能培训	3281	2531	165424	18176
特殊教育	320	120	46540	631
其他未列明的教育			124690	24286
（十七）卫生社会保障和社会福利业	**101704**	**84532**	**2178233**	**330475**
卫生	99679	82607	2036139	269370
医院	46435	29606	1769819	211622
综合医院	40168	23339	1416061	170691
中医医院	600	600	120388	12852
中西医结合医院			44347	6142
民族医院			6693	479
专科医院	5667	5667	166526	21037
疗养院			15804	421
卫生院及社区医疗活动	353	353	42320	7142
门诊部医疗活动			32443	6513
计划生育技术服务活动			7507	1943
妇幼保健活动	2401	2401	52397	6754
专科疾病防治活动	139	139	10569	1510
疾病预防控制及防疫活动	50000	50000	75777	28127
其他卫生活动	351	108	45307	5759
社会保障业			19462	32547
社会保障业			19462	32547
社会福利业	2025	1925	122632	28558

国民经济行业小类城镇投资资金来源构成（二十九）

（B）

单位：万元

行　　业	利用外资	外商直接投资	自筹资金	其他资金
提供住宿的社会福利	2025	1925	76132	20025
干部休养所			21507	6052
收养收容服务	2025	1925	54625	13973
不提供住宿的社会福利			46500	8533
（十八）文化、体育和娱乐业	**147344**	**131930**	**3144810**	**381728**
新闻出版业	6900	6900	159273	29430
新闻业	6900	6900	53711	13071
出版业			105562	16359
图书出版			48583	1543
报纸出版			50030	14716
期刊出版			2414	
音像制品出版			3725	
电子出版物出版			130	
其他出版			680	100
广播、电视、电影和音像业	5638	5438	585416	69769
广播			61639	9482
电视	5238	5238	402940	35757
电影	400	200	117340	24530
电影制作与发行			70662	4830
电影放映	400	200	46678	19700
音像制作			3497	
文化艺术业	5133	5093	737265	74108
文艺创作与表演			13048	4630
艺术表演场馆			160121	11314
图书馆与档案馆	1180	1180	90265	5639
图书馆	1180	1180	78082	4281
档案馆			12183	1358
文物及文化保护	190	190	69936	25307
博物馆	540	500	101410	8286
烈士陵园、纪念馆			20581	2045
群众文化活动	3223	3223	237275	14756
文化艺术经纪代理			354	
其他文化艺术			44275	2131
体育	23095	23095	611934	130469
体育组织			65040	23994
体育场馆	19203	19203	523124	105955
其他体育	3892	3892	23770	520
娱乐业	106578	91404	1050922	77952
室内娱乐活动	3777	3777	266295	17138
游乐园	19378	5715	319574	18332

国民经济行业小类城镇投资资金来源构成（三十）

（B）　　　　　　　　　　　　　　　　　　单位：万元

行业	利用外资	外商直接投资	自筹资金	其他资金
休闲健身娱乐活动	71787	70576	362496	32952
其他娱乐活动	11636	11336	102557	9530
（十九）公共管理和社会组织	**110944**	**89548**	**10228187**	**3417954**
中国共产党机关	50		114744	63450
中国共产党机关	50		114744	63450
国家机构	103094	83363	9139892	2874759
国家权力机构	25480	19720	940858	270008
国家行政机构	77002	63031	7570701	2451115
综合事务管理机构	39943	31976	3319400	930123
对外事务管理机构	200	200	8439	1257
公共安全管理机构	100	100	582870	168986
社会事务管理机构	1450	790	640049	245094
经济事务管理机构	23379	18535	1525370	618785
政府事务管理机构	11930	11430	1186642	410968
行政监督检查机构			307931	75902
人民法院和人民检察院			324927	91801
人民法院			198889	56378
人民检察院			126038	35423
其他国家机构	612	612	303406	61835
人民政协和民主党派			14412	28647
人民政协			11116	26577
民主党派			3296	2070
群众团体、社会团体和宗教组织	4058	2443	156740	114294
群众团体	106	106	27821	22164
工会			17764	9053
妇联	50	50	4310	883
共青团	56	56	449	2080
其他群众团体			5298	10148
社会团体	3737	2137	90425	69275
专业性团体			2243	965
行业性团体	1600		68414	17168
其他社会团体	2137	2137	19768	51142
宗教组织	215	200	38494	22855
基层群众自治组织	3742	3742	802399	336804
社区自治组织	206	206	460128	174995
村民自治组织	3536	3536	342271	161809
（二十）国际组织			**2600**	**349**
国际组织			2600	349

国民经济行业大类城镇投资资金来源中的自筹资金（一）

单位：万元

行业	自筹资金合计	中央各部门自筹	省自筹	地市自筹	县自筹	企事业单位 自有资金	企事业单位 发行股票
全国总计	**236173483**	**4874284**	**9811433**	**15001538**	**15426394**	**173411679**	**1084727**
（一）农、林、牧、渔业	**2477504**	**26555**	**111268**	**78380**	**354729**	**1906572**	**26540**
农业	703578	8320	24576	12733	89844	568105	1935
林业	472012	4895	22595	13523	84778	346221	5288
畜牧业	582423	1458	6856	12729	51319	510061	11317
渔业	138202	246	260	517	1744	135435	8000
农、林、牧、渔服务业	581289	11636	56981	38878	127044	346750	
（二）采矿业	**11853771**	**136355**	**43165**	**52813**	**87260**	**11534178**	**46636**
煤炭开采和洗选业	3397085	4340	32581	13991	33910	3312263	19514
石油和天然气开采业	7184379	131347	1270	3422	40197	7008143	26128
黑色金属矿采选业	401881		400	15780	3680	382021	
有色金属矿采选业	508584	600	4625	1440	6254	495665	994
非金属矿采选业	354342	68	4289	17970	3219	328796	
其他采矿业	7500			210		7290	
（三）制造业	**71208995**	**195195**	**166773**	**614787**	**901174**	**69331066**	**925827**
农副食品加工业	2788575	300	6200	18570	73031	2690474	7477
食品制造业	2010487	1215	8180	10331	30456	1960305	33555
饮料制造业	1526559		1210	3995	30127	1491227	132841
烟草制品业	704899	3147	700	2100	400	698552	
纺织业	3963685	25	3984	24923	93986	3840767	8089
纺织服装、鞋、帽制造业	1205933	2030	1705	10517	12947	1178734	
皮革、毛皮、羽毛(绒)及其制品业	540710	60	500	4518	1695	533937	172
木材加工及木、竹、藤、棕、草制品业	798565	1210	85	15398	15153	766719	15251
家具制造业	520388	168		3623	3220	513377	
造纸及纸制品业	2008965	60	22102	53472	30368	1902963	82211
印刷业和记录媒介的复制	938183	12172	3900	6271	1570	914270	
文教体育用品制造业	299212			5516	1915	291781	20
石油加工、炼焦及核燃料加工业	2392107	39637	2717	3400	24448	2321905	1
化学原料及化学制品制造业	6558522	80728	28695	86412	83490	6279197	112470
医药制造业	3846589	1700	2294	9772	51147	3781676	88565
化学纤维制造业	645364			1641	4790	638933	
橡胶制品业	735446		258	2090	4855	728243	30081
塑料制品业	1529461	1315	843	10981	35131	1481191	9675
非金属矿物制品业	5268337	2840	19985	25078	112539	5107895	34608
黑色金属冶炼及压延加工业	10562425	50	8800	8345	26666	10518564	43064
有色金属冶炼及压延加工业	3195630	10052	9450	1580	13538	3161010	110717
金属制品业	1943348	1325	1655	15350	20091	1904927	20065
通用设备制造业	2739206	1071	12518	43807	68399	2613411	44800
专用设备制造业	2283900	8261	1158	8772	37032	2228677	18397

国民经济行业大类城镇投资资金来源中的自筹资金（二）

单位：万元

行业	自筹资金合计	中央各部门自筹	省自筹	地市自筹	县自筹	企事业单位自有资金	发行股票
交通运输设备制造业	5177647	16179	515	9387	18904	5132662	35403
电气机械及器材制造业	2015983	2625	1362	14956	29477	1967563	22306
通信设备、计算机及其他电子设备制造业	3117288	9025	24747	25725	31478	3026313	70269
仪器仪表文化办公用机械制造业	580421		1840	1261	2400	574920	5790
工艺品及其他制造业	1280181		500	186155	38091	1055435	
废弃资源和废旧材料回收加工业	30979		870	841	3830	25438	
（四）电力燃气水的生产供应业	**13456140**	**277755**	**1089256**	**549413**	**455835**	**11083881**	**30047**
电力、热力的生产和供应业	11264935	255606	1013732	340046	299732	9355819	25125
燃气生产和供应业	776340	245	15151	21353	11946	727645	4922
水的生产和供应业	1414865	21904	60373	188014	144157	1000417	
（五）建筑业	**3128657**	**14296**	**133440**	**357127**	**610184**	**2013610**	**1475**
房屋和土木工程建筑业	2803895	8596	133440	349817	551117	1760925	1475
建筑安装业	99217	3600		4000	13330	78287	
建筑装饰业	90290			243	1008	89039	
其他建筑业	135255	2100		3067	44729	85359	
（六）交通运输、仓储和邮政业	**22806868**	**3278749**	**4420392**	**2602421**	**2727457**	**9777849**	**9579**
铁路运输业	2324408	1706538	79044	61707	4595	472524	
道路运输业	13583138	1474272	3911529	1811385	2436255	3949697	74
城市公共交通业	2184534	100	139978	542228	153373	1348855	
水上运输业	2090109	46894	109077	50016	64214	1819908	1310
航空运输业	959227	27410	85400	83170	2534	760713	5304
管道运输业	539064	430	2390	1435	750	534059	
装卸搬运和其他运输服务业	239897	764	39569	14845	54340	130379	
仓储业	654219	2202	12743	23951	7890	607433	2891
邮政业	232272	20139	40662	13684	3506	154281	
（七）信息传输、计算机服务和软件业	**13903976**	**370601**	**1994344**	**279471**	**73872**	**11185688**	**18199**
电信和其他信息传输服务业	13636755	370601	1973994	276993	68850	10946317	18199
计算机服务业	78021		1900	40	1090	74991	
软件业	189200		18450	2438	3932	164380	
（八）批发和零售业	**5795317**	**17770**	**34572**	**50919**	**224065**	**5467991**	**9943**
批发业	2382954	10599	25573	16836	118971	2210975	4563
零售业	3412363	7171	8999	34083	105094	3257016	5380
（九）住宿和餐饮业	**2216827**	**2456**	**26407**	**59701**	**74382**	**2053881**	**4000**
住宿业	1415793	2456	26327	37311	60156	1289543	4000
餐饮业	801034		80	22390	14226	764338	
（十）金融业	**733605**	**44424**	**30655**	**11797**	**11667**	**635062**	
银行业	607108	42739	29135	10027	8599	516608	
证券业	16521					16521	
保险业	47489	1685	1320	1770	740	41974	

国民经济行业大类城镇投资资金来源中的自筹资金（三）

单位：万元

行业	自筹资金合计	中央各部门自筹	省自筹	地市自筹	县自筹	企事业单位	
						自有资金	发行股票
其他金融活动	62487		200		2328	59959	
（十一）房地产业	**40305484**	**12746**	**8790**	**171345**	**224353**	**22240095**	
房地产业	40305484	12746	8790	171345	224353	22240095	
（十二）租赁和商务服务业	**1990173**	**4984**	**10974**	**225937**	**219415**	**1528863**	
租赁业	17655		45		90	17520	
商务服务业	1972518	4984	10929	225937	219325	1511343	
（十三）科研技术服务和地质勘察业	**1634048**	**156385**	**36215**	**125131**	**238615**	**1077702**	**10038**
研究与试验发展	683938	57118	15213	38054	81445	492108	9628
专业技术服务业	494517	15021	12612	74551	135807	256526	
科技交流和推广服务业	239564	458	4501	1526	10363	222716	410
地质勘察业	216029	83788	3889	11000	11000	106352	
（十四）水利环境和公共设施管理业	**20033969**	**48925**	**717369**	**6692885**	**5221669**	**7353121**	**215**
水利管理业	2511688	22756	252389	744897	840659	650987	215
环境管理业	1187494	4773	21515	490496	170159	500551	
公共设施管理业	16334787	21396	443465	5457492	4210851	6201583	
（十五）居民服务和其他服务业	**424659**	**100**	**8046**	**15911**	**18445**	**382157**	
居民服务业	315444		483	7881	15753	291327	
其他服务业	109215	100	7563	8030	2692	90830	
（十六）教育	**8649660**	**73991**	**272433**	**807515**	**1241944**	**6253777**	**1380**
教育	8649660	73991	272433	807515	1241944	6253777	1380
（十七）卫生、社会保障和社会福利业	**2178233**	**15864**	**84616**	**138401**	**145855**	**1793497**	**690**
卫生	2036139	7123	75293	123689	104307	1725727	690
社会保障业	19462		2524	724	9363	6851	
社会福利业	122632	8741	6799	13988	32185	60919	
（十八）文化、体育和娱乐业	**3144810**	**48716**	**119244**	**652324**	**219625**	**2104901**	
新闻出版业	159273	3000	1368	1810	90	153005	
广播、电视、电影和音像业	585416	37899	23181	37789	40599	445948	
文化艺术业	737265	1737	50374	370549	66261	248344	
体育	611934	5960	8435	195051	74485	328003	
娱乐业	1050922	120	35886	47125	38190	929601	
（十九）公共管理和社会组织	**10228187**	**148417**	**503474**	**1515260**	**2373248**	**5687788**	**158**
中国共产党机关	114744	60	4839	13371	37499	58975	
国家机构	9139892	141809	487901	1422406	2295433	4792343	158
人民政协和民主党派	14412		3268	2036	1435	7673	
群众团体、社会团体和宗教组织	156740	6435	3781	57639	19358	69527	
基层群众自治组织	802399	113	3685	19808	19523	759270	
（二十）国际组织	**2600**				**2600**		
国际组织	2600				2600		

城镇投资施工规模和生产能力建成率（一）

生产能力（或效益）名称	计量单位	代码	本年施工规模	本年新开工	本年新增生产能力	生产能力建成率（%）
原煤开采	万吨/年	101	26156	17962	7443	28.5
洗煤	万吨/年	102	8243	4740	5909	71.7
焦炭	万吨/年	103	11091	9674	4092	36.9
天然原油开采	万吨/年	105	2218	1891	1716	77.4
天然气开采	亿立方米/年	107	54	54	54	100.0
石油管输	公里	111				
	万吨/年	112				
天然气管输	公里	113	5611	3557	3500	62.4
	亿立方米/年	114	279	222	161	57.7
成品油(气)管输	公里	115	114			
	万吨/年	116	146			
石油加工：蒸馏设备能力	处理万吨/年	121	1385	935	520	37.5
蒸馏设备能力	套	721	2	1	1	50.0
裂化设备能力	处理万吨/年	122	943	638	355	37.6
裂化设备能力	套	722	46	45	41	89.1
其中：热裂化设备	套	723				
热裂化设备	处理万吨/年	724				
催化裂化设备	套	725	5	3	2	40.0
催化裂化设备	处理万吨/年	726	392	191	320	81.6
加氢裂化设备	套	727	1	1		
加氢裂化设备	处理万吨/年	728	260	260		
焦化设备能力	万吨/年	124	662	472	392	59.2
焦化设备能力	套	729	1	1		
催化重整设备能力	万吨/年	125	157	50	107	68.2
催化重整设备能力	套	730	3	1	2	66.7
加氢精制设备能力	处理万吨/年	123	385	225	265	68.8
加氢精制设备能力	套	731	2	1	1	50.0
润滑油（综合能力）	万吨/年	732	31	20	12	38.7
油罐容量	万立方米	129	31	16	27	87.1
铁矿石原矿开采	万吨/年	131	2237	744	681	30.4
铁矿选矿处理量	万吨/年	735	3022	3012	607	20.1
铁矿石成品矿	万吨/年	132	826	467	370	44.8
人造富铁矿	万吨/年	133	3282	1949	1829	55.7
其中:烧结铁矿	万吨/年	134	1670	1122	1192	71.4
球团铁矿	万吨/年	135	1047	361	162	15.5
锰矿石原矿开采	万吨/年	136	2	2	2	100.0
生铁	万吨/年	141	7912	5429	3030	38.3
炼钢	万吨/年	142	7042	4928	3240	46.0
其中：平炉钢	万吨/年	143	363	343	243	66.9
转炉钢	万吨/年	144	4096	2601	1635	39.9
电炉钢	万吨/年	145	493	336	282	57.2
初轧	万吨/年	146	172	172	108	62.8
连铸坯	万吨/年	147	2669	1772	1455	54.5
其中：板坯连铸坯	万吨/年	736	596	331	266	44.6
方坯连铸（含矩形坯）	万吨/年	737	791	484	454	57.4
圆坯连铸	万吨/年	738	16	16	16	100.0
铁合金	万吨/年	149	785	754	204	26.0
粗铜	吨/年	739	40762	25762	5362	13.2
钢材	万吨/年	151	9017	5674	3889	43.1
热轧钢材	万吨/年	152	6211	3585	2734	44.0
冷加工钢材	万吨/年	153	2029	1433	882	43.5
其中：冷弯型钢材	万吨/年	741	57	57	44	77.2
冷轧薄钢板（卷）	万吨/年	742	535	507	42	7.9
冷轧钢带（卷）	万吨/年	743	230	94	90	39.1

城镇投资施工规模和生产能力建成率(二)

生产能力（或效益）名称	计量单位	代码	本年施工规模	本年新开工	本年新增生产能力	生产能力建成率（%）
冷轧硅钢片	万吨/年	744				
冷拔无缝钢管	万吨/年	745				
电气焊钢管	万吨/年	746	51	48	23	45.1
镀锌钢板（卷）	万吨/年	747	290	200	170	58.6
镀锡钢板（卷）	万吨/年	748				
锻压钢材	万吨/年	749	253	232	71	28.1
挤压钢材	万吨/年	750	524	424	201	38.4
其中：铁道用钢材	万吨/年	155	110	110		
其中：重轨	万吨/年	156	110	110		
轻轨	万吨/年	157				
型材	万吨/年	751	206	92	104	50.5
线材	万吨/年	158	884	668	398	45.0
特厚钢板	万吨/年	752	101	101	1	1.0
中厚钢板	万吨/年	159	464	310	134	28.9
薄钢板	万吨/年	160	541	83	414	76.5
硅钢片	万吨/年	753	3		2	66.7
钢带（卷）	万吨/年	754	370	340	140	37.8
无缝钢管	万吨/年	161	108	108	57	52.8
焊接钢管	万吨/年	755	155	139	65	41.9
钢丝	万吨/年	756	51	47	29	56.9
钢丝绳	万吨/年	758	12	11	9	75.0
钢绞线	万吨/年	759	10	2	2	20.0
铜采矿(原矿)	万吨/年	171	342	27	106	31.0
铜选矿：(1)处理原矿	万吨/年	172	410	30	100	24.4
(2)铜含量	吨/年	174	24510	3500	14365	58.6
铜冶炼	吨/年	175	423300	178190	337690	79.8
其中：电解铜	吨/年	176	390500	145390	305390	78.2
铜加工	吨/年	177	267328	68805	71128	26.6
其中：铜板材	吨/年	761	35000	35000	4000	11.4
铜带材	吨/年	762				
铜箔材	吨/年	763	6000	6000		
铜管材	吨/年	764	92000	4600	4600	5.0
铜线材	吨/年	765	109908	18285	38108	34.7
铅锌采矿(原矿)	万吨/年	181	3258	3148	3206	98.4
铅锌选矿:(1)处理原矿	万吨/年	182	295	199	151	51.2
(2)铅含量	吨/年	186	35435	21430	28915	81.6
(3)锌含量	吨/年	187	41730	25020	31720	76.0
铅冶炼	吨/年	188	278320	278320	50320	18.1
其中：电解铅	吨/年	189	56000	56000	16000	28.6
锌冶炼	吨/年	190	481819	322819	179819	37.3
其中：电解锌	吨/年	191	221500	87500	82000	37.0
蒸馏锌	吨/年	192				
精馏锌	吨/年	767	5000		5000	100.0
锡采矿(原矿)	万吨/年	201	1723	507	7	0.4
锡选矿：(1)处理原矿	万吨/年	202	59	59	55	93.2
(2)锡含量	吨/年	204	6703	1528	1312	19.6
锡冶炼	吨/年	205	6880	6880	1080	15.7
其中：电解锡	吨/年	206				
镍采矿（原矿）	万吨/年	211	21	6	21	100.0
镍选矿：(1)处理原矿	万吨/年	212	18	18	8	44.4
(2)镍含量	吨/年	214	6200	6200		
镍冶炼	吨/年	215	6402	1000	2	0.0
其中：电解镍	吨/年	216	6400	1000		
氧化铝	吨/年	232	4479800	3169800	675800	15.1

城镇投资施工规模和生产能力建成率(三)

生产能力（或效益）名称	计量单位	代码	本年施工规模	本年新开工	本年新增生产能力	生产能力建成率（%）
电解铝	吨/年	233	4716229	2893221	1827359	38.7
粗铅	吨/年	768				
铝加工	吨/年	234	1110835	664967	391236	35.2
其中：铝板材	吨/年	770	104255	92855	19855	19.0
铝带材	吨/年	771	40000	10000	33000	82.5
铝箔材	吨/年	772	154949	101949	74700	48.2
铝管材	吨/年	773				
铝型材	吨/年	774	313463	181463	205013	65.4
铝线材	吨/年	775	39488	1000	4488	11.4
日用精铝制品	吨/年	776	38580	15580	10580	27.4
工业锅炉	台/年	777	2766	2486	1836	66.4
金采矿(原矿)	万吨/年	261	1332	1248	1058	79.4
金选矿:(1)处理原矿	吨/年	262	3209536	3059036	1100186	34.3
(2)金含量	公斤/年	264	11724	11496	5983	51.0
黄金	公斤/年	265	7402	3769	4740	64.0
矿山成品金	公斤/年	266	5175	1542	2513	48.6
冶炼厂产金	公斤/年	267	2227	2227	2227	100.0
黄金电解	公斤/年	268	1000	1000		
银选矿:(1)处理原矿	吨/年	272	105821	321	80101	75.7
(2)银含量	公斤/年	274	29632	300	24300	82.0
石棉采矿	万吨/年	281	30	30	30	100.0
石棉选矿:(1)处理原矿	万吨/年	282	2			
(2)成品棉	万吨/年	283				
原料云母	吨/年	284	1500	1500	1500	100.0
云母制品	吨/年	285	11400	11400	6100	53.5
硫铁矿开采	万吨/年	286	5	5	5	100.0
磷矿开采	万吨/年	287	250	250	65	26.0
硼矿开采	万吨/年	288	5		5	100.0
发电机组容量	万千瓦	291	16444	7611	3421	20.8
水力发电	万千瓦	292	6690	2242	1268	19.0
火力发电	万千瓦	293	9121	5229	2139	23.5
核能发电	万千瓦	294	460			
其他发电	万千瓦	295	172	140	13	7.6
输电线路长度(11万伏及以上)	公里	296	46999	24398	26845	57.1
变电设备能力(11万伏及以上)	万千伏安	297	14552	7319	7847	53.9
水　泥	万吨/年	301	17582	13779	7568	43.0
平板玻璃	万重量箱/年	302	2218	1204	1172	52.8
釉面砖	万平方米	780	7333	6568	6281	85.7
墙地砖	万平方米	781	33111	31636	23510	71.0
卫生陶瓷	万件/年	303	902	902	327	36.3
耐火材料制品	吨/年	304	1194626	1114626	602773	50.5
石墨及碳素制品	吨/年	305	1055017	427072	377510	35.8
木材采运	万立方米/年	311	164	104	83	50.6
锯　材	万立方米/年	312	178	161	86	48.3
胶合板	万立方米/年	313	398	395	288	72.4
纤维板	万立方米/年	314	442	371	362	81.9
刨花板	万立方米/年	315	227	125	117	51.5
人造板装饰加工板	万立方米/年	316	704	459	222	31.5
家具	万件/年	782	32703	31827	25846	79.0
硫　酸	吨/年	321	2265002	1162000	1800000	79.5
浓硝酸	吨/年	322	41100	1100	41000	99.8
烧碱	吨/年	323	875110	843110	336310	38.4
纯碱	吨/年	324	446605	176605	276600	61.9
电石	吨/年	325	1644607	1627987	981436	59.7

城镇投资施工规模和生产能力建成率(四)

生产能力（或效益）名称	计量单位	代码	本年施工规模	本年新开工	本年新增生产能力	生产能力建成率（%）
合成氨	吨/年	327	2742950	1627480	1413400	51.5
农用氮、磷、钾化学肥	吨/年	331	7305676	4745226	4782051	65.5
氮肥	吨/年	332	3802676	2442326	2578201	67.8
磷肥	吨/年	335	3195650	2115050	2066750	64.7
钾肥	吨/年	338	307350	187850	137100	44.6
化学农药原药	吨/年	341	139899	75052	51875	37.1
乙烯	吨/年	342	1901430	341225	77425	4.1
丙烯	吨/年	343	648800	30800	43800	6.8
纯 苯	吨/年	344	204408	300	300	0.1
精甲醇	吨/年	783	2891750	2466750	1281750	44.3
冰醋酸	吨/年	345	200000	200000		
油 漆	吨/年	346	154094	81044	83040	53.9
染 料	吨/年	347	85806	58306	65306	76.1
炭 黑	吨/年	348	193350	87350	79750	41.2
塑料树脂及共聚物	吨/年	349	3564930	1878211	687846	19.3
合成橡胶	吨/年	350	99483	67373	41183	41.4
合成纤维单体	吨/年	351	942200	145700	22200	2.4
合成纤维聚合物	吨/年	352	753500	394500	23001	3.1
松香	吨/年	785	49472	35910	37852	76.5
栲胶	吨/年	786	1000	1000	1000	100.0
紫胶	吨/年	787	1600	1600	1600	100.0
轮胎外胎	万条/年	353	4380	2262	1667	38.1
轮胎内胎	万条/年	354	977	618	438	44.8
化学原料药	吨/年	361	93962	76369	65795	70.0
化学药制剂：粉针剂	万瓶/年	788	565819	534243	125145	22.1
注射液	万支/年	789	592752	413104	415120	70.0
片剂	万片/年	790	7870860	4326101	3666370	46.6
输液	万瓶/年	791	425218	304215	202094	47.5
胶囊剂	万粒/年	792	3822573	2689252	2335484	61.1
医药中间体	吨/年	363	63612	40536	37522	59.0
中成药	吨/年	364	253825	165132	88034	34.7
蒸汽锅炉制造	台/年	371	104	100	48	46.2
	蒸发量：小时吨/年	372	5505	3260	2375	43.1
汽轮发电机制造	万千瓦/年	374				
水轮发电机制造	万千瓦/年	376	221	86	21	9.5
交流电动机制造	万千瓦/年	377	555	343	326	58.7
大中型变压器	万千伏安	793	1843	657	659	35.8
电力电缆	公里	794	639880	629500	452850	70.8
光纤通讯电缆	芯公里	795	559696	288697	409393	73.1
全塑市话电缆	万对公里	796	1309	1163	1286	98.2
原电池（折一号电池）	万只	797	59009	5463	54613	92.6
内燃机制造	台/年	378	362329	83149	257329	71.0
	万千瓦/年	379	4294	2282	3995	93.0
柴油机制造	台/年	380	209179	79999	104179	49.8
	万千瓦/年	381	2439	1957	2140	87.7
其他内燃机制造	台/年	382	153150	3150	153150	100.0
	万千瓦/年	383	1855	325	1855	100.0
金属切削机床制造	台/年	384	55279	51419	41773	75.6
其中：数控机床	台/年	800	20018	8490	8810	44.0
锻压机械	吨/年	801	49320	45600	45600	92.5
超重机械	吨/年	802	10860	5860	10060	92.6
叉车	台/年	803	6000	6000	6000	100.0
输送机械	吨/年	804	9205	9205	9205	100.0
泵	台/年	805	1608120	270970	578070	35.9

城镇投资施工规模和生产能力建成率(五)

生产能力（或效益）名称	计量单位	代码	本年施工规模	本年新开工	本年新增生产能力	生产能力建成率（%）
风机	台/年	806	246580	246280	245580	99.6
拖拉机制造	台/年	391	60600	60600	44600	73.6
大中型拖拉机制造	台/年	392	500	500	500	100.0
小型拖拉机制造	台/年	393	60100	60100	44100	73.4
其中：手扶拖拉机制造	台/年	394				
装载机	台/年	807	12000	2700	850	7.1
冶金设备制造	吨/年	396	31036	30716	25360	81.7
矿山设备制造	吨/年	397	1534599	1534599	27930	1.8
石油钻采设备	吨/年	808	10020	6620	8015	80.0
烟草加工机械制造	台（套）/年	398				
建筑机械制造	台/年	401	35865	29805	12660	35.3
其中：挖掘机	台/年	402	19360	17360	100	0.5
推土机	台/年	403	2250	2150		
医疗器械制造	台/年	406	49112	22081	42682	86.9
铁路机车制造	台/年	411				
其中：内燃机车制造	台/年	412				
电力机车制造	台/年	413				
铁路客车制造	辆/年	414	300			
铁路货车制造	辆/年	415	10000	10000	10000	100.0
汽车制造	辆/年	417	2593293	1595235	794300	30.6
载货汽车制造	辆/年	418	106094	57085	37800	35.6
客车制造	辆/年	809	956400	704200	381400	39.9
轿车制造	辆/年	419	1472999	784000	361000	24.5
其他汽车制造	辆/年	420	57800	49950	14100	24.4
摩托车制造	辆/年	423	1788000	797500	478000	26.7
民用钢质船舶	艘/年	424	99	43	27	27.3
民用钢质船舶	总吨	810				
民用钢质船舶	修正总吨	811				
民用钢质船舶	综合吨/年	425	1600000	187000	15105	0.9
修造船坞	万载重吨/年	426	66	64	57	86.4
浮船坞	举力吨	427				
	万载重吨/年	428				
钢质标准集装箱制造	标箱/年	429	58485	58485	30100	51.5
电视机	万部/年	812	264	68	234	88.6
其中：彩色电视机	万部/年	432	256	62	226	88.3
录像机	万部/年	433				
摄像机	万部/年	434				
组合音响	万部/年	813	56	56	52	92.9
激光唱机（CD）	万台/年	814				
录放音机	万部/年	435	228	228	228	100.0
影碟机	万台/年	557	388	88	370	95.4
VCD盘	万张/年	558	21759	17167	17092	78.6
CD盘	万张/年	559	18705	15205	17305	92.5
显像管	万只/年	815	1081	731	711	65.8
其中：彩色显像管	万只/年	437	690	520	500	72.5
集成电路	万块/年	816	564923	218134	430717	76.2
电子计算机	部/年	450	20010	20010	10	
其中：大中型电子计算机	部/年	451				
微型电子计算机	万部/年	452	874	874	845	96.7
其中：便携式微型计算机	万部/年	818	227	227	225	99.1
电子计算机外部设备	台/年	453	1222300	1162300	1162300	95.1
其中:打印设备	部/年	454	360300	360300	360300	100.0
化学纤维	吨/年	461	1536510	1182607	875720	57.0
其中:合成纤维	吨/年	462	669973	485070	355083	53.0

城镇投资施工规模和生产能力建成率(六)

生产能力（或效益）名称	计量单位	代码	本年施工规模	本年新开工	本年新增生产能力	生产能力建成率（%）
粘胶纤维	吨/年	463	383480	305480	139680	36.4
棉纺锭	锭	471	6149367	5303311	4480113	72.9
棉织布机	台	472	20088	19327	17588	87.6
棉印染	万米/年	473	115336	88575	68474	59.4
毛纺锭	锭	474	71514	68114	38014	53.2
丝织机	台	481	2543	2503	2368	93.1
桑蚕缫丝机	绪	482	25400	25400	18600	73.2
原　盐	万吨/年	491	161	66	89	55.3
食用植物油	日处理原料:吨	492	46994	30815	26498	56.4
	日精炼油:吨	493	11615	7451	6357	54.7
肉加工品	吨/年	494	708404	663214	363028	51.2
其中:熟肉加工	吨/年	495	44878	43628	21483	47.9
机制糖	年生产糖:吨	496	1101904	1051040	999384	90.7
	日处理原料:吨	497	56885	53382	29323	51.5
罐头	万吨/年	819	232	227	194	83.6
糖　果	吨/年	502	32231	27531	17110	53.1
饼　干	吨/年	503	93371	77135	48790	52.3
乳制品	吨/年	504	1269025	1114025	730244	57.5
奶　粉	吨/年	505	160372	152072	103572	64.6
其他乳制品	吨/年	506	1108653	961953	626672	56.5
酒	万吨/年	507	409	279	296	72.4
啤　酒	万吨/年	508	317	217	229	72.2
白　酒	万吨/年	509	62	43	52	83.9
其他酒	万吨/年	510	30	20	16	53.3
冷冻饮品	吨/年	821	144301	126523	140301	97.2
软饮料	吨/年	822	4003978	3190033	3024668	75.5
其中：瓶装（或罐装）饮用水	吨/年	823	1438948	1342563	1334869	92.8
方便主食品	吨/年	824	456418	362036	212971	46.7
卷烟	箱/年	513	3807167	1107016	435167	11.4
机制纸浆	万吨/年	521	1071	962	916	85.5
机制纸	万吨/年	825	705	603	307	43.5
机制纸板	万吨/年	826	308	229	152	49.4
肥　皂	万吨/年	523				
合成洗涤剂	万吨/年	524	60	20	58	96.7
牙膏	万支/年	827	3000	3000	3000	100.0
鞣制皮革（折合牛皮）	万张/年	527	4100	4100	1460	35.6
轻革	万平方米/年	828	1039	909	679	65.4
重革	吨/年	829	5498	4411	906	16.5
皮　鞋	万双/年	528	11972	4650	8891	74.3
服　装	万件/年	529	55048	46848	46546	84.6
塑料制品	万吨/年	530	4354	4307	4332	99.5
日用搪瓷制品	万吨/年	532	73	73	49	67.1
日用陶瓷器	万件/年	533	88443	72007	53625	60.6
日用玻璃制品	万吨/年	534	2580	2568	2518	97.6
日用精铝制品	万件/年	535	624	602	624	100.0
保温瓶	万个/年	537	10	10	10	100.0
灯泡	万只/年	830	19505	13492	11492	58.9
灯管	万只/年	831	8031	4431	7831	97.5
自行车	万辆/年	540	146	129	139	95.2
缝纫机	架/年	541	260000	230000	260000	100.0
钟	万只/年	832	502	500	500	99.6
其中：机械钟	万只/年	833				
手表	万只/年	542	521	521	521	100.0
其中：机械手表	万只/年	834	221	221	221	100.0

城镇投资施工规模和生产能力建成率(七)

生产能力（或效益）名称	计量单位	代码	本年施工规模	本年新开工	本年新增生产能力	生产能力建成率（%）
照相机	万架/年	543	558	508	558	100.0
电影胶片	万米/年	544	120	120	120	100.0
照相胶卷	万平方米/年	835	800			
其中：彩色照相胶卷	万平方米/年	545	800			
磁带	万米/年	547	14400	14400		
复印机	台/年	548	17500		17500	100.0
家用电风扇	万台/年	549	2787	2637	2786	100.0
家用电冰箱	万台/年	551	168	164	77	45.8
家用冷冻箱	万台/年	836	46	46	9	19.6
家用洗衣机	万台/年	552	224	24	212	94.6
家用空气调节器	万台/年	553	710	289	610	85.9
吸尘器	万台/年	554	2	2	1	50.0
排油烟机	万台/年	555	137	67	92	67.2
电淋浴器	万台/年	837	86	86	56	65.1
电熨斗	万个/年	838	621	621	621	100.0
燃气用具	万台/年	556	453	418	349	77.0
微波炉	万台/年	560	569	569	569	100.0
电饭锅	万个/年	840	1522	1314	1292	84.9
移动电话机（手持机）	部/年	841	18374001	14374001	14974001	81.5
移动通信基站设备	个/年	842	168087	58795	115449	68.7
无线寻呼机（生气能力）	部/年	843				
程控交换机	万线/年	844	28965	28590	28780	99.4
电话单机	万部/年	845	1521	1412	1521	100.0
传真机（生产能力）	部/年	846				
铁路机车购置	台	561	840	840	840	100.0
铁路客车购置	辆	562	1664	1508	1520	91.3
铁路货车购置	辆	563	26991	26991	26991	100.0
新建铁路主线正线交付运营里程	公里	571	5039	1454	931	18.5
增建铁路第二线交付运营里程	公里	572	1123	256	797	71.0
电气化铁路主线正线交付运营里程	公里	573	1982	343	615	31.0
新建公路	公里	576	53502	34156	27440	51.3
其中:高速公路	公里	577	13473	4458	3358	24.9
一级公路	公里	848	4166	1861	1667	40.0
二级公路	公里	849	10281	6334	4502	43.8
改建公路	公里	578	102701	77972	64072	62.4
其中:高速公路	公里	579	452	249	175	38.7
一级公路	公里	580	4305	3000	2257	52.4
二级公路	公里	850	31197	23363	18669	59.8
新建独立公路桥梁	延长米	581	279735	148351	86535	30.9
	座	582	608	505	454	74.7
新(扩)建港口码头	年吞吐量:万吨	583	31808	7933	9888	31.1
	泊位:个	584	330	116	116	35.2
其中:新(扩)建沿海港口码头	年吞吐量:万吨	585	20374	1712	7668	37.6
	泊位:个	586	132	45	59	44.7
船舶购置	艘	589	91	87	80	87.9
	载重量:吨位	590	322076	320116	321976	100.0
	载客量:客位	591	3505	3505	3015	86.0
	拖轮功率:千瓦	592	18883	18883	18883	100.0
新增内河航道里程	公里	593	253	185	8	3.2
改善内河航道里程	公里	594	1336	375	273	20.4
新(扩)建客、货运站	个	595	150	99	86	57.3
	平方米	596	1220549	570587	463630	38.0
民航机场跑道	条	597	20	4	5	25.0
	米	598	48932	9100	15812	32.3

城镇投资施工规模和生产能力建成率(八)

生产能力（或效益）名称	计量单位	代码	本年施工规模	本年新开工	本年新增生产能力	生产能力建成率（%）
航空油库	吨	599				
	立方米	600				
飞机购置	架	601	29	29	29	100.0
候机楼	座	602	16	6	6	37.5
	平方米	603	388230	90828	74056	19.1
长途电缆	延长公里	604	195655	165664	166860	85.3
新建微波电路	公里	605	825	795	625	75.8
农牧场机具购置	台	610	2468	2468	2468	100.0
	千瓦	611	99803	99803	99767	100.0
商品蛋鸡场	万公斤蛋/年	612	802	202	702	87.5
耕地面积	万亩	613	88	67	65	73.9
造林面积	万亩	614	2887	2576	2510	86.9
水库容量(总库容)	亿立方米	615	6348	6055	47	0.7
有效灌溉面积	万亩	616	4830	1979	2441	50.5
除涝面积	万亩	617	458	252	355	77.5
排灌装机	万千瓦	618	12	11	9	75.0
商业石油库	万立方米	621	230	205	205	89.1
物资储备石油库	万立方米	622	103	99	8	7.8
商业冷藏库	万吨	623	15114	112	113	0.7
水产冷藏库	万吨	624	71	36	25	35.2
粮食仓库	万公斤	625	374703	112861	249116	66.5
	平方米	626	1051130	297397	732236	69.7
高等院校:学生席位	个	631	1436360	675407	809207	56.3
建筑面积	平方米	632	20776088	10184280	9755949	47.0
中等学校:学生席位	个	633	3373901	2595018	2420159	71.7
建筑面积	平方米	634	21641422	15935847	14051840	64.9
小学校:学生席位	个	635	1786764	1534681	1494215	83.6
建筑面积	平方米	636	7391812	6056178	5949929	80.5
其他学校:学生席位	个	637	176257	120560	137212	77.8
建筑面积	平方米	638	1168901	706997	833207	71.3
公共图书馆:藏书量	万册(件)	639	2764	987	1245	45.0
阅览室座席	个	640	22508	11315	11038	49.0
建筑面积	平方米	641	437768	240485	203163	46.4
影剧院:座席	个	644	50187	19313	26590	53.0
	平方米	645	368981	57236	103542	28.1
文化馆	平方米	647	217339	110657	76015	35.0
医院病床	张	651	161225	91324	75810	47.0
疗养院、所病床	张	652	2923	2085	2085	71.3
宾馆、旅馆、招待所客房数	间	653	55710	37115	30088	54.0
宾馆、旅馆、招待所客房数	平方米	654	2882410	1514902	1362897	47.3
城市自来水供水能力	万吨/日	661	3315	1707	1020	30.8
城市自来水管道长度	公里	662	8318	5578	4825	58.0
城市煤气生产能力	万立方米/日	663	348	108	231	66.4
城市天然气储气能力	万立方米/日	664	3899	2788	3190	81.8
城市液化石油气储气能力	吨	665	23533	21538	17258	73.3
城市供热能力:蒸汽	吨/小时	666	18012	11899	11846	65.8
热水	兆瓦/小时	667	14580	10035	6272	43.0
城市公共交通车辆购置	辆	671	24121	24062	24121	100.0
城市道路扩建长度	公里	672	18338	8735	15186	82.8
城市道路扩建面积	万平方米	673	244434	136857	182483	74.7
城市排水管道铺设长度	公里	674	7043	4745	4188	59.5
城市污水处理能力	万吨/日	675	2355	969	683	29.0
城市永久性桥梁	座	676	755	511	427	56.6
城市防洪堤长度	公里	677	3643	1730	2000	54.9

各地区城镇房屋建筑面积和造价

地区	施工房屋面积（万平方米）	竣工房屋面积（万平方米）	房屋建筑面积竣工率（%）	竣工房屋价值（万元）	竣工房屋造价（元/平方米）
全国总计	**221258.13**	**93114.71**	**42.1**	**96377643**	**1035**
北京	11262.16	3222.84	28.6	5818784	1805
天津	3345.40	1256.99	37.6	1702030	1354
河北	7821.22	3829.01	49.0	3537073	924
山西	3401.58	1565.75	46.0	1419735	907
内蒙古	3837.85	2207.52	57.5	1849815	838
辽宁	8231.56	3644.18	44.3	3859675	1059
吉林	3927.91	2232.80	56.8	2343855	1050
黑龙江	4720.31	2590.44	54.9	2470661	954
上海	9681.27	2969.72	30.7	8311119	2799
江苏	15029.82	5991.51	39.9	6058027	1011
浙江	18031.77	6110.11	33.9	7660361	1254
安徽	5957.88	2720.03	45.7	2033080	747
福建	7394.18	2643.26	35.7	2591179	980
江西	5536.15	2889.16	52.2	1820289	630
山东	18163.33	7939.42	43.7	7383137	930
河南	8938.96	4117.94	46.1	3017293	733
湖北	6772.21	3637.05	53.7	3202640	881
湖南	7340.12	3396.23	46.3	2589572	762
广东	23471.87	8255.58	35.2	10556706	1279
广西	4486.87	2109.59	47.0	1376027	652
海南	1172.20	433.70	37.0	563011	1298
重庆	8221.46	3274.74	39.8	2597589	793
四川	11526.92	5101.31	44.3	3828540	751
贵州	3757.84	1595.07	42.4	1053637	661
云南	4216.09	2053.81	48.7	1603550	781
西藏	321.43	215.47	67.0	272487	1265
陕西	5629.63	2497.17	44.4	2676177	1072
甘肃	2821.15	955.79	33.9	794330	831
青海	795.22	312.67	39.3	294712	943
宁夏	1491.01	805.89	54.1	678438	842
新疆	3827.43	2448.72	64.0	2322371	948
不分地区	125.35	91.24	72.8	91743	1006

各地区城镇住宅建筑面积和造价

地　　区	施工住宅面积（万平方米）	竣工住宅面积（万平方米）	住宅建筑面积竣工率（%）	竣工住宅价值（万元）	竣工住宅造价（元/平方米）
全国总计	**124386.45**	**54971.52**	**44.2**	**54598020**	**993**
北　　京	7011.32	2322.31	33.1	3809421	1640
天　　津	2039.99	776.61	38.1	986735	1271
河　　北	4399.24	2152.93	48.9	1847196	858
山　　西	1723.08	841.62	48.8	683251	812
内 蒙 古	1684.55	1129.61	67.1	867908	768
辽　　宁	4786.99	2191.87	45.8	2145098	979
吉　　林	1938.19	1154.42	59.6	983957	852
黑 龙 江	2345.11	1463.67	62.4	1183897	809
上　　海	6862.36	2171.45	31.6	6438535	2965
江　　苏	8548.65	3249.78	38.0	3107948	956
浙　　江	9763.53	3344.23	34.3	4208777	1259
安　　徽	3298.96	1485.96	45.0	1023604	689
福　　建	4412.05	1572.13	35.6	1462796	930
江　　西	2925.97	1596.83	54.6	871050	545
山　　东	8582.04	3672.47	42.8	3395595	925
河　　南	4951.17	2466.17	49.8	1592765	646
湖　　北	4071.60	2273.42	55.8	1815639	799
湖　　南	3976.53	2102.15	52.9	1315187	626
广　　东	11571.23	4876.84	42.1	6742184	1382
广　　西	2905.52	1544.28	53.2	840434	544
海　　南	651.30	288.93	44.4	313510	1085
重　　庆	5198.94	2105.24	40.5	1487930	707
四　　川	7244.37	3390.14	46.8	2317738	684
贵　　州	2300.00	1023.06	44.5	575042	562
云　　南	2701.42	1328.88	49.2	903633	680
西　　藏	117.89	70.90	60.1	70826	999
陕　　西	3329.67	1534.98	46.1	1479170	964
甘　　肃	1717.91	617.41	35.9	472241	765
青　　海	448.99	203.40	45.3	174687	859
宁　　夏	869.10	511.05	58.8	378959	742
新　　疆	2000.13	1500.61	75.0	1096171	730
不分地区	8.67	8.17	94.2	6136	751

国民经济行业大类城镇房屋建筑面积和造价（一）

行 业	施工房屋面积（万平方米）	竣工房屋面积（万平方米）	房屋建筑面积竣工率（%）	竣工房屋价值（万元）	竣工房屋造价（元/平方米）
全 国 总 计	**221258.13**	**93114.71**	**42.1**	**96377643**	**1035**
（一）农、林、牧、渔业	**1542.41**	**1016.11**	**65.9**	**593654**	**584**
农业	535.97	398.56	74.4	227758	571
林业	144.76	96.85	66.9	66153	683
畜牧业	580.60	350.74	60.4	180874	516
渔业	36.30	19.25	53.0	14590	758
农、林、牧、渔服务业	244.78	150.70	61.6	104279	692
（二）采矿业	**958.54**	**493.78**	**51.5**	**370652**	**751**
煤炭开采和洗选业	529.58	221.84	41.9	159284	718
石油和天然气开采业	182.53	114.60	62.8	95716	835
黑色金属矿采选业	90.99	51.20	56.3	42666	833
有色金属矿采选业	84.98	57.36	67.5	40623	708
非金属矿采选业	66.32	46.70	70.4	31151	667
其他采矿业	4.14	2.09	50.5	1212	579
（三）制造业	**28745.57**	**12499.70**	**43.5**	**10983195**	**879**
农副食品加工业	1264.90	647.32	51.2	541898	837
食品制造业	915.60	453.75	49.6	418145	922
饮料制造业	616.46	323.32	52.4	283798	878
烟草制品业	235.80	79.83	33.9	111866	1401
纺织业	1896.53	933.05	49.2	715913	767
纺织服装、鞋、帽制造业	1088.69	458.30	42.1	359362	784
皮革、毛皮、羽毛(绒)及其制品业	540.26	263.47	48.8	196016	744
木材加工及木、竹、藤、棕、草制	389.93	224.26	57.5	160390	715
家具制造业	612.30	235.83	38.5	174900	742
造纸及纸制品业	765.14	277.99	36.3	236773	852
印刷业和记录媒介的复制	391.35	190.51	48.7	171531	900
文教体育用品制造业	269.47	114.32	42.4	82411	721
石油加工、炼焦及核燃料加工业	209.12	100.09	47.9	89405	893
化学原料及化学制品制造业	1547.83	692.88	44.8	615623	888
医药制造业	1723.79	707.34	41.0	735487	1040
化学纤维制造业	129.24	56.94	44.1	55569	976
橡胶制品业	296.26	138.56	46.8	114454	826
塑料制品业	856.24	428.71	50.1	396025	924
非金属矿物制品业	1622.08	828.78	51.1	691126	834
黑色金属冶炼及压延加工业	1883.26	541.11	28.7	493405	912
有色金属冶炼及压延加工业	652.61	273.82	42.0	251085	917
金属制品业	1323.78	574.04	43.4	456848	796
通用设备制造业	1251.73	628.56	50.2	539659	859
专用设备制造业	1569.30	824.96	52.6	682615	827

国民经济行业大类城镇房屋建筑面积和造价（二）

行 业	施工房屋面积（万平方米）	竣工房屋面积（万平方米）	房屋建筑面积竣工率（%）	竣工房屋价值（万元）	竣工房屋造价（元/平方米）
交通运输设备制造业	1842.52	745.72	40.5	721552	968
电气机械及器材制造业	1352.22	557.94	41.3	479651	860
通信设备、计算机及其他电子设备制造业	1977.58	703.86	35.6	762800	1084
仪器仪表文化办公用机械制造业	407.93	164.25	40.3	159421	971
工艺品及其他制造业	1097.61	323.63	29.5	282136	872
废弃资源和废旧材料回收加工业	16.05	6.58	41.0	3331	507
（四）电力燃气水的生产供应业	**1955.89**	**775.51**	**39.6**	**904590**	**1166**
电力、热力的生产和供应业	1591.54	640.10	40.2	773285	1208
燃气生产和供应业	105.00	24.23	23.1	19205	792
水的生产和供应业	259.34	111.17	42.9	112100	1008
（五）建筑业	**2451.33**	**1132.27**	**46.2**	**872224**	**770**
房屋和土木工程建筑业	2272.41	1063.50	46.8	809370	761
建筑安装业	89.44	39.72	44.4	36453	918
建筑装饰业	**61.53**	**13.20**	**21.4**	**13028**	**987**
其他建筑业	27.95	15.86	56.7	13373	843
（六）交通运输、仓储和邮政业	**2738.68**	**1183.64**	**43.2**	**1256999**	**1062**
铁路运输业	446.12	272.66	61.1	290392	1065
道路运输业	802.02	312.60	39.0	279936	896
城市公共交通业	169.43	61.39	36.2	66138	1077
水上运输业	86.83	41.45	47.7	47167	1138
航空运输业	185.56	49.57	26.7	118265	2386
管道运输业	11.21	9.26	82.7	5789	625
装卸搬运和其他运输服务业	45.09	11.67	25.9	10398	891
仓储业	735.04	325.74	44.3	311851	957
邮政业	257.38	99.30	38.6	127063	1280
（七）信息传输、计算机服务和软件业	**1067.32**	**461.96**	**43.3**	**636680**	**1378**
电信和其他信息传输服务业	845.73	389.82	46.1	531361	1363
计算机服务业	49.70	20.13	40.5	29547	1468
软件业	171.89	52.00	30.3	75772	1457
（八）批发和零售业	**5768.09**	**2691.31**	**46.7**	**2694077**	**1001**
批发业	2572.81	1192.56	46.4	1101176	923
零售业	3195.28	1498.75	46.9	1592901	1063
（九）住宿和餐饮业	**1702.25**	**696.21**	**40.9**	**964659**	**1386**
住宿业	1267.25	457.91	36.1	699846	1528
餐饮业	435.00	238.30	54.8	264813	1111
（十）金融业	**702.43**	**326.34**	**46.5**	**354033**	**1085**
银行业	610.92	285.17	46.7	294614	1033
证券业	1.53	1.48	96.6	2169	1466
保险业	67.18	37.34	55.6	55061	1475

国民经济行业大类城镇房屋建筑面积和造价（三）

行业	施工房屋面积（万平方米）	竣工房屋面积（万平方米）	房屋建筑面积竣工率（%）	竣工房屋价值（万元）	竣工房屋造价（元/平方米）
其他金融活动	22.80	2.36	10.3	2189	929
（十一）房地产业	**132717.43**	**53787.08**	**40.5**	**59301815**	**1103**
房地产业	132717.43	53787.08	40.5	59301815	1103
（十二）租赁和商务服务业	**1891.45**	**705.10**	**37.3**	**809841**	**1149**
租赁业	9.09	4.51	49.6	2946	653
商务服务业	1882.36	700.59	37.2	806895	1152
（十三）科研技术服务和地质勘察业	**1264.01**	**427.64**	**33.8**	**430898**	**1008**
研究与试验发展	544.83	164.39	30.2	163084	992
专业技术服务业	337.68	144.50	42.8	143971	996
科技交流和推广服务业	230.41	56.91	24.7	70367	1236
地质勘察业	151.08	61.84	40.9	53476	865
（十四）水利环境和公共设施管理业	**3465.36**	**1042.25**	**30.1**	**897347**	**861**
水利管理业	277.16	91.96	33.2	70936	771
环境管理业	194.08	59.93	30.9	63801	1065
公共设施管理业	2994.12	890.35	29.7	762610	857
（十五）居民服务和其他服务业	**398.21**	**206.62**	**51.9**	**206485**	**999**
居民服务业	326.12	181.87	55.8	185751	1021
其他服务业	72.09	24.75	34.3	20734	838
（十六）教育	**15245.99**	**7458.47**	**48.9**	**7230417**	**969**
教育	15245.99	7458.47	48.9	7230417	969
（十七）卫生、社会保障和社会福利业	**2907.13**	**1159.90**	**39.9**	**1237152**	**1067**
卫生	2603.34	959.76	36.9	1123302	1170
社会保障业	**72.68**	61.11	84.1	19343	317
社会福利业	231.11	139.03	60.2	94507	680
（十八）文化、体育和娱乐业	**1967.90**	**588.59**	**29.9**	**722724**	**1228**
新闻出版业	145.94	43.72	30.0	39481	903
广播、电视、电影和音像业	399.92	149.68	37.4	155675	1040
文化艺术业	623.37	179.49	28.8	235167	1310
体育	377.34	95.15	25.2	151152	1588
娱乐业	421.34	120.53	28.6	141249	1172
（十九）公共管理和社会组织	**13765.14**	**6462.23**	**46.9**	**5910201**	**915**
中国共产党机关	**301.38**	147.21	48.8	146015	992
国家机构	11814.29	5391.16	45.6	5008926	929
人民政协和民主党派	59.88	31.10	51.9	28411	913
群众团体、社会团体和宗教组织	290.20	123.61	42.6	144332	1168
基层群众自治组织	1299.39	769.16	59.2	582517	757
（二十）国际组织	**3.00**				
国际组织	3.00				

国民经济行业大类城镇住宅建筑面积和造价（一）

行业	施工住宅面积（万平方米）	竣工住宅面积（万平方米）	住宅建筑面积竣工率（%）	竣工住宅价值（万元）	竣工住宅造价（元/平方米）
全国总计	**124386.45**	**54971.52**	**44.2**	**54598020**	**993**
（一）农、林、牧、渔业	**493.81**	**414.85**	**84.0**	**221999**	**535**
农业	309.43	277.85	89.8	139371	502
林业	78.71	59.85	76.0	35178	588
畜牧业	29.76	22.37	75.2	13326	596
渔业	3.47	3.21	92.5	3075	957
农、林、牧、渔服务业	72.44	51.56	71.2	31049	602
（二）采矿业	**571.40**	**294.85**	**51.6**	**194154**	**658**
煤炭开采和洗选业	326.21	135.11	41.4	83451	618
石油和天然气开采业	118.05	83.29	70.6	54469	654
黑色金属矿采选业	63.12	32.41	51.4	23651	730
有色金属矿采选业	43.38	35.39	81.6	26563	750
非金属矿采选业	19.02	7.02	36.9	5390	768
其他采矿业	1.62	1.62	100.0	630	388
（三）制造业	**2627.38**	**1357.31**	**51.7**	**986437**	**727**
农副食品加工业	103.29	60.84	58.9	36925	607
食品制造业	71.05	45.10	63.5	46773	1037
饮料制造业	46.48	32.34	69.6	18797	581
烟草制品业	26.64	12.08	45.3	8202	679
纺织业	166.80	115.32	69.1	72516	629
纺织服装、鞋、帽制造业	41.55	24.88	59.9	17120	688
皮革、毛皮、羽毛(绒)及其制品业	50.49	23.13	45.8	14694	635
木材加工及木、竹、藤、棕、草制品业	25.82	19.47	75.4	13350	686
家具制造业	21.70	7.87	36.3	4599	585
造纸及纸制品业	26.61	20.65	77.6	14848	719
印刷业和记录媒介的复制	35.06	23.46	66.9	17772	758
文教体育用品制造业	9.89	7.04	71.2	4584	651
石油加工、炼焦及核燃料加工业	32.76	22.31	68.1	23088	1035
化学原料及化学制品制造业	143.35	65.41	45.6	39538	604
医药制造业	76.50	31.99	41.8	23673	740
化学纤维制造业	15.80	1.59	10.1	961	603
橡胶制品业	13.95	8.99	64.5	6336	705
塑料制品业	41.64	29.27	70.3	24516	837
非金属矿物制品业	161.64	75.28	46.6	50866	676
黑色金属冶炼及压延加工业	332.65	156.43	47.0	117465	751
有色金属冶炼及压延加工业	87.02	36.05	41.4	22793	632
金属制品业	76.81	43.96	57.2	30542	695
通用设备制造业	160.09	77.85	48.6	52396	673
专用设备制造业	237.27	115.96	48.9	83171	717

国民经济行业大类城镇住宅建筑面积和造价（二）

行 业	施工住宅面积（万平方米）	竣工住宅面积（万平方米）	住宅建筑面积竣工率（%）	竣工住宅价值（万元）	竣工住宅造价（元/平方米）
交通运输设备制造业	272.71	129.16	47.4	94708	733
电气机械及器材制造业	78.14	36.86	47.2	27856	756
通信设备、计算机及其他电子设备制造业	158.25	71.12	44.9	73857	1038
仪器仪表文化办公用机械制造业	68.41	38.04	55.6	31392	825
工艺品及其他制造业	42.11	21.96	52.1	11568	527
废弃资源和废旧材料回收加工业	2.93	2.93	100.0	1531	523
（四）电力燃气水的生产供应业	**512.14**	**268.26**	**52.4**	**232911**	**868**
电力、热力的生产和供应业	461.01	241.78	52.4	215034	889
燃气生产和供应业	10.67	3.82	35.8	2952	772
水的生产和供应业	40.46	22.67	56.0	14925	658
（五）建筑业	**1357.12**	**690.39**	**50.9**	**491425**	**712**
房屋和土木工程建筑业	1306.55	659.34	50.5	464346	704
建筑安装业	36.66	23.32	63.6	22422	961
建筑装饰业	**7.16**	**3.28**	**45.9**	**2121**	**646**
其他建筑业	6.75	4.44	65.8	2536	571
（六）交通运输、仓储和邮政业	**614.39**	**359.72**	**58.5**	**262637**	**730**
铁路运输业	197.80	129.50	65.5	107204	828
道路运输业	196.02	110.29	56.3	74649	677
城市公共交通业	41.00	19.20	46.8	12521	652
水上运输业	28.56	17.11	59.9	14484	847
航空运输业	6.01	1.58	26.3	1792	1135
管道运输业	8.20	8.20	100.0	4611	562
装卸搬运和其他运输服务业	9.00	3.40	37.8	2225	654
仓储业	53.87	37.35	69.3	22612	605
邮政业	73.93	33.10	44.8	22539	681
（七）信息传输计算机服务和软件业	**117.98**	**54.03**	**45.8**	**40271**	**745**
电信和其他信息传输服务业	106.16	51.50	48.5	37291	724
计算机服务业	3.48	1.94	55.7	2292	1184
软件业	8.34	0.60	7.2	688	1152
（八）批发和零售业	**871.57**	**503.36**	**57.8**	**359401**	**714**
批发业	461.50	271.22	58.8	183068	675
零售业	410.07	232.14	56.6	176333	760
（九）住宿和餐饮业	**181.50**	**106.65**	**58.8**	**91353**	**857**
住宿业	133.75	74.49	55.7	69750	936
餐饮业	47.75	32.15	67.3	21603	672
（十）金融业	**359.52**	**188.24**	**52.4**	**156528**	**832**
银行业	314.79	170.72	54.2	142205	833
证券业					
保险业	26.09	15.93	61.1	12649	794

国民经济行业大类城镇住宅建筑面积和造价（三）

行 业	施工住宅面积（万平方米）	竣工住宅面积（万平方米）	住宅建筑面积竣工率（%）	竣工住宅价值（万元）	竣工住宅造价（元/平方米）
其他金融活动	18.64	1.59	8.5	1674	1054
（十一）房地产业	**103794.02**	**44159.39**	**42.5**	**46574287**	**1055**
房地产业	103794.02	44159.39	42.5	46574287	1055
（十二）租赁和商务服务业	**561.59**	**244.60**	**43.6**	**217841**	**891**
租赁业	1.19	1.13	94.9	660	584
商务服务业	560.40	243.47	43.4	217181	892
（十三）科研技术服务和地质勘察业	**522.09**	**233.90**	**44.8**	**191581**	**819**
研究与试验发展	211.63	95.34	45.0	68648	720
专业技术服务业	154.75	81.72	52.8	68369	837
科技交流和推广服务业	47.79	17.30	36.2	23733	1372
地质勘察业	107.93	39.54	36.6	30831	780
（十四）水利环境和公共设施管理业	**1632.69**	**545.00**	**33.4**	**372701**	**684**
水利管理业	193.14	58.64	30.4	40563	692
环境管理业	61.46	19.64	32.0	15188	773
公共设施管理业	1378.09	466.72	33.9	316950	679
（十五）居民服务和其他服务业	**221.52**	**114.26**	**51.6**	**116947**	**1023**
居民服务业	189.87	108.17	57.0	112678	1042
其他服务业	31.66	6.10	19.3	4269	700
（十六）教育	**3076.25**	**1720.77**	**55.9**	**1426675**	**829**
教育	3076.25	1720.77	55.9	1426675	829
（十七）卫生、社会保障和社会福利业	**485.05**	**321.60**	**66.3**	**192690**	**599**
卫生	329.90	193.24	58.6	145633	754
社会保障业	**54.85**	51.87	94.6	10560	204
社会福利业	100.30	76.48	76.3	36497	477
（十八）文化、体育和娱乐业	**229.36**	**95.33**	**41.6**	**79081**	**830**
新闻出版业	46.36	23.94	51.6	18881	789
广播、电视、电影和音像业	62.03	28.30	45.6	18740	662
文化艺术业	58.01	26.79	46.2	28338	1058
体育	9.62	5.38	56.0	4005	744
娱乐业	53.34	10.93	20.5	9117	834
（十九）公共管理和社会组织	**6154.67**	**3299.01**	**53.6**	**2389101**	**724**
中国共产党机关	**135.90**	78.85	58.0	61920	785
国家机构	5033.86	2638.19	52.4	1896376	719
人民政协和民主党派	25.52	15.82	62.0	10862	687
群众团体、社会团体和宗教组织	130.06	47.14	36.2	50356	1068
基层群众自治组织	829.33	519.01	62.6	369587	712
（二十）国际组织	**2.40**				
国际组织	2.40				

各地区按构成分的基本建设投资

单位：万元

地　　区	投资额	建筑安装工程	设备工器具购置	其他费用
全国总计	**229086031**	**154264429**	**34957773**	**39863829**
北　　京	5587801	3292032	533651	1762118
天　　津	5013698	3556188	514032	943478
河　　北	8458997	5845170	1451758	1162069
山　　西	4982473	3290726	1113252	578495
内 蒙 古	7507293	5430885	1155453	920955
辽　　宁	6831553	4533450	1226759	1071344
吉　　林	4338818	3488138	434232	416448
黑 龙 江	5930769	4424571	773908	732290
上　　海	8992687	4849374	1922599	2220714
江　　苏	19181110	12351677	2980358	3849075
浙　　江	16439222	10466473	1665176	4307573
安　　徽	5499949	4093279	603137	803533
福　　建	4718421	3302766	419171	996484
江　　西	5668468	4467129	661739	539600
山　　东	17950700	12764658	3278627	1907415
河　　南	9715617	6610589	1614617	1490411
湖　　北	8285344	5037242	1107708	2140394
湖　　南	5997468	4406356	546323	1044789
广　　东	18283895	11824949	2982627	3476319
广　　西	4609078	3047094	649450	912534
海　　南	1796581	922745	655739	218097
重　　庆	5685775	3878532	636011	1171232
四　　川	9495375	6139529	1092198	2263648
贵　　州	3800769	2561084	569702	669983
云　　南	4931228	3575901	484724	870603
西　　藏	1183099	1095482	67927	19690
陕　　西	6271328	4677010	696542	897776
甘　　肃	3072629	2436624	328724	307281
青　　海	1647726	1358555	172762	116409
宁　　夏	1626677	1246446	220733	159498
新　　疆	6215878	4727022	793136	695720
不分地区	9365605	4562753	3604998	1197854

国民经济行业大类按构成分的基本建设投资（一）

单位：万元

行　业	投资额	建筑安装工程	设备工器具购置	其　他费　用
全 国 总 计	**229086031**	**154264429**	**34957773**	**39863829**
（一）农、林、牧、渔业	**4167761**	**2510691**	**315079**	**1341991**
农业	1094916	763340	97138	234438
林业	1265343	512895	32336	720112
畜牧业	633670	384741	66811	182118
渔业	138060	91956	23429	22675
农、林、牧、渔服务业	1035772	757759	95365	182648
（二）采矿业	**8941460**	**6770308**	**1315861**	**855291**
煤炭开采和洗选业	1930992	1236468	415393	279131
石油和天然气开采业	6398056	5157962	719524	520570
黑色金属矿采选业	153516	96975	43531	13010
有色金属矿采选业	273227	171623	77317	24287
非金属矿采选业	172561	97780	57113	17668
其他采矿业	13108	9500	2983	625
（三）制造业	**36393589**	**18429230**	**13262115**	**4702244**
农副食品加工业	1489441	876114	468753	144574
食品制造业	993225	516729	386407	90089
饮料制造业	669760	308782	275009	85969
烟草制品业	109955	81533	15020	13402
纺织业	1774242	894847	720727	158668
纺织服装、鞋、帽制造业	741848	435935	174629	131284
皮革、毛皮、羽毛(绒)及其制品业	383396	238474	100535	44387
木材加工及木、竹、藤、棕、草制品业	378663	170353	165828	42482
家具制造业	340940	229665	60273	51002
造纸及纸制品业	870414	247304	515304	107806
印刷业和记录媒介的复制	376150	207676	138568	29906
文教体育用品制造业	143500	102297	30206	10997
石油加工、炼焦及核燃料加工业	827452	426564	322575	78313
化学原料及化学制品制造业	5031049	2228466	1776484	1026099
医药制造业	1611577	1000527	404916	206134
化学纤维制造业	316850	94270	191310	31270
橡胶制品业	354899	134606	181660	38633
塑料制品业	865791	414426	356600	94765
非金属矿物制品业	2534752	1233346	1010707	290699
黑色金属冶炼及压延加工业	3183945	1632827	1294103	257015
有色金属冶炼及压延加工业	1839902	853232	795800	190870
金属制品业	1058152	577688	359486	120978
通用设备制造业	1105304	620853	340164	144287
专用设备制造业	1324335	736740	436239	151356

国民经济行业大类按构成分的基本建设投资（二）

单位：万元

行　　业	投资额	建筑安装工程	设备 工器具购置	其 他 费 用
交通运输设备制造业	1874749	991727	620891	262131
电气机械及器材制造业	986734	559007	290851	136876
通信设备、计算机及其他电子设备制造业	3388700	1580956	1568321	239423
仪器仪表文化办公用机械制造业	442347	225150	169098	48099
工艺品及其他制造业	1354339	798194	88065	468080
废弃资源和废旧材料回收加工业	21178	10942	3586	6650
（四）电力燃气水的生产供应业	**29647329**	**15536929**	**8674981**	**5435419**
电力、热力的生产和供应业	25670856	12655101	8121847	4893908
燃气生产和供应业	1142975	815440	180530	147005
水的生产和供应业	2833498	2066388	372604	394506
（五）建筑业	**3814052**	**3045513**	**115297**	**653242**
房屋和土木工程建筑业	3505495	2834644	78087	592764
建筑安装业	127642	90199	18587	18856
建筑装饰业	60007	48013	7724	4270
其他建筑业	120908	72657	10899	37352
（六）交通运输、仓储和邮政业	**48927063**	**37126958**	**4882955**	**6917150**
铁路运输业	6163845	3372922	1940167	850756
道路运输业	31620139	27045036	548887	4026216
城市公共交通业	3601345	1983203	628797	989345
水上运输业	2991142	2203740	353812	433590
航空运输业	1807303	979609	613951	213743
管道运输业	1395162	484114	708806	202242
装卸搬运和其他运输服务业	293628	275853	6455	11320
仓储业	848843	613898	64615	170330
邮政业	205656	168583	17465	19608
（七）信息传输、计算机服务和软件业	**5069307**	**2434075**	**2335476**	**299756**
电信和其他信息传输服务业	4790679	2233772	2307812	249095
计算机服务业	51260	34196	12874	4190
软件业	227368	166107	14790	46471
（八）批发和零售业	**5165790**	**3956624**	**328108**	**881058**
批发业	2042791	1622093	111233	309465
零售业	3122999	2334531	216875	571593
（九）住宿和餐饮业	**2055348**	**1500879**	**142865**	**411604**
住宿业	1637506	1201330	106984	329192
餐饮业	417842	299549	35881	82412
（十）金融业	**582354**	**456806**	**70891**	**54657**
银行业	494755	390343	61567	42845
证券业	7903	1803	2913	3187
保险业	47030	35651	6223	5156

国民经济行业大类按构成分的基本建设投资（三）

单位：万元

行　　业	投资额	建筑安装工程	设备工器具购置	其　他费　用
其他金融活动	32666	29009	188	3469
（十一）房地产业	**3262749**	**2236791**	**54290**	**971668**
房地产业	3262749	2236791	54290	971668
（十二）租赁和商务服务业	**2525789**	**1881694**	**125021**	**519074**
租赁业	6854	4027	2461	366
商务服务业	2518935	1877667	122560	518708
（十三）科研技术服务和地质勘察业	**2442871**	**1687349**	**297768**	**457754**
研究与试验发展	1110636	820462	126334	163840
专业技术服务业	789545	520199	50468	218878
科技交流和推广服务业	291739	223429	11329	56981
地质勘察业	250951	123259	109637	18055
（十四）水利、环境和公共设施管理业	**38632402**	**26615896**	**811400**	**11205106**
水利管理业	6809352	5509922	202695	1096735
环境管理业	2228007	1354856	188789	684362
公共设施管理业	29595043	19751118	419916	9424009
（十五）居民服务和其他服务业	**462396**	**351821**	**21117**	**89458**
居民服务业	373897	292009	17393	64495
其他服务业	88499	59812	3724	24963
（十六）教育	**13649601**	**11200775**	**523871**	**1924955**
教育	13649601	11200775	523871	1924955
（十七）卫生、社会保障和社会福利业	**2990199**	**2269757**	**488503**	**231939**
卫生	2801454	2114440	478468	208546
社会保障业	33642	29722	1503	2417
社会福利业	155103	125595	8532	20976
（十八）文化、体育和娱乐业	**4258166**	**3112361**	**362475**	**783330**
新闻出版业	216673	176133	17823	22717
广播、电视、电影和音像业	673015	417166	108866	146983
文化艺术业	1199352	929461	93068	176823
体育	1005855	811586	61053	133216
娱乐业	1163271	778015	81665	303591
（十九）公共管理和社会组织	**16094925**	**13137114**	**829684**	**2128127**
中国共产党机关	289150	241407	24323	23420
国家机构	15094525	12295448	768761	2030316
人民政协和民主党派	59650	44253	7219	8178
群众团体、社会团体和宗教组织	246054	193279	10840	41935
基层群众自治组织	405546	362727	18541	24278
（二十）国际组织	**2880**	**2858**	**16**	**6**
国际组织	2880	2858	16	6

各地区按构成分的更新改造投资

单位：万元

地　　区	投资额	建筑安装工程	设备工器具购置	其他费用
全国总计	**86248580**	**34201305**	**44605050**	**7442225**
北　京	2162741	703496	1152660	306585
天　津	2086248	978155	973564	134529
河　北	5118951	1902918	2723126	492907
山　西	2523513	1093991	1177883	251639
内蒙古	1735929	724101	871289	140539
辽　宁	4620251	2084246	2075578	460427
吉　林	2121340	931436	1040063	149841
黑龙江	2316940	991750	1237729	87461
上　海	3880131	1412927	2157928	309276
江　苏	6919611	2751482	3621218	546911
浙　江	3567059	1076428	2117015	373616
安　徽	3552171	1252959	1995833	303379
福　建	2267968	745855	1394362	127751
江　西	1956144	761301	1045917	148926
山　东	9105242	3692407	4545312	867523
河　南	3697237	1750359	1637052	309826
湖　北	3831596	1198156	2208460	424980
湖　南	3018682	1303722	1418536	296424
广　东	6587704	2566674	3609487	411543
广　西	1468404	499602	848377	120425
海　南	128106	52543	59891	15672
重　庆	1220100	504506	607276	108318
四　川	3691147	1404987	1917667	368493
贵　州	1400615	592846	694499	113270
云　南	1483544	515514	868843	99187
西　藏	92876	37631	53373	1872
陕　西	1732292	763960	776659	191673
甘　肃	1617989	757869	726028	134092
青　海	405746	250819	141535	13392
宁　夏	407646	213417	158553	35676
新　疆	1274069	500388	709316	64365
不分地区	256588	184860	40021	31707

国民经济行业大类按构成分的更新改造投资（一）

单位：万元

行　　业	投资额	建筑安装工程	设备工器具购置	其　他费　用
全　国　总　计	**86248580**	**34201305**	**44605050**	**7442225**
（一）农、林、牧、渔业	**318049**	**169955**	**90582**	**57512**
农业	78779	47131	15006	16642
林业	52617	24510	7201	20906
畜牧业	70039	36956	24188	8895
渔业	8305	5968	2057	280
农、林、牧、渔服务业	108309	55390	42130	10789
（二）采矿业	**5317195**	**2944969**	**1664156**	**708070**
煤炭开采和洗选业	1945890	703725	935829	306336
石油和天然气开采业	2617941	1858451	435951	323539
黑色金属矿采选业	219494	112390	92316	14788
有色金属矿采选业	340951	188249	111270	41432
非金属矿采选业	191309	81824	88270	21215
其他采矿业	1610	330	520	760
（三）制造业	**51470908**	**18225803**	**28802908**	**4442197**
农副食品加工业	1558492	623213	797397	137882
食品制造业	1281720	453703	731257	96760
饮料制造业	1175252	461671	636292	77289
烟草制品业	738179	212565	473428	52186
纺织业	2868914	737839	1950546	180529
纺织服装、鞋、帽制造业	474831	176603	253915	44313
皮革、毛皮、羽毛(绒)及其制品业	225442	85393	120399	19650
木材加工及木、竹、藤、棕、草制品业	460782	155090	267966	37726
家具制造业	151567	54740	74105	22722
造纸及纸制品业	1534492	453959	982825	97708
印刷业和记录媒介的复制	555573	137500	372146	45927
文教体育用品制造业	110199	50385	49345	10469
石油加工、炼焦及核燃料加工业	1902756	868632	832878	201246
化学原料及化学制品制造业	4635178	1635765	2458051	541362
医药制造业	2821782	1384025	1134313	303444
化学纤维制造业	762904	179468	521383	62053
橡胶制品业	700565	175969	488226	36370
塑料制品业	1043443	333463	645738	64242
非金属矿物制品业	3680086	1374990	1969722	335374
黑色金属冶炼及压延加工业	9666505	3836051	5124756	705698
有色金属冶炼及压延加工业	2383215	1105139	1070988	207088
金属制品业	831876	278843	480929	72104
通用设备制造业	1665724	510693	1005245	149786
专用设备制造业	1392093	543711	719770	128612

国民经济行业大类按构成分的更新改造投资（二）

单位：万元

行　　业	投资额	建筑安装工程	设备 工器具购置	其　他费　用
交通运输设备制造业	4583568	1242676	2874903	465989
电气机械及器材制造业	1308343	429640	754552	124151
通信设备、计算机及其他电子设备制造业	2433623	556039	1705211	172373
仪器仪表文化办公用机械制造业	317661	78572	220937	18152
工艺品及其他制造业	200799	87406	82961	30432
废弃资源和废旧材料回收加工业	5344	2060	2724	560
（四）电力燃气水的生产供应业	**7186439**	**3387929**	**3096706**	**701804**
电力、热力的生产和供应业	6403512	2874307	2905438	623767
燃气生产和供应业	245370	165236	53474	26660
水的生产和供应业	537557	348386	137794	51377
（五）建筑业	**542262**	**252664**	**269803**	**19795**
房屋和土木工程建筑业	484304	232498	236692	15114
建筑安装业	28607	8830	17748	2029
建筑装饰业	19026	8115	9328	1583
其他建筑业	10325	3221	6035	1069
（六）交通运输、仓储和邮政业	**4322533**	**2134166**	**1972676**	**215691**
铁路运输业	893108	510960	356406	25742
道路运输业	1516480	1140361	288953	87166
城市公共交通业	593592	46393	528397	18802
水上运输业	595457	258341	315663	21453
航空运输业	390696	27534	348555	14607
管道运输业	39297	18907	13256	7134
装卸搬运和其他运输服务业	40953	29760	5773	5420
仓储业	187659	80020	79863	27776
邮政业	65291	21890	35810	7591
（七）信息传输、计算机服务和软件业	**11208488**	**3728645**	**7156295**	**323548**
电信和其他信息传输服务业	11100853	3695523	7118488	286842
计算机服务业	23325	5978	12467	4880
软件业	84310	27144	25340	31826
（八）批发和零售业	**763648**	**426565**	**193726**	**143357**
批发业	359069	186023	83767	89279
零售业	404579	240542	109959	54078
（九）住宿和餐饮业	**279151**	**177447**	**67444**	**34260**
住宿业	126572	79773	25995	20804
餐饮业	152579	97674	41449	13456
（十）金融业	**177767**	**8717**	**154024**	**15026**
银行业	164002	7753	141248	15001
证券业	5212	414	4773	25
保险业	7023	550	6473	

国民经济行业大类按构成分的更新改造投资（三）

单位：万元

行　　业	投资额	建筑安装工程	设备工器具购置	其　他费　用
其他金融活动	1530		1530	
（十一）房地产业	**115522**	**55475**	**43763**	**16284**
房地产业	115522	55475	43763	16284
（十二）租赁和商务服务业	**124309**	**80029**	**26851**	**17429**
租赁业	1425	15	1410	
商务服务业	122884	80014	25441	17429
（十三）科研技术服务和地质勘察业	**300356**	**137548**	**126224**	**36584**
研究与试验发展	193086	75276	96379	21431
专业技术服务业	88749	55338	23308	10103
科技交流和推广服务业	12125	6104	1712	4309
地质勘察业	6396	830	4825	741
（十四）水利、环境和公共设施管理业	**2468421**	**1692512**	**188696**	**587213**
水利管理业	314095	247148	20569	46378
环境管理业	303708	148187	98558	56963
公共设施管理业	1850618	1297177	69569	483872
（十五）居民服务和其他服务业	**27141**	**20323**	**4355**	**2463**
居民服务业	21642	16232	3293	2117
其他服务业	5499	4091	1062	346
（十六）教育	**380953**	**199080**	**156772**	**25101**
教育	380953	199080	156772	25101
（十七）卫生、社会保障和社会福利业	**352455**	**79318**	**265760**	**7377**
卫生	328168	65015	257235	5918
社会保障业	21928	12588	8091	1249
社会福利业	2359	1715	434	210
（十八）文化、体育和娱乐业	**197520**	**79251**	**105770**	**12499**
新闻出版业	17180	810	16286	84
广播、电视、电影和音像业	113107	41293	68066	3748
文化艺术业	17354	10687	5404	1263
体育	14759	13272	1215	272
娱乐业	35120	13189	14799	7132
（十九）公共管理和社会组织	**695463**	**400909**	**218539**	**76015**
中国共产党机关	7678	3163	4245	270
国家机构	670504	389386	206228	74890
人民政协和民主党派	786	50	736	
群众团体、社会团体和宗教组织	7760	4689	3026	45
基层群众自治组织	8735	3621	4304	810
（二十）国际组织				
国际组织				

（二）城镇和工矿区私人建房

各地区城镇和工矿区私人建房情况(全部)

地　区	城镇工矿区个数（个）	竣工面积（万平方米）	住宅	竣工价值（万元）	住宅	建房户数（户）
全国总计	**14145**	**22444.14**	**19474.51**	**10186387**	**8644673**	**1372495**
北　京						
天　津	39	33.62	31.39	22264	19976	4745
河　北	656	1300.74	1034.77	768781	563459	94449
山　西	460	216.58	196.87	110891	99921	19283
内蒙古	403	352.30	281.91	180946	132623	34368
辽　宁	86	109.90	96.85	67298	57385	12027
吉　林	495	709.32	574.25	450426	338345	70531
黑龙江	397	637.36	560.68	324845	297844	64320
上　海		17.35	17.26	20724	20690	2546
江　苏	776	1318.67	1081.27	591271	526187	75159
浙　江	534	1373.50	1260.76	729034	653942	57804
安　徽	935	906.43	759.63	361563	291935	82971
福　建	469	1011.86	965.68	478659	456713	39769
江　西	748	1165.67	1035.22	408064	366746	53132
山　东	192	454.13	323.76	257359	171773	35290
河　南	162	1188.40	964.26	604300	483163	59757
湖　北	792	1384.84	1217.26	560749	488208	86841
湖　南	716	1537.72	1350.36	580867	512890	60017
广　东	388	1422.75	1293.77	834757	753956	47146
广　西	856	2346.77	2263.13	830886	802953	156620
海　南	164	160.70	136.72	129909	98633	8732
重　庆	594	597.17	526.49	226151	187669	40428
四　川	1752	1588.44	1294.31	602107	488413	88561
贵　州	722	753.04	659.05	220771	193620	51712
云　南	386	661.40	574.83	286400	217306	30929
西　藏	179	55.01	38.19	27748	19634	2421
陕　西	727	617.23	511.55	286447	227678	39705
甘　肃	238	193.65	161.88	70238	58032	21493
青　海	83	52.22	42.63	24888	20656	5394
宁　夏	20	22.47	19.28	10396	8632	1971
新　疆	176	254.91	200.53	117648	85691	24374

各地区城镇和工矿区私人建房情况(市级)

地　区	城镇工矿区个数（个）	竣工面积（万平方米）	住宅	竣工价值（万元）	住宅	建房户数（户）
全国总计	**596**	**3354.33**	**2962.78**	**1703022**	**1473678**	**181386**
北　京						
天　津						
河　北	24	93.22	75.87	56366	42298	6066
山　西	25	24.12	22.47	14941	13653	2591
内蒙古	13	32.96	22.29	26827	13808	2431
辽　宁	14	44.79	41.54	26966	22948	4583
吉　林	28	153.99	123.19	42281	37759	15399
黑龙江	36	93.75	80.05	52011	43363	9056
上　海		0.03	0.03	30	30	7
江　苏	24	172.35	168.69	86848	85026	11889
浙　江	16	275.74	252.10	170354	151043	10491
安　徽	11	33.49	26.09	13851	11027	2578
福　建	13	76.87	75.22	53999	52174	2041
江　西	12	116.22	86.32	39744	30022	3514
山　东	55	140.23	111.77	72343	56870	12140
河　南	48	421.26	360.47	207965	177133	24202
湖　北	39	352.51	311.13	148718	126096	18704
湖　南	26	255.99	240.12	114024	107607	9995
广　东	27	360.65	341.70	235273	222052	9095
广　西	21	251.02	234.23	110053	104690	8616
海　南	4	27.24	26.82	37500	32346	1872
重　庆	20	21.02	17.42	8168	5716	1432
四　川	15	56.96	46.34	22769	18034	2897
贵　州	10	104.76	86.71	31021	25161	2721
云　南	24	77.62	73.10	41209	23622	1684
西　藏	33	5.51	4.60	6324	4801	470
陕　西	26	50.63	45.20	27340	24561	2319
甘　肃	8	3.27	2.78	2410	2120	819
青　海	2	0.70	0.70	1248	1248	87
宁　夏						
新　疆	22	107.44	85.82	52439	38470	13687

各地区城镇和工矿区私人建房情况(县级)

地　区	城镇工矿区个数（个）	竣工面积（万平方米）	住宅	竣工价值（万元）	住宅	建房户数（户）
全国总计	**1688**	**7127.11**	**5994.63**	**3466010**	**2828509**	**368350**
北　京						
天　津	1	2.01	1.32	1422	908	98
河　北	111	501.26	380.11	310048	239035	34743
山　西	78	85.37	75.32	44089	38127	7463
内蒙古	67	141.87	103.02	80410	54429	13103
辽　宁	18	39.13	30.41	28829	23865	4438
吉　林	21	194.76	155.81	119718	84013	19476
黑龙江	57	145.26	118.80	80556	67275	14479
上　海		0.08	0.08	40	40	16
江　苏	30	140.36	118.15	79081	65156	9219
浙　江	28	235.25	205.11	119516	101026	7126
安　徽	58	154.52	116.98	68093	49994	11482
福　建	60	330.54	304.57	157775	144992	12611
江　西	78	455.67	402.04	166247	149973	15431
山　东	51	269.85	182.03	164116	99814	19777
河　南	78	718.40	559.45	376456	287976	33689
湖　北	54	284.86	247.34	117227	103039	14065
湖　南	77	722.67	616.14	269669	230457	24215
广　东	69	621.23	562.78	351067	311985	20599
广　西	69	527.99	519.18	208395	205275	23687
海　南	11	47.49	37.76	40598	24146	1923
重　庆	45	155.20	138.17	73415	60979	9057
四　川	116	394.11	314.07	176221	140922	18575
贵　州	65	189.64	170.66	62341	58084	9341
云　南	91	301.23	257.15	135302	107345	11486
西　藏	82	22.00	17.42	14460	9788	848
陕　西	95	241.98	191.57	128924	97058	13829
甘　肃	54	72.91	62.08	30348	25580	6581
青　海	36	27.84	22.22	15067	13179	3124
宁　夏	20	22.47	19.28	10396	8632	1971
新　疆	68	81.20	65.60	36184	25417	5898

各地区城镇和工矿区私人建房情况(镇级)

地　区	城镇工矿区个数（个）	竣工面积（万平方米）	住宅	竣工价值（万元）	住宅	建房户数（户）
全国总计	**11460**	**11660.24**	**10259.38**	**4886587**	**4238584**	**806149**
北　京						
天　津	38	31.61	30.07	20842	19068	4647
河　北	521	705.01	577.54	401367	281126	53510
山　西	312	96.15	89.02	45402	42816	8198
内 蒙 古	303	173.91	153.44	72152	63031	18464
辽　宁	49	23.11	22.20	10162	9300	2734
吉　林	422	356.75	292.20	286325	214891	35275
黑 龙 江	293	390.83	354.53	188777	183781	40150
上　海		17.24	17.15	20654	20620	2523
江　苏	719	1005.11	793.58	424927	375590	53967
浙　江	490	862.52	803.55	439164	401873	40187
安　徽	842	704.83	607.83	273191	226245	67710
福　建	395	603.66	585.09	266559	259221	25093
江　西	638	584.41	539.92	198573	184083	33854
山　东	86	44.05	29.96	20900	15089	3373
河　南						
湖　北	680	731.98	646.00	288290	253582	53370
湖　南	549	528.52	468.23	185052	165136	24149
广　东	291	438.06	386.48	246561	218063	17234
广　西	751	1521.98	1463.93	493237	473787	122532
海　南	149	85.98	72.14	51811	42141	4937
重　庆	523	415.42	365.94	142548	119147	29533
四　川	1593	1117.42	922.57	395830	325248	66283
贵　州	619	422.66	370.58	114847	101282	37036
云　南	253	261.69	227.38	100593	83537	17492
西　藏	64	27.50	16.16	6964	5045	1103
陕　西	598	311.66	265.69	121725	100252	22989
甘　肃	166	113.28	93.28	35615	28731	13240
青　海	44	23.28	19.31	8426	6082	2023
宁　夏						
新　疆	72	61.64	45.63	26093	19817	4543

各地区城镇和工矿区私人建房情况(工矿区)

地　区	城镇工矿区个数（个）	竣工面积（万平方米）	住宅	竣工价值（万元）	住宅	建房户数（户）
全国总计	**401**	**302.45**	**257.73**	**130768**	**103902**	**16610**
北　京						
天　津						
河　北		1.25	1.25	1000	1000	130
山　西	45	10.95	10.06	6459	5325	1031
内蒙古	20	3.57	3.15	1557	1355	370
辽　宁	5	2.87	2.70	1341	1272	272
吉　林	24	3.82	3.06	2102	1682	381
黑龙江	11	7.53	7.30	3501	3425	635
上　海						
江　苏	3	0.85	0.85	415	415	84
浙　江						
安　徽	24	13.59	8.72	6428	4669	1201
福　建	1	0.80	0.80	326	326	24
江　西	20	9.38	6.94	3500	2668	333
山　东						
河　南	36	48.74	44.34	19879	18054	1866
湖　北	19	15.49	12.79	6514	5491	702
湖　南	64	30.54	25.87	12122	9690	1658
广　东	1	2.81	2.81	1856	1856	218
广　西	15	45.79	45.79	19201	19201	1785
海　南						
重　庆	6	5.53	4.95	2020	1827	406
四　川	28	19.95	11.33	7287	4209	806
贵　州	28	35.98	31.10	12562	9093	2614
云　南	18	20.86	17.20	9296	2802	267
西　藏						
陕　西	8	12.95	9.09	8458	5807	568
甘　肃	10	4.20	3.74	1865	1601	853
青　海	1	0.39	0.39	147	147	160
宁　夏						
新　疆	14	4.62	3.49	2932	1987	246

(三)房地产开发

房地产开发投资主要指标

指　　标	2002年	2003年	2003年比2002年增减	
			绝对数	%
一、投资总额（亿元）	**7790.92**	**10153.80**	**2362.88**	**30.3**
1.按构成分				
建筑安装工程	5202.72	6742.73	1540.01	29.6
设备、工具、器具投资	139.75	141.00	1.25	0.9
其他费用	2448.46	3270.07	821.61	33.6
2.按工程用途分				
住宅	5227.76	6776.69	1548.93	29.6
其中：经济适用房	589.04	621.98	32.94	5.6
办公楼	381.00	508.34	127.34	33.4
商业营业用房	933.61	1302.35	368.74	39.5
其他	1248.55	1566.43	317.88	25.5
二、全部项目建设规模（亿元）				
计划总投资	32189.10	38171.68	5982.58	18.6
实际需要的总投资	33953.72	40055.27	6101.55	18.0
自开始建设至本年底				
累计完成投资	18998.76	22691.60	3692.84	19.4
全部建成尚需投资	14954.97	17363.67	2408.70	16.1
三、新增固定资产（亿元）	**5384.84**	**6494.82**	**1109.98**	**20.6**
四、房屋建筑面积（万平方米）				
施工面积	94104.01	117525.99	23421.98	24.9
其中：住宅	73208.65	91390.49	18181.84	24.8
竣工面积	34975.75	41464.06	6488.31	18.6
其中：住宅	28524.70	33774.61	5249.91	18.4
五、投资资金来源小计（亿元）	**9749.95**	**13196.92**	3446.97	35.4
国家预算内资金	11.80	11.36	-0.44	-3.7
国内贷款	2220.34	3138.27	917.93	41.3
债　券	2.24	0.55	-1.70	-75.7
利用外资	157.23	170.00	12.78	8.1
其中:外商直接投资	124.13	116.27	-7.86	-6.3
自筹资金	2738.45	3770.69	1032.24	37.7
其他资金	4619.90	6106.05	1486.15	32.2
其中:定金及预收款	3758.77	5106.31	1347.54	35.9

各地区按登记注册类型分的房地产开发单位个数（一）

单位：个

地　　区	合计	内资	国有	集体	股份合作	国有联营	集体联营
全国总计	**37123**	**33107**	**4558**	**2205**	**680**	**95**	**42**
北　　京	1056	849	111	30	11	3	1
天　　津	761	701	148	37	6	4	2
河　　北	749	705	108	14	19		
山　　西	711	688	141	28	6	1	
内 蒙 古	687	685	45	10	15		
辽　　宁	1800	1629	116	41	20		
吉　　林	457	438	55	4	1		
黑 龙 江	776	734	144	21	14		
上　　海	2199	1945	282	136	24	10	8
江　　苏	2580	2311	373	264	73	7	4
浙　　江	2301	2199	189	110	57	7	3
安　　徽	1388	1303	218	83	26	2	2
福　　建	1900	1235	253	96	46	19	4
江　　西	1217	1035	172	53	53		
山　　东	2152	1986	330	227	67	6	2
河　　南	1430	1320	200	78	9		3
湖　　北	1309	1145	222	53	25	5	2
湖　　南	1157	1038	178	43	46	6	
广　　东	4171	3370	487	536	40	16	5
广　　西	749	641	132	46	15	2	1
海　　南	186	154	22	5	2	3	
重　　庆	1597	1486	81	36	22		1
四　　川	2014	1936	148	92	33	2	1
贵　　州	1157	1095	91	46	13		1
云　　南	393	374	67	7	4		
西　　藏	4	4	2				
陕　　西	622	592	103	32	11		
甘　　肃	721	654	91	58	13	1	1
青　　海	170	162	13	3	4	1	
宁　　夏	217	213	3	10	2		
新　　疆	492	480	33	6	3		1

各地区按登记注册类型分的房地产开发单位个数（二）

单位：个

地　区	内资						
	国有与集体联营	其他联营	国有独资公司	其他有限责任公司	股份有限公司	私营独资	私营合伙
全国总计	**49**	**80**	**245**	**11197**	**2801**	**306**	**150**
北　京	2	1	8	486	61		
天　津		1	4	208	38	11	1
河　北			4	218	114	5	5
山　西		1	1	207	59	2	
内蒙古	1		1	306	34	18	4
辽　宁			11	706	149	16	4
吉　林			3	187	64	2	3
黑龙江	2	1	1	272	131	4	3
上　海	16	8	27	723	60	3	3
江　苏	5	2	5	638	213	22	9
浙　江	2	3	26	1051	158	2	9
安　徽	2	2	10	410	144	20	8
福　建	1	19	10	294	102	7	20
江　西	2	3	1	190	154	33	20
山　东		1	12	653	185	14	2
河　南		1	7	526	61	6	4
湖　北	2	1	5	330	159	14	7
湖　南		2	12	313	128	12	7
广　东	7	23	39	909	148	41	9
广　西	1	1	4	136	67	5	2
海　南				93	14	3	
重　庆	1	3	16	573	85	4	5
四　川		2	3	582	171	6	4
贵　州	1	3	10	303	79	25	15
云　南	2	1	1	118	39	9	3
西　藏				1			
陕　西	1		9	170	35	8	1
甘　肃	1	1		187	102	9	
青　海			3	67	20	1	1
宁　夏			8	112	8	1	1
新　疆			4	228	19	3	

各地区按登记注册类型分的房地产开发单位个数（三）

单位：个

地　　区	内　资			港澳台投资			
	私营有限责任公司	私营股份有限公司	其他内资企业		合资经营	合作经营	独资
全国总计	**9375**	**1141**	**183**	**2840**	**1308**	**616**	**848**
北　　京	119	13	3	146	62	77	5
天　　津	221	13	7	37	23	6	7
河　　北	172	42	4	30	25	4	
山　　西	221	19	2	16	10		5
内 蒙 古	215	26	10	1	1		
辽　　宁	478	85	3	93	71	5	12
吉　　林	101	17	1	14	10		4
黑 龙 江	114	25	2	25	16	2	5
上　　海	614	18	13	161	104	13	44
江　　苏	598	84	14	186	129	26	28
浙　　江	526	53	3	57	47	3	7
安　　徽	317	42	17	53	27	1	21
福　　建	301	47	16	455	95	38	317
江　　西	266	78	10	114	55	2	43
山　　东	402	76	9	120	74	9	32
河　　南	400	18	7	74	52	4	18
湖　　北	264	49	7	107	62	5	36
湖　　南	236	48	7	88	56	5	22
广　　东	1022	74	14	692	170	386	131
广　　西	196	30	3	81	44	20	14
海　　南	7	3	2	23	8		15
重　　庆	596	53	10	78	43	5	29
四　　川	791	94	7	58	37	3	15
贵　　州	449	57	2	45	19	1	25
云　　南	105	17	1	15	13		1
西　　藏	1						
陕　　西	200	20	2	20	17	1	1
甘　　肃	166	21	3	37	27		9
青　　海	39	9	1	4	3		1
宁　　夏	63	5		2	2		
新　　疆	175	5	3	8	6		1

各地区按登记注册类型分的房地产开发单位个数（四）

单位：个

地　　区	港澳台股份有限	外商投资	合资经营	合作经营	独资	股份有限
全国总计	**68**	**1176**	**600**	**142**	**391**	**43**
北　　京	2	61	25	35	1	
天　　津	1	23	17	2	3	1
河　　北	1	14	10		2	2
山　　西	1	7	6		1	
内 蒙 古		1				1
辽　　宁	5	78	58	8	10	2
吉　　林		5	4	1		
黑 龙 江	2	17	13	1	2	1
上　　海		93	44	8	41	
江　　苏	3	83	56	8	18	1
浙　　江		45	36	3	6	
安　　徽	4	32	17	1	12	2
福　　建	5	210	46	9	153	2
江　　西	14	68	34	2	20	12
山　　东	5	46	29	6	11	
河　　南		36	24	1	9	2
湖　　北	4	57	32	3	21	1
湖　　南	5	31	16	2	10	3
广　　东	5	109	40	43	22	4
广　　西	3	27	14	5	5	3
海　　南		9	3		6	
重　　庆	1	33	22		10	1
四　　川	3	20	11	2	5	2
贵　　州		17	7		10	
云　　南	1	4	3		1	
西　　藏						
陕　　西	1	10	8	1		1
甘　　肃	1	30	20		9	1
青　　海		4	2		2	
宁　　夏		2		1	1	
新　　疆	1	4	3			1

各地区房地产开发投资总规模情况

单位:万元

地　　区	计划总投资	实际需要总投资	自开始建设累计完成投资	累计新增固定资产	未完工程累计投资
全国总计	**381716816**	**400552688**	**226916028**	**95613551**	**106923193**
北　　京	45923798	50248302	27600786	7629505	19679989
天　　津	7188352	7833257	4371925	2170678	1940799
河　　北	6756210	7052688	4094826	2077594	1263584
山　　西	3088073	3288479	1999840	895100	692723
内 蒙 古	1814912	1859230	1229686	673762	517784
辽　　宁	16825007	17597769	10023356	4617415	4590991
吉　　林	3523764	3546509	1958659	1170277	748937
黑 龙 江	3826743	3903147	2447840	1170205	1098745
上　　海	45737304	46019387	30407502	11863344	10745330
江　　苏	23623914	24313873	14305995	5408801	7904146
浙　　江	32475777	33460469	18969121	7428439	9977900
安　　徽	8579058	8735641	4074845	1940355	1180014
福　　建	15071076	16209362	8647248	3583810	4170841
江　　西	5030795	5403983	2886839	1467668	947095
山　　东	19675044	20355146	10034501	5034411	4152445
河　　南	6947968	7184454	3651512	1778994	1533683
湖　　北	9767866	10680252	5857310	2572607	1533579
湖　　南	7902119	8044224	4362650	1982903	2165035
广　　东	62793536	67531640	40461409	19071153	19368778
广　　西	4823055	5043296	2916042	1339906	1467806
海　　南	1258497	1261824	598815	213079	385736
重　　庆	14710940	15433761	6814244	2594115	2952404
四　　川	12885989	13221788	7252640	3123491	2893630
贵　　州	4479788	4713594	2184797	952477	1097625
云　　南	3848654	4118994	2501127	1356073	832034
西　　藏	70400	70400	28235	16115	12120
陕　　西	6586459	6727745	3471771	1404420	1816798
甘　　肃	2066328	2114724	986526	322882	435107
青　　海	777365	784394	407061	221034	176729
宁　　夏	793135	833120	636304	391082	173142
新　　疆	2864890	2961236	1732616	1141856	467664

各地区房地产开发投资和新增固定资产

单位：万元

地　区	投资额	新增固定资产	固定资产交付使用率（%）
全国总计	**101538009**	**64948164**	**64.0**
北　京	12024763	6800051	56.6
天　津	2113876	1553772	73.5
河　北	2512674	1628829	64.8
山　西	950740	580179	61.0
内蒙古	907881	591803	65.2
辽　宁	4863947	3396614	69.8
吉　林	1392394	967027	69.5
黑龙江	1632806	1067546	65.4
上　海	9012427	8125554	90.2
江　苏	8099636	4247113	52.4
浙　江	9800514	5550752	56.6
安　徽	2406505	1286258	53.4
福　建	3620657	2090111	57.7
江　西	1774707	1005207	56.6
山　东	5818758	3336734	57.3
河　南	1855555	1088263	58.6
湖　北	2390412	1610839	67.4
湖　南	2300324	1392836	60.5
广　东	12335231	9068043	73.5
广　西	1203112	496232	41.2
海　南	366131	213079	58.2
重　庆	3278881	1936672	59.1
四　川	4508670	2607866	57.8
贵　州	1049510	682060	65.0
云　南	1149688	818367	71.2
西　藏	20005	16115	80.6
陕　西	1883082	965008	51.2
甘　肃	508029	286273	56.3
青　海	223121	159032	71.3
宁　夏	509065	381121	74.9
新　疆	1024908	998808	97.5

各地区房地产开发投资各种购置费用

单位：万元

地　区	购置旧设备	旧建筑物购置费	土地购置费
全国总计	**11602**	**608876**	**20551715**
北　京	173	33600	2132279
天　津	155	47408	301758
河　北		15245	382481
山　西		8170	140670
内蒙古	100	235	155644
辽　宁	69	16059	1024229
吉　林	105	5868	188938
黑龙江		23084	265734
上　海			1733080
江　苏	3000	76527	2206642
浙　江		39013	3389979
安　徽	1068	39067	558485
福　建	326	36809	707419
江　西	125	5092	385814
山　东	3	37943	1054525
河　南	60	6095	385511
湖　北	595	7140	404811
湖　南	385	41668	396649
广　东	1006	20594	2145440
广　西	345	29230	211307
海　南	5		51968
重　庆	691	65973	474297
四　川		11157	875403
贵　州	2479	11744	145776
云　南	366	9534	234044
西　藏			966
陕　西	110	12785	297531
甘　肃	386	4943	73161
青　海			29861
宁　夏		575	64365
新　疆	50	3318	132948

各地区按登记注册类型分的房地产开发投资（一）

单位：万元

地区	合计	内资	国有	集体	股份合作	国有联营	集体联营
全国总计	**101538009**	**88802316**	**11400073**	**3534176**	**1554895**	**170692**	**107128**
北京	12024763	10163942	1354904	273563	144266	18192	1402
天津	2113876	1943394	481722	40807	4068	3038	1392
河北	2512674	2338914	384901	19451	43389		
山西	950740	904224	144204	19339	15013	14000	
内蒙古	907881	906131	75226	14980	10331		
辽宁	4863947	4221694	154234	40947	15301		
吉林	1392394	1330194	138543	7848	3000		
黑龙江	1632806	1572369	226096	17641	4899		
上海	9012427	7535418	812635	455487	55754	3673	12120
江苏	8099636	7290438	1629448	534532	217474	6260	39525
浙江	9800514	9348805	890877	268014	213687	15556	2649
安徽	2406505	2256503	369623	71395	54587	1532	1813
福建	3620657	2472788	576938	208738	69398	22982	14003
江西	1774707	1506681	237804	26592	69163		
山东	5818758	5265147	922501	362404	186473	14802	14024
河南	1855555	1613133	199376	28317	5247		300
湖北	2390412	2094380	325646	32898	26492	11963	5983
湖南	2300324	2024121	348235	37153	81249	12943	
广东	12335231	9514997	491783	686987	92473	36784	6622
广西	1203112	994007	138863	54911	17808	2175	185
海南	366131	304532	31631	1596	8020	1280	
重庆	3278881	2990147	125923	29359	39682		550
四川	4508670	4296119	482494	115075	103956	4501	87
贵州	1049510	992448	79590	34298	9526		913
云南	1149688	1051384	151772	17983	5957		
西藏	20005	20005	14638				
陕西	1883082	1764699	449050	86106	31192		
甘肃	508029	438248	77397	25669	3207		5560
青海	223121	208856	16854	5844	5779	1011	
宁夏	509065	491210	19372	10456	6500		
新疆	1024908	947388	47793	5786	11004		

各地区按登记注册类型分的房地产开发投资（二）

单位：万元

地　　区	内资						
	国有与集体联营	其他联营	国有独资公司	其他有限责任公司	股份有限公司	私营独资	私营合伙
全国总计	**172733**	**256088**	**1269901**	**36076485**	**8670128**	**579192**	**263425**
北　　京	8609	27125	414760	5831611	920014		
天　　津			12514	587102	171857	12876	
河　　北			18188	790032	539835	13893	8735
山　　西		1600	775	280345	80879	3140	
内 蒙 古			79	447038	35680	14446	2007
辽　　宁			69119	2037632	420425	49236	2270
吉　　林			27511	620953	127761	4138	3400
黑 龙 江	145		2429	681559	327699	10800	2898
上　　海	109371	7000	185832	2699023	216580		8668
江　　苏	18592	5814	33666	2311438	675798	82102	30084
浙　　江	5386	2795	151290	5013708	811642	942	21301
安　　徽	980	1315	40266	809829	277094	19607	17038
福　　建	863	17734	41448	548559	213077	48756	48815
江　　西	9372	8100		394516	249691	26127	27259
山　　东		3185	21658	1884351	657701	41230	2493
河　　南		993	9968	781320	95781	7239	2911
湖　　北	2368	14824	56061	716122	384697	17079	6503
湖　　南		3890	14513	791326	259383	15780	9570
广　　东	5862	153341	61569	3562856	952829	98203	10909
广　　西	70	3500	9457	275566	103063	7311	1737
海　　南				182374	41901	6101	
重　　庆	5000	1986	26179	1252196	197228	4801	16115
四　　川		750	1825	1482844	391385	4695	23182
贵　　州	4235	1180	2896	312560	88135	13799	7930
云　　南	400	956	1800	410594	157317	8824	7186
西　　藏				1200			
陕　　西	1480		36614	455935	105426	49470	900
甘　　肃				132953	68237	7575	
青　　海			3102	93097	34551	830	
宁　　夏			10341	212132	14414	7603	1514
新　　疆			16041	475714	50048	2589	

各地区按登记注册类型分的房地产开发投资（三）

单位：万元

地区	内资			港澳台投资			
	私营有限责任公司	私营股份有限公司	其他内资企业		合资经营	合作经营	独资
全国总计	**22076204**	**2201159**	**470037**	**8620365**	**4076009**	**2363602**	**1908092**
北　　京	1099485	67974	2037	1165321	355056	666152	63444
天　　津	600963	4923	22132	83697	65583	1950	16164
河　　北	402746	100437	17307	126509	114841	11299	
山　　西	325364	19329	236	41305	26558		14747
内 蒙 古	266759	31685	7900	800	800		
辽　　宁	1262672	167638	2220	206246	102741	35783	9261
吉　　林	350045	44445	2550	51531	43750		7781
黑 龙 江	251788	42435	3980	24522	12712		11260
上　　海	2803967	85918	79390	845270	565106	155319	124845
江　　苏	1474302	163258	68145	574538	395160	74203	104875
浙　　江	1711633	223922	15403	290312	236674	12724	40914
安　　徽	505821	55255	30348	98955	55188	2987	35378
福　　建	575273	61862	24342	751668	144385	59155	543600
江　　西	365775	87701	4581	165013	87754	1450	62831
山　　东	950400	173933	29992	389284	230446	15924	100873
河　　南	444917	13909	22855	148312	92802	13091	42419
湖　　北	406235	73902	13607	184152	85955	42803	51534
湖　　南	352103	87524	10452	202554	122896	10399	59229
广　　东	3183211	142309	29259	2433940	795832	1181690	445823
广　　西	315828	60094	3439	109409	71307	17676	14844
海　　南	24131	3849	3649	47473	15764		31709
重　　庆	1127869	119543	43716	224820	134943	48350	40517
四　　川	1527364	148436	9525	136967	68582	8629	56858
贵　　州	384632	49642	3112	36058	29137	540	6381
云　　南	243627	44231	737	82409	54000		20
西　　藏	4167						
陕　　西	451375	90711	6440	67052	57774	3478	1300
甘　　肃	109581	4619	3450	43382	29601		13781
青　　海	40669	7119		10664	2960		7704
宁　　夏	201227	7651		2328	2328		
新　　疆	312275	16905	9233	75874	75374		

各地区按登记注册类型分的房地产开发投资（四）

单位：万元

地区	港澳台股份有限	外商投资	合资经营	合作经营	独资	股份有限
全国总计	**272662**	**4115328**	**2063211**	**823842**	**1133970**	**94305**
北　　京	80669	695500	308107	384689	2704	
天　　津		86785	29125	2730	18345	36585
河　　北	369	47251	28742		8220	10289
山　　西		5211	5211			
内 蒙 古		950				950
辽　　宁	58461	436007	274145	71587	88165	2110
吉　　林		10669	10669			
黑 龙 江	550	35915	18609	17306		
上　　海		631739	359253	80994	191492	
江　　苏	300	234660	179045	6406	48809	400
浙　　江		161397	115419	22192	23786	
安　　徽	5402	51047	13125	300	22122	15500
福　　建	4528	396201	79554	3171	310878	2598
江　　西	12978	103013	66776	1810	23357	11070
山　　东	42041	164327	79328	32984	52015	
河　　南		94110	58214	7000	28476	420
湖　　北	3860	111880	60856	11822	39202	
湖　　南	10030	73649	27449	4500	39168	2532
广　　东	10595	386294	120870	139122	125112	1190
广　　西	5582	99696	60900	20418	11202	7176
海　　南		14126	3897		10229	
重　　庆	1010	63914	16957		45607	1350
四　　川	2898	75584	55738	920	18926	
贵　　州		21004	8861		12143	
云　　南	28389	15895	9895		6000	
西　　藏						
陕　　西	4500	51331	46555	3391		1385
甘　　肃		26399	25015		1384	
青　　海		3601			3601	
宁　　夏		15527		12500	3027	
新　　疆	500	1646	896			750

各地区按资质等级分的房地产开发投资（一）

单位：万元

地　区	投资额	一级	二级	三级
全国总计	**101538009**	**7507321**	**18691030**	**33171561**
北　京	12024763	1901179	1043401	290707
天　津	2113876	322503	551584	327796
河　北	2512674	19316	412921	533887
山　西	950740	14561	224455	261415
内蒙古	907881	2000	121669	269883
辽　宁	4863947	365985	647438	2554196
吉　林	1392394	128740	106483	485559
黑龙江	1632806	33368	305379	783943
上　海	9012427	640880	1529158	1234587
江　苏	8099636	534877	1888869	4785914
浙　江	9800514	627867	1504425	4692748
安　徽	2406505	111745	388267	860206
福　建	3620657	143441	383757	1366374
江　西	1774707	15195	459432	507814
山　东	5818758	247132	583008	1758468
河　南	1855555	52592	430467	820042
湖　北	2390412	273406	793508	753938
湖　南	2300324	27886	507254	1161260
广　东	12335231	1440683	2853353	3089076
广　西	1203112	24496	122422	494811
海　南	366131		34741	60437
重　庆	3278881	147608	1338629	1521537
四　川	4508670	182936	766063	2473284
贵　州	1049510	32070	147627	344253
云　南	1149688	50690	268939	257013
西　藏	20005		5543	14462
陕　西	1883082	12521	733184	721825
甘　肃	508029	1900	107912	235516
青　海	223121	1500	59804	66253
宁　夏	509065	22331	149940	168347
新　疆	1024908	127913	221398	276010

各地区按资质等级分的房地产开发投资（二）

单位：万元

地　区	四级	暂定	其他
全国总计	**12418083**	**13074595**	**16675419**
北　京	190083	964797	7634596
天　津	839048	72945	
河　北	1027780	478008	40762
山　西	282722	161162	6425
内蒙古	372024	104327	37978
辽　宁	83439	1145094	67795
吉　林	348894	296727	25991
黑龙江	29403	380877	99836
上　海			5607802
江　苏	426843	405861	57272
浙　江	1592638	1108520	274316
安　徽	409944	594421	41922
福　建	524627	1086210	116248
江　西	347575	409979	34712
山　东	1666715	1250423	313012
河　南	162944	374810	14700
湖　北	253188	280459	35913
湖　南	225356	345603	32965
广　东	1298794	1830004	1823321
广　西	123512	422071	15800
海　南	50584	219155	1214
重　庆	73444	184556	13107
四　川	638360	204070	243957
贵　州	393114	131955	491
云　南	356017	174463	42566
西　藏			
陕　西	258820	115093	41639
甘　肃	57339	91432	13930
青　海	53141	38066	4357
宁　夏	103360	49121	15966
新　疆	228375	154386	16826

各地区按构成分的房地产开发投资

单位：万元

地　区	投资额	建筑安装工程	设备工器具购置	其他费用
全国总计	**101538009**	**67427301**	**1410004**	**32700704**
北　京	12024763	7162225	242855	4619683
天　津	2113876	1322478	40638	750760
河　北	2512674	1808885	33498	670291
山　西	950740	709910	16357	224473
内蒙古	907881	699349	8970	199562
辽　宁	4863947	3198149	68635	1597163
吉　林	1392394	1056394	15690	320310
黑龙江	1632806	1140727	30641	461438
上　海	9012427	5576117	112883	3323427
江　苏	8099636	5093240	67256	2939140
浙　江	9800514	5576285	72256	4151973
安　徽	2406505	1586469	31667	788369
福　建	3620657	2590441	26659	1003557
江　西	1774707	1264785	16837	493085
山　东	5818758	4124338	38647	1655773
河　南	1855555	1305490	16117	533948
湖　北	2390412	1668500	32463	689449
湖　南	2300324	1580238	33185	686901
广　东	12335231	8669704	252571	3412956
广　西	1203112	835897	20173	347042
海　南	366131	282702	9954	73475
重　庆	3278881	2249134	82885	946862
四　川	4508670	3213944	44495	1250231
贵　州	1049510	708079	14566	326865
云　南	1149688	799077	8415	342196
西　藏	20005	14437	94	5474
陕　西	1883082	1390521	37671	454890
甘　肃	508029	403702	7868	96459
青　海	223121	185280		37841
宁　夏	509065	397309	1842	109914
新　疆	1024908	813495	24216	187197

各地区按用途分的房地产开发投资

单位：万元

地区	投资额	住宅	别墅、高档公寓	经济适用房	办公楼	商业营业用房	其他
全国总计	**101538009**	**67766861**	**6329872**	**6219833**	**5083372**	**13023473**	**15664303**
北京	12024763	6329718	995141	686695	1427491	613455	3654099
天津	2113876	1509252	176977	434000	77808	242564	284252
河北	2512674	1642136	34416	288197	87301	348012	435225
山西	950740	473991	2110	160506	53641	211630	211478
内蒙古	907881	514832	8373	75702	55181	258169	79699
辽宁	4863947	3434716	151660	234820	131670	866730	430831
吉林	1392394	977740	3590	143422	60698	291525	62431
黑龙江	1632806	886210	2630	259567	63710	351126	331760
上海	9012427	6762825	1066623		666736	678172	904694
江苏	8099636	5966854	622235	407726	275428	1092992	764362
浙江	9800514	7158355	600408	367706	481362	1454305	706492
安徽	2406505	1656236	79178	161681	78679	439252	232338
福建	3620657	2376658	118573	68852	106394	382660	754945
江西	1774707	1085084	36311	134782	25820	316210	347593
山东	5818758	4088581	191406	311485	186966	765754	777457
河南	1855555	1350953	52682	215342	52989	235413	216200
湖北	2390412	1719094	87411	226013	81061	176634	413623
湖南	2300324	1457959	173471	480846	73970	479640	288755
广东	12335231	8274350	871841	152244	440832	1369168	2250881
广西	1203112	732095	41615	29314	17572	159421	294024
海南	366131	298856	63465	29301	9586	31619	26070
重庆	3278881	1774341	116952	163154	118569	508227	877744
四川	4508670	3269725	530376	230457	137719	789550	311676
贵州	1049510	565984	7213	107116	51155	151162	281209
云南	1149688	815444	175397	155670	33316	88964	211964
西藏	20005	16461	6317	10144	200	2378	966
陕西	1883082	1234696	71986	227873	146057	245935	256394
甘肃	508029	343764	13705	121278	16702	67793	79770
青海	223121	154551	2097	53411	21610	21251	25709
宁夏	509065	347630	5501	38878	21652	96866	42917
新疆	1024908	547770	20212	243651	81497	286896	108745

各地区按隶属关系分的房地产开发投资

单位：万元

地区	投资额	中央项目	地方项目	省属	地市属	县属	其他
全国总计	**101538009**	**1462898**	**100075111**	**7472121**	**28986455**	**15909381**	**47707154**
北京	12024763	253731	11771032	1999263	1713825	42041	8015903
天津	2113876	31924	2081952	333770	217497	49972	1480713
河北	2512674	23640	2489034	91341	1050080	587985	759628
山西	950740	4180	946560	42822	384790	122027	396921
内蒙古	907881	3077	904804	44516	235113	185616	439559
辽宁	4863947	55303	4808644	265905	1096559	974607	2471573
吉林	1392394	26747	1365647	35896	316251	178057	835443
黑龙江	1632806	89773	1543033	284226	529362	176232	553213
上海	9012427	125802	8886625	977803	3466641	10237	4431944
江苏	8099636	20900	8078736	112494	2207147	3001497	2757598
浙江	9800514	46832	9753682	506405	2285382	2681600	4280295
安徽	2406505	23405	2383100	146037	750850	391071	1095142
福建	3620657	14621	3606036	229721	1564142	824921	987252
江西	1774707	32012	1742695	157303	540326	329687	715379
山东	5818758	18496	5800262	312170	1656246	1506861	2324985
河南	1855555	22196	1833359	76456	607606	245832	903465
湖北	2390412	30531	2359881	299108	984829	221214	854730
湖南	2300324	13959	2286365	151481	693196	463417	978271
广东	12335231	478110	11857121	317179	4979039	1943688	4617215
广西	1203112	3244	1199868	63672	603645	107873	424678
海南	366131	2119	364012	24901	99714	1709	237688
重庆	3278881	13025	3265856	233981	333784	377752	2320339
四川	4508670	26131	4482539	206061	1109333	597859	2569286
贵州	1049510	27333	1022177	41760	58872	109379	812166
云南	1149688	3068	1146620	167937	247908	161942	568833
西藏	20005		20005	5367	14638		
陕西	1883082	24232	1858850	149303	773026	278938	657583
甘肃	508029	15925	492104	79740	84104	70439	257821
青海	223121		223121	8880	181360	21815	11066
宁夏	509065	3628	505437	77580	96425	70472	260960
新疆	1024908	28954	995954	29043	104765	174641	687505

各地区房地产开发投资财务拨款

单位：万元

地　　区	本年资金来源合计	上年末结余资金	本年资金来源小计	本年各项应付款合计
全国总计	**152577205**	**20607981**	**131969224**	**16990262**
北　　京	22091512	3377627	18713885	1131106
天　　津	3642129	417992	3224137	639505
河　　北	2913489	281793	2631696	403796
山　　西	1332234	133982	1198252	226938
内 蒙 古	864826	24838	839988	98992
辽　　宁	6430888	847896	5582992	978987
吉　　林	1464026	97230	1366796	226608
黑 龙 江	1721670	113689	1607981	296126
上　　海	15793405	2845713	12947692	2068288
江　　苏	10784076	1179619	9604457	1362342
浙　　江	15687368	1846094	13841274	991260
安　　徽	3402234	400007	3002227	378743
福　　建	6235711	1104327	5131384	515500
江　　西	2025677	184596	1841081	355457
山　　东	7679940	887000	6792940	930233
河　　南	2473398	318148	2155250	229173
湖　　北	3603462	523386	3080076	633050
湖　　南	2853922	316177	2537745	267467
广　　东	19808158	2971332	16836826	2698880
广　　西	1811330	220061	1591269	115095
海　　南	460221	58393	401828	41898
重　　庆	4793499	570236	4223263	494480
四　　川	6152127	720014	5432113	663864
贵　　州	1545201	231347	1313854	258266
云　　南	1881827	328813	1553014	221272
西　　藏	46469	523	45946	1500
陕　　西	2283375	303511	1979864	367155
甘　　肃	738748	116411	622337	102919
青　　海	237908	7220	230688	18762
宁　　夏	550185	29475	520710	74694
新　　疆	1268190	150531	1117659	197906

各地区房地产开发投资本年资金来源构成（一）

单位：万元

地　区	本年资金来源小计	国家预算内资金	国内贷款	债券
全国总计	**131969224**	**113631**	**31382699**	**5460**
北　京	18713885		5868594	
天　津	3224137		911374	
河　北	2631696	7644	384960	
山　西	1198252	1250	278140	
内蒙古	839988	600	83040	
辽　宁	5582992	3388	1332891	
吉　林	1366796		171010	
黑龙江	1607981	350	260166	
上　海	12947692		2827047	
江　苏	9604457		2565988	
浙　江	13841274	200	3941332	850
安　徽	3002227	4472	568264	
福　建	5131384	18491	986461	1000
江　西	1841081		339321	
山　东	6792940		1355450	
河　南	2155250	60	397800	
湖　北	3080076	41782	673144	
湖　南	2537745	13620	561418	119
广　东	16836826	4012	3708234	1000
广　西	1591269		369154	
海　南	401828		65455	
重　庆	4223263	1000	949504	
四　川	5432113	150	1026278	
贵　州	1313854		260061	
云　南	1553014	89	403185	
西　藏	45946		9000	
陕　西	1979864	14185	564856	
甘　肃	622337	2193	145674	391
青　海	230688		41998	2100
宁　夏	520710	145	124552	
新　疆	1117659		208348	

各地区房地产开发投资本年资金来源构成（二）

单位：万元

地　区	利用外资	外商直接投资	自筹资金	其他资金
全国总计	**1700040**	**1162667**	**37706891**	**61060503**
北　京	332107	99981	3758456	8754728
天　津	38315	30463	900460	1373988
河　北	23715	23715	1131948	1083429
山　西	1000	1000	468939	448923
内蒙古	375	375	554774	201199
辽　宁	55561	46434	2273464	1917688
吉　林	1500	510	790184	404102
黑龙江	4050	4050	870635	472780
上　海	341438	171810	3139075	6640132
江　苏	74815	62230	2585426	4378228
浙　江	45555	45555	2534602	7318735
安　徽	15038	15038	985305	1429148
福　建	121847	119243	1252934	2750651
江　西	65347	61059	753751	682662
山　东	70733	67774	2464375	2902382
河　南	10841	8941	764412	982137
湖　北	18406	12114	995289	1351455
湖　南	66913	60310	971465	924210
广　东	307852	232805	4240624	8575104
广　西	23017	19910	421576	777522
海　南	6172	4677	159983	170218
重　庆	41458	41208	1371847	1859454
四　川	6627	6527	1801966	2597092
贵　州	7414	6994	451268	595111
云　南	10415	10415	385852	753473
西　藏			27159	9787
陕　西	4352	4352	708451	688020
甘　肃	300	300	224966	248813
青　海	3550	3550	97984	85056
宁　夏	1327	1327	171280	223406
新　疆			448441	460870

各地区房地产土地开发情况

地　区	本年完成开发土地面积（万平方米）	待开发土地面积（万平方米）	本年购置土地面积（万平方米）	本年土地成交价款（万元）
全国总计	**22166.26**	**21782.58**	**35696.48**	**48889502**
北　京	1084.44	1957.25	1391.26	2229217
天　津	740.45	436.79	1093.27	422084
河　北	559.58	266.55	1040.32	431281
山　西	196.44	118.15	364.30	191659
内蒙古	284.01	7.60	521.30	171374
辽　宁	1062.90	721.87	1668.66	1395759
吉　林	241.14	6.99	356.27	190923
黑龙江	416.36	202.44	494.36	343365
上　海	605.51	205.92	1469.10	941225
江　苏	1600.28	2060.19	3219.26	3034139
浙　江	1790.93	1509.33	3407.94	4687362
安　徽	776.52	827.55	1607.38	718305
福　建	1019.81	669.67	1519.37	1123794
江　西	772.16	432.03	1504.43	424314
山　东	2010.48	1582.10	3661.95	1342802
河　南	553.71	363.07	1081.79	418049
湖　北	774.73	1271.82	1536.44	667635
湖　南	980.77	1066.00	1550.59	1274235
广　东	2713.98	4148.04	2468.08	1701149
广　西	413.96	479.04	599.78	226295
海　南	13.76	1.50	98.75	53196
重　庆	842.35	1622.94	1637.19	613899
四　川	703.94	225.89	87.21	25119905
贵　州	375.16	386.93	624.24	166951
云　南	426.73	117.15	749.72	254640
西　藏	7.22	40.64	8.00	966
陕　西	393.86	315.65	594.54	285892
甘　肃	219.04	137.94	263.59	151720
青　海	108.82	40.62	118.01	29861
宁　夏	94.80	110.40	295.15	97592
新　疆	382.40	450.51	664.27	179914

各地区房地产开发房屋建筑面积和造价

地　区	施工房屋面　积（万平方米）	竣工房屋面　积（万平方米）	房屋建筑面积竣工率（%）	竣工房屋价　值（万元）	竣工房屋造　价（元/平方米）
全国总计	**117525.99**	**41464.06**	**35.3**	**52799528**	**1273**
北　京	9070.66	2593.65	28.6	4618258	1781
天　津	2314.43	911.27	39.4	1199770	1317
河　北	2908.68	1207.27	41.5	1314185	1089
山　西	1294.60	482.57	37.3	544055	1127
内蒙古	1176.02	615.91	52.4	530759	862
辽　宁	5314.11	2139.70	40.3	2301203	1075
吉　林	1437.74	710.99	49.5	820176	1154
黑龙江	1900.03	883.48	46.5	869686	984
上　海	8267.51	2491.84	30.1	7452427	2991
江　苏	8924.74	3120.23	35.0	3261003	1045
浙　江	10804.76	3214.85	29.8	4781533	1487
安　徽	3140.10	1326.21	42.2	1094037	825
福　建	4891.04	1362.95	27.9	1517270	1113
江　西	2577.95	1055.45	40.9	782784	742
山　东	7246.81	2688.79	37.1	2799368	1041
河　南	3210.26	1005.52	31.3	859132	854
湖　北	3252.16	1332.51	41.0	1434262	1076
湖　南	3118.87	1142.30	36.6	1114571	976
广　东	12854.98	4383.68	34.1	7301472	1666
广　西	1929.78	558.73	29.0	426733	764
海　南	459.11	114.96	25.0	192314	1673
重　庆	5287.80	1676.97	31.7	1572467	938
四　川	6837.95	2864.10	41.9	2321414	811
贵　州	2104.01	655.35	31.1	545722	833
云　南	1363.21	586.59	43.0	602198	1027
西　藏	17.37	12.56	72.3	16115	1283
陕　西	2274.36	709.54	31.2	861591	1214
甘　肃	997.85	260.67	26.1	257506	988
青　海	412.08	156.99	38.1	152522	972
宁　夏	754.91	407.28	54.0	344124	845
新　疆	1382.14	791.14	57.2	910871	1151

各地区房地产开发住宅建筑面积和造价

地　区	施工住宅面积（万平方米）	竣工住宅面积（万平方米）	住宅建筑面积竣工率（%）	竣工住宅价值（万元）	竣工住宅造价（元/平方米）
全国总计	**91390.49**	**33774.61**	**37.0**	**41289403**	**1222**
北　京	6352.86	2080.75	32.8	3440234	1653
天　津	1953.50	750.67	38.4	953018	1270
河　北	2384.69	1011.75	42.4	1001590	990
山　西	953.40	370.13	38.8	360540	974
内蒙古	801.32	479.38	59.8	391959	818
辽　宁	4147.84	1739.03	41.9	1749216	1006
吉　林	1080.71	538.37	49.8	577434	1073
黑龙江	1311.13	659.05	50.3	596891	906
上　海	6782.09	2139.99	31.6	6393083	2987
江　苏	7278.55	2620.69	36.0	2648536	1011
浙　江	8440.89	2571.72	30.5	3674520	1429
安　徽	2401.06	1039.87	43.3	791453	761
福　建	3791.00	1074.29	28.3	1169686	1089
江　西	1988.74	794.44	39.9	533945	672
山　东	5914.15	2269.55	38.4	2310827	1018
河　南	2741.22	887.64	32.4	716243	807
湖　北	2730.70	1178.73	43.2	1213737	1030
湖　南	2332.56	876.42	37.6	771566	880
广　东	9722.02	3558.36	36.6	5813700	1634
广　西	1567.25	472.62	30.2	347564	735
海　南	392.74	102.69	26.1	169886	1654
重　庆	3747.34	1231.75	32.9	1018810	827
四　川	5425.90	2361.01	43.5	1786895	757
贵　州	1580.37	512.25	32.4	378567	739
云　南	1157.62	512.59	44.3	528130	1030
西　藏	14.66	11.35	77.4	14799	1304
陕　西	1745.86	616.85	35.3	708915	1149
甘　肃	800.15	225.75	28.2	210652	933
青　海	309.46	137.54	44.4	126586	920
宁　夏	577.82	322.88	55.9	249221	772
新　疆	962.89	626.50	65.1	641200	1023

各地区房地产开发房屋施工面积

单位：万平方米

地 区	房屋施工面积合计	住 宅	别墅、高档公寓	经济适用房	办公楼	商业营业用房	其他
全国总计	**117525.99**	**91390.49**	**5796.55**	**10139.54**	**5088.41**	**14708.90**	**6338.19**
北 京	9070.66	6352.86	704.95	802.48	901.31	557.66	1258.83
天 津	2314.43	1953.50	141.81	568.19	85.87	194.84	80.21
河 北	2908.68	2384.69	36.30	496.53	72.82	398.42	52.76
山 西	1294.60	953.40	4.13	315.27	81.30	232.30	27.59
内蒙古	1176.02	801.32	6.64	101.82	48.94	294.37	31.38
辽 宁	5314.11	4147.84	152.55	328.20	168.98	788.87	208.42
吉 林	1437.74	1080.71	3.09	193.18	58.27	260.82	37.94
黑龙江	1900.03	1311.13	17.96	393.87	79.30	415.46	94.14
上 海	8267.51	6782.09	847.73		417.83	564.04	503.55
江 苏	8924.74	7278.55	551.13	569.95	298.05	974.93	373.22
浙 江	10804.76	8440.89	512.94	502.41	437.42	1236.55	689.91
安 徽	3140.10	2401.06	86.21	226.92	114.06	542.56	82.42
福 建	4891.04	3791.00	179.41	129.98	202.64	561.87	335.53
江 西	2577.95	1988.74	36.50	299.51	39.41	470.03	79.77
山 东	7246.81	5914.15	227.47	615.03	203.47	953.68	175.50
河 南	3210.26	2741.22	54.11	411.61	88.36	336.85	43.84
湖 北	3252.16	2730.70	113.34	334.20	125.22	261.44	134.81
湖 南	3118.87	2332.56	194.75	691.74	98.27	546.29	141.75
广 东	12854.98	9722.02	741.96	290.89	577.58	1558.61	996.76
广 西	1929.78	1567.25	62.96	77.05	31.99	229.62	100.92
海 南	459.11	392.74	37.74	50.65	17.96	41.56	6.85
重 庆	5287.80	3747.34	115.11	384.50	223.73	949.24	367.50
四 川	6837.95	5425.90	617.96	410.84	156.85	1034.85	220.35
贵 州	2104.01	1580.37	21.00	251.64	98.34	338.40	86.90
云 南	1363.21	1157.62	179.38	368.81	26.92	123.30	55.37
西 藏	17.37	14.66	4.93	9.72	0.07	2.63	
陕 西	2274.36	1745.86	62.33	448.80	233.29	235.08	60.13
甘 肃	997.85	800.15	49.77	244.29	40.49	128.70	28.51
青 海	412.08	309.46	8.25	123.80	38.54	56.53	7.54
宁 夏	754.91	577.82	7.67	80.42	32.99	120.88	23.23
新 疆	1382.14	962.89	16.47	417.25	88.17	298.51	32.57

各地区房地产开发房屋新开工面积

单位：万平方米

地区	房屋新开工面积合计	住宅	别墅、高档公寓	经济适用房	办公楼	商业营业用房	其他
全国总计	**54707.53**	**43853.88**	**2349.29**	**5330.58**	**1466.89**	**6706.80**	**2679.96**
北京	3433.75	2503.46	233.15	341.14	259.09	226.04	445.16
天津	838.17	721.51	62.20	220.15	17.94	59.98	38.74
河北	1529.49	1304.54	8.73	254.92	22.50	176.20	26.26
山西	685.33	524.41	3.90	157.72	27.25	120.12	13.54
内蒙古	795.91	544.73	6.58	71.91	20.82	203.26	27.10
辽宁	2617.63	2116.05	19.41	183.41	60.49	347.54	93.55
吉林	960.28	765.78	2.07	133.13	31.64	139.84	23.02
黑龙江	1110.41	761.29	16.79	215.11	22.90	262.07	64.14
上海	3134.53	2613.19	335.54	#VALUE!	86.10	248.37	186.88
江苏	5143.31	4296.32	276.66	377.13	108.93	536.80	201.26
浙江	4988.70	3981.71	249.52	244.30	160.79	534.45	311.75
安徽	1655.56	1298.32	41.65	101.77	40.59	271.94	44.71
福建	1903.00	1571.39	51.65	76.85	22.09	194.19	115.33
江西	1484.17	1128.22	19.85	166.50	12.46	287.24	56.25
山东	4039.93	3382.17	102.29	368.75	59.87	503.11	94.78
河南	1486.47	1284.54	21.95	192.81	35.98	147.39	18.57
湖北	1542.34	1340.02	34.75	210.07	32.86	110.14	59.33
湖南	1476.75	1110.45	79.70	354.84	45.09	259.19	62.03
广东	4328.19	3417.99	254.94	113.68	122.39	462.48	325.33
广西	1058.18	872.21	32.40	38.76	15.92	117.45	52.60
海南	170.67	154.69	29.30	6.74	0.17	13.16	2.65
重庆	2098.24	1580.04	50.44	187.75	50.22	312.31	155.67
四川	3646.77	2925.80	254.57	225.02	62.03	523.91	135.04
贵州	902.94	715.09	10.32	125.75	19.53	130.83	37.49
云南	701.23	600.10	81.23	194.03	6.66	67.06	27.41
西藏	17.37	14.66	4.93	9.72	0.07	2.63	
陕西	944.09	783.34	13.02	215.64	48.79	93.18	18.79
甘肃	462.45	379.80	37.83	148.19	6.17	69.22	7.26
青海	236.34	185.34		69.04	17.00	30.84	3.15
宁夏	532.55	419.46	4.08	65.31	17.67	80.14	15.28
新疆	782.78	557.28	9.83	260.43	32.88	175.73	16.89

各地区房地产开发房屋竣工面积

单位：万平方米

地区	房屋竣工面积合计	住宅			办公楼	商业营业用房	其他
			别墅、高档公寓	经济适用房			
全国总计	**41464.06**	**33774.61**	**1735.87**	**4538.51**	**1077.14**	**4825.06**	**1787.25**
北　京	2593.65	2080.75	127.93	322.77	93.59	117.54	301.77
天　津	911.27	750.67	52.50	181.48	41.49	89.43	29.68
河　北	1207.27	1011.75	15.76	168.18	26.22	146.43	22.87
山　西	482.57	370.13	0.94	138.86	28.28	74.15	10.02
内蒙古	615.91	479.38	0.06	54.52	12.38	117.00	7.15
辽　宁	2139.70	1739.03	24.14	163.07	58.03	263.96	78.68
吉　林	710.99	538.37	3.09	112.39	18.94	135.04	18.63
黑龙江	883.48	659.05	1.34	190.20	25.79	157.31	41.33
上　海	2491.84	2139.99	257.30		63.15	163.01	125.69
江　苏	3120.23	2620.69	170.54	292.90	73.39	313.37	112.78
浙　江	3214.85	2571.72	117.77	149.60	101.69	376.64	164.81
安　徽	1326.21	1039.87	27.21	136.53	36.17	214.96	35.21
福　建	1362.95	1074.29	45.06	43.18	45.98	142.37	100.32
江　西	1055.45	794.44	16.67	119.06	8.84	230.63	21.55
山　东	2688.79	2269.55	64.24	274.40	61.51	302.71	55.02
河　南	1005.52	887.64	16.73	164.97	18.89	81.24	17.74
湖　北	1332.51	1178.73	61.50	205.96	32.02	82.84	38.91
湖　南	1142.30	876.42	69.20	338.47	19.89	201.46	44.54
广　东	4383.68	3558.36	279.72	134.57	78.58	464.49	282.24
广　西	558.73	472.62	18.07	30.72	10.94	44.54	30.63
海　南	114.96	102.69	15.31	20.37	4.88	7.39	
重　庆	1676.97	1231.75	24.11	130.74	59.16	287.05	99.01
四　川	2864.10	2361.01	188.14	250.20	50.61	399.46	53.02
贵　州	655.35	512.25	5.13	87.16	21.92	101.31	19.86
云　南	586.59	512.59	85.23	158.76	9.28	48.62	16.11
西　藏	12.56	11.35	1.63	9.72	0.07	1.13	
陕　西	709.54	616.85	24.93	212.64	22.92	39.95	29.82
甘　肃	260.67	225.75	7.44	99.82	4.97	22.87	7.08
青　海	156.99	137.54		45.21	5.62	13.61	0.22
宁　夏	407.28	322.88	3.71	45.14	14.95	58.14	11.31
新　疆	791.14	626.50	10.48	256.90	26.99	126.42	11.23

各地区房地产开发商品房屋实际销售面积

单位：万平方米

地区	房屋实际销售面积	住宅	别墅、高档公寓	经济适用房	办公楼	商业营业用房	其他
全国总计	**33717.63**	**29778.85**	**1449.87**	**4018.87**	**630.49**	**2833.10**	**475.19**
北京	1895.77	1771.05	131.90	320.02	38.12	50.82	35.78
天津	786.50	720.64	39.29	214.65	15.72	28.89	21.25
河北	939.43	838.02	11.35	139.59	11.01	82.20	8.20
山西	359.60	299.43	0.71	93.28	16.94	41.77	1.46
内蒙古	547.97	433.97	0.06	87.14	9.72	100.09	4.19
辽宁	1499.08	1320.29	14.79	110.40	25.96	133.58	19.25
吉林	501.14	436.32	0.21	99.80	12.26	46.03	6.53
黑龙江	814.64	673.11	2.23	233.84	14.66	115.44	11.43
上海	2376.40	2224.47	217.66		45.18	78.05	28.70
江苏	2721.57	2364.32	121.68	195.69	60.78	259.64	36.84
浙江	2781.84	2356.78	92.74	100.97	61.94	272.79	90.33
安徽	1093.27	906.35	28.64	129.98	22.83	148.47	15.62
福建	1250.10	1083.79	66.37	39.80	34.64	104.86	26.81
江西	865.83	693.53	7.28	99.06	6.09	155.52	10.70
山东	2251.52	2005.03	64.75	215.78	24.93	200.84	20.73
河南	862.71	795.78	14.40	168.39	9.63	51.85	5.47
湖北	1073.48	1015.04	42.15	186.72	16.45	32.36	9.63
湖南	848.47	725.28	65.80	234.95	11.84	100.86	10.50
广东	3061.32	2739.60	218.92	106.46	53.53	207.34	60.85
广西	505.31	451.67	20.80	28.13	16.19	29.45	8.00
海南	112.64	108.95	12.64	20.91	2.17	1.28	0.24
重庆	1316.83	1132.95	26.12	126.69	32.00	135.93	15.94
四川	2457.85	2181.82	162.06	233.21	26.50	236.85	12.68
贵州	554.34	494.45	3.28	78.52	10.57	46.31	2.99
云南	521.97	480.52	56.00	156.22	5.54	32.69	3.22
西藏	10.32	10.20	2.08	8.12		0.12	
陕西	580.05	531.98	11.26	264.36	16.06	29.57	2.44
甘肃	224.77	208.87	4.68	37.20	2.57	12.63	0.70
青海	83.51	70.34	2.91	20.99	4.14	8.27	0.75
宁夏	232.38	187.81	2.70	34.98	7.24	35.16	2.17
新疆	587.02	516.48	4.42	233.02	15.30	53.44	1.80

各地区房地产开发商品房屋预售面积

单位：万平方米

地区	房屋预售面积	住宅			办公楼	商业营业用房	其他
			别墅、高档公寓	经济适用房			
全国总计	**15215.45**	**13668.56**	**1045.58**	**921.32**	**324.66**	**1060.46**	**161.77**
北　京	633.40	561.20	98.24	136.87	41.81	9.08	21.32
天　津	276.77	257.40	22.79	43.44	3.45	5.97	9.96
河　北	349.95	321.55	3.13	74.74	2.39	22.59	3.42
山　西	96.33	79.91	0.41	23.92	1.22	13.74	1.46
内蒙古	34.93	30.45	0.41	8.70	0.05	4.19	0.24
辽　宁	274.92	238.22	5.32	10.12	7.16	27.15	2.39
吉　林	17.41	15.78		5.34		1.55	0.09
黑龙江	48.92	39.61	2.56	13.34	1.16	7.50	0.66
上　海	1769.82	1707.14	215.33		25.71	33.03	3.94
江　苏	1675.89	1489.55	128.00	28.54	37.69	131.67	16.98
浙　江	2402.75	2086.45	127.26	34.85	77.93	188.86	49.52
安　徽	362.19	307.81	10.47	22.85	3.37	49.52	1.48
福　建	750.29	686.10	35.34	19.23	6.61	47.78	9.79
江　西	187.47	129.21	6.82	19.29	7.17	49.43	1.66
山　东	707.72	623.78	50.34	47.11	10.01	68.64	5.28
河　南	275.58	233.76	3.10	49.15	1.19	40.45	0.18
湖　北	387.51	361.87	8.03	25.73	8.15	16.39	1.10
湖　南	387.93	325.10	18.27	76.05	9.41	50.93	2.50
广　东	1665.04	1548.10	110.53	20.96	34.21	71.46	11.27
广　西	424.85	397.80	13.21	11.52	2.17	20.14	4.74
海　南	61.25	54.57	4.73	6.95	0.61	6.07	
重　庆	649.48	582.63	29.15	48.83	13.06	49.35	4.45
四　川	896.20	801.40	108.66	8.18	14.22	76.46	4.12
贵　州	278.56	244.10	3.13	35.22	5.37	26.77	2.32
云　南	228.96	214.98	25.06	61.78	0.19	11.38	2.43
西　藏	3.80	2.95	1.35	1.61		0.85	
陕　西	152.26	140.69	9.28	35.90	1.47	10.10	
甘　肃	58.70	51.98	2.53	18.52	2.64	3.82	0.26
青　海	30.35	25.54		6.50	3.64	1.13	0.05
宁　夏	46.68	40.98	0.80	4.21	0.09	5.43	0.18
新　疆	79.53	67.98	1.32	21.87	2.52	9.04	

各地区房地产开发商品房屋出租面积

单位：万平方米

地区	房屋出租面积	住宅	别墅、高档公寓	经济适用房	办公楼	商业营业用房	其他
全国总计	**2997.67**	**467.31**	**84.06**	**9.82**	**606.42**	**1328.67**	**595.27**
北京	246.29	45.11	32.10		135.67	46.02	19.49
天津	52.29	5.98	0.15	1.08	1.88	28.62	15.82
河北	37.96	17.93	0.11		0.92	18.53	0.58
山西	23.43	5.12		0.11	3.74	14.06	0.51
内蒙古	18.31	0.33			0.44	17.54	
辽宁	48.58	8.32	6.89	0.05	11.23	27.81	1.23
吉林	3.53	0.02			0.96	2.55	
黑龙江	12.70	0.31			0.30	12.09	0.01
上海	653.78	76.84	30.42		193.66	155.48	227.80
江苏	177.47	21.07	1.51	1.79	10.48	61.87	84.05
浙江	82.20	9.54	2.08	0.32	15.48	41.94	15.25
安徽	66.56	9.63	0.16		7.91	40.97	8.04
福建	134.21	14.40			22.13	47.29	50.40
江西	8.13	0.59		0.10	0.05	7.08	0.40
山东	59.39	9.01	0.29	0.65	7.46	39.00	3.91
河南	37.38	2.45			14.48	20.17	0.28
湖北	88.34	30.36	3.90	0.32	13.47	31.32	13.19
湖南	54.50	8.25	1.14	2.49	6.76	35.99	3.50
广东	731.43	130.25	5.06	0.40	117.53	360.80	122.84
广西	26.20	1.14			2.64	19.92	2.50
海南	7.51	2.22			0.59	4.10	0.61
重庆	148.28	16.27			13.35	109.90	8.75
四川	101.30	9.91	0.25	0.05	10.31	75.64	5.44
贵州	33.33	8.46		0.06	1.79	20.38	2.70
云南	23.11	3.33		1.56	2.92	15.43	1.43
西藏	0.25					0.25	
陕西	20.68	7.53		0.19	1.87	9.89	1.39
甘肃	29.46	2.35		0.05	2.23	24.76	0.12
青海	7.08	3.70			0.05	3.33	
宁夏	11.66	3.03			1.18	6.80	0.66
新疆	52.33	13.89		0.60	4.93	29.16	4.36

各地区房地产开发商品房屋空置面积

单位：万平方米

地　区	房屋空置面积	住 宅			办公楼	商业营业用房	其他
			别墅、高档公寓	经济适用房			
全国总计	**13427.76**	**8762.11**	**648.99**	**916.35**	**829.21**	**2981.93**	**854.50**
北　京	1123.40	896.92	160.10	27.76	94.24	81.16	51.08
天　津	363.01	299.99	20.55	71.62	19.62	38.53	4.87
河　北	322.08	230.44	8.57	27.14	16.39	69.57	5.69
山　西	187.92	128.53	0.23	35.84	12.11	41.97	5.32
内蒙古	327.95	201.82		27.40	7.07	112.67	6.38
辽　宁	1293.56	929.44	44.62	54.06	44.14	266.98	53.01
吉　林	436.93	321.74	33.16	55.19	17.30	78.15	19.75
黑龙江	625.35	406.18	1.94	151.76	15.11	175.10	28.97
上　海	522.29	257.94	44.41		100.07	76.53	87.76
江　苏	492.31	300.59	24.92	21.45	40.51	124.21	27.01
浙　江	319.60	146.02	6.53	9.28	29.89	119.44	24.25
安　徽	261.68	144.46	6.18	17.65	19.44	91.15	6.63
福　建	383.99	162.44	10.16	3.36	42.13	120.29	59.13
江　西	179.55	96.40	1.90	16.73	3.87	72.48	6.79
山　东	604.17	426.56	5.91	23.95	35.68	116.56	25.37
河　南	356.11	292.17	4.04	33.57	12.83	42.19	8.92
湖　北	303.93	220.20	11.51	20.74	14.35	60.98	8.40
湖　南	213.16	140.48	17.57	31.32	7.41	57.17	8.09
广　东	2477.69	1563.01	155.02	42.57	141.48	518.13	255.06
广　西	119.86	65.23	4.33	1.05	8.11	28.09	18.43
海　南	72.40	56.11	12.94	2.61	5.32	5.22	5.76
重　庆	551.28	225.62	2.59	8.80	44.72	224.68	56.26
四　川	691.14	407.25	35.76	16.71	33.07	207.78	43.04
贵　州	174.58	99.31	1.63	19.59	9.77	57.54	7.96
云　南	132.28	88.35	13.93	22.14	12.18	24.60	7.15
西　藏							
陕　西	117.48	95.38	6.07	18.30	6.79	13.57	1.73
甘　肃	152.66	106.96	3.08	20.15	9.39	29.93	6.39
青　海	19.97	10.23	0.14	5.56	4.13	5.35	0.26
宁　夏	179.33	128.44	4.41	8.30	8.89	37.12	4.88
新　疆	422.11	313.93	6.76	121.77	13.21	84.81	10.17

各地区房地产开发商品房屋实际销售额

单位：万元

地区	房屋实际销售额	住宅			办公楼	商业营业用房	其他
			别墅、高档公寓	经济适用房			
全国总计	**79556627**	**65434492**	**6009049**	**5547601**	**2645314**	**10412039**	**1064782**
北　　京	8979571	7891587	978154	910681	405762	517792	164430
天　　津	1980448	1724256	159210	479340	98804	119637	37751
河　　北	1374568	1125134	25356	156564	25191	216733	7510
山　　西	579177	378205	1420	90091	69183	130930	859
内 蒙 古	696144	467570	120	87737	12660	210565	5349
辽　　宁	3434521	2813999	47711	185315	87307	488483	44732
吉　　林	788764	631448	722	141211	28936	111072	17308
黑 龙 江	1465500	1091465	8100	337149	44346	302190	27499
上　　海	12163398	11098649	1423347		438725	504334	121690
江　　苏	5979054	4768819	394291	281564	251402	905491	53342
浙　　江	7613003	5776372	396532	214342	218300	1415911	202420
安　　徽	1654143	1219565	55604	147451	50499	364449	19630
福　　建	2871627	2224564	221909	55067	100421	505790	40852
江　　西	1047243	668583	10332	66114	12351	350696	15613
山　　东	3823732	3255188	223280	230872	53586	490657	24301
河　　南	1197375	1025863	18376	153219	20033	142892	8587
湖　　北	1616159	1473462	107709	218770	40734	89290	12673
湖　　南	1198667	861836	128950	205285	23853	303181	9797
广　　东	9781005	8201276	939814	159463	282714	1135226	161789
广　　西	951643	767366	49526	39138	35144	133522	15611
海　　南	237092	219783	35968	27502	8493	8604	212
重　　庆	2102260	1499915	87790	112781	79299	497706	25340
四　　川	3493680	2681965	468750	267432	45698	746942	19075
贵　　州	727889	564928	8803	65421	26987	132341	3633
云　　南	982134	853008	141233	202099	14250	104409	10467
西　　藏	18088	17794	5213	12581		294	
陕　　西	890059	739693	39451	290281	66030	80695	3641
甘　　肃	286528	245323	6502	42923	6060	31865	3280
青　　海	122365	94398	4741	26150	8807	18820	340
宁　　夏	434150	284466	7950	34690	19565	126943	3176
新　　疆	1066640	768012	12185	306368	70174	224579	3875

第三部分

农村固定资产投资

各地区农村固定资产投资增长情况

单位：亿元

地　区	2002 年	2003 年	2003 年比 2002 年增减	
			绝对数	%
全国总计	**8011.14**	**9754.91**	**1743.76**	**21.8**
北　京	102.52	169.35	66.83	65.2
天　津	92.01	107.65	15.64	17.0
河　北	666.49	705.18	38.69	5.8
山　西	85.58	102.03	16.45	19.2
内蒙古	72.56	77.56	5.00	6.9
辽　宁	241.51	305.13	63.62	26.3
吉　林	83.50	96.13	12.63	15.1
黑龙江	87.49	96.69	9.21	10.5
上　海	201.44	253.60	52.16	25.9
江　苏	934.80	1221.41	286.61	30.7
浙　江	1048.13	1541.76	493.63	47.1
安　徽	210.01	234.18	24.17	11.5
福　建	222.51	267.09	44.58	20.0
江　西	174.44	204.12	29.68	17.0
山　东	901.52	1151.24	249.73	27.7
河　南	530.07	585.80	55.73	10.5
湖　北	228.86	235.72	6.86	3.0
湖　南	359.69	355.06	-4.64	-1.3
广　东	563.46	668.08	104.62	18.6
广　西	122.61	130.04	7.43	6.1
海　南	22.67	33.77	11.11	49.0
重　庆	104.12	120.87	16.74	16.1
四　川	421.55	501.27	79.72	18.9
贵　州	77.12	80.20	3.08	4.0
云　南	149.77	160.90	11.13	7.4
西　藏				
陕　西	119.92	129.64	9.72	8.1
甘　肃	60.76	66.10	5.34	8.8
青　海	16.91	18.68	1.77	10.5
宁　夏	43.52	54.86	11.34	26.0
新　疆	65.62	80.80	15.18	23.1

各地区农村住宅投资

单位：亿元

地区	总计	非农户	农户
全国总计	**2167.47**	**292.37**	**1875.09**
北京	20.94	8.50	12.44
天津	23.36	15.37	7.99
河北	120.36	10.35	110.01
山西	33.92	1.07	32.85
内蒙古	21.61	2.03	19.58
辽宁	67.65	18.87	48.78
吉林	11.68	0.43	11.25
黑龙江	22.41	0.63	21.78
上海	7.64	1.44	6.20
江苏	147.71	32.51	115.20
浙江	174.84	18.53	156.31
安徽	102.16	2.30	99.86
福建	62.91	8.09	54.83
江西	60.13	2.70	57.43
山东	270.54	86.60	183.94
河南	196.54	2.99	193.55
湖北	89.48	8.74	80.74
湖南	123.49	3.00	120.49
广东	164.80	16.10	148.69
广西	77.73	2.59	75.14
海南	6.71	1.01	5.69
重庆	51.40	10.04	41.36
四川	111.66	28.97	82.69
贵州	31.58	0.64	30.94
云南	68.29	4.11	64.18
西藏			
陕西	51.94	0.67	51.27
甘肃	17.64	1.44	16.20
青海	3.66	0.20	3.46
宁夏	11.01	0.99	10.02
新疆	13.68	1.45	12.23

各地区农村本年新增固定资产

单位：亿元

地　区	总 计	非农户	农 户
全国总计	**9068.07**	**5977.61**	**3090.46**
北　　京	156.88	140.54	16.34
天　　津	104.96	87.03	17.93
河　　北	700.32	500.88	199.44
山　　西	101.63	48.31	53.32
内 蒙 古	74.06	21.75	52.31
辽　　宁	289.86	186.33	103.53
吉　　林	96.02	25.06	70.95
黑 龙 江	84.65	17.10	67.55
上　　海	182.90	176.41	6.49
江　　苏	1146.25	974.31	171.94
浙　　江	1431.44	1220.87	210.58
安　　徽	227.19	75.79	151.41
福　　建	190.55	110.87	79.68
江　　西	162.78	74.17	88.62
山　　东	1150.68	856.31	294.38
河　　南	566.10	244.58	321.52
湖　　北	181.24	82.26	98.98
湖　　南	297.87	123.44	174.43
广　　东	622.49	408.42	214.06
广　　西	124.02	25.23	98.79
海　　南	32.01	14.75	17.26
重　　庆	114.35	66.96	47.39
四　　川	481.53	306.80	174.73
贵　　州	65.90	20.78	45.13
云　　南	137.94	39.31	98.63
西　　藏			0.00
陕　　西	125.59	28.39	97.20
甘　　肃	66.07	28.43	37.64
青　　海	18.68	9.32	9.36
宁　　夏	53.29	30.48	22.81
新　　疆	80.81	32.72	48.08

各地区农村非农户固定资产投资增长情况

单位：亿元

地区	2002年	2003年	2003年比2002年增减	
			绝对数	%
全国总计	**4887.91**	**6553.95**	**1666.04**	**34.1**
北京	72.52	151.86	79.35	109.4
天津	74.00	89.73	15.73	21.2
河北	479.22	505.73	26.51	5.5
山西	39.32	48.71	9.39	23.9
内蒙古	20.40	21.88	1.48	7.3
辽宁	148.79	200.68	51.89	34.9
吉林	21.16	25.10	3.94	18.6
黑龙江	16.15	17.72	1.57	9.7
上海	194.56	247.11	52.55	27.0
江苏	712.30	1030.36	318.06	44.7
浙江	846.63	1330.37	483.74	57.1
安徽	58.01	84.09	26.08	45.0
福建	140.51	170.67	30.16	21.5
江西	76.23	103.91	27.69	36.3
山东	615.87	855.21	239.34	38.9
河南	227.00	260.50	33.50	14.8
湖北	140.70	132.15	-8.55	-6.1
湖南	151.90	174.83	22.93	15.1
广东	311.59	450.40	138.81	44.5
广西	23.30	28.81	5.50	23.6
海南	6.95	14.57	7.62	109.6
重庆	56.23	71.86	15.62	27.8
四川	270.00	324.56	54.55	20.2
贵州	12.52	27.32	14.80	118.2
云南	58.44	52.77	-5.67	-9.7
西藏				
陕西	33.48	30.91	-2.57	-7.7
甘肃	26.71	28.46	1.75	6.5
青海	7.05	9.32	2.27	32.3
宁夏	21.06	31.64	10.57	50.2
新疆	25.29	32.71	7.42	29.4

各地区农村非农户按构成分的投资

单位：亿元

地　区	投资额	建筑安装工程	设备工器具购置	其他费用
全国总计	**6553.95**	**3288.54**	**2671.04**	**594.37**
北　京	151.86	87.45	45.08	19.33
天　津	89.73	52.99	29.41	7.32
河　北	505.73	205.62	243.16	56.95
山　西	48.71	26.82	19.02	2.87
内蒙古	21.88	10.72	6.61	4.55
辽　宁	200.68	105.25	78.08	17.35
吉　林	25.10	18.90	3.72	2.48
黑龙江	17.72	8.96	7.31	1.45
上　海	247.11	162.30	62.05	22.76
江　苏	1030.36	459.48	505.10	65.78
浙　江	1330.37	575.43	594.52	160.43
安　徽	84.09	42.27	32.88	8.95
福　建	170.67	103.87	51.06	15.74
江　西	103.91	62.16	33.43	8.32
山　东	855.21	434.84	370.64	49.74
河　南	260.50	167.54	70.30	22.66
湖　北	132.15	74.64	45.92	11.59
湖　南	174.83	99.94	64.86	10.03
广　东	450.40	204.00	197.32	49.08
广　西	28.81	19.04	7.78	1.99
海　南	14.57	8.96	3.66	1.96
重　庆	71.86	45.57	19.01	7.28
四　川	324.56	178.31	118.89	27.35
贵　州	27.32	12.26	14.96	0.10
云　南	52.77	38.79	8.17	5.81
西　藏				
陕　西	30.91	19.81	6.11	5.00
甘　肃	28.46	22.45	4.73	1.27
青　海	9.32	3.88	5.01	0.44
宁　夏	31.64	15.19	14.95	1.50
新　疆	32.71	21.12	7.30	4.30

（一）各地区农村非农户按项目分的投资

单位：亿元

地区	投资额	房屋	道路	桥梁	设备	水利	其他
全国总计	**6553.95**	**2122.44**	**460.64**	**35.91**	**2674.06**	**217.83**	**1043.06**
北京	151.86	67.84	11.22	0.07	45.08	3.61	24.04
天津	89.73	43.98	3.92	0.04	29.41	1.01	11.36
河北	505.73	115.20	33.70	0.67	243.16	24.71	88.30
山西	48.71	13.25	9.37	0.02	19.02	0.81	6.24
内蒙古	21.88	7.70	2.00	0.03	6.61	1.91	3.63
辽宁	200.68	88.67	8.78	0.56	78.08	2.26	22.32
吉林	25.10	10.34	6.83	0.89	3.72	1.89	1.44
黑龙江	17.72	8.29	0.40	0.01	7.31	0.45	1.27
上海	247.11	146.87	11.84	0.78	62.24	0.25	25.13
江苏	1030.36	359.91	37.74	5.97	505.10	7.95	113.69
浙江	1330.37	373.69	68.19	2.89	594.52	35.65	255.43
安徽	84.09	19.74	8.43	0.55	32.88	6.48	16.02
福建	170.67	52.59	19.88	1.20	53.89	13.16	29.94
江西	103.91	21.31	23.96	1.31	33.43	5.24	18.67
山东	855.21	318.88	59.90	2.06	370.64	17.10	86.64
河南	260.50	61.46	48.53	0.92	70.30	17.04	62.25
湖北	132.15	32.39	16.55	0.60	45.92	19.19	17.49
湖南	174.83	34.39	18.33	1.21	64.86	12.06	43.97
广东	450.40	164.16	15.30	2.33	197.32	4.22	67.07
广西	28.81	12.01	4.64	0.10	7.78	0.43	3.85
海南	14.57	2.54	1.21	0.01	3.66	4.40	2.75
重庆	71.86	25.32	9.64	0.12	19.01	2.51	15.25
四川	324.56	77.55	17.34	12.15	118.89	6.69	91.94
贵州	27.32	5.19	2.07	0.15	14.96	1.03	3.92
云南	52.77	12.94	10.69	0.71	8.17	9.01	11.25
西藏							
陕西	30.91	11.62	3.88	0.17	6.11	3.31	5.82
甘肃	28.46	15.95	0.72	0.22	4.73	3.93	2.91
青海	9.32	1.60	0.44	0.01	5.01	1.41	0.85
宁夏	31.64	8.89	1.99		14.95	2.37	3.44
新疆	32.71	8.18	3.18	0.15	7.30	7.76	6.14

各地区农村非农户按主要行业分的投资（一）

单位：亿元

地　区	合 计	农、林、牧、渔业	采 矿 业	制 造 业	电力、燃气及水的生产和供应业	建 筑 业	交通运输、仓储和邮政业
全国总计	**6553.95**	**370.80**	**216.40**	**3880.12**	**155.93**	**294.54**	**334.92**
北　京	151.86	9.42	0.30	60.61	1.07	14.86	4.12
天　津	89.73	3.31		49.55	0.08	7.79	1.26
河　北	505.73	80.60	9.24	226.75	12.52	13.17	39.50
山　西	48.71	1.06	13.04	15.74	0.18	0.33	7.80
内蒙古	21.88	5.33	4.32	5.86	0.07	0.52	0.58
辽　宁	200.68	9.04	7.38	101.01	2.15	30.77	9.20
吉　林	25.10	0.85		4.43	0.06	4.36	8.13
黑龙江	17.72	2.15	0.01	10.95	0.04	1.02	0.42
上　海	247.11	2.49	0.06	201.13	1.46	7.31	6.70
江　苏	1030.36	8.08	5.71	810.35	4.94	22.38	11.21
浙　江	1330.37	52.29	3.77	1049.22	21.95	17.44	35.74
安　徽	84.09	8.18	1.94	36.33	1.70	2.60	9.71
福　建	170.67	15.03	3.83	70.16	17.29	14.48	18.07
江　西	103.91	8.43	6.11	26.99	16.00	5.38	12.26
山　东	855.21	56.28	13.73	525.31	11.43	23.32	36.32
河　南	260.50	33.73	39.55	73.12	3.44	0.70	50.70
湖　北	132.15	7.91	7.12	35.44	1.68	74.96	0.63
湖　南	174.83	11.75	13.26	69.35	13.25	4.42	11.41
广　东	450.40	7.73	0.37	340.17	13.43	21.54	0.15
广　西	28.81	2.15	1.07	6.37	1.50	0.36	2.91
海　南	14.57	6.71	0.57	0.42	0.54	0.43	0.54
重　庆	71.86	3.06	2.17	19.04	4.51	15.86	3.72
四　川	324.56	6.78	77.46	87.35	17.27	5.25	45.19
贵　州	27.32	1.10	1.46	15.00	0.82		1.66
云　南	52.77	7.57	1.12	6.50	4.17	3.33	6.84
西　藏							
陕　西	30.91	2.82	2.16	6.26	0.61	0.44	1.95
甘　肃	28.46	2.95	0.12	2.83	2.09	0.17	1.16
青　海	9.32	0.43	0.06	4.55	0.35		0.55
宁　夏	31.64	4.86	0.39	19.25		0.03	2.83
新　疆	32.71	8.71	0.11	0.08	1.33	1.30	3.64

各地区农村非农户按主要行业分的投资（二）

单位：亿元

地区	信息传输、计算机服务和软件业	批发和零售业	住宿和餐饮业	金融业	房地产业	租赁和商务服务业	科学研究、技术服务和地质勘察业
全国总计	**10.82**	**103.60**	**46.77**	**3.99**	**250.03**	**60.87**	**4.08**
北京	0.50	7.03	8.17	0.34	2.81	6.93	0.19
天津	0.02	3.76	0.69		15.19	1.19	
河北	4.53	20.00	12.56	0.31	14.60	3.12	0.01
山西	0.89	0.46	0.00	0.09	0.42		
内蒙古	0.00	1.20	0.21	0.00	0.02	0.00	0.02
辽宁	0.02	3.82	4.53	0.05	18.60		0.05
吉林	0.04	0.01			0.19		0.00
黑龙江	0.01	0.11		0.00	0.06	0.00	0.00
上海	0.09	5.00	1.13	0.10	3.18	1.54	0.67
江苏	0.00	6.72	2.24	0.03	16.26	10.18	0.56
浙江		7.99	3.03		18.21	24.56	0.51
安徽		1.15	0.86	0.00	1.30	0.00	0.00
福建	0.83	2.21	0.16	0.47	2.06	0.65	0.13
江西	0.01	0.56	0.00	0.00	2.16	1.23	
山东	0.51	23.03	5.87	0.05	68.57	9.91	1.09
河南	1.59	5.63	2.50	0.16	2.99	0.15	0.01
湖北	0.18	1.17	0.08	0.05		0.01	
湖南	0.08	4.63	0.82	0.46	4.06	0.36	0.03
广东	0.63	1.93	1.39	0.32	13.76	0.14	0.03
广西		0.14		0.02	0.10	0.01	0.00
海南	0.00	0.08	1.01		0.83	0.08	0.06
重庆	0.39	0.99	0.75	0.48	7.46	0.23	0.11
四川	0.15	0.88	0.03	0.71	52.64	0.00	0.00
贵州		0.01			0.28		0.03
云南	0.04	1.60	0.31	0.08	0.76	0.00	0.01
西藏							
陕西	0.03	0.70	0.06	0.00	0.15	0.15	0.10
甘肃	0.10	1.11	0.05	0.07	0.73	0.22	0.00
青海		0.46		0.01	0.20	0.02	0.04
宁夏		0.55	0.30		0.99	0.10	
新疆	0.19	0.68	0.02	0.17	1.45	0.10	0.41

各地区农村非农户按主要行业分的投资（三）

单位：亿元

地 区	水利、环境和公共设施管理业	居民服务和其他服务业	教 育	卫生、社会保障和社会福利业	文件、体育和娱乐业	公共管理和社会组织	国际组织
全国总计	**143.22**	**81.81**	**196.47**	**46.23**	**41.31**	**309.81**	**2.22**
北 京	10.00	5.46	2.88	0.77	8.46	7.93	
天 津	0.58	4.49	0.89	0.25	0.07	0.61	
河 北	7.80	11.58	16.37	3.98	5.44	23.66	
山 西	0.00	0.00	6.42	0.27	0.59	1.42	
内蒙古	1.51	0.27	0.36	0.18	0.03	1.41	
辽 宁	3.51	2.03	4.17	0.50	2.71	1.14	
吉 林	1.26	1.35	2.23	0.58	0.43	1.17	
黑龙江	0.15	0.04	1.18	0.41	0.12	1.04	
上 海	1.61	1.75	3.09	0.59	0.90	7.00	1.31
江 苏	4.93	5.94	13.74	2.62	2.95	101.52	
浙 江	37.39	11.86	13.57	5.62	3.88	22.97	0.35
安 徽	2.42	2.43	10.12	1.09	0.21	4.06	
福 建	6.68	2.18	7.81	1.22	2.11	5.29	
江 西	0.57	0.48	6.43	0.65	0.19	16.45	0.00
山 东	22.34	5.37	22.96	2.05	1.01	25.93	0.16
河 南	3.20	9.82	17.90	3.49	1.44	10.41	
湖 北	0.78	0.48	0.31	0.33	0.44	0.60	
湖 南	14.38	1.62	7.58	0.98	5.13	11.26	0.00
广 东	0.40	6.06	11.63	3.56	1.01	26.16	
广 西	0.99	0.50	6.93	0.93	0.57	4.24	
海 南	2.37	0.10	0.43	0.09	0.04	0.28	
重 庆	0.31	0.03	4.61	0.66	0.84	6.64	
四 川	5.40	2.38	11.64	3.25	0.48	7.69	
贵 州	0.59		2.24	0.55	0.37	3.21	
云 南	5.33	2.76	4.49	1.09	0.55	6.21	
西 藏							
陕 西	2.14	0.92	7.79	0.92	0.45	3.25	
甘 肃	1.37	1.07	5.64	7.30	0.09	1.06	0.29
青 海	1.43	0.04	0.65	0.05	0.23	0.26	
宁 夏	1.62	0.04	0.03	0.04	0.08	0.51	
新 疆	2.15	0.77	2.37	2.20	0.49	6.46	0.10

各地区农村非农户投资资金来源

单位：亿元

地区	合计	国家预算内资金	国内贷款	利用外资	自筹资金	其他资金
全国总计	**6553.95**	**327.68**	**695.03**	**387.60**	**4899.71**	**243.93**
北京	151.86	2.87	12.04	3.51	126.86	6.58
天津	89.73	0.28	14.53	4.80	64.57	5.54
河北	505.73	24.86	98.35	1.89	372.67	7.96
山西	48.71	6.96	2.94	0.03	35.20	3.58
内蒙古	21.88	4.01	5.63	0.43	11.24	0.56
辽宁	200.68	7.49	6.63	3.44	181.81	1.31
吉林	25.10	10.16	0.65	0.78	13.10	0.41
黑龙江	17.72	2.59	2.38	0.66	10.44	1.63
上海	247.11	2.82	24.46	30.33	171.32	18.19
江苏	1030.36	9.93	99.36	70.62	830.83	19.63
浙江	1330.37	20.69	274.97	44.72	950.12	39.87
安徽	84.09	12.17	6.51	3.05	57.08	5.29
福建	170.67	17.45	6.35	13.39	125.48	8.01
江西	103.91	9.57	4.38	13.73	73.03	3.20
山东	855.21	15.37	82.61	44.13	686.67	26.44
河南	260.50	27.51	8.32	7.45	194.66	22.57
湖北	132.15	17.91	5.98	6.56	96.29	5.41
湖南	174.83	16.68	9.97	5.16	133.87	9.14
广东	450.40	16.10	2.59	126.74	274.65	30.31
广西	28.81	11.19	0.74	2.05	13.51	1.31
海南	14.57	5.59	1.82	0.31	6.53	0.32
重庆	71.86	0.56	4.67		55.07	11.55
四川	324.56	20.29	4.35	2.32	292.16	5.44
贵州	27.32	6.48	1.15	0.31	18.95	0.44
云南	52.77	25.37	3.04	0.09	22.21	2.07
西藏						
陕西	30.91	6.31	0.74	0.76	19.84	3.26
甘肃	28.46	7.20	3.90	0.20	15.81	1.35
青海	9.32	3.28	0.24		5.73	0.07
宁夏	31.64	4.15	4.36		22.87	0.25
新疆	32.71	11.83	1.38	0.13	17.13	2.24

各地区农村非农户房屋建筑面积和投资

地　区	施工房屋面积（万平方米）	竣工房屋面积（万平方米）	房屋建筑面积竣工率（%）	竣工房屋投资额（亿元）
全国总计	**41359.86**	**33845.45**	**81.8**	**1730.04**
北　京	787.00	669.36	85.1	59.89
天　津	734.24	362.41	49.4	4.50
河　北	2752.89	2560.17	93.0	89.93
山　西	227.64	174.75	76.8	10.04
内蒙古	175.99	177.63	100.9	7.24
辽　宁	870.10	863.20	99.2	41.28
吉　林	171.94	172.24	100.2	7.96
黑龙江	221.43	267.03	120.6	8.17
上　海	1801.00	850.00	47.2	84.94
江　苏	5077.00	4433.00	87.3	320.88
浙　江	7892.00	5462.00	69.2	295.09
安　徽	516.06	470.16	91.1	17.44
福　建	1418.20	726.49	51.2	35.32
江　西	593.17	475.44	80.2	17.94
山　东	5943.94	5771.98	97.1	305.04
河　南	1979.59	1907.78	96.4	55.30
湖　北	730.70	695.98	95.2	31.16
湖　南	1143.00	1092.00	95.5	30.24
广　东	3760.00	2800.00	74.5	137.81
广　西	338.87	331.19	97.7	12.31
海　南	52.60	46.17	87.8	2.51
重　庆	813.00	561.00	69.0	20.01
四　川	1600.00	1471.00	91.9	74.95
贵　州	166.79	149.79	89.8	4.21
云　南	395.00	383.00	97.0	16.48
西　藏				
陕　西	365.34	329.13	90.1	11.11
甘　肃	459.00	286.00	62.3	10.24
青　海	31.70	28.64	90.3	1.45
宁　夏	166.32	155.71	93.6	8.48
新　疆	175.35	172.20	98.2	8.13

各地区农村非农户住宅建筑面积和投资

地　区	施工住宅面积（万平方米）	竣工住宅面积（万平方米）	住宅建筑面积竣工率（%）	竣工住宅投资额（亿元）
全国总计	**6194.76**	**5448.14**	**87.9**	**244.46**
北　京	137.77	100.15	72.7	7.44
天　津	272.40	333.98	122.6	3.27
河　北	226.67	226.18	99.8	10.30
山　西	30.10	21.60	71.8	1.02
内蒙古	45.12	45.12	100.0	2.03
辽　宁	112.30	110.60	98.5	12.09
吉　林	8.85	5.88	66.4	0.30
黑龙江	13.90	10.43	75.0	0.57
上　海	19.00	17.00	89.5	1.85
江　苏	490.00	490.00	100.0	29.14
浙　江	281.00	238.00	84.7	9.73
安　徽	61.26	50.85	83.0	1.91
福　建	250.75	150.14	59.9	7.71
江　西	66.12	59.89	90.6	2.57
山　东	1993.03	1929.64	96.8	83.46
河　南	123.16	104.94	85.2	2.65
湖　北	194.69	181.99	93.5	8.63
湖　南	66.00	54.00	81.8	2.13
广　东	434.00	237.00	54.6	9.65
广　西	66.85	64.28	96.2	2.59
海　南	24.87	22.70	91.3	0.79
重　庆	372.00	208.00	55.9	7.58
四　川	568.00	503.00	88.6	28.35
贵　州	24.91	19.43	78.0	0.55
云　南	173.00	173.00	100.0	4.12
西　藏				
陕　西	50.22	17.89	35.6	0.64
甘　肃	32.00	19.00	59.4	0.82
青　海	3.96	3.32	83.8	0.16
宁　夏	23.09	23.11	100.1	0.98
新　疆	29.74	27.02	90.9	1.43

各地区农村农户固定资产投资增长情况

单位：亿元

地区	2002年	2003年	2003年比2002年增减	
			绝对数	%
全国总计	**3123.23**	**3200.96**	**77.72**	**2.5**
北　　京	30.00	17.48	-12.52	-41.7
天　　津	18.01	17.93	-0.08	-0.5
河　　北	187.27	199.45	12.18	6.5
山　　西	46.26	53.32	7.06	15.3
内 蒙 古	52.16	55.68	3.52	6.8
辽　　宁	92.72	104.45	11.73	12.7
吉　　林	62.34	71.03	8.69	13.9
黑 龙 江	71.34	78.98	7.64	10.7
上　　海	6.87	6.49	-0.38	-5.5
江　　苏	222.50	191.05	-31.45	-14.1
浙　　江	201.49	211.39	9.90	4.9
安　　徽	152.00	150.09	-1.91	-1.3
福　　建	82.00	96.42	14.42	17.6
江　　西	98.21	100.21	1.99	2.0
山　　东	285.64	296.03	10.38	3.6
河　　南	303.07	325.30	22.23	7.3
湖　　北	88.16	103.57	15.41	17.5
湖　　南	207.79	180.23	-27.57	-13.3
广　　东	251.87	217.68	-34.19	-13.6
广　　西	99.30	101.24	1.93	1.9
海　　南	15.71	19.20	3.49	22.2
重　　庆	47.89	49.01	1.12	2.3
四　　川	151.55	176.71	25.16	16.6
贵　　州	64.60	52.88	-11.72	-18.1
云　　南	91.33	108.13	16.80	18.4
西　　藏				
陕　　西	86.43	98.73	12.29	14.2
甘　　肃	34.05	37.64	3.59	10.5
青　　海	9.86	9.36	-0.51	-5.1
宁　　夏	22.46	23.22	0.76	3.4
新　　疆	40.33	48.08	7.75	19.2

各地区农村农户按构成分的投资

单位：亿元

地　区	投资额	建筑安装工程	设备工器具购置	其他费用
全国总计	**3200.96**	**2067.31**	**710.19**	**423.46**
北　京	17.48	14.42	1.62	1.44
天　津	17.93	9.98	4.83	3.11
河　北	199.45	122.56	54.76	22.13
山　西	53.32	33.86	13.20	6.27
内蒙古	55.68	24.46	18.16	13.06
辽　宁	104.45	66.18	16.73	21.54
吉　林	71.03	12.56	15.46	43.00
黑龙江	78.98	23.89	27.16	27.93
上　海	6.49		0.29	
江　苏	191.05	120.91	16.27	53.87
浙　江	211.39	165.46	36.68	9.26
安　徽	150.09	103.27	33.60	13.22
福　建	96.42	62.41	26.50	7.52
江　西	100.21	60.40	26.91	12.90
山　东	296.03	201.90	84.70	9.43
河　南	325.30	221.99	88.46	14.85
湖　北	103.57	84.99	11.84	6.73
湖　南	180.23	130.79	35.70	13.74
广　东	217.68	154.76	44.75	18.17
广　西	101.24	82.01	10.86	8.36
海　南	19.20	8.08	3.89	7.24
重　庆	49.01	45.52	1.74	1.75
四　川	176.71	96.41	39.71	40.60
贵　州	52.88	34.04	10.31	8.53
云　南	108.13	74.22	14.06	19.84
西　藏				
陕　西	98.73	58.15	25.71	14.86
甘　肃	37.64	17.77	13.54	6.33
青　海	9.36	3.95	4.10	1.31
宁　夏	23.22	12.07	7.21	3.94
新　疆	48.08	14.11	21.43	12.54

各地区农村农户按项目分的投资

单位：亿元

地　区	投资额	房　屋	道　路	桥　梁	设　备	水　利	其　他
全国总计	**3200.96**	**2009.18**	**2.56**	**0.41**	**709.99**	**13.76**	**465.05**
北　京	17.48	14.10			1.62		1.76
天　津	17.93	9.89			4.83	0.10	3.11
河　北	199.45	120.31			54.76	0.51	23.88
山　西	53.32	33.86			13.20		6.27
内蒙古	55.68	22.03			18.16	1.96	13.53
辽　宁	104.45	54.10	0.29	0.11	16.73	1.68	31.54
吉　林	71.03	11.52			15.46		44.04
黑龙江	78.98	23.13			27.16		28.69
上　海	6.49	6.20			0.29		
江　苏	191.05	118.68			16.27	1.33	54.77
浙　江	211.39	164.54			36.68		10.17
安　徽	150.09	102.40			33.60		14.09
福　建	96.42	60.82			26.31	0.84	8.45
江　西	100.21	60.09	0.01		26.91	0.02	13.18
山　东	296.03	195.12			84.70	1.57	14.63
河　南	325.30	216.55			88.46	0.69	19.60
湖　北	103.57	84.63			11.84	0.01	7.08
湖　南	180.23	126.95			35.70	2.24	15.34
广　东	217.68	149.95			44.75	0.08	22.89
广　西	101.24	75.93			10.86		14.44
海　南	19.20	5.88	2.26		3.89	2.03	5.15
重　庆	49.01	44.62			1.74		2.65
四　川	176.71	95.95			39.71	0.05	41.01
贵　州	52.88	33.71			10.31		8.86
云　南	108.13	73.72			14.06	0.01	20.34
西　藏							
陕　西	98.73	57.66			25.71	0.34	15.01
甘　肃	37.64	17.49			13.54	0.21	6.40
青　海	9.36	3.95			4.10		1.31
宁　夏	23.22	11.79			7.21		4.21
新　疆	48.08	13.60		0.30	21.43	0.11	12.65

各地区农村农户按主要行业分的投资（一）

单位：亿元

地　区	合计	农、林、牧、渔业	采矿业	制造业	电力、燃气及水的生产和供应业	建筑业	交通运输、仓储和邮政业
全国总计	**3200.96**	**746.52**	**6.94**	**65.45**	**2.57**	**101.86**	**285.44**
北　京	17.48	1.42		0.05		0.12	1.46
天　津	17.93	3.87		0.73		2.07	2.85
河　北	199.45	50.03		15.57			11.76
山　西	53.32	11.35	0.18	0.27		0.03	7.32
内蒙古	55.68	27.84	0.18	0.10		1.82	2.11
辽　宁	104.45	29.38	0.92	2.73		18.61	8.26
吉　林	71.03	56.40		0.05			3.06
黑龙江	78.98	52.73		0.02		0.90	3.55
上　海	6.49			0.29			
江　苏	191.05	17.52		4.79		0.90	41.01
浙　江	211.39	12.01		15.90		0.04	15.66
安　徽	150.09	32.27		0.53	0.07	0.14	11.09
福　建	96.42	16.81		0.28	0.01	41.80	18.01
江　西	100.21	20.15	0.33	9.69	0.70	0.45	8.54
山　东	296.03	79.91		0.24		0.79	28.86
河　南	325.30	88.27	0.35	2.52	0.49	0.20	21.65
湖　北	103.57	12.24	0.09	0.37		0.50	5.53
湖　南	180.23	25.23	3.83	1.18	0.08	0.41	15.54
广　东	217.68	36.20	0.01	0.32		0.24	24.90
广　西	101.24	10.11	0.32	1.26	0.14	5.75	5.79
海　南	19.20	7.46		0.02		4.70	3.88
重　庆	49.01	3.28		0.21		0.89	0.00
四　川	176.71	27.15	0.21	1.22	0.02	0.15	18.92
贵　州	52.88	17.53		1.45	0.10		2.82
云　南	108.13	24.77	0.05	1.41	0.03	9.99	6.03
西　藏							
陕　西	98.73	18.96	0.45	2.76	0.39	5.26	8.72
甘　肃	37.64	15.55	0.00	0.67	0.51	0.04	2.12
青　海	9.36	4.77					1.05
宁　夏	23.22	9.84		0.52		0.25	2.49
新　疆	48.08	33.47		0.31	0.02	5.81	2.46

各地区农村农户按主要行业分的投资（二）

单位：亿元

地　区	信息传输、计算机服务和软件业	批发和零售业	住宿和餐饮业	金融业	房地产业	租赁和商务服务业	科学研究、技术服务和地质勘察业
全国总计	**4.11**	**27.75**	**54.94**		**1788.12**	**4.89**	**0.02**
北　京		0.01	0.30		14.10		
天　津		0.13	0.06		7.61		
河　北		3.78	1.97		110.10	3.55	
山　西		0.10	0.03		33.86		
内蒙古			0.84		22.03	0.32	
辽　宁			1.76		42.79		
吉　林					11.52		
黑龙江					21.78		
上　海					6.20		
江　苏		0.79	4.37		118.68		
浙　江		10.99			156.31	0.34	
安　徽	0.05	0.50	0.29		102.09		
福　建	1.21	0.09	2.19		5.30		
江　西	0.14	0.37			59.54		
山　东	0.15		0.04		183.94		
河　南	0.14	1.01	1.37		193.55	0.05	
湖　北		0.20			84.63		
湖　南	0.51	1.20	1.88		127.61	0.61	
广　东	0.45	2.42	3.04		148.69		
广　西		0.98	11.15		62.52		
海　南	0.05	0.53	1.62				
重　庆					44.62		
四　川	0.04	0.96	0.23		95.95		0.02
贵　州		0.05			30.94		
云　南			10.01		42.09		
西　藏							
陕　西	1.00	3.48	11.48		34.66		
甘　肃	0.36	0.04	0.22		13.51		
青　海		0.03			3.46		
宁　夏		0.10			10.02		
新　疆			2.07				

各地区农村农户按主要行业分的投资（三）

单位：亿元

地区	水利、环境和公共设施管理业	居民服务和其他服务业	教育	卫生、社会保障和社会福利业	文件、体育和娱乐业	公共管理和社会组织	国际组织
全国总计	**2.45**	**94.26**	**0.55**	**1.84**	**10.58**	**2.68**	
北　京			0.02				
天　津	0.10	0.12			0.38		
河　北		2.68					
山　西		0.17			0.01		
内蒙古		0.43					
辽　宁							
吉　林							
黑龙江							
上　海							
江　苏		2.98					
浙　江		0.11	0.03				
安　徽		2.30			0.75		
福　建	0.81	8.50			1.39		
江　西		0.26			0.02	0.02	
山　东		1.71			0.39		
河　南		14.50	0.01	1.19			
湖　北		0.01					
湖　南	0.27	1.25			0.64		
广　东		1.39			0.04		
广　西	0.16	1.89		0.01	0.25	0.89	
海　南	0.62	0.14			0.17		
重　庆							
四　川	0.05	28.95		0.23	1.63	0.98	
贵　州							
云　南	0.22	11.90			1.11	0.51	
西　藏							
陕　西	0.12	8.72	0.45	0.21	2.06		
甘　肃		3.27	0.05		1.28		
青　海		0.04					
宁　夏							
新　疆	0.09	2.92		0.20	0.45	0.29	

各地区农村农户投资资金来源

单位：亿元

地　区	合　计	国内贷款	自筹资金	其他资金
全国总计	**3200.96**	**125.44**	**2932.76**	**142.76**
北　京	17.48		17.47	0.01
天　津	17.93	1.88	15.28	0.76
河　北	199.45	11.21	187.23	1.02
山　西	53.32	1.66	51.48	0.18
内蒙古	55.68	7.42	47.83	0.43
辽　宁	104.45	6.13	95.99	2.33
吉　林	71.03	4.00	66.07	0.95
黑龙江	78.98	6.47	70.89	1.62
上　海	6.49		6.49	
江　苏	191.05	20.40	147.00	23.64
浙　江	211.39	4.19	199.16	8.04
安　徽	150.09	6.11	127.25	16.72
福　建	96.42	0.67	95.06	0.69
江　西	100.21	0.76	96.77	2.67
山　东	296.03	1.79	292.31	1.92
河　南	325.30	8.19	296.85	20.25
湖　北	103.57	2.75	96.83	3.99
湖　南	180.23	3.31	174.83	2.09
广　东	217.68	9.02	199.87	8.80
广　西	101.24	2.87	94.07	4.30
海　南	19.20	0.38	14.01	4.80
重　庆	49.01		49.01	
四　川	176.71	1.23	167.14	8.35
贵　州	52.88	2.25	50.10	0.54
云　南	108.13	5.32	88.33	14.48
西　藏				
陕　西	98.73	8.89	86.12	3.72
甘　肃	37.64	1.63	30.03	5.97
青　海	9.36	0.98	7.67	0.70
宁　夏	23.22	1.79	20.54	0.89
新　疆	48.08	4.15	41.05	2.88

各地区农村农户房屋建筑面积和投资

地区	施工房屋面积（万平方米）	竣工房屋面积（万平方米）	房屋建筑面积竣工率（%）	竣工房屋投资额（亿元）
全国总计	**81123.66**	**75683.58**	**93.3**	**2053.21**
北　京	346.87	309.86	89.3	13.30
天　津	288.13	243.11	84.4	13.06
河　北	4097.90	3659.54	89.3	113.69
山　西	1295.39	1152.29	89.0	33.28
内蒙古	1109.00	1018.00	91.8	22.03
辽　宁	2135.03	2121.67	99.4	68.02
吉　林	314.82	314.30	99.8	11.53
黑龙江	749.00	692.72	92.5	22.39
上　海	77.46	77.46	100.0	6.20
江　苏	3153.64	3146.35	99.8	118.48
浙　江	3989.00	3638.00	91.2	164.54
安　徽	4968.29	4804.22	96.7	96.86
福　建	1750.00	1429.00	81.7	53.64
江　西	2718.34	2186.24	80.4	54.01
山　东	6520.88	6409.39	98.3	193.71
河　南	9155.58	8988.75	98.2	212.56
湖　北	3037.98	2911.02	95.8	81.94
湖　南	5345.00	5091.00	95.2	123.09
广　东	4141.00	3051.00	73.7	125.80
广　西	3349.04	3211.35	95.9	74.98
海　南	247.61	211.91	85.6	8.26
重　庆	2484.00	2267.00	91.3	43.00
四　川	5961.00	5736.00	96.2	91.53
贵　州	1803.89	1612.35	89.4	31.83
云　南	3889.00	3792.00	97.5	71.58
西　藏				
陕　西	2604.27	2494.73	95.8	60.63
甘　肃	4097.90	3659.54	89.3	113.69
青　海	233.72	217.53	93.1	3.82
宁　夏	319.86	319.86	100.0	11.79
新　疆	940.06	917.39	97.6	13.98

各地区农村农户住宅建筑面积和投资

地　区	施工住宅面积（万平方米）	竣工住宅面积（万平方米）	住宅建筑面积竣工率（%）	竣工住宅投资额（亿元）
全国总计	**74705.47**	**69741.10**	**93.4**	**1926.91**
北　京	295.22	268.67	91.0	11.63
天　津	219.32	216.16	98.6	11.50
河　北	3557.45	3347.71	94.1	105.01
山　西	1253.46	1022.72	81.6	32.05
内蒙古	914.00	848.00	92.8	19.58
辽　宁	2053.34	2043.12	99.5	61.72
吉　林	307.47	307.12	99.9	11.26
黑龙江	685.45	632.80	92.3	21.34
上　海	77.46	77.46	100.0	6.20
江　苏	3028.89	3021.66	99.8	114.79
浙　江	3767.00	3448.00	91.5	156.31
安　徽	4777.23	4613.24	96.6	94.50
福　建	1617.00	1336.00	82.6	50.13
江　西	2648.59	2130.70	80.4	50.85
山　东	6029.52	5931.99	98.4	182.68
河　南	8529.15	8023.37	94.1	193.55
湖　北	2855.40	2790.20	97.7	79.32
湖　南	5042.00	4825.00	95.7	117.88
广　东	4112.00	3014.00	73.3	124.74
广　西	3303.86	3167.31	95.9	74.03
海　南	235.45	203.79	86.6	8.05
重　庆	2274.00	2118.00	93.1	39.72
四　川	5045.00	4868.00	96.5	81.79
贵　州	1666.44	1486.95	89.2	29.11
云　南	3107.00	3033.00	97.6	63.11
西　藏				
陕　西	2492.49	2379.92	95.5	55.55
甘　肃	3557.45	3347.71	94.1	105.01
青　海	197.89	196.92	99.5	3.45
宁　夏	267.77	267.77	100.0	10.02
新　疆	788.17	773.81	98.2	12.01

尼尔基水利枢纽工程

工程基本概况

尼尔基水利枢纽工程位于嫩江干流中上游，左岸为黑龙江省讷河市，右岸为内蒙古自治区莫力达瓦达斡尔族自治旗，控制嫩江流域总面积22.4%，多年平均径流量104.7亿m3，占嫩江流域的45.7%，工程具有防洪、城乡供水、发电、灌溉、航运和环境等综合效益，是嫩江、松花江流域防洪和水资源开发利用的关键工程。工程建成后，结合嫩江下游干流堤防加高加固，可使齐齐哈尔城市防洪标准由目前的不足50年一遇提高到100年一遇，嫩江齐齐哈尔市以上河段防洪标准提高到50年一遇，并对嫩江齐齐哈尔以下河段防洪也有较大的防洪作用。该枢纽还可提高当地工农业供水能力，增加东北电网水电调峰容量，同时，可改善嫩江干流航运，缓解下游水环境状况，并为远期北水南调工程提供水源。

尼尔基水利枢纽坝顶长度7180米，主坝为沥青混凝土心墙土石坝，水库总库容86.1亿立方米。电站为河床式电站厂房，安装4台机组，装机容量250兆瓦。施工总工期5年。

主要建筑物挡水坝、溢洪道、河床式电站厂房为Ⅰ级建筑物。其正常运用洪水标准为1000年一遇，非常运用洪水标准为可能最大洪水。左岸灌溉引水洞及溢洪道上游导墙也应按Ⅰ级建筑物设计。右岸灌溉引水洞及其他次要建筑物为3级。

工程总工程量为：土石方开挖总量641万方，填筑总量815万方，混凝土浇筑总量76.6万方，沥青混凝土总量3.12万方。

尼尔基水库淹没涉及黑龙江、内蒙古两省区的3个县、8个乡镇、66个行政村、208个村民小组。淹没影响人口为5.20万人、房屋81.23万平方米、耕地42.25万亩、林业用地6.22万亩、草地5.54万亩，此外，还淹没三级公路123.4km等专项设施。

截止2003年底，累计完成工程投资29.5亿元，占工程总投资的55%。

工程总体形象进度：尼尔基工程于2001年6月开始施工准备，当年11月8日实现大江截流。施工准备项目：对外交通公路、坝下交通桥、砂石料开采加工及混凝土拌合系统、施工变电所、物资转运站、现场房建等于2002年全部完工并投入使用。2003年迎来施工高峰期，主体施工项目：主坝、厂房、溢洪道、左右副坝、灌溉洞及移民安置工程按计划进展顺利，工期、质量、投资得到了有效控制。

尼尔基工程计划于2004年9月实现二期截流，2005年5月首台机组发电，2005年12月全部竣工。

江西华源江纺有限公司

“114”国债项目技术改造

一、江纺的基本情况

江西华源江纺有限公司原是江西棉纺织印染厂，始建于1953年，2001年企业改制更名为江西江纺有限责任公司，2002年4月正式加入中国华源集团公司。

公司是我国第一个五年计划时期逐步扩大发展起来的大型纺织印染联合企业。企业在"六五"、"七五"、"八五"、"九五"期间曾进行过多次技术改造，产品结构从中档向高档产品逐步发展。目前公司生产规模有纱锭10万枚，1291台织机（其中无梭织机508台），5条印染线，销售额每年达5.5亿元，出口创汇每年1000万美金，利税5000万元。现有职工6700人，劳动生产率8.6万元/人。生产能力纱年产1.8万吨，布5600万米，印染布2000万米，服装18万件，已成为国内休闲面料的主要生产基地，是众多国内外品牌服装的指定产品。

二、改造项目的主要理由依据

江西华源江纺有限公司与国内众多纺织厂一样，曾经为国家做出了重大的贡献，但企业的设备陈旧，劳动生产率低，产品的技术含量低严重制约了企业的发展，我公司没有50年代"I"字头的老设备，窄幅步机500多台，落后纱锭4万多，设备的陈旧老化、门幅窄，品种适应差，成本高，产品的质量、档次难适应满足市场的需求，市场的应变能力差，如要适应市场，企业设备的改造迫在眉睫。

为此我公司2000年申报"1.14亿国债技术改造项目、改造的主体是以无梭织机和细纱机为重点，前后辅助设备配套改造"。

该项目2000年被国家经贸委列为国家第二批"双高一优"计划中。

2002年被国家经贸委将该项目转入第七批国债专项资金项目。

2003年该项目全部施工完毕，总投资为10482万元。

2004年一季度，该项目前后通过江西省环境环保局、南昌市公安消防支队、江西省安全生产监督管理局、中磊会计事务所单项审计，均符合达到国家环保、职业安全卫生、消防标准项目，严格按照国家"三同时"进行实施。

三、改造的主要内容

1、技术改造指导思想，"以织布为重点，以织布为手段，以印染突破口为目的，提供精良的设备"。纺织为重点是把有限的财力集中装备130台无梭化改造当中。纺织为手段是针对无梭所需纱的质量进行部分设备改造，提高成纱质量。印染为目的是把有限资金解决印染前处理为突破口，提高成品面料外观和手感质量。

2、技术改造内容

2.1 淘汰"I"字头落后纱锭20000枚，更新1套清钢联，6台自动落筒机，2台并条机和12套精梳机，6台并纱机，形成2万纱锭规模的新型纺纱生产线。

2.2 淘汰500台落后的国产"1511"型有梭织机，引进喷气织机130台，配套引进2台整机，2台浆纱机，5台空压机设备，以扩大中高档服装面料的生产量，进一步提高产品附加值和市场占有率。

2.3 引进4台高速气流纺纱机，以满足牛仔布生产用线。

2.4 改造印染前处理设备生产线，提高产品质量和出口量。

四、资金的来源与实际投资情况

该项目总投资为11400万元，其中由中国银行贷款7980万元，企业自筹资金3420万元，通过中磊会计事务所专项审计报告，该项目实际设备投资为10482.1万元。其中进口设备投入7340.66万元，国产设备2163.03万元，水、电、气配套设备投入678.44万元。

五、项目的实施情况

在实施该项目中，我们坚持三个原则，一是设备的先进性，二是改造设备的产品适应性，三是整个项目的环保和安全性，设备的先进性是通过设备性能和价格比选择一批具有当代国内外先进代表的纺织设备进行引进和改造，综合体现在自动化程度，生产效率和质量一个方面因素。

六、技术经济效益情况

"114"工程投资时间短，公司为了尽快发挥引进设备的最佳效能，我们坚持严格标准，规范工作，精细管理，持续改进，强化技术培训，加快引进技术消化吸收，结合市场要求，生产出高质量、高附加值的产品，我们已经开发和生产高档面料50个品种，得到客户的青睐和认可，今年预计新增产量1200万米，新增销售收入15000万元，利税1550万元，具有良好的经济效益和社会效益。

兖矿荷泽能化有限公司项目开发优势

兖矿集团有限公司是国有大型煤炭企业，具有煤矿建设、生产、煤炭加工、综合利用以及现代企业管理的综合能力。根据国家产业结构调整对煤炭工业发展提出"以煤炭为基础能源、提高优质煤比重。积极推进大型煤矿改造，建设高产高效矿井，重视洁净煤的开发利用"的政策要求，以及山东省国民经济和社会发展"十五"计划纲要中将"巨野矿区开发"列为重点建设项目之一，为此，兖矿集团将巨野矿区项目开发作为"十五"期间改革发展的重要工作。

兖矿荷泽能化有限公司是兖矿集团为综合开发巨野矿区成立的区域能化公司，也是兖矿集团在荷泽发展的投资载体。兖矿荷泽能化有限公司是由兖矿集团有限公司控股、山东煤田地质局和煤炭工业部济南设计研究院参股共同出资组建，于2002年10月在荷泽市注册成立，注册资本金6亿元。

兖矿集团按照原国家计委关于巨野矿区总体开发规划的批复意见，结合山东省委、省政府"突破荷泽、带动西部、促进全省发展"的战略部署，与荷泽市签署了矿井以及相配套的综合开发协议书，项目内容包括赵楼矿井、选煤厂及铁路专用线，万福矿井、选煤厂及铁路专用线，赵楼低热值电厂、万福低热值电厂，200万吨焦化厂及25万吨甲醇项目，规划总投资52亿元。

项目开发优势

1、促进华东地区经济稳步发展。华东地处我国东南沿海，工业基础雄厚，技术经济发达，经济实力强，发展速度快。华东地区经济发展对全国经济发展有着举足轻重的作用。华东地区是全国能源需求量最大的地区，据统计，华东煤炭消耗量约占全国煤炭总消耗量的1/4左右。根据资料，华东地区2000年缺煤13330万吨，随着经济的进一步发展，煤炭的缺口也将越来越大，预计到2005年缺煤量为13725万吨，2010年为16180万吨，2015年为17420万吨。能源是制约华东地区稳步发展的重要因素。因此，加快巨野矿区对于提高华东地区煤炭自给率及能源安全，促进华东地区经济稳步发展是非常必要的。

2、拉动荷泽地区经济发展。荷泽与东部相比属欠发达地区，为拉动荷泽地区经济发展、加快全省经济发展，山东省委、省政府提出将荷泽市的经济发展，作为山东省抓住本世纪头20年的战略机遇期加快发展的硬任务，本项目的开发建设将有利于带动荷泽地区经济发展，为荷泽地区的经济发展拓展巨大的空间，从而带来显著的经济效益和社会效益。

3、兖矿集团建设大集团、大公司的需要。巨野煤田开发是兖矿集团建设大集团、大公司需要，也是兖矿集团实现新时期发展战略目标的要求。国家煤炭工业"十五"规划提出，到"十五"末，建设形成1—2个煤炭年生产能力1亿吨以上的大公司和企业集团；原国务院副总理吴邦国在2001年10月17日视察兖矿集团时要求兖矿集团要以市场为导向，以资本为纽带，通过兼并、联合、重组，逐步形成跨地区、主业突出、实力雄厚、核心竞争力强的大型企业集团，真正成为我国商品煤生产基地、出口煤基地和煤炭深加工基地，成为我国煤炭工业发展壮大的投资主体。兖矿集团目前的综合实力和在中国煤炭行业的地位，已在国家组建年生产能力过亿吨的大型煤炭企业集团之列，兖矿集团开发巨野矿区符合国家煤炭工业"十五"计划发展战略，是一个主体三个基地建设需要，同时也是山东省国民经济"十五"计划提出的兖矿集团建设煤化工基地的需要。

综上所述，巨野煤田综合开发，产品市场前景广阔，经济效益、社会效益显著，项目的实施将为兖矿集团在"十五"期间的体制改革、规模建设、经济实力的增长以及促进发展战略目标的实现增添新的动力！

新疆华电喀什发电有限责任公司

新疆华电喀什发电有限责任公司成立于2000年7月。喀什发电厂工程是新疆维吾尔自治区2001年的重点建设项目。一期工程为2×50MW凝汽式火力发电机组，工程总投资4.9398亿元，其中20%为资本金，其余80%主要依靠长期贷款筹资。该工程在自治区党委、人民政府、喀什地委、行署、喀什市等各级政府以及新疆电力公司的大力支持和亲切关怀下，于2001年2月8日开工，两台机组相继于2002年2月10日和11月投产发电，实现了年内“双投”目标。

喀、克两地州位于祖国西北部边陲、新疆维吾尔自治区西南部，地域辽阔，占地面积23万多平方公里，辖2个市14个县，总人口约为384万多人，这里居住着17个民族，少数民族人口占总人口的91%，是全国最贫穷的地区之一，也是严重缺电的地区之一。喀什发电厂是一座区域性骨干电厂，一期工程的建成从根本上缓解了喀什、克州两地区缺电的紧张局面，尤其是为喀、克两地州的社会稳定、经济发展、人民生活质量的提高提供了强有力的电力保障。

喀什发电厂工程既是一项经济工程，也是一项政治工程、稳定工程。在整个一期工程建设过程中，自始至终得到了各级政府、领导和各族人民的大力支持和关怀。中共中央政治局委员、自治区党委书记王乐泉、全国政协副主席、原自治区主席阿不来提、原国家电力工程副总经理赵希正等领导亲临施工现场检查指导工作。2002年10月王乐泉书记还亲临发电厂为两台机组顺利投运剪了彩。

随着喀什克州国民经济的迅速发展，与2002年相比，到2007年喀什地区实现国内生产总值翻一番，为全面建设小康社会奠定建设的基础。近几年来喀什克州电力负荷迅速增长，到2003年，喀、克两地州全年用电量为9.69亿千瓦时，喀什、克州电网2003年冬季最大限电约10MW，2004年新增十大工业项目，主要有30万吨轧钢厂、天山多浪水泥厂年产40万吨和新棉棉纺厂扩建生产规模7万锭。工业负荷快速增长，电力供应短缺问题已日益突出。为满足电力市场发展需要，保障喀什克州国民经济快速发展，繁荣边疆，稳定边疆，同时按喀什市蓝天工程规划将以集中供热替代采暖小锅炉，二期工程扩建热电联产机组势在必行。

根据“以热定电”原则并结合电力负荷发展等情况，初步立项拟定二期扩建工程规模为2×50MW抽汽供热机组。该工程预算总投资4.69亿元。目前，该工程可研工作即将结束，主设备订货已完成，预定2004年7月开工建设，预计2005年上半年一台机组投产。

二期扩建工程的建成可满足喀什、克州电网的用电需要及喀什市集中供热需求；随着南疆各地州的220KV联网工程的实施完善，也可为阿克苏、和田地区电网的电源建设过渡期提供电力；项目建设可改善电网电源结构，利于南疆电网安全稳定运行，促进南疆四地州能源资源的优化配置；同时发电机组按50%调峰运行能力设计，具有一定的调峰能力。